与**改革**发展同频共振
上海地方立法走过三十八年

丁　伟◎著

上海人民出版社

引 子

　　放眼世界各地竞争战略,法治作为核心竞争力是许多发达国家和地区的通例。近年来震荡世界经济界的名著《世界是平的》的作者、美国《纽约时报》专栏作家托马斯·L.弗雷德曼称:"美国强大的真正力量,来自于我们所继承的良好的法律与制度体系。"在全面推进依法治国的当今中国,"法治"已经成为点击率最高的热词。法治作为人类政治文明的重要成果,已经日益成为城市核心竞争力的重要标志。立法作为依法治国的源头,更是衡量一个国家、一个地区、一个城市法治化水平高低、核心竞争力强弱的重要指标。

　　上海作为具有全球影响力的开放型城市,不仅是中国经济活力最强、开放度最高的城市之一,也是法治化程度最高的地区之一。作为地方国家权力机关的上海市人大及其常委会在 1979 年被依法授予地方立法权,1980 年通过了上海第一部地方性法规。三十八年岁月流转,三十八度春华秋实,上海地方立法风雨兼程、砥砺前行。据统计,截至 2017 年 12 月底,上海市共制定地方性法规 253 件,现行有效的法规 180 件;修改地方性法规 298 件次,已废止和自然失效的法规 73 件;作出有关法律问题的决定和法律解释 35 件,现行有效的 20 件。经过历届人大及其常委会的不懈努力,地方立法有效涵盖了各个领域,对上海经济与社会发展起到了引领、推动、规范和保障作用。

　　三十八年过去,弹指一挥间!追寻三十八年的发展轨迹,上海地方立法在实践中探索,在探索中创新,在创新中发展,始终与改革开放相伴,与经济发展、社会转型同行,与国家民主法制的发展进程同步。纵观上海地方立法前三十年的发展历程,大致上可以说十年为一个发展周期,各个时期的立法呈现出鲜明的时代特征:

　　20 世纪 80 年代为地方立法初创期。1978 年 12 月,具有划时代意义的党的十一届三中全会开启了社会主义现代化建设的新时期,实现了民主法制建设的重大转折。1979 年修改的《中华人民共和国地方各级人民代表大会和地方各级人民政府组织法》(以下简称《地方组织法》)以法律形式明确规定省级人大及其常委会的立法权。1982年《中华人民共和国宪法》（以下简称1982年《宪法》）更是以国家根本大法的形式确认省级国家权力机关的立法权。1980年3月通过的《上海市区、县人民代表大会选举暂行实施细则》开创了上海市地方立法的先河。在方兴未艾的民主法制浪潮推动下，该时期地方立法发展迅猛，形成了上海市第一次立法高峰。1980—1990年十年间，制定地方性法规和法律性问题的决定65件，内容涉及政治、经济、文化、卫生、科技、城市建设与管理、环境和资源保护等各个领域。尽管该时期制定的大部分法规已完成了其历史使命，目前仍然生效的仅16件，但其在立法初创时期发挥了建章立制的重要作用，奠定了地方立法坚实的基础。

　　20世纪90年代为地方经济立法高速发展期。1992年党的十四大提出了建立社会主义市场经济体制的目标，在"市场经济即为法治经济"理念的指引下，与市场经济相适应的经济立法成为地方立法的重点。仅1993—1998年五年间，第十届上海市人大及其常委会制定了59件法规，占1980年上海市人大常委会行使立法权以来上海市地方性法规总数的近一半，其中属于经济方面的法规有31件，占52%。

　　21世纪前10年为地方立法"减速换挡"的规范发展期。世纪之交的历史转折时期，我国出现了对地方立法产生重大影响的一系列标志性事件。为规范立法活动，健全国家立法制度，2000年3月，第九届全国人大第三次会议通过了《中华人民共和国立法法》（以下简称《立法法》），第十一届上海市人大第四次会议于2001年2月通过了《上海市制定地方性法规条例》，对立法权限、代表大会与常委会立法程序作了全面规范，确立了地方立法的统一审议机制，同时废止了1992年上海市人大常委会制定的《上海市人民代表大会常务委员会制定地方性法规程序的规定》。同年10月，上海市人大常委会分别修改了《上海市人民代表大会议事规则》《上海市人民代表大会常务委员会议事规则》，对立法程序进行调整完善。上海地方立法进入了更加法治化、规范化的轨道。期间，我国于2001年加入WTO、2004年通过《中华人民共和国行政许可法》（以下简称《行政许可法》），2009年加快推进社会主义法律体系建设，根据全国人大常委会的统一部署，上海市先后开展了三次大规模的法规清理工作，使地方立法在"立、改、废"不断循环往复的动态过程中保持稳定性与变动性、阶段性与前瞻性相统一的状态。

　　历史的卷帙翻到了2011年，中国特色社会主义法律体系正式宣告形成，上海地方立法进入了创新驱动、转型发展期（2010年至十八大之前）。立法工作以问题为导向，以创新立法机制为抓手，着力推进立法重心从追求数量转向提高质量，立法方式从制定和修改并重转向以修改为主，立法体例从"大而全"转向"少而精"、"有几条立几条"。在系统分析评估现行地方性法规的构成、分布的基础上,上海地方立法注重发挥拾遗补阙的作用,加大社会领域的地方立法。在完成常规立法工作的同时,积极探索立法项目专项论证、联合论证、法规清理动态跟踪等制度,得到了全国人大的肯定及其他省市同行的推崇。

在全面深化改革、全面推进法治中国建设的新时期,上海地方立法进入了变革创新期(十八大至今)。在新形势下,上海地方立法积极贯彻党的十八大以来以习近平同志为核心的党中央治国理政的新理念新思想新战略,审时度势、谋定思动,敢于担当,善于创新、以立法引领和推动改革发展,积极探索改革决策与立法决策协调同步在立法理论与实践层面亟需破解的难题,以与时俱进的科学态度积极回应特殊时期对立法的特殊需求,先后作出《关于促进改革创新的决定》、《关于在中国(上海)自由贸易试验区暂时调整实施本市地方性法规有关规定的决定》,及时出台《中国(上海)自由贸易试验区条例》。与此同时,充分发挥立法工作中人大及其常委会的主导作用、人大代表的主体作用,不断扩大公民有序参与地方立法的方法和途径,努力使每项立法反映人民的意愿。党的十八届四中全会奏响了全面推进依法治国基本方略的时代强音,为适应全面推进依法治国新时期立法工作改革发展的需求,全国人大于 2015 年 3 月 15 日通过了《立法法》修正案,上海市人大常委会也及时修改了《上海市制定地方性法规条例》,并制定了《关于进一步加强民主立法的规定》、《关于加强立法工作组织协调的规定》,使上海市科学立法、民主立法更臻制度化、规范化。举世瞩目的党的十九大描绘了决胜全面建成小康社会夺取新时代中国特色社会主义伟大胜利的宏伟蓝图,坚持全面依法治国已成为新时期坚持和发展中国特色社会主义的基本方略,上海立法将在新的起点上开启新的征程,铸就新的辉煌。

"罗马不是一天建成的",上海地方立法三十八年筚路蓝缕,玉汝于成,凝聚着历届上海市人大常委会领导、全体组成人员的集体智慧和几代立法人的心血。作为一名从事上海地方立法工作多年的法律工作者,笔者为能成为上海地方立法工作团队中的一员而感到光荣与自豪。为纪念改革开放四十年,上海人民出版社向笔者约稿,希望我写一本有关上海地方立法回顾与展望的书,我感到诚惶诚恐,一来学力不逮,二来资历浅薄,恐难以胜任此项重任。考虑到上海地方立法工作长期以来一直走在全国前列,有许多有益的经验,但这一领域的专门著述长期阙如,自己近十五年来一直在立法一线从事上海地方立法组织的协调工作,似有责任、有义务对上海地方立法各时期的发展状况进行理论归纳与实践总结,再现各时期地方立法工作的真实情景。历史的奥妙在于常常不经意之间会出现一些巧合,上海地方立法三十八年的发展轨迹与笔者人生的发展轨迹存在一些交集:在上海市人大及其常委会被依法授予地方立法权的 1979 年,经历"三起三落"的华东政法学院复校，笔者成为复校当年招收的首批法学专业的学生，从此便与法律结下了不解之缘。三十八年来，尽管身份角色、工作岗位几经变化，但一直致力于国际私法学、国际投资法学及仲裁法学的教学、研究与实践。2003年1月起，笔者进入上海市人大常委会，先后在上海市人大法制委员会、上海市人大常委会法制工作委员会任职，近十五年来尝遍了立法工作的酸甜苦辣，"看似寻常最奇崛，成如容易却艰辛"真可谓地方立法工作的真实写照。多年来，自己一直扮演着学者与立法工作者的双重角色。在学者眼中，是立法"官员"，在"官员"眼中，又被打上"学者"的深深烙印。其实，法学是一面多棱镜，长期以来教学、理论研究、仲裁实践、立法四位一体的特殊工作背景使我对法学的真谛有了更加深刻的领悟。为此，笔者不揣浅陋，以实证的笔触对上海地方立法三十八年的发展轨迹进行描绘，再现上海几代立法工作者承前启后、薪火相传、矢志不渝地开拓进取的辉煌历程。

鉴于上海地方立法横跨三十八年，本书拟以时间为维度，采用历史分析方法，以对上海地方立法的发展产生重大影响的国际、国内及上海自身发展的重大历史事件为线索，将三十八年来上海地方立法分为五个时期，即初创期、高速发展期、规范发展期、转型发展期及变革创新期。在写作体例上，每一时期均分为以下五个部分：

1. 地方立法的背景与发展概览。立法作为一种时空的存在，是特定时期社会经济发展的产物，必然留下特定的时代痕迹。应该说，上海每一时期的地方立法都具有特定的时代背景，相关地方性法规都带有鲜明的时代特征。因此，再现每一时期立法的特定时代背景，有助于准确、客观、全面地认识各时期上海地方立法的发展状况。

2. 地方立法的主要特征。每一历史时期经济社会的发展对立法的需求各不相同，立法工作者对地方立法发展规律的探索也有一个逐步深化的过程，即由感性认识到理性认识，再由理性认识到实践的能动飞跃。因此，每一历史时期的地方立法都具有其固有的特征，不同时期地方立法的不同特征既反映了该时期立法工作者对立法规律的认知水平，也折射出该时期上海经济社会的发展状况。

3. 地方立法的制度创建状况。立法活动是一种"要式行为"，必须依照法律规定，履行严格的法定程序才能完成。通常情况下，每一部具体的地方性法规都有一定的特殊性、周期性，而立法制度具有一般性、稳定性和长期性的特点，能够管根本、管长远，只有建立健全完善的立法制度，形成立法工作长效机制，才能确保将依法立法、科学立法、民主立法的要求落实到每一部法规中。因此，判断一定时期地方立法的质量、水平，首先应当观察该时期地方立法制度建设的状况。

4. 地方性法规亮点解析。相对于抽象的立法特征、立法制度建设、立法理论归纳和实践总结,具体、鲜活的立法例更加引人入胜,生动活泼。本书撷取了各时期上海地方立法中具有一定影响力或代表性的立法例,或解读相关地方性法规的特殊背景、功能、意义,或描述相关地方性法规核心制度、关键条款的立法难度,或讲述立法者运用立法智慧破解立法难题的艰难曲折过程。鉴于初创期、高速发展期的地方立法年代久远,相关地方性法规内容陈旧,不少规定已经修改,有些当时发挥重要作用的地方性法规已经废止,故本书基于立法当时的时代背景,对这两个时期的立法采用提纲挈领的方式,突出立法亮点的介绍。鉴于进入规范发展期后地方立法程序更加规范、立法技术更加成熟、立法过程的博弈更加激烈,且相关地方性法规现行有效,本书除介绍立法亮点外,还将聚焦相关地方性法规的立法难点、核心制度、关键条款及立法博弈的过程。

5. 理论归纳与实践总结。立法作为一定阶段理论研究与实践经验的总结和固化,总是在与理论研究与实践的相互交融中得到升华,使立法、理论与实践三者逐渐趋于和谐统一。没有理论指导和实践经验的总结,就没有制度的进步。地方立法的发展和完善需要立法者具备深厚的理论积淀,善于对各时期地方立法实践中出现的倾向性问题及时进行理论阐述与科学总结,在此基础上修正、完善已有的立法制度,不断开创地方立法新局面。因此,对每一时期的立法理论与实践情况进行归纳总结至关重要,这一部分的内容是观察地方立法理论品质、立法工作者驾驭立法技能的一个重要窗口。读者可以感受到,任何一项重大的立法改革都不是一蹴而就的,都有相应的立法理论作为支撑和立法实践经验作为铺垫,有一个渐进的深化认识和探索实践的过程。

上述五个部分的内容相辅相成,以期读者能身临其境地感受、领悟不同历史时期上海地方立法的不同特点、上海地方立法与改革发展同频共振的状况,并且在追寻上海地方立法发展轨迹的过程中,把握地方立法的发展脉络,揭示其发展趋势。

目　录 |

规范发展期(21世纪前10年)

转型发展期(2010 年至十八大之前)

变革创新期（十八大至今）

初创期
(20 世纪 80 年代)

法律是治国之重器,法律、法规的创制以立法主体取得立法权为前提。地方立法权的确立,涉及我国国体、政体、国家结构形式等一系列重大事项的调整和改革。党的十一届三中全会实现了党和国家工作重心的转移,我国也迈出了重建社会主义民主法制的坚定步伐,依法赋予了地方人民代表大会及其常委会立法权。上海也由此开创了制定地方性法规的新纪元。

一、 初创期地方立法背景与发展概览

立法总是特定时期的历史产物,作为上层建筑的重要组成部分,其产生、发展、变化与特定时期的经济基础密不可分。上海地方立法肇始于 20 世纪 80 年代初,欲考察该时期上海地方立法的状况,有必要了解当时特定的历史背景以及对上海地方立法产生影响的重大历史事件。

(一)上海人大制度浴火重生

上海是一座具有光荣革命传统的城市,其不仅是中国共产党的诞生地,也是在中国共产党领导下工人阶级在大城市武装起义后第一个革命政权机关的诞生地。1926 年 10 月至 1927 年 2、3 月间,中共中央直接领导上海工人三次武装起义,举行市民代表会议,选举产生了上海市民政府,建立了上海人民单命政权。1949 年 5 月上海解放,成立了上海市人民政府。1949 年 8 月,上海市第一届第一次各界代表会议举行。经过各界人民代表会议的几年过渡,普选产生了人民代表大会,遂于 1954 年 8 月召开了上海市第一届人民代表大会,自此,上海市各级人民代表大会从上到下已经系统建立起来。①1966 年 6 月,上海市第六届区、县人大一次会议未能举行,市第六届人大代表未能产生,上海市各级人民代表大

---

① 参见蔡秉文主编:《上海人民代表大会志》,上海社会科学院出版社 1998 年版,第 1 页。

会停止活动。①

　　1977年12月，上海市第七届人大第一次会议召开，上海市人民代表大会活动在中断11年后得到恢复。1978年12月，党的十一届三中全会拨乱反正，确定了解放思想、实事求是的思想路线，提出发展社会主义民主，健全社会主义法制，使民主制度化、法制化的任务。1979年7月，第五届全国人大重新制定了《选举法》《地方组织法》，对国家民主选举制度作了重要改革，规定"县和县级以上地方各级人民代表大会设立常务委员会"，这是完善人民代表大会制度的一项重要举措，也是政治体制改革的重要成果。1979年12月29日，上海市第七届人大举行第二次会议，设立了上海市人民代表大会常务委员会，选举产生了第七届人大常委会组成人员和市长、副市长，以及市高、中级人民法院院长和市人民检察院及分院检察长。将"上海市革命委员会"改为上海市人民政府。②上海市人民代表大会常设机构——常务委员会的设立，这是政治体制改革和民主法制建设的重要成果。

　　（二）地方立法权应运而生

　　构成国家权力大厦的三大基石是立法权、行政权和司法权这"三权"，其中，立法权又是行政权、司法权的源头，是国家立法机关依照法定程序制定、修改、补充、解释、废止法律的权力。立法权是国家权力体系中最重要、最核心的权力，享有立法权是进行立法活动的前提。英国启蒙思想家洛克说："立法权是享有权利来指导如何运用国家的力量保障这个社会及其成员的权力"。"立法权是最高的权力"。立法权作为立法机关具体的权力比较直观，容易理解，而立法本身则是一个抽象的概念，属于立法学这一理论法学的范畴。虽然中外古代典籍中都出现过立法一词，如《商君书·修权》中就有"立法明分"的言论，《史记·律书》中也有"王者制事立法"的说法，古西方立法一词出现更早，古希腊、古罗马思想家有不少关于立法的精辟论述，但是关于立法的规范化定义则是当代立法学的一个课题。我国学者近年来对立法概念的解释较多，主要是对立法的内涵和外延理解不同。综合各种观点，可以对立法这样定义：立法是由特定主体，依据一定职权和程序，运用一定技术，制定、认可、修改和废止法的活动。③

　　地方立法权是指地方国家权力机关依法享有的制定、修改、废止地方性法规的权力，也包括授予行政机关制定规章、决议、命令等规范性文件的权力。人们习惯把人大称为立法机关，足见立法权在人们心目中的重要性。地方立法权是

---

　　①　参见蔡秉文主编：《上海人民代表大会志》，上海社会科学院出版社1998年版，第26页。

　　②　参见蔡秉文主编：《上海人民代表大会志》，上海社会科学院出版社1998年版，第175页。

　　③　参见周旺生：《立法论》，北京大学出版社1994年版，第62页。

地方人大及其常委会依法享有的一项重要权力,其重要性集中体现在地方性法规是中国特色社会主义法律体系中不可分割的重要组成部分。

谈及地方立法权,有必要简要回顾我国立法体例的历史沿革。新中国成立以后相当长的时期,我国采用中央高度集权的立法体制,1954年《宪法》规定,全国人民代表大会是行使国家立法权的唯一机关。全国人大常委会只解释法律、制定法令,不制定法律。所谓"法令"是指国家机关在职务范围内规定的带有规范性、法律性的个别文书,不同于法律。这说明,全国人大常委会当时没有国家立法权,国务院也没有立法权。党的十一届三中全会深刻总结了历史经验教训,开始迈出了恢复和重建法制的坚定步伐,立法工作被提到国家权力机关最重要的工作日程上。1979年是一个对中华人民共和国历史有重要影响的年份。这一年,在短短的三个月内,全国人大制定出了《刑法》、《刑事诉讼法》、《地方组织法》、《选举法》、《人民法院组织法》、《人民检察院组织法》以及《中外合资经营企业法》这七部法律。然而三个月制定七部法律仍无法改变当时立法任务繁重的局面。每年一般只召开一次会议的全国人大已很难独自承担繁重的立法任务。因而必须修改宪法,改变立法体制,重新科学、合理地划分立法权限。

1982年我国对《宪法》进行了全面修改,对立法体制作出一系列重大改革,赋予全国人大常委会和国务院部分立法权。1982年《宪法》创造性地将原来全国人大制定法律的一部分权力交给全国人大常委会,规定全国人大及其常委会共同行使国家立法权;刑事、民事、国家机构和其他方面的基本法律,由全国人大制定,其他法律由全国人大常委会制定。国务院可以根据宪法、法律,制定行政法规。在此之前,国务院作为最高国家权力机关的执行机关,只能制定行政措施或者发布行政命令。国务院各部委同时也被授予制定部门规章的权力。

在地方立法层面,1979年之前,我国各地方除民族自治地方外,基本上没有立法权。由于立法权过度集中在中央,地方没有立法权,不能适应我们国家地域辽阔、各地区情况不同的需要。1979年7月1日,第五届全国人大第二次会议通过了《地方组织法》,沿袭了三十多年的中央高度集权的立法体制发生了历史性的变革,这一法律明确规定,省级人大及其常委会在与宪法、法律不抵触的前提下,可以制定地方性法规。省级人大及其常委会由此首次获得地方立法权。1982年《宪法》更是以国家根本大法的形式确认省级国家权力机关的立法权。1986年修改《地方组织法》时又增加规定,省、自治区的人民政府所在地的市和国务院批准的较大的市的人大及其常委会,可以制定本市需要的地方性法规草案,提请省、自治区人大常委会审议制定。这说明地方人大及其常委会先于全国人大常委会获得立法权。据此,上海市人大及其常委会于1979年7月1日获得地方立法权,并从1980年开始制定地方性法规。

（三）地方立法初试啼声

1980 年 3 月 5 日，上海市第七届人大常委会第三次会议通过了《上海市区、县人民代表大会选举暂行实施细则》，该法规共 5 章 51 条，规定设立区、县选举委员会，主持本级人民代表大会的选举，并对代表名额分配、选区划分、选民登记和资格审查、代表候选人的提出、选举程序以及对破坏选举的制裁，均作了明确规定。该地方性法规的出台开创了上海市地方立法的先河。

在方兴未艾的民主法制浪潮推动下，初创期的上海地方立法发展迅猛，形成了上海市第一次立法高峰。1980—1990 年十年间，上海市第七届、第八届、第九届人大常委会历次会议共制定地方性法规和法律性问题的决定 65 件，内容涉及政治、经济、文化、卫生、科技、城市建设与管理、环境和资源保护等各个领域。鉴于立法总是特定历史时期的产物，具有一定的生命周期，上海地方立法初创期制定的大部分法规已完成了历史使命，目前仍然生效的仅 16 件。但初创期的地方立法具有标志性的意义，不但有力保障了该时期上海经济社会的发展，同时积累了宝贵的地方立法经验，为上海地方立法的后续发展奠定了坚实的基础。

二、初创期地方立法主要特征

立法作为一种创制行为规则的活动，是一项技术性很强的工作，不但需要遵循立法活动本身的科学规律，同时也要与经济规律、自然规律、社会发展规律并行不悖。一个城市一定时期的立法状况不但反映该时期经济、社会发展的状况，同时也折射出该时期城市的法治化水平和立法工作者驾驭立法活动的能力。初创期的上海地方立法呈现出以下特征。

（一）聚焦权力机关的建章立制

上海地方立法初创期正值我国民主制度化、法制化建设的关键时期，地方立法急需按照《宪法》《选举法》及《地方组织法》的规定，将政治体制改革的重要成果予以固化。为此，该时期上海地方立法聚焦在权力机关的建章立制方面。上海市第七届人大期间，先后制定了《上海市区、县人民代表大会代表选举暂行实施细则》《上海市人民代表大会常务委员会关于加强与市人民代表大会代表联系的暂行办法》《上海市人民代表大会常务委员会关于上海市第八届人民代表大会代表的选举办法》《上海市第七届人民代表大会第五次会议关于延长本届人民代表大会任期的决议》《上海市人民代表大会常务委员会关于修改〈上海市第八届人民代表大会代表的选举办法〉的决议》；第八届人大期间，制定了《上海市人民代表大会常务委员会关于上海市第八届人民代表大会代表的选举办法》，修改了《上海市人民代表大会常务委员会关于修改〈上海市第八届人民代表大会代表的选举办法〉的决议》,制定了《上海市人民代表大会常务委员会关于工作制度的暂行规定》《上海市人民代表大会常务委员会关于加强与市人民代表大会代表联系的暂行办法》《上海市人民代表大会常务委员会关于本市县级以下人民代表大会代表直接选举的实施细则》《上海市人民代表大会常务委员会关于免去市第八届人大常务委员会组成人员原任国家行政机关职务的决议》《上海市人民代表大会常务委员会关于市人大代表视察的试行办法》《上海市人民代表大会常务委员会制定地方性法规程序的暂行规定》《上海市人民代表大会常务委员会关于本市区、县及乡、镇人民代表大会代表直接选举的实施细则》;第九届人大期间,制定了《上海市人民代表大会关于代表议案的规定》《上海市人民代表大会关于代表书面意见的规定》《上海市人民代表大会常务委员会关于决定任命本届市人民政府组成人员职务的程序》《上海市人民代表大会常务委员会议事规则》,通过了《上海市人民代表大会常务委员会关于修改〈关于本市区、县及乡、镇人民代表大会代表直接选举的实施细则〉的决定》,制定了《上海市人民代表大会常务委员会监督司法工作条例》《上海市人民代表大会常务委员会任免国家机关工作人员条例》《上海市人民代表大会议事规则》,通过了《上海市人民代表大会关于修改〈上海市人民代表大会关于代表议案的规定〉的决定》,制定了《上海市人民代表大会常务委员会主任会议议事规则》。

经过十年的努力,作为权力机关的上海市人民代表大会及其常委会建章立制的工作基本告一段落,各项履职行为基本实现了有法可依、有章可循。

(二)经济立法崭露头角

党的十一届三中全会以后,上海坚决贯彻"抓纲治国"的战略决策,迅速扭转了国民经济停滞不前的状况,并及时提出了今后的奋斗目标和工作任务。1979年12月,上海市第七届人大第二次会议通过的《政府工作报告》提出"加快把上海建设成为先进的工业、科学技术和外贸基地"的奋斗目标。1984年,邓小平南下广东提出,"除特区之外,可以考虑再开放几个港口城市,不叫特区,但可以实行特区的某些政策"。同年5月,中央决定进一步开放大连、秦皇岛、天津、烟台、青岛、连云港、南通、上海、宁波、温州、福州、广州、湛江、北海14个港口城市,逐步兴办经济技术开发区。1985年4月,上海市第八届人大第三次会议确定"把上海建设成为开放型、多功能、产业结构合理、科学技术先进、具有高度文明的社会主义现代化城市"的战略目标。

为助推上海经济发展,确保上海城市发展的战略目标如期实现,自20世纪80年代中期开始,上海地方立法的重点开始向经济领域倾斜,一批经济立法崭露头角:1986年6月20日上海市第八届人大常委会第二十二次会议通过了《上海市中外合资经营企业、中外合作经营企业、外资企业的申请和审批规定》;1987

年 6 月 20 日上海市第八届人大常委会第二十九次会议批准了《上海市鼓励引进技术消化吸收暂行规定》；1987 年 8 月 14 日上海市第八届人大常委会第三十次会议通过了《上海市发展新兴技术和新兴工业暂行条例》；1987 年 12 月 19 日上海市第八届人大常委会第三十三次会议通过了《上海市中外合资经营企业劳动人事管理条例》；1988 年 6 月 4 日上海市第九届人大常委会第一次会议通过了《上海市人民代表大会常务委员会关于本市"三资"企业申请和审批规定实施中有关问题的决定》；1988 年 11 月 10 日上海市第九届人大常委会第四次会议通过了《上海市经济技术开发区条例》；1989 年 8 月 11 日上海市第九届人大常委会第十次会议通过了《上海市中外合资经营企业工会条例》；1990 年 4 月 8 日上海市第九届人大常委会第十七次会议通过了《上海市漕河泾新兴技术开发区暂行条例》。这些立法基本与同时期上海改革发展相伴而生，同频共振。

（三）立法议案厚积薄发

上海市第七届人大自 1977 年 12 月至 1982 年 12 月共召开五次会议，第一次会议没有开展代表提议案的工作。按照 1979 年《地方组织法》关于人民代表大会举行会议期间，代表有 3 人以上附议可以提出议案的规定，从第二次会议开始，代表每年都提出相关议案。鉴于上海地方立法始于 1980 年，在这之前，不存在立法议案。由于相关史料记载内容不全，笔者无从考证上海市第七届人大期间代表提出立法议案的情况。

上海市第八届人大自 1983 年 4 月至 1988 年 1 月共召开七次会议。1983 年 4 月，上海市第八届人大第一次会议主席团通过了《关于处理议案和代表意见的暂行办法》，第八届人大历次会议期间代表提出议案 257 件，列为议案的有 61 件，其中有关建议制定地方性法规等方面的议案有 33 件，占半数以上。在政法方面建议制定保护老年人权益、精神病人治疗监护管理、惩治浪费、改进代表议案和书面意见处理、发挥代表作用等法规的议案 18 件；在财政经济方面建议制定涉外经济、加速对外开放、劳动保护监察、保护消费者利益、广告管理、种子管理等法规的议案 8 件；在教科文卫方面建议制定普及九年制义务教育、成年人教育、职工教育、农民教育、教师、技术市场管理、保护历史文化名城、公民义务献血、医院管理、化妆品检验、公共场所禁止吸烟等法规的议案 14 件；在城市建设方面建议制定土地使用规划管理、郊区土地管理、环境保护等法规的议案 3 件。①

上海市第九届人大自 1988 年 4 月至 1993 年 1 月共召开六次会议。第九届人大第一次会议审议、通过了《上海市人民代表大会关于代表议案的规定》，规定

① 参见蔡秉文主编：《上海人民代表大会志》，上海社会科学出版社 1998 年版，第 203 页。

代表大会举行会议的时候,代表 10 人以上联名提出属于市人民代表大会职权范围内的议案,由主席团决定是否列入大会议程,或者决定交由有关专门委员会在大会闭会后审议,提出审议结果报告,提请市人大常委会审议,决定是否列入市人大会议或市人大常委会会议的议程。不属于规定范围的作为书面意见处理。第九届人大历次会议期间,代表提出议案 1108 件,列为议案的 223 件,其中属于制定地方性法规的有 56 件。①

代表依法提出立法议案是法律赋予代表参与管理地方国家事务的权利,是人大代表依法履职的重要载体。初创期上海地方立法议案厚积薄发,且呈逐年增多趋势,显示了代表的履职激情不断高涨,代表的履职能力不断提升。

(四)立法数量逐年增多

自 1980 年 3 月上海市第七届人大常委会第三次会议通过《上海市区、县人民代表大会选举暂行实施细则》后,上海地方立法方兴未艾,立法数量总体上呈逐年增多的趋势。第七届人大常委会期间(1977 年 12 月至 1982 年 12 月,自 1980 年开始行使地方立法权)平均每年 2 件;第八届人大常委会期间(1983 年 4 月至 1988 年 1 月)平均每年 6 件;第九届人大常委会期间(1988 年 4 月至 1993 年 1 月)平均每年 8 件。按照立法年度统计,1980 年通过地方性法规 2 件,通过法律性问题的决定 1 件;1981 年通过法律性问题决定 1 件;1982 年通过地方性法规 3 件,通过法律性问题决定 1 件;1983 年通过地方性法规 4 件,修改地方性法规 1 件,法律性问题决定 2 件;1984 年通过地方性法规 2 件;1985 年通过地方性法规 8 件;1986 年通过地方性法规 4 件,修改地方性法规 1 件,通过法律性问题决定 1 件;1987 年通过地方性法规 9 件,修改地方性法规 1 件;1988 年通过地方性法规 10 件,修改地方性法规 1 件,通过法律性问题决定 2 件;1989 年通过地方性法规 5 件,修改地方性法规 2 件;1990 年通过地方性法规 10 件,修改地方性法规 2 件。

初创期的上海地方立法工作从零起步,立法需求旺盛,且国家层面立法也处于初创期,上位法数量有限,地方立法空间较大,故初创期地方立法数量较多符合地方立法发展的科学规律。

三、 初创期地方立法制度创建状况

立法活动是由特定主体,依据一定职权和程序开展的具有法律约束力的活动。上海在开展地方立法的过程中,积极探索地方立法的体制、机制。该时期有

---

① 参见蔡秉文主编:《上海人民代表大会志》,上海社会科学出版社 1998 年版,第 203 页。

关立法程序制度的探索以 1986 年通过的《上海人民代表大会常务委员会制定地方性法规程序的暂行规定》为分界线，分为两个阶段：1986 年之前为初步探索阶段，相关做法参考了全国人大及其常委会的做法；1986 年之后为初步制度化阶段，《上海市人民代表大会常务委员会制定地方性法规程序的暂行规定》在立法程序的各个环节上作出了初步的规范。

（一）摸索中前行的法规案审议制度

上海地方立法的审议制度从无到有，是个逐步探索的过程。1983 年 5 月 17 日上海市第八届人大常委会第一次会议通过的《上海市人民代表大会常务委员会关于工作制度的暂行规定》标志着上海开始探索成文的立法审议制度。该暂行规定第一条规定常务委员会会议由主任召集，每两个月至少举行一次，会议的主要议题之一是审议、批准本市地方性法规；暂行规定第五条规定，市人大常委会设立法制、生产、财政贸易、市政建设、教育科学文化、代表资格审查六个委员会和常务委员会认为需要设立的其他专门委员会。各专门委员会在常务委员会领导下开展工作，对常务委员会负责，并报告工作。各专门委员会的工作包括"研究和组织起草本市地方性法规"，"讨论全国人大常委会征求意见的法律草案，提出意见和建议"。值得注意的是，该暂行规定对有关法规案的审议的主体未作出清晰的规定，亦未规定审次制度，法规草案一审即通过。

1986 年 8 月 30 日，上海市第八届人大常委会第二十三次会议通过了《上海市人民代表大会常务委员会制定地方性法规程序的暂行规定》，该暂行规定第四章对地方性法规草案的审议和通过作了专章规定。其中，第十一条第一款规定：市人民政府、市高级人民法院、市人民检察院提请市人民代表大会常务委员会审议的地方性法规草案，先交有关专门委员会广泛征求有关方面的意见，然后召开专门委员会会议，听取提出法规草案的机关关于法规草案拟订、协调情况和有关问题的说明，按照本规定第二条、第八条、第九条的要求，对法规草案进行初步审议，提出报告，再由常务委员会主任会议决定是否列入常务委员会会议议程。第三款规定：主任会议认为提请审议的法规草案不成熟的，可以交由提出法规草案的机关继续协调、补充和修改，待条件成熟时，再提请常务委员会会议审议。第十二条规定：由市人民代表大会有关专门委员会或常务委员会有关部门组织拟订的地方性法规草案，先提请常务委员会主任会议审议，由主任会议决定是否提请常务委员会会议审议。第十四条规定：常务委员会审议地方性法规草案，一般先由提请审议的机关负责人或代表在常务委员会会议上作该法规草案的说明，经过充分讨论后，将法规草案交有关专门委员会审议修改，再提请下次或者以后的常务委员会会议审议通过；有的地方性法规草案，也可以经常务委员会一次会议审议通过。常务委员会会议审议通过地方性法规草案前，有关专门委员会对交付审议的法规草案,应作审议报告。第十六条规定:常务委员会审议的地方性法规议案,由常务委员会以全体组成人员的过半数举手表决通过。第十七条规定:在市人民代表大会闭会期间,凡提请市人民代表大会审议的地方性法规草案,一般先由常务委员会审议。提请常务委员会审议的地方性法规草案,常务委员会认为需要提请市人民代表大会审议的,应提请市人民代表大会审议。暂行规定的上述规定明确了法规草案的审议主体与审次制度,即地方性法规的审议先由相关专门委员会进行初审,然后提交常委会会议审议。

1988 年 11 月 10 日上海市第九届人大常委会第四次会议通过了《上海市人民代表大会常务委员会议事规则》,该规则第十八条规定,对地方性法规议案的审议,按常务委员会关于制定地方性法规程序的若干规定进行。第二十条规定,常务委员会会议审议议案时,提议案的机关、专门委员会或者常务委员会组成人员五人以上联名,可以提出对议案的修正案。常务委员会的有关工作机构受主任会议委托,可以代拟对议案的修正案。修正案必须采用书面形式,在议案交付全体会议表决前一天提出。修正案由主任会议决定提请常务委员会会议审议,或者先交有关专门委员会审议、提出意见,再提请常务委员会会议审议。

1990 年 4 月 30 日,上海市第九届人大常委会第三次会议通过了《上海市人民代表大会议事规则》,该规则第二十九条规定,列入会议议程的地方性法规案,大会全体会议听取关于法规草案的说明后,由各代表团审议。有关的专门委员会或者法案委员会根据各代表团的审议意见对法规案进行审议,向主席团提出审议结果的报告和法规草案修改稿,对主要的不同意见,应当在审议结果报告中予以说明,经主席团审议通过后,印发代表,并将修改后的地方性法规草案提请大会全体会议表决。提请市人民代表大会会议审议的地方性法规草案,一般应当先经市人民代表大会常务委员会初步审议,初步审议的意见应当整理印发代表。第三十条规定,市人民代表大会会议举行前,常务委员会可以公布准备提请会议审议的重要的地方性法规草案,征求各方面意见,并将意见整理印发代表。第三十一条规定,市人民代表大会各专门委员会审议议案,涉及专门性问题的,可以邀请有关方面的代表和专家列席会议,发表意见。

1990 年 12 月 22 日上海市第九届人大常委会第二十三次会议通过了《上海市人民代表大会常务委员会主任会议议事规则》,该议事规则第六条规定,主任会议处理常务委员会的重要日常工作:其中包括听取市人民代表大会各专门委员会提出的关于市人民代表大会主席团交付审议的代表议案的审议结果报告,提请常务委员会会议审议;对常务委员会组成人员五人以上联名提出的属于常务委员会职权范围内的议案,决定是否提请常务委员会会议审议,或者先交有关的专门委员会审议、提出报告,再决定是否提请常务委员会会议审议;提出由主任会议拟定的地方性法规（草案）和决议、决定（草案），提请常务委员会会议审议。

经过初创期的探索，上海市人民代表大会、上海市人民代表大会常务委员会、上海市人民代表大会常务委员会主任会议、上海市人民代表大会专门委员会在法规案审议中的职权范围已经制度化、规范化。

（二）专门立法工作机构呼之欲出

立法工作是一项专业性很强的工作，立法初创期的上海积极探索建立专门的立法工作机构。1980 年 5 月，上海市第七届人大常委会第四次会议决定在市人大常委会设立政治法律、财政经济、市政建设、科学文教四个专门委员会，作为市人大常委会的专业工作机构。实践证明，常委会设立专门委员会对于加强人大及其常委会的经常性工作，更好地依法行使地方国家权力机关的职权是完全必要的。此后，根据《宪法》和《全国人大组织法》的有关会议精神，上海市人大常委会建议市人民代表大会设立法制、财政经济、教育科学文化卫生、市政建设等四个专门委员会。1985 年 7 月第八届人大第四次会议通过《上海市人民代表大会关于设立四个专门委员会的决定》，规定各专门委员会受市人民代表大会领导，在大会闭会期间，受市人大常委会领导。市第八届人大常委会原设立的法制、生产、财政贸易、市政建设、教育科学文化卫生委员会予以撤销。①

但是，由于专门委员会不是人大的工作机构，不能在市人大会议期间对地方性法规等议案进行审查，应当设立常设的专门工作机构从事地方立法工作。1980 年 1 月 7 日，上海市第七届人大常委会第一次会议决定设立办公厅，作为常委会的办事机构，其第七项任务是"参与草拟地方性法规规划，参与地方性法规草拟、讨论和修改。"常委会办公厅虽然不是专司立法工作的常设立法工作机构，但在上海地方立法初创期承担了部分立法工作的职能，不啻是专门立法工作机构的雏形。

（三）立法程序规范初步试水

立法程序是立法机关行使立法权必须严格遵循的步骤和方法，具有法定性、严肃性。1986 年 8 月 30 日，上海市第八届人大常委会第二十三次会议通过的《上海市人民代表大会常务委员会制定地方性法规程序的暂行规定》是上海首部立法程序性规定，该暂行规定共 7 章 23 条。分别规定了总则、地方性法规议案的提出、地方性法规草案的拟订、地方性法规草案的审议和通过、地方性法规的颁布、地方性法规的解释、修改和废止以及附则。尽管该暂行规定初次探索立法程序性规定，但一些关键条款的设计颇见功力。暂行规定第二条规定："上海市

---

① 参见蔡秉文主编：《上海人民代表大会志》，上海社会科学出版社 1998 年版，第 254 页。

人民代表大会常务委员会,根据本市的具体情况和实际需要,在和宪法、法律、行政法规不相抵触的前提下,制定本市地方性法规。"该条确立了地方性法规与上位法"不抵触"的根本原则。第三条用列举的方式界定了地方性法规的范围:"上海市人民代表大会常务委员会制定的、在本行政区域内具有法律效力的下列规范性文件,均属本市地方性法规:(一)国家法律规定由省、自治区、直辖市人民代表大会常务委员会制定的实施细则、实施办法和补充规定;(二)为保证宪法、法律、行政法规在本市的实施,需要由市人民代表大会常务委员会制定的条例、规定;(三)为贯彻执行全国人民代表大会及其常务委员会的决议、决定所作出的规范性决议、决定;(四)有关本市各方面工作的重大问题以及涉及公民的基本权利、义务和切身利益需要制定的条例、规定;(五)市人民代表大会及其常务委员会认为需要由常务委员会制定的其他地方性法规。"

在《立法法》尚未颁布、国家相关法律对中央和地方立法权限未作出相关规定的情况下,暂行规定中的相关规定于法无悖,将初创期上海地方立法活动纳入了法制的轨道。

四、 初创期地方性法规亮点解析

上海地方立法初创期,尽管立法工作刚刚起步,但相关立法紧紧围绕上海改革发展的中心工作。除实施性地方性法规外,适合上海经济与社会发展实际且具有上海特色的引领性、管理性、创制性地方性法规应有尽有,精彩纷呈,显示了立法者具有较强的驾驭地方立法的能力。

(一)引领性立法初试锋芒

引领性是立法的重要功能之一。在改革开放刚刚起步,各项建设百废待兴的关键时期,发挥地方立法的引领性功能尤为重要。

1. 积极鼓励引进与消化吸收先进技术

1983年以来,上海积极扩大引进技术的规模,加速传统工业改造,提高技术进步的起点,加快新技术发展,促进产品更新换代。而引进国外技术与设备,关键在于如何消化吸收,推广使用进而发展创新,这一工作需要法制加以引领。为此,1987年6月20日,上海市第八届人大第二十九次常委会批准了《上海市鼓励引进技术消化吸收暂行规定》。该暂行规定共29条,明确规定了引进技术消化吸收的目标、引进技术与消化吸收工作的规划和组织领导。为有利于发挥引进技术的最大效益,避免重复引进,暂行规定明确规定:凡使用国家拨给或扶持的外汇引进的技术和设备,除涉及专利和合同规定保护的技术秘密外,允许有关单位参加消化吸收工作。暂行规定对引进技术消化吸收的权益、所需资金的来源、外汇的使用和调剂以及优惠待遇等，都作了具体规定。

2. 大力发展新兴技术和新兴工业

上海是我国最大的工业城市，面临改革开放的新形势，急需大力发展新兴技术与新兴工业，对传统的产业结构进行调整、改造。为此，上海市第八届人大第三十次常委会于 1987 年 8 月 14 日通过了《上海市发展新兴技术和新兴工业暂行条例》。该暂行条例共 7 章 43 条，适用于在上海市范围内从事新兴技术研究、开发和从事新兴技术产品制造、应用，并列入基本计划和项目计划表的科研单位、大专院校和工厂企业。为增强法规的针对性，暂行条例突出重点，将其规范的新兴技术和新兴工业聚焦在上海需要重点发展的微电子技术、电子计算机技术、生物技术、光纤通信和程控通信技术、柔性制造技术和工业机器人、激光技术、新型材料等先进技术和应用这些技术建立起来的工业，以及为配套发展这些新兴技术和新兴工业所必需的关键工艺装备、关键原材料、关键原器件。暂行条例对于发展新兴技术和新兴工业的组织领导和计划、联合和推广应用、人才培养和技术引进、检查、考核和奖惩等事项作了具体规定。暂行条例规定，设立创业基金，用于扶持新兴技术和新兴工业的有关项目，相关项目可以享受减免税收、外汇扶持等优惠政策。

3. 依法推进经济技术开发区

为了进一步吸引外资和引进先进技术，加快基础建设步伐，上海自 1982 年开始对闵行和虹桥两个开发区进行开发和建设。1986 年国务院正式批准上海设立闵行、虹桥两个经济技术开发区。在当时，国家层面尚未制定经济技术开发区的管理规定。为了进一步扩大对外开放，发展对外经济技术合作和贸易，加快上海市经济技术开发区建设，1988 年 11 月 10 日上海市第九届人大常委会第四次会议通过了《上海市经济技术开发区条例》。

该条例共 5 章 30 条，规定了市人民政府主管外国投资工作的部门是开发区的管理机构，对开发区行使管理职权。这一制度创新的探索冲破了当时体制的束缚，改变了多头管理、层次多、效率低的弊端。条例规定，凡经国务院批准、在上海市设立的经济技术开发区，均适用本条例。开发区应按照上海市经济发展战略和城市总体规划的要求，以吸收外资发展新兴技术和新兴产业，举办先进技术企业和产品出口企业为主。根据需要也可兴建国际贸易、国际金融、外事活动场所和举办旅游、提供寓所等服务性项目。本市有关部门和单位应为开发区投资者提供良好的生产、经营条件，不断完善供水、供电、供煤气、排水、通信、道路、仓储运输、生活服务等基础设施和服务设施。条例同时规定，开发区内投资者的投资、财产、收益和其他合法权利，受中华人民共和国法律保护。开发区内的企业、单位和个人，必须遵守中华人民共和国法律、法规，不得损害社会公共利益。

条例对经济技术开发区的组织管理、投资与经营、优惠待遇等事项作了具体
规定。

4. 积极助推漕河泾新兴技术开发区

上海漕河泾开发区是继北京新技术开发试验区之后,国务院批准设立的我国第二个新技术开发区。该开发区自1984年创建以来,始终坚持"以发展工业为主、以利用外资为主、以出口创汇为主,致力于发展高新技术产业"的发展方针,在科学规划、集约开发、发展高新技术产业、提高经济与社会效益等方面取得了辉煌业绩。对上海经济发展起到了积极有效的窗口、示范、辐射和带动作用,是全国国家级经济技术开发区和高新技术产业开发区中发展速度较快、技术含量较高、经济效益较好的开发区之一。为加快漕河泾新兴技术开发区的建设,发展高技术、新技术及高技术、新技术产业,促进对外经济技术合作,推动传统工业的改造,1990年4月8日上海市第九届人大常委会第十七次会议通过了《上海市漕河泾新兴技术开发区暂行条例》。暂行条例共8章43条,将漕河泾新兴技术开发区的主要任务定位于引进国外及国内新兴技术和资金,兴办新兴技术企业;将国内及国外新兴技术成果转化为工业化产品并推广应用;促使新兴技术企业运用开发区的条件不断研究、开发、更新技术和产品,在技术进步的基础上扩大再生产;跟踪国际新兴技术发展进程;培训中、高级专门人才。暂行条例对于开发区的管理体制、开发区内的企业事业单位、环境保护、开发区资金、优惠和扶持、人才管理等事项作了具体规定。

值得一提的是,暂行条例中有关优惠政策的一系列规定引起了普遍关注,是国内同类地方性法规中支持力度最大的,且相关优惠政策得到了海关等国家相关部门的支持。①暂行条例第二十七条规定,凡符合本条例规定的新兴技术企业,实行下列减征或免征税收的优惠:(一)减按百分之十五税率征收所得税。(二)经市人民政府批准,可免购国家重点建设债券。(三)以自筹资金新建技术开发的生产、经营性用房,自一九九〇年起五年内免征建筑税。第三十条规定,开发区内新兴技术企业进出口业务的海关监管事项按下列规定办理:(一)开发区内的新兴技术企业生产出口产品所需的进口原材料和零部件,免领进口许可证,海关凭合同和市人民政府指定部门的批准文件验放;属于国家限制进出口或者实行进出口许可证管理的产品,需按国家有关规定办理进出口批件或进出口许可证。(二)经海关批准,在开发区内设立保税仓库和保税工厂,海关对进口的

———————

① 暂行条例制定于1990年,堪称上海市"古董级"的地方性法规。二十多年来上海市的地方性法规几经清理,不少年代久远的法规被先后废止,但该暂行条例仍然予以保留。国家相关部门表示,如修改暂行规定或者制定新的条例,将不再给予地方享有相应的优惠政策。

原材料和零部件进行监管,按实际加工出口数量,免征进口关税和进口环节工商统一税或产品税(或增值税);保税货物转为内销,必须经原审批部门批准和海关许可,并照章办理进口纳税手续。(三)新兴技术企业进口仪器和设备,凭审批部门的批准文件,由海关按有关规定办理。(四)新兴技术企业出口其生产的产品,免征出口关税。第三十一条规定,新兴技术企业出口所创外汇,三年内全额留给企业;从第四年起,地方和创汇企业二八分成。地方外汇分成部分留给开发区,由开发区总公司按照国家有关规定使用。第三十二条规定,所有减免的税款和分成外汇,由企业专项用于新兴技术开发和生产的发展。第三十三条规定,银行对开发区内的新兴技术企业优先予以贷款支持。对外向型的新兴技术企业,优先提供外汇贷款。全民所有制、集体所有制新兴技术企业所用贷款,经财政税务部门批准,可以税前还贷。开发区内可设立创业投资公司,支持新兴技术创新发明项目的投入生产。第三十四条规定,开发区内企业根据国内及国外人士提供新兴技术后的创利状况,可按照批准的合同规定让其分享利润。

(二)管理性立法初具规模

管理性是立法的又一重要功能,管理地方事务是地方国家机关的基本职能,管理性立法也是地方性法规最基本的形式。上海地方立法初创期,管理性立法在加强城市管理方面发挥了积极的作用。

1. 积极破解房屋拆迁难题

房屋拆迁是城市快速发展过程中出现的新问题。1982 年 5 月,国务院颁布了《国家建设征用土地条例》,对拆迁房屋问题作出了规定。为保证国家建设和城市改造的需要,妥善处理拆迁房屋中的问题,1982 年 10 月 12 日上海市第七届人大常委会第二十三次会议批准了《上海市拆迁房屋管理办法》。

该办法共 20 条,规定凡因国家建设、城市改造、整顿市容和环境保护等需要,必须拆迁房屋时,均应按照本办法的规定办理;各项建设必须按照城市总体规划的要求,统筹安排。要切实贯彻勤俭节约的原则,尽量少拆房屋。必须拆除房屋时,应当尽量避免拆除质量较好的房屋。未经批准,任何单位不得擅自拆除房屋。各单位拆迁其他单位的房屋和市区(城镇)居民、农村人民公社社员的住房,应当按照"先安置、后拆房"的原则,妥善安排被拆迁单位、居民、社员的用房,并且按照规定给予合理的补偿;分配给被拆迁户居住房屋的面积,根据原住房屋和安置房屋的地段、结构、质量、设备条件、家庭人口、原住面积等不同情况办理,有关单位和个人在房屋被批准拆迁后,应当自觉遵守国家法令、服从国家建设需要,主动配合,迅速搬迁。任何单位和个人,不得在本办法规定的补偿安置范围以外,提出额外要求或附加条件。不准以任何借口阻挠工作人员执行拆迁任务或使用暴力侵犯工作人员的人身安全。对违反者视不同情况进行处罚;对利用拆迁房屋的机会,骗取房屋,强占房屋,非法买卖房屋和拆房旧料等违法活动,由区、县城建管理部门会同公安机关给予经济制裁或行政处罚。对拒不接受处理的,由区、县城建管理部门提请司法机关依法处理。对使用暴力侵犯工作人员人身安全或构成其他违法犯罪行为的,由司法机关依法追究刑事责任。

2. 搞活管好城乡集市贸易

上海是一个超大型城市,城乡集市贸易是商品流通的重要渠道。1985年市区有农副产品集市101处,加上郊县农副产品集市、工业品集市等,全市共有集市427处。①为了搞活管好城乡集市贸易,扩大商品流通,促进商品生产,活跃城乡经济,方便群众生活,1985年7月4日上海市第八届人大常委会第十五次会议批准了《上海市城乡集市贸易管理规定》。该规定共5章37条,规定城乡集市贸易的管理应当在国家计划指导下,充分发挥市场调节的辅助作用,坚持“活而不乱、管而不死”的原则,国家通过行政管理和国营经济的主导作用,把城乡集市贸易管好搞活,维护市场经济秩序。规定对于上市物资和参加集市人员活动的范围、集市设置与管理、违章行为的处理等事项作了具体规定。根据该办法的规定,对相关违章行为由工商行政管理机关处理,其中违反税法的由税务机关处理。需要给予治安管理处罚和刑事处罚的,由司法机关依法处理;冲击市场管理机关和围攻、殴打市场管理人员、税务人员,或冒充市场管理人员、税务人员勒索、诈骗群众财物的,或其他严重扰乱市场秩序的,由司法机关依法处理;对工商行政管理机关的处理不服的,可以向上一级工商行政管理机关提出申诉;市场管理人员违反本办法规定的从严处理。

3. 大力营造植树造林社会氛围

20世纪80年代上海城乡建设如火如荼,在建设过程中擅自迁移、砍伐树木和占用绿地、林地的现象有增无减,农村推行联产承包责任制后,滥砍树木的现象较为严重,盗窃名贵树木花卉的案件也时有发生。为了有效遏制这些违法行为,促进上海市的植树造林绿化工作,加强林木、绿地、林地的建设和管理,美化城乡,保护和改善生态环境,1987年1月8日上海市第八届人大常委会第二十五次会议通过了《上海市植树造林绿化管理条例》。条例共6章39条,将条例保护的林地、绿地界定为公园、植物园、动物园、陵园、风景游览区、自然保护区、道路、广场等处的公共绿地;机关、团体、学校、部队、企业事业单位和住宅区内的专用绿地;铁路、公路、海塘、江堤、河道的两侧,水闸管理区和农田中用于防护目的的林地和绿地;林场、苗圃、花圃、草圃、果园以及用于园林、林业科研等的生产用地;城镇和乡村的其他林地、绿地。

---

① 参见蔡秉文主编:《上海人民代表大会志》,上海社会科学出版社1998年版,第261页。

　　条例规定，本市植树造林绿化的管理，实行统一领导，市、区（县）、街道（乡、镇）分级负责，专业管理与群众管理相结合的办法；本市的植树造林和绿化建设，应按照上海市城市总体规划的要求制定规划，纳入本市国民经济和社会发展计划；一切建设项目的绿地面积占用地总面积的比例，必须达到条例规定的要求，各级主管部门在审批计划、设计、施工时，应严格执行；凡年满十一岁至男六十岁、女五十五岁的本市公民，除丧失劳动能力者外，均应承担义务植树任务。年满十八岁的成年公民无故不履行义务植树的，所在单位或地区组织应给予批评教育，并责令限期补栽或给予经济处罚；凡列入固定资产投资计划建设项目中的绿化、林地建设项目，其经费在建设总投资中列支；自筹资金投资的，由建设单位按财务规定支付。植树造林绿化的专项费用，不得挪作他用；城乡各种林地和绿地必须严格管理和保护，不得任意借用、占用，禁止拔绿建楼。因国家建设确需占用林地、绿地，必须经市农业局或市园林管理局同意后，方能办理征用土地或调拨土地的手续。其他任何单位或个人，不得任意改变原有林地、绿地的用途。

　　条例对于侵占林地、绿地，擅自改变林地、绿地用途，擅自折损、刻划树木，违法砍伐、迁移树木，故意破坏林木、林地、绿地、园林设施，盗伐树木、盗剪名贵树枝、偷窃苗木、果实、花木盆景，抗拒、阻碍国家工作人员依法执行绿化管理任务等违法行为设置了相应的法律责任。

　　4. 依法整治市容环境脏、乱、差现象

　　上海是一个老工业城市，20世纪80年代城市设施比较老旧，环境卫生设施建设不足，市容环境脏、乱、差的现象一度比较严重。为了加强环境卫生管理，维护城市整洁，保障人民身体健康，促进经济发展和社会主义精神文明建设，1988年12月22日上海市第九届人大常委会第五次会议通过了《上海市环境卫生管理条例》。条例共7章50条，适用于上海市市区、县属城镇和独立工业区及其水域。条例规定，本市环境卫生管理实行统一领导、分级管理、社会监督的原则。任何单位和个人，都有享受良好卫生环境的权利，同时负有维护环境卫生的义务，并应尊重环境卫生作业人员的劳动，不得阻挠环境卫生作业人员的正常作业；市、区（县）人民政府应制定城市环境卫生事业发展规划，纳入城市规划和城市建设发展计划，并与本地区经济和社会发展相协调。任何单位和个人不得随意向地面和水域倾倒、排放垃圾和粪便；禁止随地吐痰；禁止乱扔果皮、纸屑、烟蒂等垃圾。禁止随地便溺；禁止乱倒污水；禁止在里弄、道路、广场、空地等露天场所和公共垃圾容器内焚烧树叶和垃圾；科研、医疗卫生等单位产生的有毒有害垃圾、传染病人的粪便、动物尸体，必须按有关规定消毒处理，严禁倒入垃圾箱、垃圾堆点和下水道；各级环境卫生管理部门负责本条例实施的监督工作，并设置环境卫生监察队伍。区、县人民政府可根据实际情况，组织群众性监督队伍，协助环境卫生管理部门开展监督工作;环境卫生管理部门应设立社会监督电话和监督信箱。对违反该条例的行为,任何单位或个人都有权利向环境卫生管理部门控告、揭发。条例对于各种违反条例禁止性规定的行为设置了相应的法律责任。

5. 推动城市建设规划法制化

城市建设规划是谋划城市未来发展、城市合理布局和综合安排城市各项工程建设的综合部署,是一定时期内城市发展的蓝图,也是城市管理的重要组成部分,是城市建设和管理的重要依据。1986年10月,国务院关于《上海市城市总体规划方案》批示中明确要求制定有关规划管理的法规,依法保证城市规划的有效实施。人代会期间,一些人大代表也提出相关议案,要求制定土地使用规划管理的法规。为了加强上海市城市建设规划管理,保证城市规划的实施,合理调整城市布局,改善生产、生活环境,促进社会和经济的协调发展,1989年6月22日上海市第九届人大常委会第九次会议通过了《上海市城市建设规划管理条例》。

条例共8章53条,规定任何单位和个人在本市范围内进行各项建设活动,必须遵守该条例。各项建设活动,必须服从本市城市规划,不得妨碍公共安全、公共卫生、道路交通和市容景观。条例规定,进行地区开发建设(含旧区改建)必须编制详细规划,详细规划须报主管部门批准。开发建设单位必须根据统一规划、综合开发、配套建设和新区开发建设与旧区改建相结合的原则,按照批准的详细规划和市政、公用工程地下设施先行的要求,制定实施方案,集中成片地进行开发建设;地区开发建设应保护具有重要历史意义、文化艺术和科学价值的建筑和建筑群。凡属文物保护单位,必须按照文物保护法执行。其他应予保护的建筑和建筑群,由市规划局报市人民政府批准,并确定保护范围;因公益需要,在规定的保护范围内进行建设的,必须报经主管部门批准;城市旧区的改建应贯彻有步骤地疏解旧区工业、交通和人口的方针,重点改建危房区、简屋区以及市政公用设施简陋、交通阻塞、环境污染和积水严重的地区;各项建设用地必须贯彻节约用地、合理用地的原则,并符合本市城市土地使用的规划管理技术规定;各类新建、迁建项目的建设用地,应在综合开发建设地区内统筹安排。

尚未进行综合开发建设的地区,应严格控制零星分散建设。在市政、公用等设施不能满足需要,而又无有效措施的地段,不得安排新建、迁建项目;城市公共绿地、专用绿地、公共活动用地以及体育运动场地和学校用地,必须妥善保护,任何单位和个人不得任意占用或改变用途;市规划部门应制定城市道路规划红线,报经市人民政府批准后,公布执行。沿道路建造的建筑物、构筑物及其附属设施,不得逾越道路规划红线;凡新建、改建、扩建、拆除建筑物和构筑物以及变动建筑物主体承重结构的大修、沿城市道路房屋门面的装修,建设单位和个人须按规定申领建筑工程执照后，方得施工。条例对于各种违反禁止性规定的行为设置了严格的法律责任。

（三）创制性立法惊艳亮相

创制性立法是立法主体根据宪法或者有关法律、行政法规规定的职权或法律法规的授权，就法律法规尚未规定的事项创制新的法律规范的活动。这种立法在地方立法中最为活跃，最具有地方特色，也最能体现地方立法的水平。初创期的上海地方立法，相关的创制性立法有声有色，在全国具有广泛的影响。

1. 依法保护古树名木

古树名木被称为"活文物"、"活化石"，蕴藏着丰富的政治、历史、人文资源，是一座城市、一个地方文明程度的标志。长期以来，由于多种原因，我国古树名木遭受破坏现象严重，数量急剧减少。上海积极探索将古树名木的保护纳入法制的轨道，1983年9月12日上海市第八届人大常委会第四次会议批准了《上海市古树名木保护管理规定》，该规定言简意赅，共12条，将上海市城乡范围内"具有历史价值和纪念意义的"、"树龄在百年以上的"、"树种珍贵，国内外稀有的"、"树形奇特，国内外罕见的"树木纳入应加强保护管理的"古树名木"的范围，规定凡树龄在三百年以上，以及特别珍贵稀有或具有重要历史价值和纪念意义的古树名木，定为市级保护，报城乡建设环境保护部和市人民政府备案；其余古树名木定为区、县级保护，报有关区、县人民政府备案；经园林部门鉴定列为保护的古树名木，应统一登记、编号、造册，建立档案，并竖立明显标志，以资识别和保护。

任何单位和个人都有保护古树名木的责任。属于单位所有的由所在单位负责保护管理；属于个人所有的由个人负责保护管理，如自愿出让的由园林部门收购；古树名木一律严禁砍伐，不准攀折树枝，不准剥损树皮，不准借树木搭棚、作业，不准在树上挂物、敲钉、刻划。在树冠垂直投影外两米的范围内，不准挖土、堆物、造房、作业，不准倾倒有害的废水废渣。禁止其他一切影响古树名木生长的行为；对保护管理古树名木成绩显著的单位和个人，由所在区、县人民政府给予表彰或奖励；因保护不善，致使古树名木受到损伤的，由园林部门会同有关部门追查直接责任人员的责任。对违反本规定的，应予严肃处理；对故意破坏古树名木的，由公安机关依法给予处罚；情节恶劣、后果严重的，由司法机关依法追究刑事责任。

2. 依法规范医疗事故处理

医疗行为在医方（医疗机构）与患方（患者或者患者近亲属）之间产生的医疗过错、侵权与赔偿纠纷涉及民事基本制度，但国家层面相关法律、行政法规长期阙如，造成对医疗事故的判定、处理缺乏统一的标准，影响对医疗事故及时、妥善的处理,病员及其家属的合理要求得不到解决,对事故责任者和"医闹"也无法给予应有的处理和制裁。

为了正确处理医疗事故,保障病员及其家属和医务人员的合法权益,维护医疗单位的工作秩序,上海地方立法在与国家法律不抵触的前提下,探索发挥地方立法在解决医患矛盾中的积极作用。1984年12月28日上海市第八届人大常委会第十二次会议批准了《上海市医疗事故处理暂行规定》。

该暂行规定共7章35条。规定各级卫生行政管理部门和医疗单位要加强科学管理,加强思想政治工作和职业道德教育;医务人员要严格执行各项规章制度和医疗技术操作规程,努力提高医疗服务质量,防止医疗事故的发生。病员及其家属应配合医务人员进行诊治,遵守医疗单位的各项规章制度。医疗单位对本单位发生的医疗事故,必须坚持实事求是的科学态度,及时、认真地进行调查、分析,作出正确的结论和处理。

该暂行规定对医疗事故的类别和等级作出了规定,并规定由于难以预料和防范的意外情况而造成的不良后果、难以避免的合并症、病员及其家属不配合诊治为主要原因而造成不良后果的情形不属医疗事故。暂行规定对医疗事故的处理程序、医疗事故的鉴定、医疗事故的经济补偿等事项作了具体规定。同时规定,如因拒绝或拖延尸体检验而影响对死因的判定,由拒绝或拖延的一方负责。尸体检验,夏、秋季不得超过二十四小时,冬、春季不得超过四十八小时。

病员及其家属、医疗单位或个体开业医务人员,对医疗事故的确认有争议时,可提请医疗事故鉴定委员会进行鉴定;医疗单位在组织调查、处理医疗事故或事件的过程中,应指派专人妥善保管有关的病案和资料,任何人不得涂改、伪造、隐藏、销毁、抛弃。违者,按情节轻重给予处理;严禁任何人借口医疗事故而停尸要挟、损坏公物、殴打辱骂医务人员、聚众闹事,以及用其他方式扰乱医疗单位工作秩序。违者,由公安部门按照《治安管理处罚条例》予以处罚;构成犯罪的,由司法机关依法追究刑事责任;病员或其家属不得借口医疗事故向医疗单位提出迁移户口、安排工作、调配房屋等要求;造成责任事故的责任者必须作出书面检查。所在单位对责任事故的责任者应根据事故等级、情节轻重、本人态度,并结合一贯表现,分别给予行政处分,或并处经济处罚。

3. 依法监护治疗管理肇事肇祸精神病人

肇事、肇祸精神病人的监护、治疗和管理是社会治理中的又一难题,20世纪80年代中期,上海有精神病人8万多人,由于一些病人发病期间不能辨认或不能控制自己的行为,肇事、肇祸行为屡屡发生,甚至造成涉外事件,影响国家声誉。[1]在国

---

① 参见蔡秉文主编:《上海人民代表大会志》,上海社会科学出版社1998年版,第261页。

家层面相关法律、行政法规尚未作出规范的情况下，为维护社会秩序，保障人民生命财产安全和保护精神病人的合法权益，上海地方立法在与上位法不相抵触的前提下积极探索，依法规范对肇事、肇祸精神病人的监护、治疗和管理。

1986年8月29日上海市第八届人大常委会第二十三次会议通过了《上海市监护治疗管理肇事肇祸精神病人条例》。该条例共5章20条。将其规范的"肇事精神病人"界定为不能辨认或者不能控制自己行为而违反《中华人民共和国治安管理处罚条例》后果较重的精神病人；将"肇祸精神病人"界定为不能辨认或者不能控制自己行为而违反《中华人民共和国刑法》以及其他严重危害社会治安的精神病人。

条例规定，精神病人的监护人、家属或其所在单位，精神病人住所地的居民委员会、村民委员会以及卫生、公安、民政部门，应加强对精神病人的治疗、监护和管理，预防精神病人肇事、肇祸；经精神病司法医学鉴定确认为肇事、肇祸的精神病人，应分别对其实行强制性监护治疗：有肇事行为的精神病人送卫生部门所属医院诊治；有肇祸行为的精神病人送精神病人管治医院监护治疗；外省市的精神病人在本市肇事的，本市有近亲属的，由其近亲属领回严加看管和治疗，或送回原住所地；本市无近亲属的，由民政、公安部门共同负责遣送回原住所地。外省市的精神病人在本市肇祸的，由公安机关遣送回原住所地。

条例同时对监护人及其职责、肇事精神病人的管理治疗、肇祸精神病人的监护治疗等事项作出明确规定，需强制住院治疗的肇事精神病人，卫生部门所属医院凭市或区、县公安机关签发的《收治肇事精神病人入院通知书》，办理入院手续；对有杀人、放火、爆炸、强奸、抢劫、投毒等行为或严重危害社会治安的肇祸精神病人，由上海市精神病人管治医院监护治疗；有肇祸行为的可疑精神病人，必须对其进行精神病司法医学鉴定。经鉴定确认是精神病人的，由肇祸所在地的公安机关填写《肇祸精神病人监护治疗审批表》，报市公安局批准，予以监护治疗。条例颁布施行后，《上海市对肇事精神病患者实行强制住院的暂行规定》即行废止。

4. 依法维护青少年权益

青少年是祖国的未来，民族的希望，肩负中华民族伟大复兴的历史重任。中共中央（1985）20号文件明确提出"目前，保护青少年的有关法律还不完善，建议立法部门会同有关部门，根据宪法的精神，加紧制定保护青少年的有关法律，用法律手段来保障青少年的合法权益不受侵犯"。

上海勇于探索，积极进取，推出了我国第一部保护青少年权益的地方立法。1987年6月20日上海市第八届人大常委会第二十九次会议通过了《上海市青少年保护条例》。条例共10章58条，将保护的青少年界定为"居住、进入本市的六周岁至不满十八周岁的未成年人。"条例规定,保护青少年是国家机关、人民团体、企业事业单位、学校、家庭以及公民的共同责任。青少年有自我保护的权利和自我教育的责任;对青少年的保护,应根据青少年成长的特点,坚持培养教育、启发引导为主的原则,同时积极预防和治理青少年违法犯罪。对需要特殊保护的青少年实行特殊保护。对危害青少年健康成长者,坚持教育与处罚相结合的原则。条例要求市、区、县、乡、镇人民政府设立青少年保护委员会。委员会主管检查、督促、协调条例的实施工作,讨论、决定保护青少年的重大问题。街道办事处也应设立青少年保护委员会。条例对青少年实行全方位的保护,对国家机关保护、家庭保护、学校保护、社会保护、青少年自我保护作了专章规定。条例针对青少年保护的特殊情况,对有生理缺陷的青少年、无人抚养的孤儿、不服父母或其他监护人管教,并经常旷课、逃学、逃夜、结交不良的青少年以及女青少年的保护作出特别规定。条例同时对违法犯罪青少年的教育、矫治与安置、控告、检举与违反条例的处理办法作出了具体规定。

这部条例对于保护未成年人的健康成长,保障未成年人的合法权益,初步形成上海市未成年人保护工作的体系和执法机制发挥了积极作用。①上海条例的出台为 1991 年第七届全国人大常委会制定《中华人民共和国未成年人保护法》提供了宝贵的经验。

五、 理论归纳与实践总结

立法实践需要立法理论的引领和支撑,立法理论的发展、深化也需要从立法实践中获得素材。20 世纪 80 年代我国国家层面的立法与地方立法几乎同时起步,立法理论研究刚刚开始,立法实践也比较有限,但立法理论前瞻性的研究对于立法实践及立法工作未来的发展产生了重要的影响。

1. 社会主义法制理念的缘起

上海地方立法初创期,正值我国社会主义民主法制初创期。在总结历史经验的基础上,提出了社会主义法制的理念。1978 年 12 月 13 日,中央召开工作会议,为随即召开的党的十一届三中全会作准备。邓小平同志在中共中央工作会议闭幕会上作了题为《解放思想,实事求是,团结一致向前看》的重要讲话,提出了为了保障人民民主,必须加强法制,必须使民主制度化、法律化,做到有法可依,有法必依,执法必严,违法必究。这一重要讲话为即将召开的党的十一届三中全会作了充分准备。

---

① 参见丁伟:《〈上海市未成年人保护条例〉立法透析》,《青少年犯罪问题》2005 年第 1 期。

　　1978 年 12 月召开的党的十一届三中全会实现了党的思想路线、政治路线、组织路线的拨乱反正,着重提出了健全社会主义民主和加强社会主义法制的任务。全会提出,宪法规定的公民权利,必须坚决保障,任何人不得侵犯。为了保障人民民主,必须加强社会主义法制,使民主制度化、法律化,使这种制度和法律具有稳定性、连续性和极大的权威,做到有法可依,有法必依,执法必严,违法必究。党的十一届三中全会揭开了党和国家历史的新篇章,是新中国成立以来党的历史上具有深远意义的伟大转折,同时也将加强社会主义法制,促进民主制度化、法律化列入议事日程,社会主义法制理念从此深入人心,全社会法治意识和法治观念逐渐增强。

　　2. 中国特色立法理论的初步总结

　　党的十一届三中全会以后,各项法制工作逐渐步入轨道。在立法领域,经过为期十年的探索,中国特色的立法工作初见成效。长期担任党和国家重要领导职务的彭真同志对我国立法工作作出了杰出贡献,被誉为我国社会主义法制的主要奠基人。①彭真同志在主持初创期立法工作的同时,对中国特色立法理论作出了初步总结:

　　关于立法根据论,彭真提出立法根据至少具有三种意义。一是实践意义上的,"要从中国现实的实际情况出发";二是理论意义上的。即立法要有理论作依据;三是法的意义上的,即宪法根据。彭真同志认为,"立法必须有理论作依据,宪法是有系统的理论作依据的,是有完整的体系的,前后一贯,体系严密。""法律是一门科学,有自己的体系,左右、上下,特别是与宪法不能抵触,立法要有系统的理论指导。"关于立法目的论,彭真同志强调立法要从实际出发,解决实际问题。立法还有其他目的,如发展社会主义民主,健全社会主义法制;保障和促进社会主义现代化建设的顺利进行;保护广大人民群众的权利和利益等。关于立法方法论,彭真同志提出立法要从实际出发,要符合中国的国情;立法必须坚持四项基本原则;立法必须保护大多数人的利益。彭真同志强调,"法是在矛盾的焦点上划杠杠,什么许做,什么不许做,令行禁止,要很明确。"关于立法技术论,彭真同志强调,立法必须注重法律体系的和谐,制定法律不能跟宪法相矛盾,也不能跟已有的法律相矛盾。应当重视立法计划,加强立法监督。②彭真同志关于立法理论的一系列论述奠定了中国特色社会主义立法理论的基础,为初创期地方立法的实践与理论研究指明了方向。

---

① 1979 年 2 月任全国人大常委会法制委员会主任,1979 年 6 月任第五届全国人大法案委员会主任,1980 年 1 月任中央政法委书记,1980 年 3 月任中央"两案"指导委员会主任,1980 年 9 月任宪法修改委员会副主任委员,1983 年 6 月当选为第六届全国人大常委会委员长。

② 参见万其刚:《立法理念与实践》,北京大学出版社 2006 年版,第 94—109 页。

3. 地方立法权的肇端

我国采用单一制(unitary governmnet type)的国家结构形式,中央高度集权,各地方行使的权力来源于中央授权,地方的自主权或自治权是由国家整体通过宪法授予的。在立法层面,全国人民代表大会在相当长的时间内是行使立法权的唯一主体。随着我国法制建设步伐的不断加快,在立法层面需要发挥中央和地方两个方面的积极性。1978 年 12 月 13 日,邓小平同志在中共中央工作会议闭幕会上作了题为《解放思想,实事求是,团结一致向前看》的重要讲话,指出"现在立法的工作量很大,人力很不够,因此法律条文开始可以粗一点,逐步完善。有的法规地方可以先试搞,然后经过总结提高,制定全国通行的法律。修改补充法律,成熟一条就修改补充一条,不要等待'成套设备'。总之,有比没有好,快搞比慢搞好。"邓小平同志的这一讲话首次提出了地方立法可以先行先试,在立法上先行一步。

1979 年 7 月 1 日,第五届全国人大第二次会议通过的《地方组织法》第六条规定:"省、自治区、直辖市的人民代表大会根据本行政区域的具体情况和实际需要,在和国家宪法、法律、政策、法令、政令不抵触的前提下,可以制定和颁布地方性法规,并报全国人民代表大会常务委员会和国务院备案。"1982 年《宪法》第一百条规定:"省、直辖市的人民代表大会和它们的常务委员会,在不同宪法、法律、行政法规相抵触的前提下,可以制定地方性法规,报全国人民代表大会常务委员会备案。"至此,省、直辖市的人民代表大会及其常务委员会依法享有了地方立法权,沿袭了三十多年的中央高度集权的立法体制发生了历史性的变革,我国形成了统一而分层次的立法体制。

在理论研究层面,尽管中国地方立法尚处于初创阶段,但我国立法学界已开始对地方立法权的含义和特点、地方立法权的范围、中国地方立法权等问题进行初步研究,认为地方立法权低于国家立法权,立法的形式与内容有别于国家立法,其本身往往具有多层次性。中国的地方立法权在立法体制中起着执行和补充国家立法的作用,中国地方立法只能制定地方性法规并报全国人大常委会备案,不能制定宪法、法律和签订国际条约。[①]

4. 地方立法特征的提炼

地方立法相对于中央立法而言,是构成国家整个立法的一个重要方面。中国地方立法由一般地方立法、民族自治地方立法和特区地方立法所构成。特区立法又包括经济特区和特别行政区两方面立法。在一般地方立法和民族自治地方立法内部,又有层次的区别。经过十年的理论研究和实践探索,可以提炼出地

---

① 参见周旺生:《立法学》,北京大学出版社 1988 年版,第 280—285 页。

方立法的以下特征：

第一，地方性。地方立法的主体只能是地方国家机关。立法任务是解决地方问题，尤其是注重解决应当以立法解决而中央立法不能或不便解决的问题。地方立法可以有或应当有鲜明的地方特色，其基本原则之一是要从本地实际出发，保持地方特色。地方立法的效力范围限于本地行政区域内。

第二，复杂性。从总体上说，地方立法比中央立法更复杂。首先，地方立法有更多的关系需要处理。在中国，制定地方性法规至少要处理六种关系：与宪法和法律的关系；与行政法规的关系；与部门规章的关系；与地方政府规章的关系；与上级或下级地方权力机关及其常设机关的地方性法规的关系；民族自治地方制定地方性法规还要处理与自治条例、单行条例的关系。其次，地方立法调整的社会关系更具体，在总体上规定的事项更多，许多不宜由中央立法解决的问题便由地方立法解决，这也增加了它的复杂性。最后，各地经济、政治、文化等发展的不平衡，也使地方立法复杂化。

第三，从属与自主两重性。一方面，地方立法与中央立法相比，处于相对次要的地位，一般要以中央法律、法规为依据，或不能与其相抵触。在立法功能方面，地方立法一般都负有贯彻实施中央法律、法规的责任。在中国，地方立法还有补充中央法律、法规以及先行一步为中央立法积累经验的任务，但应当与中央立法保持一定的协调性。另一方面，地方立法作为一国立法体制的组成部分，也有相对独立的地位，地方立法存在的主要原因之一，是要以地方立法的形式调整地方社会关系、解决地方问题。它可以在不与中央法律、法规相抵触的前提下，独立自主地立法，积极地解决应当由自己解决的问题。地方也可以根据本地情况，在坚持或顾及法制统一的前提下，自主地形成自己的风格。但是，自主性与从属性之间的关系应该是自主性从属于从属性，不能在国家法律体系之下或之外，再搞自己部门或专门委员会的法律体系。因为中国特色社会主义法律体系是一个有机统一的整体，地方立法不能自成体系，各自为政。这是由我国的政体即人民代表大会制度、中国统一的单一制国家结构形式、中国统一开放竞争有序的社会主义市场经济体制、中国统一的分层次的立法体制所决定的。

5. 地方立法权限的探索

我国是统一的单一制国家，地方立法从属于国家立法，与国家法律、行政法规"不抵触"是地方立法的生命线。长期以来，有关地方立法的权限是地方立法实践和理论研究永恒的主题。然而，在地方立法初创期，由于宪法、相关组织法对国家立法权和地方立法权仅作原则性规定，且地方立法的实践刚刚起步，立法理论界有关地方立法权限问题的研究仅限于学理研究，缺乏相应的立法实证研究。

　　我国有关统一而分层次的立法体制确立于 20 世纪 70 年代末、80 年代初，以宪法和相关组织法颁布的时间先后为顺序，第五届全国人大第二次会议 1979 年 7 月 1 日通过的《地方组织法》第六条首先赋予地方立法权，第五届全国人大第五次会议于 1982 年 12 月 4 日通过的 1982 年《宪法》第一百条固化了《地方组织法》第六条的规定。从《地方组织法》、1982 年《宪法》的条文表述看，地方立法权基于三个条件：一是"根据本行政区域的具体情况和实际需要"；二是"和国家宪法、法律、政策、法令、政令不抵触的前提下"；三是"报全国人民代表大会常务委员会和国务院备案"。值得关注的是，从立法技术上分析，《地方组织法》、1982 年《宪法》为地方立法设置三个条件属于"正面清单"的表述方法，即在具备条件的情况下可以制定地方性法规，而并未采用"负面清单"的表述方式，规定地方立法不能涉及哪些领域。

　　同样值得关注的是，按照《地方组织法》、1982 年《宪法》的规定，在符合前述三个条件的情况下，省、直辖市人大及其常委会"可以制定地方性法规"。"可以"两字具有特殊的含义，反映了地方立法从属于中央立法的特征。1982 年《宪法》、《地方组织法》对制定地方性法规的用词很严谨，找不到"职权"、"权"、"权力"等词语，而是用了"可以"，即在不同宪法、法律、行政法规相抵触的前提下，可以制定和颁布地方性法规。"可以"一词表明地方立法权是　种授权，是准许作为，而不是强求必须作为，这与地方立法从属于中央立法的性质和地位是一致的。

　　在行使地方立法权的上述三个条件中，"不抵触"是一条基本原则，是地方立法的前提条件，把握"不抵触"需要界定中央立法与地方立法的权限范围。中央和地方立法权限的划分是国家立法体制中的核心问题，是国家立法权的纵向配置，是国家结构形式理论在立法层面上的深化，在宪法中占有重要地位。如果立法权限划分不清，将导致国家权力结构不平衡，地方立法权限过大，可能出现地方保护主义盛行、条块分割、设置贸易壁垒的现象，影响国内市场统一及国家法制统一。同样，中央立法权限过大，会使地方国家机关职权虚化，难以形成中央与地方的互动局面。确保地方立法与国家法律"不抵触"，需要考察国家立法权的范围。

　　在立法初创期，关于国家层面的立法权，1982 年《宪法》和《中华人民共和国全国人民代表大会组织法》（以下简称《全国人民代表大会组织法》）作出了相应的规定。1982 年《宪法》第六十二条规定，全国人民代表大会行使的职权包括：修改宪法；监督宪法的实施；制定和修改刑事、民事、国家机构的和其他的基本法律。第六十七条规定，全国人民代表大会常务委员会行使的职权包括：解释宪法，监督宪法的实施；制定和修改除应当由全国人民代表大会制定的法律以外的其他法律；在全国人民代表大会闭会期间，对全国人民代表大会制定的法律进行部分补充和修改，但是不得同该法律的基本原则相抵触；解释法律。第八十九条规定，国务院行使的职权包括根据宪法和法律，规定行政措施，制定行政法规，发布决定和命令。

《全国人民代表大会组织法》第九条规定，全国人民代表大会主席团、全国人民代表大会常务委员会、全国人民代表大会各专门委员会、国务院、中央军事委员会、最高人民法院、最高人民检察院，可以向全国人民代表大会提出属于全国人民代表大会职权范围内的议案，由主席团决定交各代表团审议，或者交有关的专门委员会审议、提出报告，再由主席团审议决定提交大会表决。第十二条规定，全国人民代表大会会议对于宪法的修改案、法律案和其他议案的通过，依照中华人民共和国宪法的有关规定。第二十二条规定，全国人民代表大会常务委员会行使中华人民共和国宪法规定的职权。第三十一条规定，常务委员会审议的法律案和其他议案，由常务委员会以全体组成人员的过半数通过。

从立法技术上分析，1982年《宪法》和《全国人民代表大会组织法》的上述规定采用概括式的表述方法，规定全国人民代表大会"制定和修改刑事、民事、国家机构的和其他的基本法律"，全国人大常委会"制定和修改除应当由全国人民代表大会制定的法律以外的其他法律"、国务院"根据宪法和法律，规定行政措施，制定行政法规，发布决定和命令"，相关法律并未用列举式的方式明确规定国家层面行使立法权的具体领域和范围。①

鉴于初创期国家相关立法没有明确规定中央立法权和地方立法权行使的具体范围，对于如何判断"不抵触"缺乏清晰的标准，以至于初创期人大代表提出的立法议案中不乏有制定涉外经济立法、加快对外开放等议案。②1986年8月30日上海市第八届人大常委会第二十三次会议通过的《上海市人民代表大会常务委员会制定地方性法规程序的暂行规定》第二条虽然规定"上海市人民代表大会常务委员会，根据本市的具体情况和实际需要，在和宪法、法律、行政法规不相抵触的前提下，制定本市地方性法规。"但该暂行规定第三条列举了属于上海市地方性法规的五类规范性文件，其中第四类指的是"有关本市各方面工作的重大问题以及涉及公民的基本权利、义务和切身利益需要制定的条例、规定"。③

---

① 2000年3月15日第九届全国人民代表大会第三次会议通过的《立法法》第二章第一节首次对全国人民代表大会及其常委会的立法权限作出规定，该法第八条列举了全国人大及其常委会行使国家立法权的具体事项。

② 按照2000年3月15日通过的《立法法》第八条的规定，涉外经济立法、加快对外开放等事项涉及国家基本经济制度，属于中央专属立法的事项。

③ 按照2000年3月15日通过的《立法法》第八条的规定，对公民政治权利的剥夺、限制人身自由的强制措施和处罚，属于中央专属立法的事项。

此外,上海地方立法初创期制定的《上海市鼓励引进技术消化吸收暂行规定》涉及外汇的使用和调剂以及优惠待遇,《上海市经济技术开发区条例》、《上海市漕河泾新兴技术开发区暂行条例》涉及税收优惠待遇等事项,《上海市医疗事故处理暂行规定》涉及医疗过错、侵权与赔偿纠纷等民事基本制度,《上海市监护治疗管理肇事肇祸精神病人条例》涉及对肇事肇祸精神病患者实行强制住院等限制人身自由的强制措施。在 2000 年 3 月 15 日《立法法》颁布前,前述地方性法规的相关规定与国家法律、行政法规不相抵触,亦不违反法律、行政法规的禁止性规定。2000 年 3 月 15 日《立法法》颁布后,上海地方立法严格遵循《立法法》的相关规定,包括《上海市人民代表大会常务委员会制定地方性法规程序的暂行规定》在内的前述相关地方性法规都已被废止或作出修改。

在理论研究层面,我国立法学界在地方立法初创期已将目光投入地方立法权限这一领域。对该问题开展学理探讨,提出要明确划分地方立法的权限,认为只有明确划分地方立法的权限,才能既避免地方立法对国家立法的依赖,又避免地方权力机关与行政机关职权不清。第一,要从地方立法与国家立法关系上明确地方立法的权力范围。地方立法的重要目的是保证国家宪法和法律在各地得到更好的实施,同时要解决国家立法所不能解决的地方实际问题。第二,要明确地方立法权的归属及地方性法规与行政规章各自的范围。为分清职权,地方权力机关和行政机关应经常通气,避免各行其是。①

---

① 参见周旺生:《立法学》,北京大学出版社 1988 年版,第 285—287 页。

高速发展期
(20 世纪 90 年代)

"忽如一夜春风来，千树万树梨花开。"20 世纪 90 年代初，新一轮改革开放的春风吹遍了神州大地，邓小平同志南方谈话吹响了中国新一轮改革开放的集结号，党的十四大确立了建立具有中国特色社会主义市场经济的新目标，中国经济驶上了高速发展的快车道。以浦东开发开放为契机，上海改革开放再次提速，上海地方立法由此进入了经济立法高速发展期。

一、高速发展期地方立法背景与发展概览

20 世纪 90 年代上海经济立法高速发展并不是偶然的现象，是特定历史时期国家层面和上海地方层面一系列催生经济立法的因素叠加效应的结果。

（一）邓小平南方谈话扬起新一轮改革开放风帆

伴随着改革开放的推进，旧的计划经济体制逐渐解体，新的市场经济体制迅速成长。然而，基于两种不同体制的新旧利益格局的冲突和摩擦日益加剧，宏观经济运行格局与态势在双重经济体制之下的运行中积累的不健康因素逐渐增多，改革开放在理论上遭遇诸多难题的困扰，经济体制改革陷入停滞甚至局部倒退的困境。与此同时，20 世纪 90 年代初国际局势波诡云谲，原苏联与东欧社会主义国家不战自溃，改弦易辙。中国的发展处于又一个重要的历史转折关头。

面对国内外形势的风云变幻，改革开放总设计师邓小平同志力挽狂澜，以冷静而睿智的眼光洞悉世界，于 1992 年岁首动身到南方视察。自 1992 年 1 月 18 日至 2 月 21 日邓小平同志先后视察了武昌、深圳、珠海、上海等地，沿途发表了一系列振聋发聩的重要讲话，精辟地分析了国际国内形势，科学地总结了十一届三中全会以来党的基本实践和基本经验，明确回答了经常困扰和束缚人们思想的许多重大认识问题。邓小平同志指出，判断改革开放姓"社"姓"资"，标准应该主要看是否有利于发展社会主义生产力，是否有利于增强社会主义国家的综合

国力,是否有利于提高人民的生活水平;计划和市场都是经济手段,不是社会主义与资本主义的本质区别;社会主义的本质是解放生产力,发展生产力,消灭剥削、消除两极分化,最终达到共同富裕;社会主义要赢得与资本主义相比较的优势,必须大胆吸收和借鉴人类社会创造的一切文明成果,包括资本主义发达国家的一切反映现代社会化生产规律的先进经营管理方式;中国要警惕右,但主要是防"左"。

邓小平同志在同当时的上海市负责人谈话时提出,抓紧开发浦东,不要动摇,一直到建成;希望上海人民思想更解放一点,胆子更大一点,步子更快一点。"南方谈话"坚持党的十一届三中全会以来的理论和路线,是把改革开放和现代化建设推进到新阶段的又一个解放思想、实事求是的宣言书,并为即将召开的党的十四大作了最重要的思想准备、理论准备。1992年3月,中央政治局召开全体会议,完全赞同邓小平同志的重要谈话,认为谈话不仅对当前的改革和建设,同时对开好党的十四大,具有十分重要的指导作用,而且对整个社会主义现代化建设事业具有重大而深远的意义。以邓小平同志的谈话和中央政治局全体会议为标志,我国改革开放和现代化建设事业进入了一个新的阶段。

(二)市场经济体制呼唤法制保驾护航

1992年10月,举世瞩目的党的十四大在北京召开。会议明确提出了我国经济体制改革的目标是建立社会主义市场经济体制。会议认为,我国经济体制改革确定什么样的目标模式,是关系整个社会主义现代化建设全局的一个重大问题。这个问题的核心,是正确认识和处理计划与市场的关系。改革开放十多年来,市场范围逐步扩大,大多数商品的价格已经放开,计划直接管理的领域显著缩小,市场对经济活动调节的作用大大增强。实践表明,市场作用发挥比较充分的地方,经济活力就比较强,发展态势也比较好。我国经济要优化结构,提高效益,加快发展,参与国际竞争,就必须继续强化市场机制的作用。实践的发展和认识的深化,要求我们明确提出,我国经济体制改革的目标是建立社会主义市场经济体制,以利于进一步解放和发展生产力。建立社会主义市场经济体制,就是要使市场在社会主义国家宏观调控下对资源配置起基础性作用,使经济活动遵循价值规律的要求,适应供求关系的变化;通过价格杠杆和竞争机制的功能,把资源配置到效益较好的环节中去,并给企业以压力和动力,实现优胜劣汰;运用市场对各种经济信号反应比较灵敏的优点,促进生产和需求的及时协调。同时也要看到市场有其自身的弱点和消极方面,必须加强和改善国家对经济的宏观调控。建立和完善社会主义市场经济体制,是一个长期发展的过程,是一项艰巨复杂的社会系统工程。为了加速改革开放,推动经济发展和社会全面进步,必须围绕社会主义市场经济体制的建立,加快经济改革步伐,进一步扩大对外开放,更多更好地利用国外资金、资源、技术和管理经验。1993年,全国人大通过了宪法修正案,规定"国家实行社会主义市场经济"。"国家加快经济立法,完善宏观调控。"

从法律层面分析,现代市场经济的一个重要特征就是崇尚法治,把法律作为对经济运行实行宏观调控和微观调节的最主要手段,其他各种手段也都必须纳入法治的范围,并要求整个社会生活的法治化与之相适应。从这个意义上说,"社会主义市场经济本质上是法治经济"。法治是市场经济良好运行的保障,现代市场经济的核心特征,就是维护契约自由、统一开放市场、促进公平交易和积极有效监管。法治又是处理好政府与市场关系的保障,"法无授权即禁止,法无禁止即可为"应成为处理好政府与市场关系的基本原则。法治同时也是市场主体公平竞争的保障,市场主体有效参与竞争和创新需要一个公平的竞争环境。为此,党的十四大强调,要高度重视法制建设,加强立法工作,特别是抓紧制定与完善保障改革开放、加强宏观经济管理、规范微观经济行为的法律和法规,这是建立社会主义市场经济体制的迫切要求。党的十四大以后,法学界提出了建立与中国特色社会主义市场经济相适应的法律制度的理论命题,国家层面经济立法的步伐明显加快。

(三)浦东开发开放吹响上海经济立法集结号

浦东的开发开放承载了几代伟人的梦想。早在1918年,面对这片土地,孙中山先生就曾感慨:"如果浦东发展到浦西的水平,那中国就不得了了。"新中国成立后,第一任上海市市长陈毅也以热切的目光注视着浦东,称"浦东是一块处女地。"我国改革开放初期,时任上海市市长的汪道涵率先提出开发浦东,开发浦东成为上海决策层的共识。20世纪80年代中期江泽民任上海市市长时,浦东开发被列入议事日程。1986年,上海向国务院提交了《上海总体规划方案》,在国务院的批复中正式明确了开发浦东。1988年5月,上海组织召开了有100多位国内外专家参加的"开发浦东新区国际研讨会"。1990年1月,邓小平同志在仔细听取了上海市委和各方意见后,第一次明确提出"开发浦东、开放浦东"的设想。1990年3月3日,邓小平同志指出,"上海是我们的一张王牌,把上海搞起来是一条捷径。"1990年3月28日至4月7日,时任国务院副总理的姚依林带队,对浦东进行专题调研,并迅速形成《关于上海浦东开发几个问题的汇报提纲》。1990年4月18日,时任国务院总理的李鹏即在上海大众汽车投产仪式上宣布,中国政府决定开发开放浦东,在浦东实行经济技术开发区和经济特区的政策。随后,上海市委、市政府按照中央的战略部署,制定了"开发浦东、振兴上海、服务全国、面向世界"的开发方针。

浦东开发开放启动后,邓小平同志对浦东寄予厚望。1991年2月15日,大年初一，在上海市党政领导团拜活动即将结束的时候，邓小平同志指出："你们要抓住 20 世纪最后的机遇，抓住本世纪的尾巴，加快发展。"三天后，邓小平同志在朱镕基同志陪同下察看了浦东新区的地图和模型，再次指出："开发浦东，影响就大了。不只是浦东的问题，是关系上海发展的问题，是利用上海这个基地发展长江三角洲和整个长江流域的问题，抓紧浦东开发不要动摇，一直到建成。"他感慨道："浦东开发迟了，迟了至少五年，我在 84、85 年就觉得应该开发上海，但那时还没下这个决心。"他提出，"上海的开发可以面向全世界"。1992 年春天，邓小平南方谈话时提出："上海民心比较顺，这是一股无穷的力量。目前完全有条件搞得更快一点"，"看准了的，就大胆地试，大胆地闯"。

浦东不是中国改革开放的第一个开发区，比深圳晚了十年。但是，浦东的开发开放具有特殊的历史意义，向世界宣示了处于历史转折点上的中国将举什么样的旗、走什么样的道路，验证了改革开放和社会主义市场经济体制的巨大活力，标志着中国的经济改革和对外开放，从区域性试验转入了全面展开和深化的阶段。1992 年 10 月，党的十四大报告提出，要"以上海浦东开发开放为龙头，进一步开放长江沿岸城市，尽快把上海建成国际经济、金融、贸易中心之一，带动长江三角洲和整个长江流域地区经济的新飞跃。"

浦东开发开放使上海的位置从"后卫"一下子跃升为"前锋"，带动了上海经济的迅速腾飞，上海经济的快速发展要求地方立法积极有为，为改革发展保驾护航。有鉴于此，在 20 世纪 90 年代，上海地方立法聚焦在与市场经济相适应的经济立法方面。仅 1993—1998 年五年间，上海市第十届人大及其常委会制定地方性法规 59 件，占 1980 年上海市人大常委会行使立法权以来上海市地方性法规总数的近一半，其中属于经济方面的法规有 31 件，占 52%。上海无疑进入了经济立法高速发展期。

二、　高速发展期地方立法主要特征

经过地方立法初创期为期十年的实践与探索，上海地方性法规已初具规模，有效缓解了上海改革发展初期无法可依、无章可循的局面。进入第二个十年发展期，上海地方立法突出重点、兼顾一般，在聚焦经济立法的同时，兼顾地方立法的均衡发展，不断满足改革开放推进过程中的各种立法需求。与此同时，坚持立法数量与质量并重，"立、改、废"并举，积极追求地方立法精细化发展。该时期的地方立法呈现以下特征。

（一）创制性经济立法一枝独秀

20 世纪 90 年代初，以浦东开发开放为契机，上海经济进入了高速增长期，经济的快速发展要求地方立法及时回应实践的需求。为此,第九、十、十一届上海市人大及其常委会自1991年起至2000年,将经济立法作为地方立法的重点。鉴于上海为我国改革开放的前沿,上海该时期的经济立法具有鲜明的时代特征,除极少数为实施国家法律、行政法规的实施性地方立法外,绝大多数为上海创制性的立法。

在国内经济立法方面,该时期的经济立法主要集中在1993—1997年上海市第十届人大常委会期间。立法内容主要聚焦在经济管理类方面,意在营造上海法治化的市场竞争环境,促进市场公平交易和政府部门积极有效的监管,为上海率先建立社会主义市场经济运行机制,解放和发展生产力提供有力的法制保障。在这十年间,制定、修改国内经济立法30件次,其中,1993年12月至1997年10月,上海市十届人大常委会先后制定了《上海市统计管理条例》、《上海市实施〈中华人民共和国土地管理法〉办法》、《上海港口货物疏运管理条例》、《上海市产品质量监督条例》、《上海市技术市场条例》、《上海市反不正当竞争条例》、《上海市房地产登记条例》、《上海市公证条例》、《上海市测绘管理条例》、《上海市实施〈中华人民共和国农业技术推广法〉办法》、《上海市住房公积金条例》、《上海市价格管理条例》、《上海市劳动保护监察条例》、《上海市酒类商品产销管理条例》;修改了《上海市保护和发展邮电通信规定》、《上海市保护消费者合法权益条例》、《上海市实施〈中华人民共和国土地管理法〉办法》、《上海市技术市场条例》、《上海市水产养殖保护规定》(第一次修改)、《上海市保护和发展邮电通信规定》、《上海市统计管理条例》、《上海市反不正当竞争条例》、《上海市公证条例》。1998年6月至2000年12月,上海市第十一届人大常委会先后制定了《上海市人民代表大会常务委员会关于加强本市基础通信管线管理的决定》、《上海市合同格式条款监督条例》、《上海市计量监督管理条例》、《上海市经纪人条例》;修改了《上海市水产养殖保护规定》(第二次修改)、《上海市产品质量监督条例》、《上海市实施〈中华人民共和国土地管理法〉办法》。

在涉外经济立法方面,该时期的地方立法在前十年涉外经济立法的基础上,进一步聚焦在外商投资领域,同时对外高桥保税区建设、鼓励引进技术的吸收与创新作出规定。十年间,制定、修改、废止涉外经济立法6件次,其中,1991年8月16日第九届人大常委会第二十八次会议通过了《上海市外商投资企业清算条例》,1994年12月9日第十届人大常委会第十四次会议通过了《上海市人民代表大会常务委员会关于修改〈上海市中外合资经营企业劳动人事管理条例〉的决定》,1996年8月23日第十届人大常委会第二十九次会议通过了《上海市外商投资企业审批条例》,1996年12月19日第十届人大常委会第三十二次会议通过了《上海外高桥保税区条例》,2000年1月25日第十一届人大常委会第十六

次会议通过了《上海市鼓励引进技术的吸收与创新规定》，2000 年 4 月 11 日第
十一届人大常委会第十七次会议通过了《上海市人民代表大会常务委员会关于
废止〈上海市外商投资企业清算条例〉的决定》。

经过十年的努力，上海制定了一批创制性的经济管理类地方性法规，并且对
内容相对滞后的已有的经济管理类法规及时进行了修改，有效满足了该时期浦
东开发开放以及上海经济快速发展对立法的需求。

（二）兼顾地方立法均衡发展

鉴于 20 世纪 90 年代上海处于全方位、宽领域、深层次改革发展的大时代，
地方性法规在突出经济立法的同时，需要回应各领域改革发展对立法的期盼，兼
顾地方性法规的均衡发展。为此，十年间上海各相关领域的立法有了长足的
发展。

在社会管理方面，1991 年 3 月至 1992 年 6 月，上海市第九届人大常委会制
定了《上海市图书报刊市场管理条例》、《上海市收容遣送管理条例》、《上海市社
会治安防范责任条例》、《上海市人民代表大会常务委员会关于在本市部分地区
实行人民警察综合执法的决定》。1993 年 10 月至 1997 年 12 月，上海市第十届
人大常委会先后制定了《上海市信访条例》、《上海市征兵工作条例》、《上海市烟
花爆竹安全管理条例》、《上海市消防条例》、《上海市宗教事务条例》、《上海市外
来流动人员管理条例》、《上海市人才流动条例》、《上海市人民代表大会常务委员
会关于授予外国人"上海市荣誉市民"称号的办法》、《上海市华侨捐赠条例》、《上
海市殡葬管理条例》、《上海市特种行业和公共场所治安管理条例》；修改了《上海
市烟花爆竹安全管理条例》、《上海市征兵工作条例》、《上海市消防条例》（第一次
修改）、《上海市人民警察巡察条例》；废止了《上海市城镇房屋纠纷仲裁条例》。
1998 年 8 月至 2000 年 12 月，上海市第十一届人大常委会先后制定了《上海市
授予荣誉市民称号规定》、《上海市居民同外国人、华侨、香港特别行政区居民、澳
门地区居民、台湾地区居民婚姻登记和婚姻咨询管理若干规定》、《上海市清真食
品管理条例》、《上海市城镇职工社会保险费征缴若干规定》；修改了《上海市消防
条例》（第二次修改）、《上海市特种行业和公共场所治安管理条例》；并废止了《上
海市严禁赌博条例》。

在权益保障方面，1992 年 11 月至 1993 年 2 月，上海市第九届人大常委会
制定了《上海市实施〈中华人民共和国归侨侨眷权益保护法〉办法》、《上海市实施
〈中华人民共和国残疾人保障法〉办法》。1994 年 6 月至 1997 年 5 月，上海市第
十届人大常委会制定了《上海市少数民族权益保障条例》、《上海市实施〈中华人
民共和国妇女权益保障法〉办法》、《上海市工会条例》、《上海市母婴保健条例》；
修改了《上海市青少年保护条例》（第一次修改）、《上海市实施〈中华人民共和国

妇女权益保障法〉办法》、《上海市青少年保护条例》(第二次修改)、《上海市工会条例》。1998年8月至1999年7月,上海市第十一届人大常委会制定了《上海市老年人权益保障条例》;修改了《上海市实施〈中华人民共和国残疾人保障法〉办法》、《上海市实施〈中华人民共和国归侨侨眷权益保护法〉办法》。

在教育、科学、文化、卫生、人口、体育方面,1992年8月至1993年2月,上海市第九届人大常委会制定了《上海市国防教育条例》、《上海市实施〈中华人民共和国义务教育法〉办法》;修改了《上海市计划生育条例》。1994年7月至1997年12月,上海市第十届人大常委会制定了《上海市演出市场管理条例》、《上海市档案条例》、《上海市红十字会条例》、《上海市文化娱乐市场管理条例》、《上海市职业病防治条例》、《上海市科学技术进步条例》、《上海市音像制品管理条例》、《上海市实施〈中华人民共和国教师法〉办法》;修改了《上海市公民义务献血条例》、《上海市职业技术教育暂行条例》、《上海市计划生育条例》、《上海市文化娱乐市场管理条例》、《上海市演出市场管理条例》、《上海市图书报刊市场管理条例》、《上海市档案条例》、《上海市计划生育条例》、《上海市职业技术教育条例》、《上海市公民义务献血条例》。1998年9月至2000年12月,上海市第十一届人大常委会制定了《上海市献血条例》、《上海市发展中医条例》、《上海市人民代表大会常务委员会关于加强本市城镇职工养老保险费征缴的若干规定》、《上海市遗体捐献条例》、《上海市市民体育健身条例》;修改了《上海市文化娱乐市场管理条例》(第一次修改)、《上海市文化娱乐市场管理条例》(第二次修改)、《上海市科学技术进步条例》;废止了《上海市演出市场管理条例》。

在城市建设管理方面,1991年8月15日上海市第九届人大常委会第二十八次会议通过了《上海市第九届人民代表大会常务委员会关于贯彻实施〈城市房屋拆迁管理条例〉,废止〈上海市拆迁房屋管理办法〉的决定》。1994年7月至1997年10月,上海市第十届人大常委会制定了《上海市公园管理条例》、《上海市城市道路桥梁管理条例》、《上海市城市规划条例》、《上海市出租汽车管理条例》、《上海市道路运输管理条例》、《上海市供水管理条例》、《上海市排水管理条例》、《上海市居住物业管理条例》、《上海市道路交通管理条例》、《上海市水路运输管理条例》、《上海市建筑市场管理条例》、《上海市河道管理条例》、《上海市地下铁道管理条例》;修改了《上海市城乡集市贸易食品卫生管理规定》、《上海市城镇公有房屋管理条例》、《上海市公园管理条例》、《上海市城市道路桥梁管理条例》、《上海市城市规划条例》、《上海市出租汽车管理条例》、《上海市测绘管理条例》、《上海市住房公积金条例》、《上海市城乡集市贸易管理规定》、《上海市道路运输管理条例》。1998年9月至2000年9月,上海市第十一届人大常委会制定了《上海市地名管理条例》、《上海市燃气管理条例》、《上海市民防条例》、《上海市民用机场地区管理条例》、《上海市拆除违法建筑若干规定》、《上海市建设工程材料管理条例》、《上海市公路管理条例》、《上海市房屋租赁条例》、《上海市公共汽车和电车客运管理条例》；修改了《上海市道路交通管理条例》（第一次修改）、《上海市道路交通管理条例》（第二次修改）。

在环境和资源保护方面，1991 年 12 月至 1992 年 10 月，上海市第九届人大常委会制定了《上海市实施〈中华人民共和国水法〉办法》；修改了《上海市植树造林绿化管理条例》（第一次修改）。1993 年 10 月至 1997 年 8 月，上海市第十届人大常委会制定了《上海市实施〈中华人民共和国野生动物保护法〉办法》、《上海市环境保护条例》、《上海市滩涂管理条例》；修改了《上海市植树造林绿化管理条例》（第二次修改）、《上海市植树造林绿化管理条例》（第三次修改）、《上海市工业企业节约能源暂行规定》、《上海市实施〈中华人民共和国水法〉办法》、《上海市环境保护条例》、《上海市实施〈中华人民共和国野生动物保护法〉办法》。1998 年 9 月至 2000 年 9 月，上海市第十一届人大常委会制定了《上海市节约能源条例》；修改了《上海市植树造林绿化管理条例》（第四次修改）。

在人大工作方面，1992 年 2 月至 1993 年 2 月，上海市第九届人大常委会制定了《上海市人民代表大会常务委员会制定地方性法规程序的规定》、《上海市罢免和补选各级人民代表大会代表程序的规定》、《上海市实施〈中华人民共和国全国人民代表大会和地方各级人民代表大会代表法〉办法》；修改了《关于本市区、县及乡、镇人民代表大会代表直接选举的实施细则》（第一次修改）、《上海市人民代表大会议事规则》（第一次修改）。1995 年 1 月至 1998 年 1 月，上海市第十届人大常委会制定了《上海市人民代表大会常务委员会关于乡镇人民代表大会工作的若干规定》、《上海市人民代表大会常务委员会关于市人民政府制定规章设定行政处罚罚款限额的规定》；修改了《上海市人民代表大会关于代表议案的规定》、《上海市人民代表大会常务委员会关于本市区、县及乡、镇人民代表大会直接选举的实施细则》（第二次修改）、《上海市人民代表大会议事规则》（第二次修改）、《上海市实施〈中华人民共和国全国人民代表大会和地方各级人民代表大会代表法〉办法》。1998 年 8 月至 2000 年 5 月，上海市第十一届人大常委会修改了《上海市罢免和补选各级人民代表大会代表程序的规定》、《上海市人民代表大会常务委员会任免国家机关工作人员条例》。

在基层政权建设方面，1997 年 1 月 15 日上海市第十届人大常委会第三十三次会议通过了《上海市街道办事处条例》，1999 年 6 月 1 日上海市第十一届人大常委会第十次会议通过了《上海市村民委员会选举办法》，2000 年 9 月 22 日上海市第十一届人大常委会第二十二次会议通过了《上海市实施〈中华人民共和国村民委员会组织法〉办法》。

　　在法律性问题决定方面,1999 年 1 月 22 日上海市第十一届人大常委会第八次会议通过了《上海市人民代表大会常务委员会关于本市实行交通警察和巡察警察在道路上统一执法的决定》,2000 年 7 月 13 日上海市第十一届人大常委会第二十次会议通过了《上海市人民代表大会常务委员会关于同意在本市进行城市管理综合执法试点工作的决定》。

　　在初创期十年立法的基础上,经过第二个十年的加速发展,上海地方性法规在立法内容上,各领域的地方性法规均衡发展;在立法种类上,实施性地方性法规、自主性地方性法规、创制性地方性法规亦呈现出均衡发展的态势。至此,上海地方立法完成了第一次高速发展,地方立法已经基本涵盖了上海经济社会发展的各个领域。

　　（三）注重"立、改、废"并举

　　立法包含了制定、修改、废止、解释法律、法规的一系列活动,地方立法是一个"立、改、废"不断循环往复、螺旋式上升的动态过程。法律制度作为上层建筑的组成部分,是动态的、开放的、发展的,需要根据经济基础的发展变化,不断加以完善。改革是一项革故鼎新的社会革命,在上海改革发展的大时代,立法工作同样需要与时俱进,紧跟时代的步伐,一方面要及时把改革中成功的经验用法律形式固定下来,为改革与发展提供可靠的法制保障。另一方面,当情势发生变迁,国家立法出现重大变化,或者原有法规不适应改革开放和现实生活需要时,应该适时予以修改或废止。20 世纪 90 年代,上海地方立法的一个显著特征是注重"立、改、废"并举,在加快制定新的地方性法规,填补立法真空的同时,充分挖掘现有立法资源,积极开展对现行有效地方性法规的修改。

　　在经济管理领域,十年间共制定地方性法规 22 件,修改地方性法规 13 件次。其中,对《上海市水产养殖保护规定》作了两次修改,废止地方性法规 1 件;在社会管理领域,十年间共制定地方性法规 19 件,修改地方性法规 6 件次。其中,对《上海市消防条例》作了两次修改,废止地方性法规 2 件;在权益保障领域,十年间共制定地方性法规 7 件,修改地方性法规 6 件次。其中,对《上海市青少年保护条例》作了两次修改;在教育、科学、文化、卫生、人口、体育领域,十年间共制定地方性法规 15 件,修改地方性法规 15 件次。其中,《上海市文化娱乐市场管理条例》两年内作了两次修改,废止地方性法规 1 件;在城市建设管理领域,十年间共制定地方性法规 24 件,修改地方性法规 12 件次。其中,《上海市道路交通管理条例》于 1999 年 7 月、2000 年 4 月作了两次修改,废止地方性法规 1 件;在环境和资源保护领域,十年间共制定地方性法规 5 件,修改地方性法规 8 件次。其中,《上海市植树造林绿化管理条例》先后于 1992 年 10 月、1995 年 9 月、1997 年 5 月、2000 年 9 月作了四次修改;在人大工作领域,十年间共制定 5 件地方性法规，修改地方性法规8件次。其中，《关于本市区、县及乡、镇人民代表大会代表直接选举的实施细则》、《上海市人民代表大会议事规则》分别作了两次修改。

上海地方立法上述"立、改、废"的状况表明，在上海改革及经济社会高速发展的十年间，上海地方立法中"立"和"改"在数量上旗鼓相当，一些领域修改的数量已超过制定量，且个别地方性法规修改频次高。这一方面反映了上海改革发展力度不断加大，地方立法的生命周期不断缩短，另一方面体现了地方立法反应灵敏，能够及时回应改革发展的需求。上海地方立法中"立、改、废"的良性互动关系，反映了地方立法的稳定性与改革过程中变动性的关系。将"立、改、废"置于同样的地位，有助于使上海地方立法在实践活动的动态性和法律的相对稳定性之间始终处于稳定、协调的发展状态。

（四）追求地方立法精细化发展

"法律是治国之重器，良法是善治之前提。"立法是一门科学，立法工作不但需要尊重科学立法的规律，更需要遵循严格的立法程序，这是打造"良法"的必经途径。从这个意义上说，立法工作是一项技术活、精细活，立法工作者也被称为"法匠"。打造"良法"需要立法工作者具有高超的政治智慧，深厚的法学理论功底，精湛的立法技巧，才能使得每一部法律、法规都成为经得起实践考验的"精品"。20世纪90年代，在上海地方立法高速发展时期，立法工作者在应对面广量大的立法工作的同时，能够树立"精品"意识，追求地方立法精细化发展。如上海在该时期就积极探索地方立法技术规范，加强地方立法的科学化、规范化。在具体的立法项目中，也高度重视立法程序的规范化、精细化。

以义务教育立法为例，根据宪法的规定，义务教育是适龄儿童和青少年都必须接受，国家、社会、家庭必须予以保证的国民教育，具有强制性、公益性、普及性的基本特点。为了保障适龄儿童、少年接受义务教育的权利，保证义务教育的实施，上海市第八届人大第四次会议于1985年7月28日率先通过了《上海市普及义务教育条例》，在国家法律未出台前，该条例属于地方创制性立法。此后，第六届全国人大第四次会议于1986年4月12日通过了《中华人民共和国义务教育法》。为了与国家立法相衔接，1993年2月上海市第九届人大第一次会议通过了《上海市实施〈中华人民共和国义务教育法〉办法》。地方立法精细化表现之一是，在国家层面出台上位法的情况下，对作为下位法的地方立法作出修改完善，反映了上海地方立法准确把握地方性法规的功能、作用，及时将创制性立法变为实施性立法的发展概况。鉴于《上海市实施〈中华人民共和国义务教育法〉办法》包括了《上海市普及义务教育条例》的内容，并根据情况的变化增加了一些新的规定，为了避免重复立法，理顺地方性法规之间的关系，在制定新的地方性法规的同时,对已有地方性法规的存废一并予以考虑,这是地方立法精细化的又一表现。鉴于《上海市普及义务教育条例》的制定主体是上海市人民代表大会,而非上海市人民代表大会常务委员会,上海市第九届人大常委会在制定《上海市实施〈中华人民共和国义务教育法〉办法》时没有采取"立新废旧"的简单处理方式,直接在该实施办法中规定《上海市普及义务教育条例》同时废止,而是在1993年2月上海市第十届人大第一次会议上通过《关于废止〈上海市普及义务教育条例的决定〉》。从而避免出现由人大常委会废止人代会制定的法规的立法程序上极可能出现的瑕疵。这种立法程序上的精准把握无疑体现了上海地方立法的精细化。窥一斑而见全豹,在20世纪90年代《立法法》尚未出台,立法程序观念普遍比较淡薄,各地地方立法处于追求立法数量的粗犷发展期,上海地方立法精细化的发展值得称道。

(五)树立地方立法数量和质量并重观念

1997年9月,党的十五大在北京召开。党的十五大报告对社会主义初级阶段的所有制结构和公有制实现形式、推进政治体制改革、依法治国、建设社会主义法治国家等问题提出了一系列新的论断。报告提出:"继续推进政治体制改革,进一步扩大社会主义民主,健全社会主义法制,依法治国,建设社会主义法治国家。""坚持有法可依、有法必依、执法必严、违法必究,是党和国家事业顺利发展的必然要求。加强立法工作,提高立法质量,到二零一零年形成有中国特色社会主义法律体系。"在立法数量不断增多的情况下,提高立法质量已成为立法工作需要解决的主要矛盾。

从20世纪90年代中期开始,"加强立法工作,提高立法质量"成为了上海地方立法工作的主基调,上海地方立法在立法工作中树立了立法数量与质量并重的观念,并围绕提高立法质量积极探索制度建设。1998年5月至2000年8月,上海市第十一届人大常委会出台了《关于改进和加强本市地方立法工作的几点意见》《关于进一步贯彻实施〈关于改进和加强本市地方立法工作的几点意见〉》《关于对法规案初步审查意见报告和提供立法参阅资料的基本要求》《关于改进立法工作几个具体问题的通知》《关于地方性法规草案公开征求市民意见的暂行办法》《上海市人大常委会审议地方性法规(草案)的若干质量标准》《编制上海市人大常委会年度立法计划的立项标准(试行)》《上海市人大常委会立法技术规范》等一系列规范性文件。这些规范性文件大多由上海市人大常委会主任会议通过并印发,主要聚焦提高地方立法质量的关键环节,规定了科学立法、民主立法的一系列举措。

三、 高速发展期地方立法制度调整状况

提高地方立法质量，走精细化立法之路，关键在于完善地方立法体制、机制。20 世纪 90 年代，上海勇于创新、积极开拓，地方立法制度建设在原来的基础上有了长足的发展。

（一）全国地方立法工作研讨会肇始于上海

20 世纪 90 年代，各地在开展地方立法的过程中，积累了不少成功经验，同时也面临一些需要及时研究、破解的难题。立法实践的发展需要建立一个便利各地立法机关、立法工作者定期交流探讨，及时接受全国人大常委会法工委工作指导的工作平台。为此，上海市人大于 1991 年率先在上海组织召开了由相关省、自治区、直辖市人大常委会法制工作机构参加的全国性立法工作研讨会。该研讨会最初是各省、自治区、直辖市人大常委会法制工作机构自发组织的立法工作研讨会，刚开始是不定期召开，后来逐步固定下来。每次会议邀请全国人大常委会法工委有关负责同志参加。经过多年运行，全国地方立法研讨会成为人大系统的全国性立法工作会议，是全国人大加强与地方人大联系、指导地方人大立法工作、维护国家法制统一的重要平台和举措，是列入全国人大常委会每年工作要点和工作计划的一项重要任务。

2000 年《立法法》颁布实施后，应地方人大要求，从 2002 年开始，全国地方立法研讨会改为每年举办一次，由全国人大常委会法工委主办、省级地方人大常委会轮流承办。从十一届全国人大开始，每次会议有一位副委员长出席并讲话，就加强和改进立法工作提出要求、进行指导。第十二届人大常委会委员长张德江同志多次参加地方立法研讨会，并作出重要讲话。2009 年、2014 年上海市人大常委会承办了第十五次、第二十次研讨会。截至 2017 年，全国地方立法工作研讨会已举行了 23 次。肇始于上海的全国立法工作研讨会不仅是一年一度全国各地立法工作者的一次盛会，更是各地立法工作者统一认识，确保各时期各地立法贯彻中央大政方针的重要保障，对稳步提高地方立法质量，不断增强地方立法的针对性、有效性具有不可替代的作用。

（二）专司立法工作的常设机构破茧成蝶

按照 1986 年 8 月 30 日上海市第八届人大常委会第二十三次会议通过的《上海市人民代表大会常务委员会制定地方性法规程序的暂行规定》第十四条规定，常务委员会审议地方性法规草案，一般先由提请审议的机关负责人或代表在常务委员会会议上作该法规草案的说明，经过充分讨论后，将法规草案交有关专门委员会审议修改，再提请下次或者以后的常务委员会会议审议通过。即由专

门委员会进行初审,再提请下次或者以后的常务委员会会议审议通过。然而,按照人大的运作特点,各专门委员会的组成人员通常都是来自党政机关的资深领导,一般任期一届,换届后新一届的组成人员一切从头开始。专门委员会办公室人手有限,工作繁多,缺乏专司立法工作的工作人员。为确保地方立法质量,需要在常委会层面设立专司立法工作的常设工作机构,集聚一批政治素质高、法律功底扎实、具有丰富立法工作实践经验的立法工作者。

为此,1980年1月7日上海市第七届人大常委会第一次会议决定设立办公厅,作为常委会的办事机构,其任务之一是"参与草拟地方性法规规划,参与地方性法规草拟、讨论和修改。"与此同时,上海市人大常委会于1990年还设立了研究室,其主要职责是开展人大工作制度和建设的研究。为适应地方立法高速发展期加强立法工作力量的需要,1993年,上海市人大常委会将研究室更名为法制研究室,其主要任务是为市人大常委会行使地方立法权服务,负责地方立法工作的规划、综合、协调、研究等工作。法制研究室下设办公室、法制一处、法制二处、图书资料室。①经过将近五年的运行,上海市第十一届人大常委会第一次会议于1998年2月27日作出决定,设立上海市人民代表大会常务委员会法制工作委员会,作为市人大常委会工作机构,在常委会领导下,负责立法工作的规划、综合、协调、研究等方面的工作。法制工作委员会主任、副主任、委员的人选,由常委会主任会议提名,常委会通过。至此,作为专司立法工作常设机构的法制工作委员会破茧成蝶。

在2000年3月15日《立法法》出台前,我国尚未实行法制委、常委会法工委在立法工作中负有特殊职能的"统一审议制度"。作为常委会工作机构的法制研究室抑或常委会法制工作委员会,其任务只是为专门委员会初审及常委会行使立法权提供服务。1992年2月19日上海市第九届人大常委会第三十一次会议通过的《上海市人民代表大会常务委员会制定地方性法规程序的规定》第九条第(三)项规定:"有关本市地方国家权力机关建设的地方性法规草案,由市人民代表大会有关专门委员会或者常务委员会的工作机构负责起草。"第十八条规定:"地方性法规草案经常务委员会会议初步审议后,由有关专门委员会根据常务委员会组成人员和有关方面提出的意见进行修改,提出法规草案修改稿和审议结果报告;或者交由常务委员会工作机构修改,经主任会议审议后,提出法规草案修改稿和审议结果报告,提请下一次或者以后的常务委员会会议再次审议。有关的专门委员会或者主任会议应当向常务委员会会议作审议结果报告和修改说明。"上述规定表明,在20世纪90年代,无论是法制研究室还是常委会法制工作

① 参见蔡秉文主编:《上海人民代表大会志》,上海社会科学出版社1998年版,第256页。

委员会,作为"常务委员会工作机构",其法定职责限于起草地方性法规草案、在专门委员会初审后对法规草案及法规草案修改稿进行修改。

　　为贯彻党的十五大关于加强立法工作,提高立法质量的要求,进一步明确专门委员会和法制工作委员会在立法工作中的职责,上海市第十一届人大常委会主任会议于1998年5月21日通过了《关于改进和加强本市地方立法工作的几点意见》。此意见规定了法制工作委员会在立法工作中的具体职责:在常委会审议法规议案前,法制工作委员会与专门委员会在政府部门起草法规草案时就提前介入,了解起草情况和有关问题,提出建议;在常委会一审阶段,常委会一审通过的法规草案,由有关专门委员会或者主任会议委托的工作机构负责修改,法制工作委员会参与法规草案的修改工作,并负责法规文本的核对工作;常委会一审后,法制工作委员会配合有关专门委员会对一审后的法规草案进行修改,并对有关专门委员会事先提供的法规草案修改稿和审议结果报告进行研究,提出建议,供常委会主任会议参考;在常委会二审阶段,法规草案修改稿经常委会会议审议后,法制工作委员会根据常委会审议的意见和有关方面的意见进行修改,提出法规草案修改二稿和修改情况报告,有关专门委员会参与法规草案的修改工作,并负责对专门性问题进行协调。法规修改二稿经主任会议审定后决定提请常委会全体会议表决。《关于改进和加强本市地方立法工作的几点意见》的上述规定不但进一步明确了法制工作委员会在立法工作中的具体职责,也为2001年制定《上海市地方性法规条例》,确定"统一审议制度"下法制工作委员会的职责奠定了基础。

　　（三）立法程序规范渐趋成熟

　　上海地方立法的程序规范有一个逐渐探索、发展的过程。1986年前基本处于摸索阶段,一些做法参考了全国人大及其常委会的做法。1986年8月30日上海市第八届人大常委会第二十三次会议通过了《上海市人大常委会制定地方性法规程序的暂行规定》,该暂行规定共7章23条,在立法程序的各个环节上作出了初步的规范。如改变了原有的法规草案一审通过的习惯做法,法案需经二审之后方能通过。随着立法数量的不断增多,立法经验的不断积累,地方立法初创期"一审一表决"[①]难以保证立法质量。

　　在总结实践经验的基础上,1992年2月19日上海市第九届人大常委会第三十一次会议通过了《上海市人民代表大会常务委员会制定地方性法规程序的规定》,同时废止了原先的暂行规定。

---

① 所谓"一审一表决"指法规草案在当次常委会上审议并表决,即在同一次常委会上对法规草案进行审议,法规草案经过修改后形成法规表决稿,提交此次常委会表决。

　　新制定的规定共7章31条,对暂行规定作了修改和完善。其一,明确了专门委员会的初审权,该规定第十二条规定:"市人民代表大会各专门委员会、市人民政府、市高级人民法院、市人民检察院提请常务委员会审议的地方性法规议案,由主任会议决定提请常务委员会会议审议,或者先交有关的专门委员会审议、提出报告,再提请常务委员会会议审议。"其二,该规定第十八条规定:"地方性法规草案经常务委员会会议初步审议后,由有关专门委员会根据常务委员会组成人员和有关方面提出的意见进行修改,提出法规草案修改稿和审议结果报告;或者交由常务委员会工作机构修改,经主任会议审议后,提出法规草案修改稿和审议结果报告,提请下一次或者以后的常务委员会会议再次审议。有关的专门委员会或者主任会议应当向常务委员会会议作审议结果报告和修改说明。"按照原暂行规定,法规草案的初审单位是常委会,这一制度设计难以保证立法审议的质量,也无法发挥专门委员会的专业性作用,新规定弥补了这一不足。其三,该规定第十五条规定:"常务委员会会议第一次审议地方性法规议案时,应当宣读法规草案全文,并听取提请审议的机关负责人或者常务委员会组成人员对该法规草案的说明,然后由常务委员会分组会议或者全体会议进行审议。"建立法案宣读制度有利于常委会组成人员聚精会神地研读法规案,提高审议质量。其四,该规定第二十条第一款规定:"常务委员会会议审议地方性法规草案时,有权提出地方性法规议案的机关和五人以上联名的常务委员会组成人员,可以在法规草案交付全体会议表决前一天,书面提出对法规草案的修正案。"第二款规定:"法规草案的修正案由主任会议决定提请常务委员会会议审议,或者先交有关专门委员会审议,提出意见,再提请常务委员会会议审议。"第二十三条规定:"常务委员会会议表决地方性法规草案,有修正案的,先表决修正案。"修正案制度的设立进一步保障了常委会组成人员充分行使立法审议权,对于加强科学立法、民主立法具有积极意义。《上海市人民代表大会常务委员会制定地方性法规程序的规定》的制定和实施,标志着上海地方立法的程序规范渐趋成熟。

　　(四)国内首部立法技术规范在上海诞生

　　"法者,治之端也"。立法作为创制行为规则的活动,是形式与内容的高度统一。立法能否"立得住、行得通、真管用",不但取决于其内容是否符合客观规律,也取决于其体例结构、文字表述等立法技术的运用是否科学、规范,是否符合立法的科学规律。立法又是多方群体协同进行的复杂劳动和集体行为,其专业性、技术性强,工作流程长,在法规起草、审议的各个阶段,需要参与立法活动的各方共同遵循统一的文本格式和行文规范。上海地方立法工作者重视立法实践经验的总结,及时整理和归纳立法技术规范并在立法实践中自觉加以遵循。所谓立法技术规范,就是法律法规文字表达的规则和技巧,体现了法律规范的形式要件,是在文字和文本形式上保证立法质量的重要环节。①

上海市人大常委会从 1995 年起就针对立法工作中经常遇到的、带有共性和普遍性的有关法规结构、文字等立法技术层面的问题,对立法技术规范进行探索。1997 年 10 月,常委会法制研究室编制了《关于立法技术规范初步意见》。2000 年 8 月,经常委会主任会议讨论同意,常委会法制工作委员会编制了《上海市人大常委会立法技术规范》(以下简称《立法技术规范》),作为立法工作者的立法工具与指南,这是我国首部立法技术规范,得到了全国人大常委会法工委及其他省市人大法制工作机构的肯定和好评,也得到了上海市政府法制工作部门的支持。

《立法技术规范》分为两编,作为立法工作的指南,其内容非常精细,操作性很强。第一编系制定地方性法规的技术规范,主要规范有关法规名称、立法目的和依据、法规适用范围、主管部门、实施行政处罚主体、法定义务设定、法律责任、法规"附则"有关条款等事项的表述。第二编系起草相关文件的技术规范,分别规范了制定法规的有关文件、修订法规的有关文件、废止法规的有关文件以及常委会审议中有关说明、报告的称谓和结束语等立法文件的起草规范。

《立法技术规范》对于提高地方立法质量,保证立法工作的科学性、规范性、统一性具有重要意义,是 20 世纪 90 年代上海地方立法精细化的标志之一。2000 年上海首版《立法技术规范》实施后,上海市人大常委会法制工作委员会以与时俱进的科学态度,分别于 2006 年、2009 年、2012 年对《立法技术规范》进行修改、补充、完善。继上海《立法技术规范》出台后,其他省市也开始进行探索。全国人大常委会法制工作委员会在总结立法工作实践经验,广泛听取各方面意见的基础上,先后形成了《立法技术规范(试行一)》、《立法技术规范(试行二)》和《法律草案及有关文件格式文本(试行)》,并印发试行。经过一段时间试行,全国人大常委会法制工作委员会办公室根据有关方面的意见又作了修改、补充和完善,于 2012 年 12 月编印了《立法工作规范手册》(试行)。②

(五)以提高法规审议质量作为制度创新突破口

地方立法环节多,流程长,提高立法质量需要立项、起草、审议各个关键环节,严格把关。法规案的审议是立法的中心环节,也是保证立法质量的最后关口。20 世纪 90 年代后期,上海市人大常委会围绕常委会审议这个立法工作的中心环节,积极探索科学审议、民主审议的新机制、新方式,不断提高地方立法

---

① 参见钱富兴、王宗炎:《地方立法要重视立法技术规范》,《上海人大月刊》2011 年第 9 期。

② 参见全国人大常委会法制工作委员会办公室编:《立法工作规范手册》(试行),中国民主法制出版社 2012 年版。

质量。

为提高地方立法质量,进一步明确人大专门委员会与常委会法制工作委员会在立法工作中的职责,充分发挥各自的作用,改进和完善审议法规议案的程序,提高审议质量和效率,上海市第十一届人大常委会第四次主任会议在总结立法工作经验的基础上,依照制定地方性法规程序的规定,于1998年5月21日通过了《关于改进和加强本市地方立法工作的几点意见》。该规范性文件以问题为导向,聚焦了地方立法工作审议各阶段存在的倾向性问题,从五个方面提出了改进意见。一是进一步做好常委会审议法规前的准备工作。二是加强常委会一审工作。三是认真做好常委会一审后的法规修改工作。四是改进常委会二审工作。五是加强法规清理和备案规章审查工作。

地方性法规的审议涉及常委会、专门委员会、常委会法制工作委员会、常委会组成人员、政府相关部门的作用如何发挥,关系如何理顺,存在的问题既有体制、机制层面的问题,又有工作流程层面的问题,解决这些问题不可能一蹴而就,需要踏石留印、抓铁有痕,善始善终、善做善成。在前述《关于改进和加强本市地方立法工作的几点意见》实施一个多月后,上海市人大常委会主任办公会议及时总结该意见实施的成效,针对需要研究解决的问题,于1998年7月1日出台了《关于进一步贯彻实施〈关于改进和加强本市地方立法工作的几点意见〉》,该规范性文件在改进和加强地方立法工作方面提出了一些新的要求。为贯彻落实前述《关于改进和加强本市地方立法工作的几点意见》,常委会法制工作委员会制作了《关于对法规案初步审查意见报告和提供立法参阅资料的基本要求》,并将该规范性文件列为《关于进一步贯彻实施〈关于改进和加强本市地方立法工作的几点意见〉》的附件。

同年7月28日,上海市人大常委会办公厅又出台了《关于改进立法工作几个具体问题的通知》,围绕市政府法规案的报送与分发、在立法过程中法工委与专门委员会的配合、常委会一审意见汇总材料的发送、地方性法规修改后相应规章的处理、修正案、法规通过后相关文本的核对和签发、立法技术规范的运用、地方性法规实施中有关问题的询问答复、制定地方性法规配套规章的催办、编制常委会立法计划的分工、人大工作方面法规的起草和人事行政管理方面法规草案的办理部门、政府规章报送备案的核查分工、征求法规草案修改意见的工作分工等立法工作的一系列具体问题,提出了具体的工作要求。

为了进一步提高地方性法规的审议质量,推进该项工作的制度化、规范化、常态化,2000年7月24日上海市第十一届人大常委会第九次主任办公会议通过了《上海市人大常委会审议地方性法规(草案)的若干质量标准》。该规范性文件规定的常委会审议地方性法规草案的"总体质量标准"是"地方性法规必须代表先进社会生产力的发展要求，代表先进文化的前进方向，代表最广大人民的根本利益，有利于规范、引导、推动和保障本地区的改革开放、经济发展和社会进步，保障公民、法人和其他组织的合法权益，实现社会的有效管理，促进社会稳定和公共安全。"该规范性文件还规定了常委会审议地方性法规草案的五项"具体质量标准"，即体现立法必要性的质量标准、体现法规合法性的质量标准、体现法规合理性的质量标准、体现法规可行性的质量标准、体现法规表述规范性的质量标准。

上海市人大常委会围绕提高常委会审议地方性法规草案质量的一系列制度创新，确保了上海在地方立法数量大幅增加的同时守住地方立法质量关。

四、 高速发展期地方性法规亮点解析

在浦东开放开发带动上海经济社会快速发展的 20 世纪 90 年代，上海地方立法更加注重立法对于改革发展的引领、保障、规范作用，更加注重立法适应上海改革发展的现实需求，更加注重立法体现上海地方特色。

（一）立法的引领性更为显著

在上海改革发展迈入快车道的特殊时期，地方立法的引领作用尤为重要。此阶段上海的引领性立法不少属于适应上海改革开放、经济发展实际需要的创制性立法，一些引领性法规兼具创制性立法、自主性立法的多种特性。

1. 以法治引领科教兴国战略

1992 年，党的十四大明确提出："必须把经济建设转移到依靠科技进步和提高劳动者素质的轨道上来"。1995 年 5 月 6 日颁布《中共中央国务院关于加速科学技术进步的决定》，首次提出在全国实施科教兴国战略。为了促进科学技术进步，发挥科学技术第一生产力的作用，推动经济建设和社会发展，实施科教兴国战略，上海市第十届人大常委会第二十八次会议通过了《上海市科学技术进步条例》。该条例共 9 章 50 条，适用于在上海市从事科学研究、技术开发、科学技术成果的推广应用、科学技术知识的普及以及相关的服务和行政管理活动。

条例规定：本市科学技术进步的重点是发展高新技术，使高新技术产业化，利用高新技术改造传统产业，有重点地支持科学技术领域的基础性研究；根据科学技术进步发展规划的总体要求，逐年提高全社会科学技术投入的总体水平，使之与科学技术、经济和社会发展相适应。全市研究开发经费应当占本市国内生产总值的百分之二以上；建立以财政拨款、银行贷款、企业投入、社会集资、引进外资等多渠道的科学技术投入体制；市财政用于科学技术进步的经费年增长幅度，应当高于财政收入的年增长幅度，其中，研究开发经费的年增长幅度应当高

于财政支出的年增长幅度。各区、县财政用于科学技术进步的经费的年增长幅度,应当高于本地区财政收入的年增长幅度;金融系统用于科学技术进步的信贷规模的年增长幅度,应当高于本市信贷规模的年增长幅度;建立技术开发风险投资机构,支持高新技术的研究开发及其成果的产业化。鼓励企业及其他组织对高新技术开发进行风险投资。经市科学技术行政部门认定的技术开发风险投资项目,可以享受本市的优惠待遇;鼓励企业增加对技术开发和技术创新的投入,企业的技术开发经费按实际发生额计入成本;鼓励科学技术工作者依法带着科学技术成果办企业,实施成果转化。研究开发机构对本单位职务成果实行转让或者转化的,可以按照法律法规的规定,以成果的部分无形资产作为该项成果的完成者和转化者的奖励;实行高新技术企业、产品认定登记制度。经认定的高新技术企业、产品,可以享受国家和本市规定的有关优惠待遇;对承担重点基础性研究和高新技术开发项目的科学技术工作者实行津贴制度;设立科学技术进步奖,奖励在完成重大科学技术工程项目、应用推广科学技术成果、改进科学技术管理等工作中有突出贡献的个人和组织。对为科学技术进步作出杰出贡献的人员,由市人民政府授予荣誉称号并给予物质奖励。

2. 依法破除人才流动障碍

人才流动是生产社会化、科学技术整体化的客观要求,是社会按照人才的价值规律和社会要求所进行的空间动态调节。由于我国长期以来受计划经济的影响,人才潜力未得到有效挖掘,"一次分配定终身"的现象普遍存在,这种状况与市场经济的要求格格不入。为加强本市人才流动的管理,规范人才流动秩序,保障单位和个人合法权益,维护社会公共利益,促进经济建设和社会发展,1996年12月19日上海市第十届人大常委会第三十二次会议通过了《上海市人才流动条例》。条例共6章44条,适用于在上海市范围内发生的人才流动及其相关的行为和活动。法律、法规另有规定的,从其规定。

条例规定:人才流动应当遵循促进人才资源合理配置,尊重人才择业自主权、尊重单位用人自主权的原则。鼓励人才向国家重点加强的行业、部门以及国家重点建设工程和重点科研项目流动;单位和个人在人才流动中,必须遵守法律、法规的规定,不得侵犯各方的合法权益,并自觉履行聘用合同约定的义务;人才流动不受单位性质、个人身份、专业和性别的限制。但法律、法规另有规定的除外。人才流动可以通过委托人才交流服务机构推荐、各类人才交流会洽谈、通过各种新闻媒介刊登、播放人才招聘、求职启事以及其他有利于促进人才流动的渠道实现;单位和个人在相互选择时,应当据实向对方介绍各自的基本情况和要求,并提供必要的证明文件或者其他相关材料;单位和个人确定聘用关系时,应当在平等自愿、协商一致的基础上签订合同,并可以就服务期限、培训、住房以及保守技术秘密、商业秘密等方面约定有关事项；个人因人才流动需要提前解除合同或者辞职，与单位所签订的合同中有服务期限、培训费用和住房补偿等约定的，应当按照合同的约定处理有关事宜；单位在收到个人提前解除合同的书面通知或者辞职的书面申请后，对没有合同纠纷或者已经履行合同约定义务的，应当按照规定期限为其办理离职手续；个人在人才流动中不得泄露国家秘密、侵犯单位的知识产权、侵犯单位的商业秘密。处理人才流动争议，应当按照合法、公正、及时的原则，维护当事人的合法权益。发生人才流动争议时，当事人应当按照法律、法规的规定和合同约定，协商解决争议事宜；也可以向本单位的上级主管部门人事争议调解机构申请调解。当事人协商或者调解不成的，可以向单位所在地的区、县人事局申请裁决。其中当事人属在本市的中央、外省市所属单位，以及重大、复杂的人才流动争议案件，可以直接向市人事局申请裁决。当事人对市或者区、县人事局的裁决不服的，可以依法向人民法院提起诉讼；单位违反本条例规定采用不正当手段招聘人才，对该人员原所在单位造成损失的，应当承担赔偿责任。单位违反本条例不按照规定的期限为个人办理离职手续，给个人造成损失的，应当承担赔偿责任；个人违反本条例的规定在人才流动中有禁止行为，给单位造成损害的，应当承担赔偿责任。泄露国家秘密，不够刑事处罚的，可以给予行政处分；构成犯罪的，依法追究刑事责任；人才交流服务机构违反本条例规定故意提供虚假情况，给当事人造成损失的，应当承担赔偿责任。

3. 全力助推全国首个保税区

上海外高桥保税区是 1990 年 6 月经国务院批准设立的全国第一个规模最大、启动最早的保税区。该保税区集自由贸易、出口加工、物流仓储及保税商品展示交易等多种经济功能于一体，是上海国际航运、贸易中心的重要载体，也是中国(上海)自由贸易试验区的雏形。为了扩大对外开放，发展国际贸易，促进经济繁荣，助推上海外高桥保税区的发展，上海市第十届人大常委会第三十二次会议根据国家有关法律、法规，借鉴国际自由贸易区通行规则，结合上海实际情况，于 1996 年 12 月 19 日通过了《上海外高桥保税区条例》。条例共 11 章 51 条。

条例明确：经国务院批准设立的上海外高桥保税区对外译称自由贸易区，是设有隔离设施的实行特殊管理的经济贸易区域。货物可以在保税区与境外之间自由出入，免征关税和进口环节税，免验许可证件，免于常规的海关监管手续，国家禁止进出口和特殊规定的货物除外。保税区主要发展进出口贸易、转口贸易、加工贸易、货物储存、货物运输、商品展示、商品交易以及金融等业务。保税区由上海市人民政府领导，海关实施海关业务监管。条例对保税区的管理与服务机构、企业设立、经营规则、出入管理、金融管理、建设与房地产管理、税收规定、劳动管理等事项作了专章规定。条例明确了保税区的性质、功能、管理体制、运行规则。条例的制定与实施为上海外高桥保税区的顺利运行提供了有力的法律支撑,并为中国(上海)自由贸易试验区的立法与实践积累了经验。条例自1997年1月1日起施行至2014年8月1日《中国(上海)自由贸易试验区条例》施行之日废止,成为上海生命周期最长的地方性法规之一。

4. 优化技术吸收与创新环境

我国实行对外开放政策以来,在引进国外技术,推动经济发展方面取得了显著的成效,但在技术吸收和创新方面还存在一些问题。一些技术引进项目不能发挥作用,经济效益很低,造成大量积压和浪费,不少企业对引进技术消化吸收再创新方面的投入严重不足,存在"重引进、轻消化吸收","再创新"能力不足等瓶颈问题。为了鼓励引进技术的吸收与创新,提高上海引进技术的吸收与创新能力,加快产业升级和技术进步,促进经济和社会发展,2000年1月25日上海市第十一届人大常委会第十六次会议通过了《上海市鼓励引进技术的吸收与创新规定》。该规定共26条,适用于上海市范围内的吸收与创新活动。

该规定所规范的"引进技术的吸收与创新",是指依法通过贸易、经济技术合作等方式,从国外取得先进技术并通过掌握其设计理论、工艺流程等技术要素,成功地运用于生产经营,以及在此基础上开发新技术、新产品并实现商业化的活动。按照该规定的相关规定,吸收与创新应当遵守保护知识产权的法律、法规以及我国加入或者签订的国际条约、协议。技术进出口合同对技术保密有约定的,从其约定。吸收与创新所形成的知识产权受法律保护;上海市人民政府负责吸收与创新工作的组织、协调,做好宏观调控,限制低水平的重复引进;企业是吸收与创新的主体,有权根据生产经营的需要和市场需求,自主引进先进适用技术,自主确定吸收与创新的内容和方式;鼓励企业与科研单位、高等院校开展吸收与创新的联合研究、联合开发,或者联合建立技术开发机构。参与吸收与创新项目的各方,应当签订合同,约定有关技术权益的归属以及各方的权利与义务;设立吸收与创新的专项资金,列入市级预算并逐步增加。吸收与创新的专项资金用于吸收与创新项目的低息贷款、贷款贴息和技术开发经费补贴等方面的资助;区、县人民政府可以根据本地区经济发展情况和吸收与创新的需要,设立相应的专项资金,用于扶持本地区的吸收与创新项目。市各有关部门用于技术进步的其他专项资金,应当确定高于百分之十的比例用于鼓励吸收与创新,重点支持引进高新技术的产品开发、中试和产业化;列入市吸收与创新年度计划项目的单位,可以申请低息贷款;获得金融机构贷款的,可以申请贷款贴息;吸收与创新项目属于高新技术成果转化的,或者在吸收高新技术基础上创新的成果转让取得收益的,按照国家和本市高新技术成果转化的规定,享受优惠。吸收与创新的高新技术产品出口，可以按照国家有关规定享受增值税零税率优惠；对吸收与创新作出重大贡献的企业经营者、项目负责人和科技人员，企业应当在吸收与创新产品取得的收益中提取一定比例给予奖励，或者按照国家和本市有关规定将奖励额折算为股份或者出资比例，由受奖励人分享收益。该规定采取立新废旧的立法方式，其施行之日，1987年6月20日上海市第八届人大常委会第二十九次会议批准的《上海市鼓励引进技术消化吸收暂行规定》同时废止。

（二）立法的规制性更为有力

法律法规由国家权力机关制定或认可，以权利、义务、权力、职责为主要内容，由国家强制力保证实施，具有普遍的约束力。为加强城市管理，20世纪90年代上海出台了一批刚性的管理性立法。

1. 加强烟花爆竹安全管理

烟花爆竹的燃放是长期以来形成的风俗习惯，在中心城区燃放烟花爆竹容易造成人员伤害、火灾、空气污染及噪声等危害。为加强烟花爆竹的安全管理，上海市人民政府于1988年12月21日发布了《上海市烟花爆竹安全管理规定》，规定中山路、大连路、秦皇岛路（以下简称中山环路）以内禁止销售烟花爆竹。中山环路以内原销售烟花爆竹的商店由公安机关收回《爆炸物品销售许可证》，并由所在地工商行政管理部门注销该项经营业务；中山环路以外的单位经销烟花爆竹必须向所在地公安机关申请核准，取得《爆炸物品销售许可证》，并凭证向所在地工商行政管理部门申领《营业执照》后，方准销售；为保障公共安全，防止环境污染，在中山环路以内的地区禁止燃放烟花爆竹，任何单位和个人必须遵守。因重大庆典需燃放烟花爆竹的，须报经市人民政府批准；中山环路以外的三类场所，禁止燃放烟花爆竹：（1）县级以上党政机关、文物保护单位、科研单位、医院、学校、影剧院、图书馆、车站、码头、机场、公园、名胜古迹等场所及其周围三十米区域内；（2）存放易燃易爆物品的场所和粮、油、棉等重要物资仓库（含代管仓库）及其周围五十米区域内；（3）易燃棚户区、建筑工地以及各类建筑物的室内和屋顶。

为进一步加强烟花爆竹安全管理，增强执法依据的权威性，上海市第十届人大常委会第十三次会议于1994年10月20日通过了《上海市烟花爆竹安全管理条例》，并于1997年5月27日由第十届人大常委会第三十六次会议对该条例进行修正。修正后的条例共22条，适用于上海市行政区域内生产、采购、批发、运输、储存、销售和燃放烟花爆竹的单位、个体工商户或者个人。在国家层面尚未制定烟花爆竹安全管理法律、行政法规的情况下，此条例属于上海自主性、创制性立法。条例所规范的烟花爆竹指能产生烟光、声响的烟花、鞭炮、高升、礼花弹等。条例规定，市和区、县人民政府组织本条例的实施。公安机关主管烟花爆竹安全管理工作。交通、财贸、工商、环保、环卫等行政管理部门应当按照各自的职责,做好烟花爆竹的安全管理工作。

条例将禁止燃放烟花爆竹的范围分为三类:一是严禁燃放烟花爆竹的六类场所:区、县级以上党政机关驻地;市级以上文物保护单位或者场所;车站、码头、机场等重要场所;重要军事设施;存放易燃、易爆物品的场所;幼儿园、托儿所、医院、敬老院、疗养院、教学、科研单位等场所。二是内环线以内禁止燃放烟花爆竹。三是其他需要禁止燃放烟花爆竹的区域,由所在地的区、县人民政府划定。条例同时规定,重大庆典活动和节日期间,经市人民政府批准,允许在规定的区域内和时间内燃放烟花爆竹,具体由市人民政府的主管机关规定并以通告形式发布。条例针对违反条例的各类行为设定了相应的法律责任:违反本条例燃放烟花爆竹的,公安机关视情节轻重,对单位或者个体工商户可以处二千元以上五万元以下罚款。单位或者个体工商户在燃放烟花爆竹后未清除燃放残留物的,由公安机关责令其清除并处以一千元以下罚款;未经准许生产、运输、储存烟花爆竹的,公安机关没收其非法财物,对单位或者个体工商户并可以处五千元以上五万元以下罚款;准许销售烟花爆竹的单位擅自采购烟花爆竹或者销售市公安消防监督机构禁止销售的烟花爆竹品种的,公安机关吊销其销售许可证,没收其非法财物,并可以处进货总值一倍以上五倍以下罚款。未经准许销售烟花爆竹的,公安机关没收其非法财物,对单位或者个体工商户并可以处进货总值一倍以上五倍以下罚款;违反本条例规定的个人或者单位的直接责任人,由公安机关按照有关法律、法规的规定处以警告、罚款或者拘留;生产、运输、储存、销售烟花爆竹,违反交通、财贸、工商、环保、环卫等法律、法规规定的,由有关行政管理部门依法处理。条例的出台为上海烟花爆竹的安全管理提供了充分的法律依据,在禁燃区域的设定上既体现了从严从紧的立法导向,又注重制度设计的必要性、针对性、可行性、可执行性,符合立法渐进式发展的规律。

2. 依法落实环境保护基本国策

环境保护是我国基本国策,保护生态环境、治理环境污染关系人民福祉,关乎民族未来,是功在当代、利在千秋的事业。20 世纪 90 年代在上海经济快速增长的同时,环境总体状况仍不容乐观,片面追求经济效益、忽视环境效益的现象较为突出。为依法落实环境保护基本国策,保护和改善生活环境和生态环境,防治污染和其他公害,保障人体健康,促进环境保护与经济建设、社会发展相协调,上海市第十届人大常委会第十四次会议于 1994 年 12 月 8 日通过了《上海市环境保护条例》。条例共 7 章 67 条,系上海市环境保护领域的基本法规,总体上属于实施《中华人民共和国环境保护法》的实施性地方性法规。

条例所规范的"环境"指影响人类生存、发展的各种天然的和经过人工改造的自然因素的总体,包括大气、水、海洋、土地、矿藏、森林、草原、野生生物、自然遗迹、人文遗迹、自然保护区、风景名胜区、城市和乡村等。条例确定了环境保护工作的基本原则:预防为主、防治结合、综合治理;资源利用与保护相结合;污染者承担治理和损害补偿责任;统一监督管理与分工负责相结合;专业管理与公众参与相结合。条例规定:各级人民政府及其部门、各单位应当重视环境保护宣传教育,普及环境保护科学知识,加强环境保护舆论监督,提高公众的环境意识和法制观念;公民有享受良好环境的权利,有保护环境的义务。一切单位和个人对污染、破坏环境的行为有检举、控告的权利;市和区、县人民政府应当对本辖区的环境质量负责。每届政府应当根据环境保护规划制定环境保护任期目标和年度实施计划,实行环境保护行政首长负责制。市和区、县人民政府应当每年向同级人民代表大会或其常务委员会报告环境保护工作以及环境保护任期目标实施情况;市人民政府应当将环境保护规划纳入国民经济和社会发展规划、国土规划和城市总体规划。市和区、县环保局编制的环境保护规划,报同级人民政府批准后实施,并报上级环保局备案。市环保局会同有关部门根据上海城市总体规划和国家环境质量标准适用区域,分类划定环境功能区,报市人民政府批准后公布实施。编制环境保护规划或者建设可能对环境造成污染的大中型项目和特定项目,应当采取多种形式听取公众意见。市人民政府应当根据国家环境综合整治定量考核指标,制定本市环境综合整治的目标和措施,并落实到区、县人民政府和有关部门,督促实施。

为增强制度的刚性,条例设计了环境监督管理一章,规定市环保局可以根据本市实际情况,对国家环境质量标准和国家污染物排放标准中未作规定的项目,制定地方标准;对国家污染物排放标准已作规定的项目制定严于国家标准的地方排放标准。制定的地方标准报市人民政府批准后公布执行;市和区、县环保局设立的环境监理机构,负责本辖区内污染源的日常监督、违法行为的调查处理、排污费和超标准排污费的征收;可能对环境造成影响的各类建设项目,必须执行环境影响评价制度。建设项目环境影响评价单位应当对评价结论负责。各类建设项目的防治污染设施必须与主体工程同时设计、同时施工、同时投产或者使用;与建设项目有关的原有污染应当同时治理;污染物排放总量控制区域内的排污单位,其污染物排放必须达到规定的排放标准和总量控制指标。在保证本区域环境质量提高的前提下,经市环保局批准,有关单位可以有偿转让部分排污指标;实行排污许可证制度。单位和个体经营者超过国家和本市规定标准排放污染物的,必须按照规定缴纳超标准排污费;国家和本市规定必须缴纳排污费的,按其规定执行;缴纳超标准排污费后,不免除其污染治理责任、赔偿责任和法律规定的其他责任。对排放污染物超过排放标准或者总量控制指标并且严重污染环境的,实行限期治理。与此同时,条例对违法责任的追究下猛药、出重拳,用 15个条文的篇幅对各类违法行为的处罚作出明确的规定。

3. 积极维护市场竞争秩序

不正当竞争(unfair competition)是指经营者以及其他有关市场参与者采取违反公平、诚实信用等公认的商业道德的手段去争取交易机会或者破坏他人的竞争优势,损害消费者和其他经营者的合法权益,扰乱社会经济秩序的行为。反不正当竞争法是调整企业竞争行为的规范,最早产生于19世纪末、20世纪初的西欧国家,目前已发展成经济法的核心。反不正当竞争法及其辅助性法和法规在维护国家经济秩序和保护市场的公平竞争方面发挥了极其重要的作用。1993年9月2日第八届全国人大常委会第三次会议通过了《中华人民共和国反不正当竞争法》,对不正当竞争的概念、不正当竞争行为的法律界限、不正当竞争行为的监督检查、违法者应承担的法律责任等事项作出了规定。上海的市场开放度比较高,为更好实施国家法律,保障市场经济健康发展,鼓励和保护公平竞争,制止不正当竞争行为,保护经营者和消费者的合法权益,维护社会经济秩序,上海市第十届人大常委会第二十一次会议于1995年9月28日通过了《上海市反不正当竞争条例》。条例共5章32条,适用于在上海市从事商品生产、销售或者营利性服务的法人、其他经济组织和个人,以及从事行政管理的有关行政机关和授权组织,规范经营者在市场交易中违反自愿、平等、公平、诚实信用的原则和公认的商业道德而损害其他经营者的合法权益、扰乱社会经济秩序的行为。

作为实施性的地方性法规,条例的最大亮点是根据上海的实际情况与特点,将不正当竞争行为细化为十四类具体的违法行为。即假冒注册商标行为;擅自使用知名商品特有的名称、包装、装潢,或者使用与知名商品近似的名称、包装、装潢,造成与他人的知名商品相混淆,使购买者误认为是该知名商品;擅自使用他人的企业名称或者姓名以及代表其名称、姓名的标志、图形、文字、代号,引诱购买者误认为是他人的商品;在商品或者包装上采用不当手段,作引人误解的虚假表示;公用企业或者其他依法具有独占地位的经营者采取限制竞争的行为;政府及其所属部门不得滥用行政权力,限定他人购买其指定的经营者提供的商品,限制其他经营者正当的经营活动;经营者采用财物或者其他手段进行贿赂以销售或者购买商品;经营者利用广告或者其他方法,对商品的价格、质量、性能、制作成分、用途、生产者、有效期限、产地、售后服务以及对推销商品、提供服务附带赠送礼品的品种和数量作引人误解的虚假宣传;经营者采用不当手段侵犯商业秘密;经营者以排挤竞争对手为目的,以低于成本的价格销售商品;经营者销售商品违背购买者的意愿搭售商品或者附加其他不合理的条件;经营者从事欺骗性有奖销售;经营者捏造、散布虚伪事实,损害竞争对手的商业信誉、商品声誉;

投标者之间采用不正当手段串通投标,以损害招标者的利益或者社会公共利益。条例对每一类不正当竞争行为一一作了细化,对每一类不正当竞争行为的监督检查、损害赔偿责任、行政处罚作了具体的规定。作为管理性地方法规,条例具有较强的针对性、可操作性和威慑力。

4. 不断提升消防安全保障能力

消防安全事关人民群众生命财产安全、社会和谐稳定及改革发展稳定大局,在城市管理中举足轻重。经 1984 年 5 月 11 日第六届全国人大常委会第五次会议批准,国务院于同年 5 月 13 日公布了《中华人民共和国消防条例》。为贯彻落实这一条例,预防和减少火灾危害,加强应急救援工作,保护人身、财产安全,维护公共安全,上海市第十届人大常委会第二十二次会议于 1995 年 10 月 27 日通过了《上海市消防条例》。条例共 8 章 56 条,适用于上海市行政区域内的消防工作以及相关应急救援工作。鉴于上海消防工作新情况、新问题不断出现,该条例于 1997 年 10 月作了第一次修正。随着 1984 年 4 月《中华人民共和国消防法》出台,国务院公布的《中华人民共和国消防条例》同时废止,《上海市消防条例》分别于 2000 年 1 月作了第二次修订,条文从 56 条增加至 74 条。①

条例规定消防工作遵循预防为主、防消结合的方针,坚持专门机关与群众相结合的原则,实行防火安全责任制,推进消防工作社会化。强化消防安全的政府职责,规定各级人民政府负责本行政区域内的消防工作。市和区、县人民政府应当将消防工作纳入国民经济和社会发展规划并组织实施;上级人民政府应当与下一级人民政府签订年度消防工作责任书,确定消防工作责任目标,并对完成情况进行考核;保障消防工作与经济建设和社会发展相适应。市和区、县人民政府公安机关对本行政区域内的消防工作实施监督管理,并由本级人民政府公安机关消防机构负责实施。条例坚持消防工作社会化的原则,规定维护消防安全是全社会的共同责任。机关、团体、企业、事业等单位和个人都有保护消防设施、预防火灾、报告火警的义务;市和区、县人民政府依照国家有关规定和市消防规划建立公安消防队、专职消防队,建设固定营房,配备消防车辆和器材装备。乡、镇人民政府应当根据当地经济发展和消防工作的需要建立专职消防队、志愿消防队;居、村民委员会应当确定消防安全管理人,组织居、村民制定防火安全公约,宣传家庭防火和应急逃生知识,进行防火安全检查。各级人民政府应当逐步推广和建立消防安全小区;市民应当学习必要的消防知识,懂得安全用火、用电和其他防火、灭火常识,增强自防自救能力。为体现条例的规制性,条例对各种消

---

① 鉴于上海作为特大型城市,消防安全新情况、新问题不断出现,《上海市消防条例》修改频率比较高,2003 年 6 月又作了第三次修正,2010 年 1 月作了全面修订。

防安全违法行为设置了严格的法律责任。

5. 依法遏制违法建筑蔓延势头

违法建筑长期以来一直是城市治理的顽症,随着城市化进程的不断加快,城市违法建筑的问题严重阻碍社会发展,影响社会稳定,因治理违法建筑而产生的问题也不断成为社会舆论的焦点。与此同时,违法建筑因其建设程序缺少行政部门的审批和必要的监管和质量监督,不仅影响市容市貌,更对社会公共安全带来严重隐患,市民要求整治的呼声较高。然而,在国家立法层面,并未针对违法建筑进行专门的立法,在行政执法层面缺乏必要的依据,执法程序也亟需规范。为加强对违法建筑的治理,提高城市环境质量,上海市第十一届人大常委会第十次会议于1999年6月1日通过了《上海市拆除违法建筑若干规定》,适用于上海市行政区域内妨碍公共安全、公共卫生、城市交通和市容景观的违法建筑的拆除。鉴于国家层面有关拆除违法建筑的直接上位法阙如,该若干规定属于创制性、自主性地方性法规。①

该若干规定共10条,明确了拆除违法建筑的执法主体,规定市和区、县人民政府应当依法加强对本辖区内拆除违法建筑工作的领导,并负责在本辖区内组织实施本规定。市和区、县规划管理部门应当依照有关法律、法规对违法建筑进行查证和认定,并对违法建筑作出限期拆除的决定。若干规定着重规定了拆除违法建筑的执法程序:市或者区、县规划管理部门作出责令当事人限期拆除违法建筑的决定,应当采用书面形式,并送达当事人;市或者区、县规划管理部门对难以确定当事人的违法建筑作出限期拆除的决定,可以采用通告形式告示;当事人应当在限期内拆除违法建筑。当事人未在限期内拆除违法建筑的,市或者区、县规划管理部门可以申请市或者区、县人民政府组织强制拆除;强制拆除违法建筑的七日前,市或者区、县人民政府应当发布通告;对集中成片的违法建筑,市或者区、县规划管理部门应当作出责令当事人限期拆除的决定,并以通告形式告示;当事人应当在限期内拆除。当事人未在限期内拆除违法建筑的,市或者区、县规划管理部门可以申请市或者区、县人民政府组织强制拆除。强制拆除集中成片违法建筑的十日前,市或者区、县人民政府应当发布通告;对正在施工的本规定适用范围内的违法建筑,市或者区、县规划管理部门应当作出责令当事人立即停止施工并限期拆除的决定;当事人不执行限期拆除决定的,市或者区、县规划管理部门可以立即强制拆除。若干规定对于行政复议、行政诉讼等当事人的救济权利也作出了指引性规定。

---

① 鉴于当时国家层面尚未颁布《行政强制法》,《上海市拆除违法建筑若干规定》最初订立时地方立法具有较大的立法空间。

（三）立法的保障性更为全面

"法者，天下之公器。"法律是确保社会有序发展和社会稳定的决定性力量，是实现社会公平、民心稳定、长治久安的根本保障。随着上海改革发展的快速推进，尤其需要针对不同群体的利益诉求进行有效的社会调整，构建健康均衡和谐的社会格局。20世纪90年代，上海权益保障性的地方立法出现井喷现象。

1. 落实民族平等的宪法原则

民族平等原则是我国宪法的一项重要原则，也是党和国家在民族关系上实行的基本原则。改革开放后，党和国家根据宪法和法律，更加充分地保障少数民族的族籍权、生存权、平等权、政治权、宗教信仰自由权、风俗习惯自由权、受教育权、语言文字权利等合法权利。我国各民族大杂居、小聚居。上海是我国少数民族散居的地区，20世纪90年代中期，全市有44个少数民族，6.16万人，占全市总人口的0.5%。①为了保障少数民族的合法权益，维护和发展各民族的平等、团结、互助的社会主义民族关系，促进各民族共同繁荣，上海市第十届人大常委会第十四次会议根据宪法、有关法律和国务院颁布的《城市民族工作条例》，于1994年12月9日通过了《上海市少数民族权益保障条例》，适用于上海市行政区域内居住的由国家正式认定的除汉族以外的各民族。

条例共6章36条，规定少数民族公民享有宪法和法律规定的权利，并履行宪法和法律规定的义务。任何组织和个人应当尊重少数民族的风俗习惯，不得侵犯少数民族公民的合法权益。市人民政府应当将适应本市少数民族需要的经济、文化教育事业列入国民经济和社会发展计划。条例对少数民族的平等权利、少数民族的经济、文化、教育以及少数民族的风俗习惯、宗教信仰等事项作出了明确、细致的规定。

2. 加大对残疾人保护的力度

上海的残疾人是一个数量较大的特殊人群，据1987年上海市残疾人抽样调查数据推算，上海约有残疾人49.3万人，占全市总人口4.03%。②为进一步保障残疾人合法权益、提升残疾人生命质量，1993年2月6日上海市第九届人大常委会第四十一次会议通过了《上海市实施〈中华人民共和国残疾人保障法〉办法》。实施办法共9章47条，适用于在心理、生理、人体结构上，某种组织、功能丧失或者不正常，全部或者部分丧失以正常方式从事某种活动能力的各类残疾人，包括视力残疾、听力残疾、言语残疾、肢体残疾、智力残疾、精神残疾、多重残

---

① 参见蔡秉文主编:《上海人民代表大会志》,上海社会科学出版社1998年版,第284页。

② 参见蔡秉文主编:《上海人民代表大会志》,上海社会科学出版社1998年版,第275页。

疾和其他残疾的人。

实施办法规定,各级人民政府应当将残疾人事业纳入国民经济和社会发展计划,将有关经费列入财政预算,进行统筹规划,使残疾人事业与经济、社会协调发展。市和区、县人民政府设立残疾人工作协调委员会,负责协调残疾人工作,检查和督促本办法的施行。实施办法对残疾评定、康复、教育、劳动就业、文化生活、福利与环境、法律责任等事项作了专章规定。

"授人以鱼不如授人以渔",实施办法的一大亮点是保障残疾人得到充分的就业机会,其规定:各级人民政府应当对残疾人劳动就业进行统筹规划。对具有一定劳动能力、生活能够自理、达到法定就业年龄的残疾人,按照集中与分散相结合的方针,通过多渠道、多层次、多种形式安排劳动就业,并采取优惠政策予以扶持,使残疾人劳动就业逐步普及、稳定、合理;政府有关部门对残疾人福利性企业、事业单位应当在生产、经营、技术、资金、物资、场地等方面给予扶持,税务部门应当按照税法的规定给予福利企业减免税收。经济管理部门应当将适合残疾人生产的产品优先安排给残疾人福利企业生产,并逐步确定某些产品由残疾人福利企业专产;机关、团体、企业、事业单位和城镇集体经济组织,均须按本单位在职职工 1.6% 的比例安排残疾人就业。有关单位对符合其招收、招聘条件的残疾人,应当录用。安排残疾人就业超过规定比例的,按规定标准给予经济奖励。达不到规定比例的,机关、团体、经费全额管理和差额补贴的事业单位应当将安排残疾人的编制空留;企业、城镇集体经济组织、经费自收自支的事业单位应当按差额人数缴纳残疾人就业保障基金。

1999 年 7 月 12 日,上海市第十一届人大常委会第十一次会议对实施办法进行了修正,修正案决定主要聚焦残疾人的劳动就业。规定:"未按规定缴纳残疾人就业保障金的,由劳动保障行政部门责令限期缴纳,从欠缴之日起,按日加收千分之五滞纳金。滞纳金并入残疾人就业保障金。""逾期拒不缴纳残疾人就业保障金、滞纳金的,由劳动保障行政部门申请人民法院依法强制征缴,并可以对直接负责的主管人员和其他直接责任人员处以一千元以上二万元以下罚款。"修正案还为便于残疾人出行作出人性化的安排,规定"本市新建、改建和扩建市区道路、公共设施和居民住宅区时,应当按《方便残疾人使用的城市道路和建筑物设计规范》建设无障碍设施。规划、建设部门应当作好无障碍设施建设的规划、设计、施工以及验收的监督管理工作。"

3. 为归侨侨眷排忧解难

上海是我国重点侨区之一,20 世纪 90 年代初,居住上海的归侨、侨眷及港澳同胞、外籍华人的眷属共有 38 万多人,上海的归侨、侨眷在海外的亲属有 34 万多人,分布在 119 个国家和地区,其中不少人士在海内外学术界、科技界、工商界享有盛誉。①为了保护归侨、侨眷的合法权益，更好地实施《中华人民共和国归侨侨眷权益保护法》，上海市第九届人大常委会第三十八次会议于1992年11月27日通过了《上海市实施〈中华人民共和国归侨侨眷权益保护法〉办法》。1999年7月12日，上海市第十一届人大常委会第十一次会议对该实施办法作了修改。

实施办法共36条，将"归侨"界定为回国定居的华侨，明确华侨是指定居在国外的中国公民。将"侨眷"界定为华侨、归侨在国内的眷属，包括华侨、归侨的配偶，父母，子女及其配偶，兄弟姐妹，祖父母、外祖父母，孙子女、外孙子女，以及同华侨、归侨有五年以上扶养关系的其他亲属。实施办法对归侨、侨眷各项权益的保护作出了具体的规定，细化了国家法律的相关规定。实施办法的一大亮点是为归侨、侨眷排忧解难，对历史遗留及现实存在的难点问题，作出针对性的规定：归侨、侨眷在上海市的私有房屋，依法享有占有、使用、收益、处分的权利，任何单位或者个人不得侵占、损坏和非法拆迁；历史遗留的归侨、侨眷私房问题，按照国家和本市有关规定妥善处理；归侨、侨眷落实私房政策后代为经租的房产问题，政府有关部门应当采取措施妥善解决；因市政建设需要拆除归侨、侨眷私有房屋，拆迁人应当按照国家和本市有关规定给予相应补偿和妥善安置。因非市政建设需要拆除归侨、侨眷私有房屋的，拆迁人应当予以就近安置，或者按照等价原则调换产权，或者给予合理的经济补偿。

4. 优化保障妇女权益的法律环境

妇女权益保障状况是衡量社会文明进步的重要标志，也是贯彻男女平等的重要体现。上海市历届人大常委会高度重视妇女权益的保护，1985年2月28日，上海市第八届人大常委会第十三次会议通过了《上海市保护妇女、儿童合法权益的若干规定》，该若干规定实施之后，在保护妇女、儿童权益方面取得了积极成效。但是，由于其未规定相关主管部门，实践中存在执行、监督与检查不力的问题。为更好地保障妇女的权益，促进男女平等，1990年1月9日，上海市第九届人大常委会第十五次会议通过了《上海市妇女儿童保护条例》，规定市、区、县、乡、镇人民政府及街道办事处设立妇女儿童保护委员会，主管检查、督促、协调条例的实施，同时废止前述若干规定。1992年《中华人民共和国妇女权益保障法》出台，为更好地贯彻实施国家法律，1994年12月8日上海市第十届人大常委会第十四次会议通过了《上海市实施〈中华人民共和国妇女权益保障法〉办法》，实施办法共9章45条，对妇女应享受的政治权利、文化教育权益、劳动权益、财产权益、人身权利、婚姻家庭权益等方面作出明确的规定。原《上海市妇女儿童保

---

① 参见蔡秉文主编：《上海人民代表大会志》，上海社会科学出版社1998年版，第274页。

护条例》同时废止。1997 年 5 月 27 日,上海市第十届人大常委会第三十六次会议对实施办法进行了修改,将"妇女权益保护委员会"更名为"妇女儿童工作委员会",并对行政处罚种类、幅度作出调整修改。几经修改的上海保护妇女合法权益的地方立法内容更广、力度更大。

5. 依法保障母婴健康

发展母婴保健事业,为母婴保健提供必要条件和物质帮助,使母亲和婴儿获得医疗保健服务,是宪法、法律对各级政府的要求。为了保障母亲和婴幼儿的健康,提高出生人口素质,更好地贯彻实施《中华人民共和国母婴保健法》,上海市第十届人大常委会第三十二次会议于 1996 年 12 月 19 日通过了《上海市母婴保健条例》。条例共 8 章 53 条,规定母婴保健工作实行以保健为主,保健与医疗相结合的方针。各级人民政府领导母婴保健工作,应当将母婴保健事业纳入本地区国民经济和社会发展计划,增加母婴保健经费投入,为母婴保健工作提供必要条件和保障。作为实施性的地方性法规,条例结合上海的实际情况,细化了国家法律的规定,在适用范围上增加了幼儿的内容。对市、区(县)、街道(乡、镇)三级母婴保健工作网络及各自职责作了明确规定。增加了助产和人工授精两项专项技术服务。这些规定凸显了条例的地方特色。

6. 增强青少年保护立法的针对性

上海是我国第一部保护青少年立法的诞生地,1987 年 6 月《上海市青少年保护条例》通过后,青少年保护工作出现了新情况、新问题,需要对该条例及时进行修改。遂于 20 世纪 90 年代,先后两次对该条例进行了修改。1994 年 6 月 14 日,上海市第十届人大常委会第十次会议对条例作了第一次修改和补充,将保护对象增加至 6 周岁以下这一年龄段,同时相应地增加保护婴幼儿的行为规范;根据未成年人保护法的规定修改保护青少年的工作原则;增加对营业性舞厅、游戏机室、校门口环境、缺乏安全的娱乐设施的限制性规定;增加和修改对青少年受教育权和隐私权等权利保护的规定;对青少年的教育矫治方面作了修改和补充。

1997 年 5 月 27 日,上海市第十届人大常委会第三十六次会议对条例作了第二次修改,此次修改主要根据《中华人民共和国行政处罚法》的有关规定,以及上海市违法犯罪青少年矫治机构变动等实际情况,将"教育、公安、司法行政部门分设教育、矫治机构"明确为工读学校、少年教养所、少年管教所;规定青少年犯罪嫌疑人在被侦查机关第一次讯问后或者采取强制措施之日起,可以聘请律师为其提供法律咨询;公安、司法机关应当加强对免予刑事处罚或者被判缓刑的青少年进行教育、考察;国家机关、社会团体、企业、事业单位、学校应当为人民法院免予刑事处罚或者宣告缓刑以及劳动教养期满、刑满释放的青少年提供健康成长的条件，维护他们升学、就业的权利。①

7. 立法天平进一步倾向消费者

消费者权益是指消费者在有偿获得商品或接受服务时，以及在以后的一定时期内依法享有的权益，这是一定社会经济关系下为适应经济运行的客观需要赋予商品最终使用者享有的权利。与生产经营者相比，相对分散的消费者由于种种原因经常成为被损害的弱者，法律的天平理应向消费者倾斜。上海市较早就开始探索消费者权益保障的地方立法，1988 年 12 月 22 日上海市第九届人大常委会第五次会议通过了《上海市保护消费者合法权益条例》。在 1993 年 10 月 31 日第八届全国人大常委会第四次会议通过《中华人民共和国消费者权益保护法》之前，上海的条例属于创制性地方性法规。1994 年 12 月 9 日上海市第十届人大常委会第十四次会议通过了《上海市人民代表大会常务委员会关于修改〈上海市保护消费者合法权益条例〉的决定》。

此次修改突出了下列几方面的亮点，一是修改和增加消费者享有的权利，将原条例中消费者享有的权利从五项增加为七项，将"自由选择商品和服务"修改为"自主选择商品和服务，拒绝经营者强制交易、搭售和强制提供服务"；将"合法权益受到损害时，要求修理、更换、退还所购商品，提出索赔和投诉、起诉"修改为"人身、财产安全不受损害，在受到损害时，依法获得赔偿"；将"依法对生产者、销售者、服务者提供的商品和服务进行社会监督"修改为"所购商品存在质量问题时，要求按照规定、惯例或者约定予以修理、更换或者退货"。与此同时，增加了两项权利，即"对不正当的经营行为和不文明的经营作风，以及对国家工作人员在保护消费者权益工作中的违法行为，向有关部门申诉、举报和控告"；"人格尊严、民族风俗习惯得到尊重"。二是突出和加重经营者的责任和义务，对原条例第八条规定的生产者、销售者、服务者必须遵守的十二项义务中的七项作了相应的修改，并新增了五项义务，即"提供商品或者服务，应当按照国家有关规定或者商业惯例向消费者出具购货凭证或者服务单据"；"销售关系人体健康和人身、财产安全或者对使用、维护有特殊要求的商品，应当提供中文警示说明和必须的警示标志；提供可能危及人体健康和人身、财产安全的服务，必须事先真实申明，采取严格的防止危害发生的措施，并按照规定的标准和程序进行"；"不得以格式合同、通知、声明、店堂告示等方式作出对消费者不公平、不合理的规定，或者减轻、免除因损害消费者合法权益应当承担的民事责任"；"不得侵犯消费者的人身自由和侵害消费者的人格尊严和民族风俗"；"不得拒绝、阻挠有关行政管理部门对

①　2004 年 11 月 25 日上海市第十二届人大常委会第十六次会议通过《上海市未成年人保护条例》，《上海市青少年保护条例》完成了历史使命，被予以废止。

商品和服务的监督检查以及消费者协会对消费者投诉的调查"。值得一提的是,此次修改首次尝试将条例修改稿(草案)全文在上海《消费者权益报》上刊载,公开征求市民意见,这是上海民主立法的一次有益探索。

8. 推动劳动保护监察法制化

劳动保护监察是国家特设的劳动监察机构或群众组织对各厂矿单位实施各项劳动保护法规所进行的监察工作。上海是我国老工业基地,随着改革进程的加快,国有企业经营机制的转换,企业投资主体的多元化,忽视劳动保护工作、侵害劳动者利益和转嫁职业危害的现象较为突出。为此,1987年3月11日上海市第八届人民代表大会常务委员会第二十七次会议通过了《上海市劳动保护监察暂行条例》,将劳动监察纳入法治轨道。为进一步加强劳动保护监察,保障劳动者在劳动过程中的生命安全和身体健康,促进经济发展和社会进步,1997年8月20日上海市第十届人大常委会第三十八次会议通过了《上海市劳动保护监察条例》。条例共6章48条,适用于在上海市范围内的企业、个体经济组织和与之形成劳动关系的劳动者;各级国家机关、事业单位、社会团体和与之建立劳动合同关系的劳动者,依照条例执行。

条例将"劳动保护"界定为"为了保障劳动者在劳动过程中的安全和健康所采取的各种措施,包括劳动安全卫生、工作时间、休息休假、女职工和未成年工特殊保护等。"条例确定了劳动保护工作遵循安全第一、预防为主的方针,实行用人单位负责、行业管理、国家监察和群众监督相结合的管理体制,明确了劳动者有获得劳动安全卫生保护、享受休息休假和工伤保险待遇、接受劳动安全卫生技术培训、对违反劳动保护法律、法规,危害生命安全和身体健康的行为提出批评、检举和控告等权利,同时也明确了劳动者在劳动过程中应当遵守劳动保护法律、法规,遵守安全操作规程和有关规章制度,正确使用劳动防护用品等义务。条例对于劳动保护监察、管理和监督、用人单位劳动保护职责、事故隐患和事故的处理、法律责任等事项作了专章规定。

条例实施之日,1987年《上海市劳动保护监察暂行条例》同时废止。鉴于条例的立法依据为《中华人民共和国劳动法》和有关法律、法规,在没有直接上位法的情况下,条例具有创制性地方性法规的性质。

9. 增强老年人保护立法的有效性

上海是我国人口老龄化程度最高的特大型城市,老龄化问题一直是社会广泛关注的问题,上海市历届人大常委会高度重视保护老年人合法权益。1988年7月21日上海市第九届人大常委会第二次会议通过了《上海市老年人保护条例》,在国家尚未出台《中华人民共和国老年人权益保障法》(以下简称《老年人权益保障法》)的情况下,该条例属于创制性地方性法规。1996年8月29日第八届全国人大常委会第二十一次会议通过了《老年人权益保障法》。为贯彻落实《老年人权益保障法》，更好地保障老年人合法权益，发展老年事业，弘扬中华民族敬老、养老的美德，上海市第十一届人大常委会第四次会议于1998年8月18日通过了《上海市老年人权益保障条例》，原《上海市老年人保护条例》同时废止。条例共6章40条，将其保障的老年人定位于上海市行政区域内六十周岁以上的公民。

条例规定：各级国家机关和社会应当采取措施，健全对老年人的社会保障制度，逐步改善保障老年人生活、健康以及参与社会发展的条件，实现老有所养、老有所医、老有所为、老有所学、老有所乐；老年人依法享有人格尊严和人身自由权、婚姻自由权、财产权、受赡养扶助权、房屋租赁和使用权、受教育权、从国家和社会获得物质帮助权、参与社会发展权、享受社会发展成果权以及宪法和法律规定的其他权利。禁止歧视、侮辱、虐待或者遗弃老年人；老年人应当尊重社会公德，遵纪守法，履行法律规定的义务；各级人民政府应当将老年事业纳入国民经济和社会发展计划，逐步增加对老年事业的投入，并鼓励社会各方面投入，使老年事业与经济、社会协调发展；保障老年人合法权益是全社会的共同责任。条例的一大特色是注重老年人权益保障的有效性，并结合上海实际，对家庭赡养与扶养、社会保障、参与社会发展、法律责任等事项作了专章规定。

（四）立法的创制性更显功力

从总体上讲，除宪法以及组织法、选举法等宪法相关法外，我国国家层面的立法与地方性法规基本上是同时起步的。在20世纪90年代，《立法法》尚未出台，中央专属立法权与地方立法权限尚无法定的界限，地方立法创制性的空间比较大。为适应浦东新区开发开放及上海改革发展的现实需要，上海需要"站高一步、看远一步、想深一步"，①上海地方立法也需要积极作为，及时出台创制性地方性法规，为改革发展保驾护航。

1. 及时填补外资清算立法空白

外商投资企业清算是指外商投资企业正式结束其法律生命，注销其法人资格之前，由特定的组织依据特定的程序，对企业的债权债务以及资产进行规范处理的工作过程和结果，这是终止外商投资企业债权债务关系最重要的环节，在清算过程中维护债权人和投资者之间的合法利益关系到社会经济秩序的稳定和投资环境的改善。上海作为我国对外开放、引进外资的前沿，在1990年已有19家

_____

① 上海浦东开发开放之初，邓小平同志对上海工作提出了"思想更解放一点、胆子更大一点、步子更快一点"的要求。时任中共上海市委书记黄菊提出：上海市委要担负起对中央负责和对上海政治、经济、文化、社会发展实行全面领导的责任，关键是要按照党的十五大的要求，站高一步、看远一步、想深一步，在同级各种组织中努力发挥好总揽全局、协调各方面的领导核心作用。

外商投资企业因经营期限届满而解散。随着时间的推移,将有更多的外商投资企业因各种原因陆续进入清算程序。然而,在当时情况下,《中华人民共和国民法通则》及三资企业法及其相关行政法规对于外商投资企业清算问题仅作原则性规定,为保护债权人和中外投资者的合法权益,使外商投资企业的清算公正顺利地进行,促进上海利用外资工作的发展,上海市第九届人大常委会第二十八次会议审议通过了《上海市外商投资企业清算条例》,这是我国第一部有关外商投资企业清算的立法,引起了国内外有关方面的关注。①

条例共5章57条,适用于在上海市设立的中外合资经营企业、中外合作经营企业、外资企业进行的清算。外资金融机构、中外合资金融机构的清算,不适用本条例。条例将清算分为普通清算和特别清算,规定企业资产能够抵偿债务并且董事会或者管理机构能够自行组织清算工作的,进行普通清算;企业资产不能抵偿债务或者无法自行组织清算工作的,原审批机构可以根据企业或者债权人的申请,或者依其职权决定企业进行特别清算。普通清算出现严重障碍时,债权人或者清算委员会向原审批机构提出申请并经批准,可以转入特别清算程序。企业法人因严重亏损,无力清偿到期债务,债权人或者债务人向人民法院申请宣告破产还债,人民法院裁定宣告企业进入破产还债程序后,其破产清算按照《中华人民共和国民事诉讼法》有关规定办理。条例对普通清算的清算期间、清算组织、清算公告、债权债务与清偿、清算资产的估价及处置、清算终结,特别清算的相关事宜及相关法律责任等事项作了明确的规定。

值得关注的是,在《立法法》及国家专门立法尚未出台前,条例属于先行先试型的创制性地方性法规,立法机关采取了既积极又审慎的态度。条例第五十五条规定:"国家法律、法规对企业清算另有规定的,按其规定办理。"经1996年6月15日国务院批准,1996年7月9日对外贸易经济合作部发布了《外商投资企业清算办法》。有鉴于此,上海市第十一届人大常委会第十七次会议于2000年4月11日通过决定,将条例予以废止。条例的实施对20世纪90年代上海扩大开放、引进外资,促进外向型经济发展,产生了积极的作用。在上位法出台后,该条例依法予以废除是贯彻《立法法》的要求,确保国家法制统一原则的积极举措。②

---

① 参见朱言文:《一部重要的涉外经济法规——写于〈上海市外商投资企业清算条例〉施行之时》,《上海人大月刊》1991年第10期;如一:《超前立法的成功尝试——访市九届人大财经委副主任委员李嘉康》,《上海人大月刊》1994年第9期。

② 随着中国法律制度的逐步完善,为使内外资企业的管理趋于一致,2008年1月15日国务院废止了《外商投资企业清算办法》,外商投资企业的解散和清算工作,按照《中华人民共和国公司法》和外商投资法律、行政法规的相关规定办理。外商投资法律和行政法规有特别规定,而《中华人民共和国公司法》未作详细规定的,适用特别规定。商务部办公厅于2008年5月5日发布了《商务部关于外商投资企业解散和清算工作的指导意见》,对外商投资企业清算工作进行指导。

2. 依法促进技术市场健康发展

技术市场是要素市场的一部分，它以推动科技成果向现实生产力转化为宗旨，涉及技术开发、技术转让、技术咨询、技术服务、技术承包；生产或经销科研中试产品和科技新产品，组织和开展技术成果的推广与应用等技术成果交换关系活动的各个方面，是市场体制的一个重要组成部分。20世纪90年代，上海在建立一个龙头、三个中心，率先建立社会主义市场经济的过程中，改变了过去单纯依靠行政手段无偿转让技术的做法，高度重视培育和发展技术交易市场，充分发挥技术市场在促进技术成果流通转让、促进经济发展方面的积极作用。

为了促进上海技术市场的健康发展，保障当事人的合法权益，1995年4月7日上海市第十届人大常委会第十七次会议通过了《上海市技术市场条例》。条例的制定主要参照了《中华人民共和国科技进步法》、《中华人民共和国技术合同法》以及其他有关法律、行政法规。在国家层面尚无直接上位法的情况下，该条例属于创制性地方性法规。条例共6章30条，适用于公民、法人和其他组织在上海从事技术交易和技术交易服务的行为。条例将其规范的"技术交易"定位于技术开发、技术转让、技术咨询、技术服务等交易活动。将"技术交易服务"定位于技术交易场所服务、技术交易经纪服务、技术交易咨询服务、技术评估服务、技术信息服务等。条例规定各级人民政府应当加强对技术市场的培育和扶持，引导技术市场健康发展，并对技术交易准则、技术交易服务机构、技术市场的管理及法律责任等事项作了专章规定。条例的制定与实施对于进一步营造市场经济法律环境，促进技术成果的推广与应用发挥了积极作用。

3. 开启遗体捐献国内立法先河

遗体捐献是一种公民对自身、对社会乃至对自然的科学态度和价值观，遗体捐献既是对社会医疗卫生事业的积极贡献，也体现了公民高尚的人格。随着上海经济建设的发展和社会文明程度的不断提高，志愿将遗体捐献给医学科学事业的做法被越来越多的市民所接受。为了规范遗体捐献工作，发展医学科学事业，促进社会主义精神文明建设，2000年12月15日上海市第十一届人大常委会第二十四次会议通过了《上海市遗体捐献条例》。这是我国第一部规范遗体捐献事务的地方性法规，共28条。条例总结了十八年来上海开展志愿捐献遗体工作的实践经验，体现了上海这一国际大都市的文明与进步。条例起草和审议过程中广泛听取了社会各方面的意见，并就相关问题向全国人大常委会法工委作了请示。条例将"遗体捐献"界定为"自然人生前自愿表示在死亡后，由其执行人将遗体的全部或者部分捐献给医学科学事业的行为，以及生前未表示是否捐献意愿的自然人死亡后，由其近亲属将遗体的全部或者部分捐献给医学科学事业的行为。"

条例适用于上海市行政区域内的遗体捐献及其管理活动,不涉及遗体接受前死亡标准的确定等需要由国家法律明确规定的内容。条例规定捐献人捐献遗体的意愿和遗体的人格尊严受法律保护,并且确定了遗体捐献应当遵循的三项原则,即自愿原则、无偿原则、用于医学科学事业原则。条例对于遗体捐献、登记、接受等一系列遗体捐献过程中的程序性问题一一作了明确规定。由于条例尊重遗体捐献志愿者的意愿,并且注重提高志愿者意愿的实现率,因此取得了良好的社会效果和法律效果,使上海的遗体捐献工作上了一个新的台阶。2001年条例实施后,上海市红十字会接受遗体捐献的数量比2000年同期上升了20.11%,有力地促进了上海医学科研与教育水平的提高,同时也提升了上海国际化大都市的文明程度。①

4. 积极开创经纪业健康发展法律环境

经纪人作为经济活动中以收取佣金为目的,为促成他人交易而从事居间、行纪或者代理等经纪业务的公民、法人和其他经济组织,被视为生产者、经营者与消费者"联姻"的"红娘",在促进商品流通、产权交易、降低社会生产成本、繁荣文化演出市场等方面发挥了积极的作用。为推动市场经济的发展,20世纪90年代上海经纪业有了长足的发展。1992年上海诞生了第一家经纪人事务所,截至2000年8月,上海已有执业经纪人1.9万多名,各类经纪组织6000多家。但是,上海经纪业在发展中也存在不少问题。以房产经纪为例,20世纪90年代上海的房地产经纪收费标准为买卖成交额的0.5%—2.5%。但在实际操作中,有的经纪人、经纪组织隐瞒委托房屋的真实价格非法获取佣金以外的报酬,有的作虚假宣传而引起了不少投诉和纠纷。

为了规范经纪活动,促进经纪业发展,维护市场秩序,保障经纪活动当事人的合法权益,2000年12月15日上海市第十一届人大常委会第二十四次会议通过了《上海市经纪人条例》。条例共7章38条,既切合上海经纪业的发展实际,又有许多创新之处,②创制性地以地方性法规的形式明确经纪人的合法地位。条例适用于在上海市行政区域内从事经纪活动的执业经纪人、经纪组织及其相关管理活动。条例将"经纪人"界定为依法取得经纪执业证书,并在经纪组织中从事经纪活动的执业人员和依法设立的具有经纪活动资格的公司、合伙企业、个人独资企业及其他经济组织;将"经纪活动"界定为接受委托人委托,为促成他人交易提供居间、行纪、代理等服务,并收取佣金的经营行为。条例规定,从事经纪

---

① 参见上海市人大常委会研究室编:《实践与探索》,复旦大学出版社2003年版,第54页。
② 参见方惠萍:《培育规范 加强自律 开拓创新——参与制定〈上海市经纪人条例〉的体会》,《经纪人》2001年第2期。

活动应当遵守法律、法规，遵循平等、自愿、公平、诚实信用的原则；经纪人依法从事经纪活动受法律保护。条例强化了对经纪人的自律管理，明确上海市执业经纪人协会为执业经纪人的自律性组织，具有接受投诉、调解经纪执业活动中的纠纷等职责。与此同时，条例降低了市场准入的门槛。在常委会审议过程中，将政府对经纪业的管理从审批制改为审核制，再改为登记制，最终定为注册制。①由于执业经纪人资格门槛的放低，使大量的"地下"经纪人转到"地上"，促进了上海经纪业的发展。

五、 理论归纳与实践总结

　　20世纪90年代法制建设的高速发展给学者的理论研究注入了新的活力，对该时期的理论研究成果进行归纳，有助于客观全面地了解我国学术界对相关理论问题的认识不断深化的过程。对上海地方立法在立法权限范围方面的实践探索及时进行总结，有助于更好地理解在《立法法》未出台的情况下，上海地方立法如何妥善处理好地方立法与上位法的关系这一至关重要的问题。

　　1. 立法对市场经济的供给问题

　　法律是立法机关所生产的"公共产品"，如同所有产品一样，法律也存在供给关系，其供给主体是国家，由立法机关代为行使法律供给职能。法律的需求则取决于一定时期社会政治、经济、文化的发展状况。法律作为特殊的产品，属于上层建筑的重要组成部分，其产生、发展、变化是由经济基础所决定的，但是法律并不是消极地受经济基础的支配，它的规范性、权威性、引导性、预测性对经济基础也有积极的反作用。20世纪90年代初，我国开始进入建设中国特色社会主义市场经济新时期，党的十四大报告强调要高度重视法制建设，加强立法工作，特别是抓紧制定与完善保障改革开放、加强宏观经济管理、规范微观经济行为的法律和法规。1993年宪法修正案规定"国家加快经济立法，完善宏观调控"。立法对市场经济的供给问题引起了学界的关注，法学界提出了建立与中国特色社会主义市场经济相适应的法律制度的理论命题。

　　从实践来看，20世纪90年代的立法实践生动演绎了法律作为上层建筑与经济基础之间的关系这一政治经济学简单但又抽象的定律。1993年3月第八届全国人大第一次会议提出："本届全国人大常委会要把加快经济立法作为第一位的任务，尽快制定一批有关社会主义市场经济方面的法律。"在第八届全国人大常委会提出的制定152项法律的五年立法规划中，与市场经济有关的立法项

---

　　① 参见上海市人大常委会研究室编：《实践与探索》，复旦大学出版社2003年版，第52页。

目被列为主要内容。从1993年开始,制定了一系列规范市场主体、市场行为、宏观调控、对外经济贸易等方面的重要法律。①

有学者统计,在1992年年底中国决定实行社会主义市场经济之前,十几年间,在全国人大及其常委会审议通过的200余件法律和有关法律性问题决定中,第五届全国人大期间为60件,第六届全国人大期间为63件,第七届全国人大期间为87件。1993年决定实行社会主义市场经济之后,立法进入高速发展阶段,第八届全国人大期间猛增到118件,第九届全国人大期间增至124件。尤其是1995年2月第八届全国人大第十二次会议更是创下了我国立法史的空前纪录,一天就出台了7部法律。据测算,进入20世纪90年代中期以后,全国人大及其常委会平均每十三天制定一部法律,国务院平均每六天制定一部行政法规。在地方立法层面,势头更猛,在1992年以前,地方性法规每年约150件,到1993年,"年产量"已上升为350件左右,至1994年,仅前七个月就诞生了近400件地方性法规。②这一状况表明,20世纪90年代上海经济立法高速发展符合该时期我国立法发展的一般规律。经过十年高速发展,中国基本建立起与市场经济发展阶段相适应的经济法律、法规群。

2. 法制与法治的涵义问题

"法制"(rule by law)与"法治"(rule of law)一字之差,同为治国理政的理念、原则和方法,作为具有不同涵义的政治术语,两者出现在现代中国的不同历史阶段。③1978年12月党的十一届三中全会公报提出:"为了保障人民民主,必须加强社会主义法制,使民主制度化、法律化,使这种制度和法律具有稳定性、连续性和极大的权威,做到有法可依,有法必依,执法必严,违法必究。""法制"概念由此成为与"人治"截然不同的治国方式进入人们的视野,"发扬社会主义民主,健全社会主义法制"成为改革开放初期维护安定团结政治局面的重要保障。经过近二十年的努力,我国民主法制建设取得了举世瞩目的成就,基本解决了无法可依的矛盾。1997年9月党的十五大确立了"依法治国"的基本方略,提出"依法治国,是党领导人民治理国家的基本方略,是发展社会主义市场经济的客观需要,是社会文明进步的重要标志,是国家长治久安的重要保障"。"法治"概念由此成为一个新的政治术语,与"法制"概念交叉出现。学术界开始就两个概念的

① 参见赵颖坤:《当代中国立法的社会背景》,载周旺生主编《立法研究》第4卷,北京大学出版社2003年版,第4—6页。

② 引自邢会强:《经济立法的供求分析》,《南都学坛》(人文社会科学学报)2004年第5期。

③ "法治"这一概念古来有之,是与"人治"相对而言的治国方式。《晏子春秋·谏上九》中载有:"昔者先君桓公之地狭于今,修法治,广政教,以霸诸侯。"《淮南子·氾论训》记载:"知法治所由生,则应时而变;不知法治之源,虽循古终乱。"

内涵、差异及两者的内在联系进行了一系列研究。

从法律上分析，"法制"是法律制度的简称，属于法律制度的范畴，意指以法而治，是一种正式的、相对稳定的、制度化的社会规范，其核心意义是强调社会治理规则的普适性、稳定性和权威性。"法治"则是法律统治的简称，是一种社会意识，属于法律文化观念的范畴，强调一个国家处于依法治理的良好状态。法治的内涵比法制的内涵要宽泛得多，不但要求国家具备完善而良好的法，更要求法要得到普遍而自觉的遵守，要求建立健全完备的使这种法得以正确适用与遵守的国家权力机构体系，其核心意义是强调社会治理主体的自觉性，形成最大限度地发挥个人的意志与行为自由的一种社会状态。就两者关系而言，法制是法治的基础和前提条件，实行法治，必须具有完备的法制制度，法治的实施必须建立在法制之上；法治是法制的立足点和归宿，法制的发展是最终实现法治。

在行政执法、司法层面，行政执法、司法行为满足于合法性，将法律视作统治的工具，只是法制的一般要求。而要求行政执法、司法行为更多地体现合理、正当、公平、公正以及公权适度等理念，则是法治蕴涵的深层次要求。相比之下，"水"治显然优于"刀"制。由此可见，从传统的非法治形态的统治形式变为"法制"，最终走向"法治"的现代治理模式，表明了党对社会政治发展的规律有了新的认识，同时也彰显了我国政治文明水准的跃升。

3. 地方立法权与中央立法权的边界问题

自1979年7月1日第五届全国人大第二次会议通过《地方组织法》赋予地方立法权至2000年3月15日第九届全国人大第三次会议通过《立法法》，在长达二十年的时间里，地方立法权与中央立法权的边界一直没有明确的法律规定。在地方立法高速发展的20世纪90年代，学术界继续关注地方立法权限问题，具有地方立法权的地方人大及其常委会也积极开展相关的制度建设与立法实践。

在理论研究层面，我国学者在前期研究的基础上进一步深化地方立法权限问题，其代表性的观点认为，在宪法、法律没有明确规定地方立法权限的情况下，只要不同宪法、法律、行政法规相抵触，地方可以根据地方情况和实际需要，就任何事项制定地方性法规，对这种现象要加以研究，要正确理解和把握地方立法的范围。在宪法、法律未作出明确规定前，地方立法的范围除了法律另有规定外，不能超出地方国家机关的整体职权范围。

现阶段的地方立法事项可以界定在八个方面。一是在不违反法定的限制性规定的条件下，可以制定有关地方性法规调整范围、地方性法规制定原则、制定程序、制定技术等方面的地方性法规；二是可以根据宪法、法律的有关规定，制定关于本级人大或人大常委会决议或决定的调整范围、关于通过和发布决议或决定的原则、程序和技术，关于撤销有关决议、决定的根据、条件、程序等方面的地方性法规;三是可以根据宪法、法律的有关规定,制定关于如何保证宪法、法律、行政法规、上级人大及其常委会的决议在本地得到遵守和执行的地方性法规;四是可以制定关于如何审查和决定有关本地经济建设、文化建设和公共事业建设的计划、国民经济和社会发展计划、预算执行情况报告的地方性法规;五是可以根据选举法、地方组织法的规定,根据本地实际情况制定实施细则;六是从本地实际出发,制定保护公有制财产、公民私人所有的合法财产、维护社会秩序、保障公民人身权利、民主权利和其他权利、保障农村集体经济组织自主权、保障少数民族权利、保障男女平等、同工同酬、婚姻自由等方面权利的地方性法规;七是可以制定有关本行政区域内的政治、经济、教育、科学、文化、卫生、民政、民族工作的重大事项方面的地方性法规;八是根据全国人大常委会的授权,制定有关单行法规。①在法律对地方立法权限尚无明确规定的情况下,学者在该时期的学理研究对于地方立法的实践探索具有积极的意义。

在制度建设层面,由于国家层面的法律未明确地方立法的权限,地方立法制度的重大变革于法无据,在 20 世纪 90 年代未取得实质性进展。以上海为例,1986 年 8 月 30 日上海市第八届人大常委会第二十三次会议通过了《上海市人民代表大会常务委员会制定地方性法规程序的暂行规定》,该暂行规定实施五年半后,上海市第九届人大常委会第三十一次会议于 1992 年 2 月 19 日通过了《上海市人民代表大会常务委员会制定地方性法规程序的规定》。尽管采用了立新废旧的立法方式,但前后两个地方性法规的制定依据、立法原则、关于地方性法规的范围大致相同,新规定只是在文字表述及法条结构上作一些完善,在实体内容上只是对地方性法规的范围作了适度调整。实质性的变化只有一项内容,即在上海市地方性法规的范围中增加规定一项,"根据全国人民代表大会常务委员会授权制定的单行法规。"然而,立法制度未作重大调整并不影响立法机关既积极又审慎地开展相关立法实践。

在 20 世纪 90 年代一些立法项目的推进过程中,上海地方立法在处理地方立法权与国家立法权边界的问题上积累了一些行之有效的经验:一是对一些社会关注的、比较敏感的问题,加强立法调研、论证,必要时及时向全国人大常委会法工委请示;二是在一些创制性的地方性法规中,增加"但书"条款,即"法律、行政法规另有规定的,从其规定。"这一规定在立法制度上避免了地方立法与上位法可能发生抵触的风险;三是在上位法出台后,对于与上位法不尽一致的地方性法规及时进行修改,必要时废止相关地方性法规。这些做法确保了在《立法法》出台前的过渡时期,上海地方立法在与国家法律、行政法规不相抵触的前提下积

---

① 引自周旺生:《立法论》,北京大学出版社 1994 年版,第 445—453 页。

极作为,有效回应上海改革发展对立法的需求。

　　4. 中国特色社会主义法律体系的提出

　　"法系"是在对各国法律制度的现状和历史渊源进行比较研究的过程中形成的概念,原本属于法制史的范畴与研究范围。"法律体系"则指由一国现行的全部法律规范按照不同法律部门分类组合而形成的一个体系化的有机联系的统一整体。法学家们根据世界各国法律的基本特征,划分了五大法系,即中华法系、大陆法系、英美法系、伊斯兰法系、印度法系,其中历史久远的中华法系和印度法系已经解体。

　　党的十一届三中全会以后,在民主法制建设新时期,我国立法学界对中国特色社会主义法律体系问题进行了前瞻性的研究。早在 20 世纪 80 年代后期,我国立法学界就提出了"建立符合中国国情的法律体系"的理论命题,认为法律体系是一国在一定发展阶段上,以所有现行法律为基础形成的对维护执政阶级利益来说是合适的、完备的一套法律,这套法律是一个有机统一体。中国社会主义法律体系必须具备门类更齐全、体系更完整、更能协调发展的法律体系。建立符合中国国情的社会主义法,中心任务就是要建立门类齐全的、完备的各法律部门。①

　　随着民主法制建设的不断推进,立法数量不断增多,建立"中国特色社会主义法律体系"这一历史性任务被提到了议事日程。将建设"中国特色社会主义法律体系"作为一项具体的工作目标,是 20 世纪 90 年代提出并着力推进的。

　　1992 年 10 月,党的十四大提出,建立社会主义市场经济体制需要高度重视法制建设,"加强立法工作,特别是抓紧制定与完善保障改革开放、加强宏观经济管理、规范微观经济行为的法律和法规,这是建立社会主义市场经济体制的迫切要求。"1993 年 3 月,第八届全国人大第一次会议审议的全国人大常委会工作报告明确提出:"社会主义市场经济体制的确立和完善,必须有完备的法律作保障。第八届全国人大要围绕深化改革、扩大开放、建立社会主义市场经济体制,以改革的精神加快立法步伐,特别是要把经济立法放在最重要的位置。要尽快制定一批规范市场主体行为、维护市场经济秩序、完善宏观调控以及社会保障等方面的法律。对以往制定的某些不适应社会主义市场经济要求的法律,要及时修改或废止。要大胆借鉴外国特别是经济发达国家在立法方面的经验和成果,结合我国的实际,加以改造、吸收。要力争在本届全国人大任期内,初步形成社会主义市场经济法律体系,推动和保障社会主义市场经济的发展。"这是最高国家权力机关在其工作报告中首次明确提出建立社会主义法律体系的工作目标。

----

　　① 参见周旺生:《立法学》,北京大学出版社 1988 年版,第 481—487 页。

1997年9月，党的十五大报告提出："加强立法工作，提高立法质量，到二零一零年形成有中国特色社会主义法律体系。"这是党中央第一次正式提出要形成"有中国特色社会主义法律体系"。1998年3月，第九届全国人大第一次会议提出，第八届全国人大常委会把加快经济立法作为第一位的任务，大胆探索，勇于实践，以改革的精神对待和解决立法中遇到的问题和难点，第八届全国人大任期内制定的有关市场经济方面的法律，连同以前制定的有关经济法律，初步构成社会主义市场经济法律体系框架，为社会主义市场经济的培育和发展提供了重要的法制条件。

党的十五大不但提出了建设中国特色社会主义法律体系的目标，同时明确了实现这一目标的时间表、线路图，对于包括地方立法在内的我国立法工作持续健康发展起到了战略指导作用。

规范发展期
(21 世纪前 10 年)

法律是社会生活中的行为规范,其基本属性是规范性。立法是为国家定规矩、为社会定方圆的神圣工作,立法工作本身更需要制度化、规范化。20世纪80年代至90年代,我国立法快速发展,随着立法数量的不断增多,立法工作中出现的问题也在不断地沉淀、集聚。其中,有关地方立法权限等方面积累的问题已到了临爆点,而经过近二十年的探索,解决这些问题的条件已日趋成熟。为此,对立法活动及时进行规范,促使立法的发展模式从数量规模型向质量规范型转变,确保立法活动在法制化、规范化的轨道上平稳运行,已成为21世纪前10年立法工作的主旋律,上海地方立法由此进入了规范发展期。

一、 规范发展期地方立法背景与发展概览

法律作为公共产品与任何产品一样,都会经历从成长期到成熟期的不同阶段,上海地方立法前二十年经历的初创期、高速发展期属于地方立法的成长期。在世纪之交中国法律制度发生深刻变化以及中国即将进入WTO的历史转折关头,全国人大及其常委会对规范地方立法工作提出了一系列要求,对上海地方立法的规范发展产生了重大的影响。在国际国内形势变化及上海自身发展需求等各种因素的"倒逼"与牵引之下,上海地方立法的发展从成长期转入了规范发展的成熟期。

(一)《立法法》出台厘定地方立法权限

2000年3月15日,第九届全国人大第三次会议审议通过了规范立法活动的基本法律——《立法法》,该法于2000年7月1日起施行。这是我国社会主义民主与法制建设的一件大事,这一"管法的法"被称为"小宪法","中国立法史上的重要里程碑"。《立法法》是二十多年来我国立法经验的结晶,该法在总结1979年以来立法体制改革的成功经验的基础上,统一了中国立法的基本制度和一些具体制度,对法律、行政法规、地方性法规、自治条例和单行条例、规章各自

的权限范围、制定程序,授权立法、法律解释和适用规则、备案等问题都作了比较具体、详细的规定,使中国立法有了集中、系统的法律制度可以遵循。

《立法法》最令人瞩目的规定是有关中央立法权与地方立法权限的规定,围绕这一问题的规定是该法的核心制度,厘清中央立法权与地方立法权限的边界也是该法出台的重要动因。经过近二十年的努力,我国立法工作取得了很大进展,但是,还存在一些不容忽视的问题。如有些法规、规章的规定同法律相抵触、超出权限范围,法规之间、规章之间、法规与规章之间存在着相互冲突或不衔接;有的立法质量不高,存在着为部门、地方争利益的倾向等。这些问题在一定程度上损害了国家法制的统一和尊严,也给执法工作造成了某些困难。[1]

以我国立法数量最多,立法层次最复杂的外商投资立法为例,存在的突出问题是立法权过于分散,法律、行政法规、地方性法规、部门规章叠床架屋,且法律名称繁多庞杂,令外商目不暇接。如全国人大及其常委会所立法律的名称就有法、条例、规定、决议、办法、方案等。国务院行政法规所使用的名称更多,如条例、规定、决定、办法、决议、通知、规划、细则、意见等。更有甚者,同类法律名称还有众多的表述方式,如"规定"这一名称就可以派生出暂行规定、试行规定、若干规定、补充规定等。地方性立法的名称更是五花八门。此外,还有不少非公开的内部文件、行政指示、内部通知、批文等。立法权过于分散导致了我国利用外资领域法律体系的结构有所失调,法出多门造成了法与法之间的横向失调,分散立法以及有关部门的越权立法导致了法律之间的纵向失调,使得中央立法和地方立法的调整对象缺乏明确界限。如关于合营企业的所得税问题分散规定在一系列的法律、法规中,其中既有全国人大制定的法律,国务院制定的行政法规,又有地方立法和政府规章。其内容既有重复交叉的,又有分散混杂的。与此同时,法律、法规解释权非出一源,各部门对其制定的法律及行政法规都有独立的解释权,且法律、法规的内容不相协调,这就必然出现一个部门立法、几个部门扯皮的现象,外商常常如坠五里雾中。[2]为此,《立法法》剑指立法权限这一核心问题,旨在矫正立法实践中存在的偏差。

《立法法》根据宪法确定的"在中央的统一领导下,充分发挥地方的主动性、积极性"的原则,确立了我国的统一而又分层次的立法体制,分别规定了中央与地方的立法权限。[3]

---

① 参见乔晓阳主编:《〈中华人民共和国立法法〉导读与释义》,中国民主法制出版社 2015 年版,第 43 页;郑淑娜主编:《〈中华人民共和国立法法〉释义》,中国民主法制出版社 2015 年版,第 1 页。

② 参见丁伟:《三资企业法律环境的透析》,《法学》1989 年第 12 期。

③ 2015 年 3 月 15 日十届全国人大第三次会议对《立法法》作了修正,有关中央专属立法权的范围作了调整,有关地方立法权限的条序也作了调整,鉴于本书第三部分讨论 21 世纪前 10 年地方立法的状况,故引用法条均为《立法法》修正前的规定。

《立法法》第七条规定：全国人民代表大会和全国人民代表大会常务委员会行使国家立法权。全国人民代表大会制定和修改刑事、民事、国家机构的和其他的基本法律。全国人民代表大会常务委员会制定和修改除应当由全国人民代表大会制定的法律以外的其他法律；在全国人民代表大会闭会期间，对全国人民代表大会制定的法律进行部分补充和修改，但是不得同该法律的基本原则相抵触。第八条以列举的方式，规定了全国人大及其常委会的立法事项："下列事项只能制定法律：（一）国家主权事项；（二）各级人民代表大会、人民政府、人民法院和人民检察院的产生、组织和职权；（三）民族区域自治制度、特别行政区制度、基层群众自治制度；（四）犯罪和刑罚；（五）对公民政治权利的剥夺、限制人身自由的强制措施和处罚；（六）对非国有财产的征收；（七）民事基本制度；（八）基本经济制度以及财政、税收、海关、金融和外贸的基本制度；（九）诉讼和仲裁制度；（十）必须由全国人民代表大会及其常务委员会制定法律的其他事项。"这十方面的立法事项即为中央专属的立法范围。专属立法权除了对该主体的权力予以确定、肯定之外，其实质是针对实践中地方立法主体超越权限的问题，《立法法》第八条中"只能制定法律"的表述意味着地方不得就这些事项制定或先行制定地方性法规。

在列举中央立法权限的同时，《立法法》又以概括式的方式，对地方性规定的权限作出原则性规定。该法第六十三条第一款规定："省、自治区、直辖市的人民代表大会及其常务委员会根据本行政区域的具体情况和实际需要，在不同宪法、法律、行政法规相抵触的前提下，可以制定地方性法规。"第六十四条第一款规定："地方性法规可以就下列事项作出规定：（一）为执行法律、行政法规的规定，需要根据本行政区域的实际情况作具体规定的事项；（二）属于地方性事务需要制定地方性法规的事项。"该条第二款规定："除本法第八条规定的事项外，其他事项国家尚未制定法律或者行政法规的，省、自治区、直辖市和较大的市根据本地方的具体情况和实际需要，可以先制定地方性法规。在国家制定的法律或者行政法规生效后，地方性法规同法律或者行政法规相抵触的规定无效，制定机关应当及时予以修改或者废止。"根据《立法法》第六十四条的上述规定，地方性法规大体上分为三类，即执行国家法律的实施性立法、规范地方性事务的自主性立法、国家法律出台前先行先试的创制性立法。

《立法法》的上述规定明确了地方立法的权限、定位与功能。一方面，与中央立法相比，地方立法处于从属的地位，一般要以中央立法为依据，或不能与其相抵触，在立法功能方面，地方立法一般都负有贯彻实施中央立法的责任。另一方面，地方立法作为一国立法体制的组成部分，也有相对独立的地位，可以在不与中央立法相抵触的前提下，以立法的方式积极地解决应当由自己解决的问题，可以自主地形成自己的风格、特色。《立法法》的出台和实施,对于规范地方立法活动,维护国家法制统一,建立和完善有中国特色社会主义法律体系,具有重大和深远的影响。

(二)中国"入世"引发第一波法规清理

从中国"复关"谈判到"入世"谈判,这场"马拉松式"的谈判持续了将近十五年的时间。2001年11月10日,世界贸易组织(WTO)第四次部长级会议作出决定,接纳中国加入WTO。尘埃落定后的当务之急是如何抓住"入世"的机遇,积极应对"入世"对我国的挑战。"入世"对我国的第一波冲击体现在我国立法领域,因为中国对世贸规则的执行,并不是直接适用,而是将其转化为国内法。《中国入世工作组报告》第67段规定:"中国将保证其有关或影响贸易的法律法规符合《WTO协定》及其承诺……中国将通过修改其现行国内法和制定完全符合《WTO协定》的新法的途径,以有效和统一的方式实施《WTO协定》。"根据这一规定,我国中央政府有义务确保地方性法规、地方政府规章和地方制定的其他政策措施符合WTO规则和我国入世承诺。然而,在当时情况下,中国外资、外贸领域的立法面临的挑战十分严峻,随着以《马拉喀什建立世界贸易组织协定》为载体的《与贸易有关的投资措施协议》、《与贸易有关的知识产权协议》、《服务贸易总协议》等一系列协议的诞生,我国现行法律与以WTO规则为基轴的新的国际经济法律制度不相协调的状况比较严重。按照WTO规则、我国入世承诺及新时期我国的改革开放,要求进一步完善我国外资、外贸立法已经迫在眉睫。①

有鉴于此,我国在"入世"之前就未雨绸缪,积极部署法律、法规、规章的清理。自1999年11月中美双边谈判结束之后,中国政府即着手对国内法进行全面清理,针对有关或者影响货物贸易、服务贸易、与贸易有关的知识产权以及确保贸易法律制度的透明和统一实施等方面的法律、法规、规章和其他政策措施,制定了详细的立、改、废计划,并确定了各项计划完成的具体时间表。2000年3月,国务院法制办出台《适应我国加入WTO进程有关法律、行政法规的制定、修订工作安排》,并列出时间表,明确哪些法律法规应加快制定,哪些应加快修改。

2000年4月,国务院法制办又印发了《关于适应我国加入WTO进程需要清理部门规章有关事项的通知》,明确由外经贸部和国务院法制办牵头,组织中央十四个负有经济管理职能的部委动起来,开展与外贸、外商投资有关的部门规章的清理工作。财政部、发改委、农业部等都纷纷成立了清理小组。②2001年9

---

① 参见丁伟:《论世界贸易协定体制下我国外资法面临的严峻挑战》,《国际商务研究》1996年第4期。

② 参见李立:《确保国内立法符合世贸组织规则 中国法规清理工作10年未曾间断》,http://www.law-lib.com,访问时间:2011年9月26日。

月,中共中央办公厅、国务院办公厅专门下发了《关于适应我国加入世界贸易组织进程清理地方性法规、地方政府规章和其他政策措施的意见》,部署开展清理地方性法规、地方政府规章和其他政策措施。根据该意见的要求,凡是法律、行政法规为适应加入 WTO 的需要已经作出修改的,有关的地方性法规、地方政府规章和地方制定的其他政策措施应当作出相应修改;凡是违反最惠国待遇原则和国民待遇原则或者阻碍全国统一市场形成的地方规定,应当修改或者废止。修改后的地方性法规、地方政府规章和地方制定的其他政策措施以及以前没有公开但仍需执行的政策措施,都要及时在地方官方刊物上公布。

中国"入世"后,进一步加快了清理工作的步伐。2001 年 12 月 9 日,时任国务院总理朱镕基在省部级干部 WTO 规则及吸收外资政策法规研究班座谈会上强调,各级领导干部必须正确认识加入世贸组织的重要意义,把思想统一到中央的决策上来,切实作好加入世贸组织后的各项应对工作,要加快有关法律、法规、规章的制定、修改和废止工作。有关法律、法规和规章的制定既要严格履行我国对外承诺,又要充分利用世贸组织规则保护和促进我国经济的发展。要对现行与贸易有关的法律、法规和规章进行清理。①

为适应加入世贸组织的需要,全国人大及其常委会、国务院及所属各有关部门、最高人民法院、最高人民检察院、地方人大和地方政府等,从两个方面入手开展工作,一是对与世贸组织规则有关的法律、法规、规章、司法解释和其他措施规定,进行了清理,有的作了修改、补充,有的予以废止,以使中国的现行规定与世贸组织规则的基本原则及相关规定协调一致。二是根据中国承担的世贸组织协议项下的义务,同时行使世贸组织协议规定的权利,抓紧制定出台了一批行政法规、部门规章,并抓紧起草和制定有关的法律草案,加紧做好将世贸组织规则的有关规定转换为国内法的工作。就地方而言,根据中央的统一部署,地方人大及地方政府对与世贸组织规则有关的地方性法规、政府规章进行了清理和修改。截至 2002 年年底,全国 31 个省、自治区、直辖市和 49 个较大的市共修改、废止有关地方性法规和地方政府规章或者停止执行有关文件及其他政策措施 19 万多件,其中地方性法规约 1130 件,地方政府规章约 4490 件。②

中国"入世"前后自上而下史无前例的法律、法规清理,掀起了 21 世纪前 10 年第一波大规模的法律、法规清理的浪潮,对于地方立法的规范发展起到了积极的推动作用。但是,该次清理所依据的是法制统一原则、透明度原则、非歧视原

---

① http://news.xinhuanet.com/news/2001-12/09/content_154394.htm.
② 参见刘敬怀、黄海霞:《从法制上兑现入世承诺 我国法律法规清理成效显著》,《瞭望新闻周刊》2002 年 12 月 5 日。

则,范围仅限于与 WTO 规则和我国入世承诺有关的法律、法规,其性质属于专项清理。①

(三)《行政许可法》出台引发第二波法规清理

2004 年,一场影响持久的"行政革命"骤起,该年 3 月 22 日国务院颁布了《全面推进依法行政实施纲要》,明确提出"全面推进依法行政,经过十年左右坚持不懈的努力,基本实现建设法治政府的目标"。该纲要提出了十六字的依法行政的基本要求:即合法行政、合理行政、程序正当、高效便民、诚实守信、权责统一。依法做到执法有保障、有权必有责、用权受监督、违法受追究、侵权须赔偿。纲要还从政府职能转变与行政管理体制改革、制度建设、法律实施、科学民主决策和政府信息公开、纠纷解决机制、行政监督、提高行政机关工作人员依法行政的观念和能力等七个方面提出了具体目标、任务和措施。同年 7 月 1 日起,第十届全国人大常委会第四次会议于 2003 年 8 月 27 日通过的《中华人民共和国行政许可法》(以下简称《行政许可法》)正式施行,这是我国政府职能转变和行政法治建设进程中的一个里程碑。

在传统的行政管理模式中,行政审批所具有的实现经济调节与社会管理、控制经济与社会风险、减少行政违法行为等行政目标的功能被片面地夸大。因此,行政审批无处不在、无时不有,并常常被一些行政部门视作解决行政管理问题的"万能"钥匙和实现行政管理目标的"王牌"手段,从而阻碍着政府职能的转变。《行政许可法》围绕着有效解决过多、过滥的行政许可严重制约着社会转型这个问题,从立法宗旨到制度安排、从基本原则的确立到行为模式的设定、从实体到程序,在不同层面、以不同方式放松规制、规范许可、兼顾公益与私益、保障公平竞争、提高行政效率、优化资源配置。

《全面推进依法行政实施纲要》与《行政许可法》将行政机关的依法行政作为法治政府建设的突破口,取决于两个 80% 的基本判断:我国 80% 以上的法律、行政法规、地方性法规是由行政机关执行的;我国 80% 以上的法律、地方性法规是由行政机关负责起草的,尤其是数量高达近万部的地方性法规,绝大多数由政府部门负责起草,人大及其常委会主要是在审议过程中把关。17 世纪英国思想家洛克曾一针见血地指出,在所有国家权力中,行政权力是最桀骜不驯的。而在政府行政行为中,行政强制又最能体现公权对私权的拘束。在公权力中行政权力是最具活力和最具扩张性的权力,需要把权力关进制度的笼子里。这些都说明了行政机关的依法行政是全面推进依法治国基本方略的重中之重。

① 在 1996 年实施《行政处罚法》之前,根据全国人大常委会的统一要求,上海市人大常委会曾开展了地方性法规的专项清理,修改与《行政处罚法》不符的规定。

《全面推进依法行政实施纲要》与《行政许可法》的全面实施,全方位、多层次地推动了行政管理体制改革和政府职能转变,因此2004年被称为"中国依法行政之年"。

在现代法治社会,立法与执法应当处于良性互动状态,依法治权必然导致现行法律、地方性法规的清理。按照《行政许可法》第二章的规定,对于依法可以设定行政许可的事项,法律、行政法规规定可以设定行政许可;尚未制定法律、行政法规的,地方性法规可以设定行政许可;尚未制定法律、行政法规和地方性法规的,因行政管理的需要,确需立即实施行政许可的,省、自治区、直辖市人民政府规章可以设定临时性行政许可。临时性行政许可实施满一年需要继续实施的,应当提请本级人民代表大会及其常务委员会制定地方性法规;地方性法规和省、自治区、直辖市人民政府规章,不得设定应当由国家统一确定的公民、法人或者其他组织的资格、资质的行政许可;不得设定企业或者其他组织的设立登记及其前置性行政许可。其设定的行政许可,不得限制其他地区的个人或者企业到本地区从事生产经营和提供服务,不得限制其他地区的商品进入本地区市场。

鉴于各级行政机关负有贯彻执行《行政许可法》、深化行政审批制度改革、推进行政管理体制改革等方面的重要职责,且《行政许可法》主要对地方性法规设定行政许可作出限制性规定,对政府规章设定行政许可作出禁止性规定,因贯彻执行《行政许可法》而引发的第二波地方性法规、规章的清理工作由国务院进行部署。2003年9月28日,国务院印发《国务院关于贯彻实施行政许可法的通知》,要求各省、自治区、直辖市人民政府,国务院各部委、各直属机构抓紧做好有关行政许可规定的清理工作,对与行政许可法规定不一致的,要及时予以修改或者废止;对确需制定法律、法规的,要抓紧依法上升为法律、法规;国务院各部门对因行政管理需要必须实施行政许可又一时不能制定行政法规的,应当报国务院发布决定;省、自治区、直辖市人民政府根据本行政区域经济和社会发展情况,需要在本行政区域内停止实施行政法规设定的有关经济事务的行政许可的,应当及时提出意见,报国务院批准。各地区、各部门法制工作机构负责行政许可规定的清理工作,清理工作要在2004年7月1日前全部完成,并向社会公布清理结果。凡与行政许可法不一致的有关行政许可的规定,自行政许可法施行之日起一律停止执行。

第二波法规清理与第一波法律、法规清理一样,也属于专项清理,鉴于行政许可涉及面广,且事关行政管理体制改革和政府职能转变等核心权力,对地方性法规的规范发展将产生长远、持续、深刻的影响。

(四)国家法律体系建设引发第三波法规清理

按照党的十五大提出的宏伟目标,到2010年形成有中国特色社会主义法律体系。为确保这一目标如期实现,2008 年 7 月 21 日,全国人大常委会办公厅发出了《关于开展法律清理工作的通知》,就全国人大常委会组织开展现行法律的清理工作作出部署。全国人大法律委员会、全国人大常委会法制工作委员会 2008 年 7 月 31 日在北京召开会议,对开展法律清理工作进行部署,由此拉开了第三波法律、地方性法规清理工作的序幕。这次法律清理工作将用一年左右的时间完成,清理工作的目标任务是:围绕确保到 2010 年形成中国特色社会主义法律体系的要求,通过对现行法律进行一次集中清理,找出存在的明显不适应、不协调的突出问题,根据不同情况,区分轻重缓急,分类进行处理,使中国特色社会主义法律体系在形成的基础上不断完善,更加科学、统一、和谐,以适应社会主义经济建设、政治建设、文化建设和社会建设的客观需要。

同前两波法律清理所不同的是,第三波法律清理并非专项清理,而是对我国现行法律、行政法规、地方性法规、政府规章作全面"体检"。2008 年 8 月 8 日,国务院办公厅印发《国务院办公厅关于做好法律清理工作的通知》,要求清理工作贯彻全面梳理、突出重点的原则,清理的重点是 20 世纪 90 年代以前制定且没有作过系统修改的法律。清理工作主要围绕三方面问题进行:一是法律规定已经明显不适应经济社会发展需要的;二是后法与前法的规定不尽一致或不够衔接,造成执行困难的;三是法律操作性不强,难以用国家强制力来保证实施的。按照国务院通知规定的时间表,各部门应于 2008 年 10 月底前,向国务院提交本部门的法律清理工作报告,同时送国务院法制办汇总;清理工作报告对梳理提出的问题要有充分的理由并提出可行的处理建议。国务院法制办应于 2008 年 11 月底前将汇总的问题和处理意见报国务院同意后送全国人大常委会法工委。

在国家立法层面,全国人大常委会法工委对现行 200 多件法律全部"体检",提出近 2000 件清理意见和建议。经过历时一年多的清理,需要废止和修改的法律共 67 件,其中建议废止的 8 件,建议修改的 59 件、141 条。2009 年 6 月 29 日,第十一届全国人大常委会第十次会议通过了关于修改部分法律的决定,以一揽子"打包"的方式,对 59 件法律、141 条进行了集中修改。这是我国第一次以"包裹立法"的形式集中清理法律。这种立法形式有利于提高立法效率,也有利于法律的协调和完善。

在地方性法规层面,截至 2010 年 3 月,我国现行有效的地方性法规有 8800 多件。按照全国人大的统一部署,各地的地方法规清理工作全面铺开,各项工作有计划、按步骤地积极推进。2010 年 3 月 31 日,全国人大常委会法工委在上海召开地方性法规清理工作座谈会。全国各省、自治区、直辖市人大法制机构负责人参加了会议。时任全国人大常委会法工委主任李适时作了总结讲话,要求各地从形成中国特色社会主义法律体系的高度来认识集中开展地方性法规清理工作的重大意义,进一步增强使命感、责任感和紧迫感。希望各地按照统一要求,立足本地实际,发挥各自优势,突出重点问题,坚持统筹兼顾,更加积极主动地做好下一步清理工作,确保在规定期限内按计划完成地方性法规清理任务。第三波法律、法规清理工作确保了作为中国特色社会主义法律体系重要组成部分的地方性法规与国家法律、行政法规和谐一致,有力地推动了地方立法自身的规范发展。

(五) 2010年世博筹备亟须立法支撑

21世纪前10年,上海地方立法的发展还面临一项特殊的法律需求:2010年5月1日至10月31日期间,第41届世界博览会——中国2010年上海世界博览会(EXPO 2010)在中国上海市举行。这次世博会是由中国举办的首届世界博览会,"举全国之力,集世界智慧,办世界博览"是党中央、国务院对上海世博会筹办工作的要求,也是筹备、举办期间上海市工作的重中之重。2010年上海世博会规模大、会期长、展馆多,参加会展的观众可达7000万人次,平均每天参观者将多达38.9万人,最多时一天可能达到70万人。上海世博会的筹办涉及城市建设、城市管理、公共安全、市容环境、民生改善等各个方面,是一项巨大而系统的工程,成功举办世博会对超常规状态下上海城市管理和应对能力是一场严峻的考验,需要制定相关政策法规,遵循国际规则惯例,加强知识产权的保护,贯彻依法办博的方针。

大面积的建馆涉及大规模的城市住房拆迁,保障和维护世博会期间的公共安全和社会秩序,更需要针对可能发生的突发性事件建立政府危机管理机制,依法赋予相关行政管理机关、执法机关行使与举办世博会特殊要求相适应的职权。与此同时,举办一届成功、精彩、难忘的世博会,实践"城市,让生活更美好"的主题,需要进一步提高全社会了解世博、参与世博、支持世博的意识,提升全体市民筹办世博的责任感、紧迫感和使命感。这些工作都需要地方立法及时给予支撑,制定和修改一系列地方性法规,并授权市政府各相关部门制定和实施临时性通告,涉世博立法已成为该时期上海地方立法的重大主题之一。

规范发展期上海的地方立法与高速发展期相比,"立、改、废"的比例发生了明显的改变。自2001—2010年十年间,上海市第十一届、第十二届、第十三届人大任期内共制定地方性法规50件,修改地方性法规76件,制定法律性问题规定9件,废除地方性法规7件,终止执行地方性法规3件,作出法规解释1件。该组数据显示了上海地方立法的工作重心已从制定变为修改,具有鲜明的"规范发展"的时代特征。

二、 规范发展期地方立法主要特征

经过二十年的努力，国家法律、行政法规、上海地方立法已经基本涵盖上海经济与社会发展的各个领域，急风暴雨式的制定地方性法规的任务已经完成。上海 21 世纪前 10 年的立法发展进入"减速换挡"的规范发展期，立法发展模式出现了从数量规模型向质量规范型转变的显著变化，该时期的上海地方立法呈现出以下特征。

（一）地方立法涉入"深水区"

世纪之交，站在跨世纪门坎上的地方立法告别了可以尽情挥洒的"青葱岁月"，开始遭遇"成长的烦恼"。首先，《立法法》明确规定了中央专属立法权，在中央专属立法事项范围内，地方仅具有制定实施性地方性法规的权限，不再存在创制性立法的空间。在此阶段，"合法性"问题成为上海地方立法中的焦点问题、难点问题。其次，中国"入世"进一步收窄了经济管理领域地方立法的空间，根据我国有关法律的规定，地方虽然可以结合当地实际情况作出相关规定，但所规定的事项应当遵循法制统一原则、透明度原则、非歧视原则，符合 WTO 规则和我国"入世"承诺。①再次，《行政许可法》对地方性法规设定行政许可作出了限制性规定，地方立法需要小心翼翼地避开"禁区"、"雷区"，在满足行政管理需求的同时，守住合法性的底线。最后，地方立法正处在直面改革难点、破解立法难题的攻坚时刻。在改革涉入无法"摸着石头过河"的深水区，社会转型、矛盾凸显的新时期，一方面，经济与社会的发展迫切需要相关立法的指引，而多年遗留下来的一些立法盲区大多触及深层矛盾和冲突，难以摆脱利益失衡、体制失灵、机制惰性的掣肘。另一方面，随着民主法制进程的推进，人民群众对于立法的期盼以及参与立法的热情不断高涨，而多年来人大代表呼声较高的地方性法规往往矛盾比较集中，利益关系比较复杂，协调难度比较大。遇到矛盾是退避三舍、绕道走，还是直面矛盾、迎难而上，以足够的智慧、魄力和韧劲积极化解矛盾，地方立法面临严峻挑战。②

面对新形势，涉入"深水区"的上海地方立法在此阶段沉着应对，冷静思考，努力适应新形势对地方立法的新要求。在具体的立法项目中，深入矛盾的内核，通过认真的调查研究，找准症结，在地方立法的权限范围内，制定化解矛盾的良

---

① 按照《立法法》的规定及中国"入世"承诺，2002 年 9 月 24 日上海市第十一届人大常委会第四十三次会议废止了《上海市外商投资企业劳动人事管理条例》。2002 年 10 月 28 日上海市第十一届人大常委会第四十四次会议废止了《上海市中外合资经营企业工会条例》。

② 参见丁伟：《打破立法"瓶颈"需要更大的勇气》，《上海人大月刊》2009 年第 3 期。

策,实现立法的法律效果、社会效果、政治效果的统一。与此同时,在尊重立法规律的前提下,积极破解地方立法面临的难题,努力适应上海经济社会发展的迫切需求,以更加积极、有为的姿态妥善处理代表的立法议案,及时回应人民群众的立法呼声。

(二)积极应对国家法律体系建设

为适应中国特色社会主义法律体系建设的需要,根据全国人大常委会《关于做好地方性法规清理工作的意见》,上海积极部署第三波地方法规的清理工作。上海市第十三届人大常委会第四十一次主任会议于2010年1月7日通过了《本市开展现行有效地方性法规清理工作实施方案》,该实施方案坚持以人大为主导,将2007年年底前制定的上海市135件地方性法规作为清理范围,全面梳理其中存在的不适应、不一致、不协调和操作性不强的问题,重点解决与上位法明显"不一致"的问题。清理工作持续了九个月时间。

经清理发现,一些法规存在着明显"不一致"、"不适应"的问题。由于行政审批和行政事业性收费制度改革,一些法规规定的有关审批、备案、年检和收费事项已被取消;由于上位法修改或者地方性法规早于上位法制定,一些法规中有关法律责任、期限等规定与上位法不一致;一些法规中援引的法律法规名称发生变化或已废止;由于机构改革,一些法规中行政管理部门或行政执法主体的称谓发生变更或职能调整。因这些问题涉及的法规件数较多,需修改的条款数量较大,且多为共性的问题,可以采取集中修改的方法予以修改。上海市人大法制委、常委会法工委在汇总、整理、分析市人大各专门委员会、常委会各工作委员会、常委会办公厅、市政府有关部门提出的意见和建议的基础上,经与各有关方面充分沟通、反复协调、共同研究后,提出了建议按简易程序修改法规48件、废止5件地方性法规的处理意见,并经第五十次常委会主任会议讨论通过。

2010年9月17日,上海市第十三届人大常委会第二十一次会议通过《上海市人民代表大会常务委员会关于修改本市部分地方性法规的决定》,决定共122条,对48件法规进行修改。修改主要基于以下四方面的原因:

第一,因法律、地方性法规修改或废止,涉及引用的法律、法规名称发生变化的情况。主要有两种情况,一是关于上位法名称变化的修改。1999年全国人大常委会制定了《行政复议法》,同时在该法中明确废止了《行政复议条例》;2005年全国人大常委会制定了《治安管理处罚法》,同时在该法中明确废止了《治安管理处罚条例》。上海市之前制定的6件法规引用了《行政复议条例》,18件法规引用了《治安管理处罚条例》。据此,决定将上述法规中引用的相关上位法依据统一修改为《行政复议法》、《治安管理处罚法》。二是关于上海市地方性法规修改或废止后的修改。《上海市实施〈中华人民共和国水法〉办法》第二十五条第二款援引的《上海市滩涂管理暂行规定》已于 1996 年被《上海市滩涂管理条例》所取代。据此，决定将该办法中《上海市滩涂管理暂行规定》修改为《上海市滩涂管理条例》。

第二，因行政审批和行政事业性收费制度改革，涉及有关审批、备案、年检或收费事项取消的情况。在国家和上海市行政审批和行政事业性收费制度改革过程中，2003 年国务院行政审批制度改革工作领导小组出台了《关于进一步推进省级政府行政审批制度改革意见》，2004 年上海市人大常委会通过了《上海市人民代表大会常务委员会关于停止执行本市地方性法规设定的若干行政许可事项的决定》，2008 年上海市人大常委会通过了《上海市人民代表大会常务委员会关于停止执行两件地方性法规中涉及有关行政事业性收费规定的决定》，根据行政审批制度改革的要求和两个决定以及有关上位法的规定，截至此次法规清理，上海市尚有 14 件法规未对涉及的有关审批和收费事项作出修改。此外，还有 5 件法规对有关证书作出年检、年度审验的规定没有上位法依据。据此，决定对上述法规中涉及的有关审批、备案、年检或收费的规定作出相应删除或修改。

第三，因机构改革，涉及有关行政管理部门或行政执法主体称谓变更或职能调整的情况。因体制改革和机构变动，上海市部分法规中的"市计划委员会"等机构称谓发生了重大变更。为明确有关条款规定的权利义务主体，保证法规的有效实施，有必要对相关机构的称谓进行调整。为此，决定对涉及此类问题的 20 件法规中的有关机构名称的表述按调整后的部门主要职能作相应修改。

第四，因上位法修改或地方性法规早于上位法制定，涉及有关法律责任、期限及其他与上位法规定不一致的情况。其中，关于法律责任的修改，上海市部分法规有关法律责任的规定与上位法不一致，有些罚款幅度超出了上位法的规定，有些增设了法律责任的类型。为此，决定对存在此类情况的 7 件法规中的部分法律责任条款作出修改；关于期限的修改，上海市部分法规有关期限的规定与上位法不一致，如《上海市水产养殖保护规定》第二十七条规定的提起行政诉讼 30 日的时限与《行政诉讼法》规定的"接到处罚决定书之日起 3 个月内提出"不一致。为此，决定对存在此类情况的 3 件法规中的有关条款作出修改。此外，决定还对其他相关内容进行了修改。①

关于地方性法规的废止，上海市人大常委会法工委本着既积极又审慎的态度，在认真调研、论证的基础上，确定了废止地方性法规的四项标准：一是法规的核心制度与上位法存在明显、重大"不一致"，无法修改，或取消此核心制度后该

---

① 参见丁伟：《关于〈上海市人民代表大会常务委员会关于修改本市部分地方性法规的决定（草案）〉的说明》，《上海市人民代表大会常务委员会公报》2010 年第七号。

法规已无存在的必要;二是法规所依据的法律法规或上位法中设定的主要制度已废止;三是法规制定年代较早,且实际已不再适用;四是法规已被新的规定取代,或上位法和其他法规可以涵盖,废止后不会出现管理真空。

2010 年 7 月 30 日上海市第十三届人大常委会第二十次会议通过了《上海市人民代表大会常务委员会关于废止本市部分地方性法规的决定》,废止了《上海市乡人民政府工作暂行条例》、《上海市人民警察巡察条例》、《上海市公证条例》、《上海市外来流动人员管理条例》、《上海市居民同外国人、华侨、香港特别行政区居民、澳门地区居民、台湾地区居民婚姻登记和婚姻咨询管理若干规定》等 5 件地方性法规。该 5 件法规符合上述法规应予废止的标准,其中,《上海市乡人民政府工作暂行条例》制定于 1989 年,实施二十多年来,上海市乡人民政府工作部门的设置、人员构成等方面发生了很大变化,该条例已明显不适应当前乡人民政府工作的现实需要。鉴于该条例实际已不再适用,且《地方组织法》对乡、镇人民政府的规定比较详尽,废止该条例后,乡人民政府的设置和工作不会出现管理真空;《上海市人民警察巡察条例》制定于 1993 年,由于 2005 年 2 月上海市第十二届人大常委会第十八次会议通过了《关于废止〈关于本市试行交通警察和巡察警察在道路上统一执法的决定〉的决定》,该条例实际已停止执行;《上海市公证条例》制定于 1995 年,当时国家层面尚未制定《公证法》,条例中有关公证机构的设立和性质、强制公证、公证员任职条件和程序、公证收费等核心制度均与现行《公证法》存在明显、重大的"不一致",取消有关制度后该条例已无存在的必要,且《公证法》对公证制度作了全面而系统的规定,该条例已被《公证法》所涵盖,废止后不会出现管理真空;《上海市外来流动人员管理条例》制定于 1996 年,实施十四年来,上海市经济社会情况以及有关人口管理的理念发生了重大变化,条例中作为核心制度的暂住证管理已被取消,与之相关的房屋租赁治安许可、单位使用外地劳动力审批、设置外来人员劳动力市场审批等许可制度已停止执行,条例中的外来流动人员收容遣送制度也被废止,该条例已不再适应现实的需要;《上海市居民同外国人、华侨、香港特别行政区居民、澳门地区居民、台湾地区居民婚姻登记和婚姻咨询管理若干规定》制定于 1998 年,其最核心的涉外婚姻咨询机构设置许可已被取消,其他有关涉外婚姻的登记机关、程序、罚则等内容也发生了新的变化,规定实际已不再适用,且 2003 年 10 月实施的国务院《婚姻登记条例》对涉外婚姻的登记程序作了详尽规范,已涵盖该规定,废止后不会出现管理真空。①

---

① 参见丁伟:《关于〈上海市人民代表大会常务委员会关于废止本市部分地方性法规的决定(草案)〉的说明》,《上海市人民代表大会常务委员会公报》2010 年第六号。

第三波地方性法规的清理，不同于前两波的专项清理，而是对 2007 年年底之前所有有效的地方性法规进行全覆盖、无遗漏的全面"体检"、修复。这是迄今为止上海最大规模的法规清理活动，对于增强依法立法、规范立法的观念，确保上海地方性法规与上位法相一致、与同位法相协调、与上海经济社会发展相适应产生了深刻的影响。

（三）以提高立法质量为重点

立法质量是地方立法的灵魂，提高立法质量是地方立法工作永恒的课题。进入 21 世纪后，提高立法质量已成为地方立法工作的主旋律。①"立法质量"本来是一个抽象的概念，《立法法》实施后，我国立法实务部门将"不抵触、有特色、可操作"归纳为地方立法应当遵循的三项原则，该三项原则也是检验地方立法质量的重要标准。所谓"不抵触"是指要准确理解和把握地方立法的权限范围，不搞越权、越位立法，不违背宪法法律规定，不违背上位法规定，自觉维护国家法制统一。"不抵触"是地方立法的生命线，地方立法与上位法相抵触将归于无效；所谓"有特色"是指地方立法要从本地的实际出发，在增强地方特色上下功夫，自主性、创制性地解决应由地方自己解决的问题，在国家立法普适性之下针对性地解决地方的问题，不照抄照搬上位法。"有特色"是地方立法始终保持活力的重要体现；所谓"可操作"是指地方立法要有针对性、可规范性、可执行性，做到"立得住，行得通，真管用"。自 2000 年《立法法》出台后，上海贯彻执行《立法法》的要求，将提高地方立法质量作为该时期立法工作的重中之重。立法作为地方机关生产的"产品"，其质量问题需要从立法前期规划，到立项、起草，再到审议、表决，各个"工序"严格把关。

上海地方立法在规范发展期以制度建设作为提高立法质量的主要抓手。其一，按照 2000 年 7 月 1 日起施行的《立法法》的要求，重新建构制定上海地方性法规的基本法规。2001 年 2 月 12 日，上海市第十一届人大第四次会议通过了《上海市制定地方性法规条例》，该条例将规范上海市人民代表大会及其常务委员会制定地方性法规的活动，完善立法程序，提高立法质量作为立法目的，将《地方组织法》、《立法法》的规定作为直接上位法，结合上海市实际情况，对上海市地方性法规的制定、修改、废止及其相关活动作出规范。条例自 2001 年 3 月 1 日起施行，原《上海市人民代表大会常务委员会制定地方性法规程序的规定》同时废止。其二，总结、提炼在提高地方立法质量等方面的实践经验，及时修改、完善《上海市制定地方性法规条例》。2004 年 10 月 19 日上海市第十二届人大常委会第十五次会议、2005 年 2 月 24 日上海市第十二届人大常委会第十八次会议

---

① 参见丁伟：《进一步提高地方立法质量》，《解放日报》2011 年 12 月 28 日。

先后两次对《上海市制定地方性法规条例》作出修正。其三,在原有的立法制度性规定的基础上,进一步建立、健全立法规范性文件。2001年5月31日,上海市第十一届人大常委会第十二次主任办公会议讨论通过了《上海市地方立法听证规则》。2003年4月30日,上海市第十二届人大常委会第六次主任会议通过了《关于聘请立法等咨询专家的几点意见》。2005年2月17日,上海市第十二届人大常委会第四十二次主任会议通过了《关于法规草案解读的若干规定》。2007年3月19日,上海市第十二届人大常委会第八十七次主任会议对前述《上海市地方立法听证规则》进行修订。2009年9月22日,上海市第十三届人大常委会第三十六次会议通过了《上海市人大常委会向社会公布法规草案工作程序》。2009年7月22日,上海市人大常委会法制工作委员会与上海市人民政府法制办公室讨论通过了《关于进一步完善市人大法制工作委员会与市政府法制办公室联席会议制度的若干意见》。2010年1月7日,上海市第十三届人大常委会第四十一次会议通过了《关于制定地方性法规配套规范性文件的试行意见》。上述制度建设分别从依法立法、科学立法、民主立法的角度,进一步规范了立法活动,为提高地方立法质量提供了制度保证。

（四）简易立法方式常态化发展

21世纪前10年,随着《立法法》、《行政许可法》等法律的相继出台,地方立法面临面广量大、次数频繁的法规清理任务,为快速、高效地完成清理任务,全国人大常委会率先垂范,倡导了"打包修改"的方式。所谓"打包修改"是指就多部法律、法规中涉及同类事项或同一事由需要集中予以修改的个别条款,一并提出法律、法规案进行合并修改的方式。

"打包修改"主要基于三方面的事由:一是为保持与上位法或新法协调衔接;二是开展法律、法规清理。通过清理,对现行法律、法规中存在的与经济社会发展不相适应,法律、法规之间明显不一致、不衔接的规定进行集中修改或废止;三是依法推进行政审批制度改革和政府职能转变的需要。从全国人大常委会及各地方立法机关的实践来看,"打包修改"的表决方式通常有三种:一是逐件表决,即对提请"打包修改"的法律、法规,逐件表决,以多个"修改决定"的形式通过;二是合并表决,即对提请"打包修改"的法律、法规,合并表决,以一个"修改决定"的形式通过;三是分类表决,即对提请"打包修改"的法律、法规,适当分类,分别表决,以多个"修改决定"的形式通过。

在规范发展期,上海频繁采用"打包修改"的简易立法方式,集中修改、废止相关地方性法规。2001年10月24日,上海市第十一届人大常委会第三十二次会议通过了《上海市人民代表大会常务委员会关于中止执行部分以地方性法规为依据的行政审批事项的决定》,自2001年10月25日起施行。决定在立法体例上采取正文加附录的方式。正文部分言简意赅，原则同意上海市人民政府提出的《本市部分以地方性法规为依据的行政审批事项的改革方案（草案）》，并决定在依照法定程序修改相关法规之前，中止执行以《上海市河道管理条例》等地方性法规为依据的 60 项行政审批事项。附录部分为《中止执行的 60 项以地方性法规为依据的行政审批事项目录》，具体列明了 60 项行政审批事项、中止执行审批的市级行政主管部门、审批依据。

2002 年 1 月 30 日，上海市第十一届人大常委会第三十六次会议通过了《上海市人民代表大会常务委员会关于中止执行以地方性法规为依据的 11 项行政审批事项的决定》，自 2002 年 3 月 1 日起施行。决定亦采取正文加附录的立法体例。正文部分同意上海市人民政府提出的《本市第二批以地方性法规为依据的行政审批事项的改革方案（草案）》，并决定在依照法定程序修改相关法规之前，中止执行以《上海市公共汽车和电车客运管理条例》等 7 件地方性法规为依据的 11 项行政审批事项。决定中止执行的行政审批事项和 2001 年 10 月 24 日上海市人大常委会第三十二次会议决定中止执行的行政审批事项，中止执行期均截至 2003 年 12 月 31 日止。决定附录部分为《中止执行的以本市地方性法规为依据的 11 项行政审批事项目录》，列明了 11 项行政审批事项、审批部门、审批依据。

2004 年 6 月 23 日上海市第十二届人大常委会第十三次会议通过了《上海市人民代表大会常务委员会关于停止执行本市地方性法规设定的若干行政许可事项的决定》，自 2004 年 7 月 1 日起施行。决定正文部分规定，根据《行政许可法》的有关规定，上海市人大常委会决定停止执行由《上海市产品质量监督条例》等 22 件现行地方性法规设定的 36 项行政许可事项，并将依照法定程序适时修改相关地方性法规。附录部分为《停止执行的 36 项本市地方性法规设定的行政许可事项目录》，列明了 36 项行政许可事项、设定行政许可事项的法规、实施机关。

2004 年 6 月 23 日，上海市第十二届人大常委会第十三次会议通过了《上海市人民代表大会常务委员会关于确认市政府规章设定的公共安全防范工程设计施工单位的核准等 12 项行政许可事项继续实施的决定》，自 2004 年 7 月 1 日起施行。决定正文部分规定，根据《行政许可法》有关行政许可设定范围和设定权限的规定，上海市人大常委会确认上海市人民政府规章设定的公共安全防范工程设计施工单位的核准等 12 项行政许可事项在制定或者修改相关法规之前继续实施。决定附录部分为《继续实施的市政府规章设定的 12 项行政许可事项目录》，列明了继续实施的市政府规章设定的 12 项行政许可事项、设定该项许可的市政府规章名称。

2010年7月30日,上海市第十三届人大常委会第二十次会议通过了《上海市人民代表大会常务委员会关于废止本市部分地方性法规的决定》,决定废止《上海市乡人民政府工作暂行条例》等五部地方性法规。

2010年9月17日,上海市第十三届人大常委会第二十一次会议通过了《上海市人民代表大会常务委员会关于修改本市部分地方性法规的决定》,自公布之日起施行。该决定122条,对48件地方性法规作了集中修改。

上述"打包修改"的简易立法方式及时解决了上海地方性法规中存在的"不一致"、"不适应"、"不协调"等问题,"打包修改"方式已成为上海地方立法常态化的立法方式。

(五)倾力打造"世博法规群"

2002年12月3日,在摩洛哥蒙特卡洛举行的国际展览局第132次大会上,89个成员国的代表以无记名方式投票产生2010年世界博览会的举办权。经过激烈的竞争,在最后一轮投票中,中国获得了殊荣,中国上海市取得了2010年世界博览会的举办权。从那一刻起,如何以法治引领办博工作,为举办一届成功、精彩、难忘的世博会提供法律支撑,已成为上海地方立法工作者需要应对的紧迫而现实的问题。围绕"世博"立法问题,上海立法机关在广泛听取各方意见、充分调查研究的基础上,确定五年立法规划、年度立法计划,按照轻重缓急,积极推进相关立法的准备工作,并自2008年开始启动相关立法工作。2008年6月19日,上海市第十三届人大常委会第四次会议通过了《上海市人民代表大会常务委员会关于本市促进和保障世博会筹备和举办工作的决定》,并围绕世博会筹办工作的需要,相继制定了《上海市志愿服务条例》、《上海市公共场所控制吸烟条例》,修改了《上海市市容环境卫生管理条例》、《上海市拆除违法建筑若干规定》、《上海市旅游条例》、《上海市消防条例》、《上海市公共汽车和电车客运管理条例》,上述1个决定加7件地方性法规构成了"世博法规群"。评估报告显示,"世博立法"为世博会成功举办提供了良好的法律保障,显著提升了城市建设管理水平,也为上海市今后的地方立法工作和城市法治化建设提供了宝贵的经验和有利的契机。①

三、 规范发展期地方立法的制度完善与创新

规范发展期地方立法制度完善与创新,集中体现在地方立法权限、立法审议制度等立法制度的规范化发展上。《立法法》出台后,国家层面对地方立法的立

---

① 参见丁伟:《"世博"立法经验与上海地方立法工作的完善》,《法治论坛》2011年第1期。

法权限、审议制度等重大制度作出了统一的规定，急需改变长期以来各地立法活动各行其是的状况。与全国各地一样，该时期上海地方立法将重构立法审议制度作为首要任务，并努力适应新形势对地方立法的新要求，积极探索科学立法的新举措，努力提高上海地方立法的质量。

(一)"上海立法法"瓜熟蒂落

2000年《立法法》出台前，国家层面对于地方立法的审议制度、工作机制、工作流程等均无明确的规定，上海市人大常委会参照全国人大及其常委会的实践做法，先后制定了《上海市人民代表大会常务委员会制定地方性法规程序的暂行规定》、《上海市人民代表大会常务委员会制定地方性法规程序的规定》及其他相关规范性文件，对制定地方性法规的程序及科学立法、民主立法的相关工作制度作出规范。《立法法》颁布后，上海市第十一届人大第四次会议于2001年2月12日通过了《上海市制定地方性法规条例》（以下简称2001年条例），该条例自2001年3月1日起施行，1992年制定的《上海市人民代表大会常务委员会制定地方性法规程序的规定》（以下简称1992年规定）同时废止。从"暂行规定"、"规定"到"条例"，规范立法活动的地方性法规的演变折射出上海地方立法不断趋于规范、成熟。

从1992年规定和2001年条例的规定来看，两者存在显著的区别：其一，立法依据不同。1992年规定依据的是《宪法》、《地方组织法》；2001年条例依据的是《宪法》、《地方组织法》、《立法法》。其二，立法目的不同。1992年规定的立法目的是"为了使上海市人民代表大会常务委员会制定地方性法规的程序规范化"，调整的对象是"立法程序"；2001年条例的立法目的则是"为了规范（上海）市人民代表大会及其常务委员会制定地方性法规的活动，完善立法程序，提高立法质量"。其三，调整对象不同。1992年规定的调整对象主要是常委会立法的"程序性规定"；2001年条例的调整对象则是"地方性法规的制定、修改、废止及其相关活动"，包括但不限于立法程序性规定。其四，适用范围不同。1992年规定仅适用于上海市人大常委会制定的地方性法规；2001年规定则适用于上海市人大及其常委会制定的地方性法规。其五，关于立法权限的规定不同。1992年规定第三条列举了属于上海市地方性法规的四种规范性文件，即上海市人大常委会可以或者有权制定哪些地方性法规，这种表述方式间接地规定了地方立法的权限；鉴于《立法法》已经明确规定了地方性法规的权限和种类，2001年条例第三条第一款仅规定："市人民代表大会及其常务委员会依照宪法、法律规定的权限制定地方性法规。"其六，法规审议制度不同。根据1992年规定，各个审次的常委会审议前，由专门委员会进行审议，提出报告，再提交常委会审议；根据2001年条例，地方性法规案由法制委员会统一审议。两者的差异表明，2001年条例与《立法法》的规定相一致、相衔接，规范了上海市人大及其常委会制定地方性法规的全过程,是真正意义上的"上海立法法"。

值得一提的是,在上海地方立法规范发展期内,为加强立法工作,提高审议质量和效率,更加规范有序地进行立法活动,上海市第十二届人大常委会于2004 年 10 月、2005 年 2 月先后两次对前述 2001 年条例进行修正。前一次修正删除了常委会审议法规草案时"宜宣读法规草案"和"宜宣读法规草案修改稿"的表述,以给常委会审议留有充分时间。后一次修正增加规定:法规案审议前,有关的专门委员会或者工作委员会应当组织法规草案解读,由起草部门向常委会组成人员说明立法宗旨和重点条文的起草意图;常委会根据需要可以召开联组会议或者全体会议,对法规草案中的主要问题进行讨论;法规案经两次常委会会议审议后,仍有重大问题需要进一步研究的,由主任会议决定,可以暂不交付表决,交法制委员会在会后进一步审议,其重大问题得到解决的,法制委员会可以提出书面建议,由主任会议决定提请常委会会议再次审议。①

(二)法规统一审议机制扬帆起航

统一审议制度是中国特色的立法制度,源自 1982 年 12 月 10 日第五届全国人大第五次会议通过的《全国人民代表大会组织法》,该法第三十七条第一款规定了各专门委员会的工作职责,第二款规定:"法律委员会统一审议向全国人民代表大会或者全国人民代表大会常务委员会提出的法律草案;其他专门委员会就有关的法律草案向法律委员会提出意见。"这一规定以法律的形式确立了全国人大及其常委会制定法律由法律委员会统一审议的制度。

1987 年制定的全国人大常委会议事规则又对法律委员会统一审议问题作出了进一步规定。《立法法》进一步固化了这项制度,该法第十八条规定:列入全国人民代表大会会议议程的法律案,由法律委员会根据各代表团和有关的专门委员会的审议意见,对法律案进行统一审议,向主席团提出审议结果报告和法律草案修改稿。第三十一条规定:列入常务委员会会议议程的法律案,由法律委员会根据常务委员会组成人员、有关的专门委员会的审议意见和各方面提出的意见,对法律案进行统一审议,提出修改情况的汇报或者审议结果报告和法律草案修改稿,对重要的不同意见应当在汇报或者审议结果报告中予以说明。对有关的专门委员会的重要审议意见没有采纳的,应当向有关的专门委员会反馈。法律委员会审议法律案时,可以邀请有关的专门委员会的成员列席会议,发表意见。

---

① 参见孙运时:《关于修改〈上海市制定地方性法规条例〉的决定(草案)的说明》,《上海市人民代表大会常务委员会公报》2005 年第二号;丁伟:《上海市人民代表大会法制委员会关于修改〈上海市制定地方性法规条例〉的决定(草案)审议结果的报告》,《上海市人民代表大会常务委员会公报》2005 年第二号。

全国人大常委会近二十年的立法实践证明，建立统一审议制度是维护法制统一的必要保证，它对保证立法质量、加快立法步伐起到了积极的作用。《立法法》总结了全国人大多年来立法的成功经验，进一步重申和明确了这一规定，并对法律委员会和其他有关专门委员会审议法律案的具体程序作出了规定，既考虑到充分发挥有关专门委员会在审议法律案方面的作用，又明确了法律委员会负责统一审议的职责，使全国人大各专门委员会参与立法工作的程序更具可操作性。

在2000年《立法法》出台前，统一审议制度依法仅适用于全国人大及其常委会的立法活动，地方立法的做法各不相同，有分头一包到底的，有统分结合的，也有统一审议的，统一审议的方式又各有不同，①上海长期以来一直由各专门委员会分别审议，即自始至终由某一专门委员会负责审议，"一竿子到底"。《立法法》明确规定了地方性法规的统一审议制度，该法第六十八条规定：地方性法规案、自治条例和单行条例案的提出、审议和表决程序，根据《地方组织法》，参照《立法法》有关统一审议制度的规定，由本级人民代表大会规定。地方性法规草案由负责统一审议的机构提出审议结果的报告和草案修改稿。根据《立法法》的规定，上海2001年条例第十一条规定："列入市人民代表大会会议议程的地方性法规案，由法制委员会根据各代表团和有关的专门委员会的审议意见，对法规案进行统一审议，向主席团提出审议结果报告和法规草案表决稿，经主席团会议审议通过后，印发会议。法制委员会对重要的不同意见应当在审议结果报告中予以说明。"第二十四条规定："地方性法规案经常务委员会会议第一次审议后，由法制委员会根据常务委员会组成人员、有关的专门委员会的审议意见和各方面提出的意见进行统一审议，提出审议结果报告和法规草案修改稿，由主任会议决定提请常务委员会会议第二次审议。对重要的不同意见，法制委员会应当在审议结果报告中予以说明。法制委员会审议地方性法规案时，应当邀请有关的专门委员会的成员列席会议。"

法制委员会履行对地方性法规草案统一审议的职责，是地方立法的重要环节、法定的必经程序。实行法规统一审议制度对于地方立法规范发展具有标志性的意义。首先，有利于维护法制统一，由常委会法制工作委员会这样一个立法专业工作部门负责法规文本的起草、修改等工作，在地方立法合法性问题上严格把关，有助于确保制定的地方性法规与宪法、法律、行政法规保持一致，确保地方

---

① 纵观各地立法实践，有关地方性法规的审议制度大致上有三种情况：一是参照全国人大的做法，由有关委员会对所有的地方性法规进行统一审议；二是不实行统一审议制度，自始至终由各专门委员会分别进行审议；三是先由有关专门委员会分别进行审议，但在交付表决前由负责法制的委员会进行统一审议。

性法规之间相衔接,避免出现相互矛盾、相互抵触的问题。其次,由法制委员会这样一个位置比较超脱的综合部门来整合协调各方面的意见,有利于防止地方保护主义、部门倾向、部门利益的纠葛,能够比较客观公正高效地解决重点问题和矛盾,使修改方案获得各方面认可,保证立法工作顺利进行。再次,由法制工作委员会在立法技术上把关,有利于确保地方性法规在体例结构、内容表述、语言文字、文本格式等立法技术上统一规范。最后,专门委员会和法制委员会各司其职,在不同审次分别审议和统一审议,有利于把专门委员会"专"的优势和法制委员会"统"的功能结合起来。①

地方立法实行统一审议对于提高上海地方立法质量起到了重要的作用。在这项制度实施六年之时,上海市人大法制委、常委会法工委开展了《地方立法统一审议机制研究》的课题研究,课题组采用实证分析与理论研究相结合的方式向全国 31 个省级人大的法制委员会征询意见,并选取了 15 个省级人大常委会制定的统一审议的工作规范作为研究样本。问卷请各省级人大法制委员会作了自我评价。统计显示,64%的问卷认为,统一审议对于克服地方立法中的部门利益倾向起了明显作用,36%的问卷认为有一定作用;79%的问卷认为统一审议对于提高立法质量起了明显作用,21%的问卷认为有一定作用。②

(三)法制工作机构顺畅运行

为实施法规统一审议制度,2001 年 2 月 10 日上海市第十一届人大四次会议通过了《上海市人民代表大会关于设立法制委员会的决定》,规定上海市人民代表大会设立法制委员会,法制委员会受上海市人民代表大会领导;在市人民代表大会闭会期间,受上海市人民代表大会常务委员会领导。从这时起,上海市人大常委会与所有行使地方立法权的省市区人大常委会一样,存在两个立法工作部门,一个是法制委员会,另一个是常委会法制工作委员会,两者究竟有何区别?存在哪些联系?各自在立法工作中扮演什么角色?对于非立法界专业人士来说,诸如此类的问题三言两语难以解释清楚。

简而言之,法制委、常委会法工委在立法工作中既有分工、又有合作,在不同阶段各司其职,共同完成法规统一审议工作。前述《上海市人民代表大会关于设立法制委员会的决定》未明确法制委的工作,而上海市第十一届人大常委会第一次会议 1998 年 2 月 27 日决定设立常委会法制工作委员会时,明确了法工委的主要工作职责:"在常委会的领导下负责立法的规划、综合、协调、研究和法制综合工作,配合市人大法制委员会做好地方性法规案的统一审议,开展地方立法理

---

① 参见乔晓阳:《做好统一审议工作提高地方立法质量》,《法治与社会》2016 年第 11 期。

② 参见谢天放等:《地方立法统一审议机制研究》,《政府法制研究》2007 年第 10 期。

论和实务工作的研究。"具体来说，法制委组成人员在统一审议会议上提出法规修改意见、建议，法工委针对各方面的意见、建议，对法规案进行修改，形成法规修改稿和修改说明报告。一个地方的法规统一审议制度能否运转正常，在很大程度上取决于法制委和法工委的工作关系是否和谐、规范、有序。

经过几年的实践、磨合，上海地方立法工作机构及其职责不断趋于成熟、定型。2007 年 7 月 16 日，上海市第十二届人大常委会第九十二次会议通过了《上海市人大法制委员会工作职责》《上海市人大常委会法制工作委员会工作职责》，这是上海地方立法规范化的又一个标志，两个规范性文件厘清了法制委、法工委的性质、职责和两者的工作关系。

《上海市人大法制委员会工作职责》明确了法制委员会的性质、法律地位："市人民代表大会在法制方面的常设专门工作机构，受市人民代表大会领导；在大会闭会期间，受市人民代表大会常务委员会领导。"其工作职责是："研究、审议和拟订有关议案；对属于市人大及其常委会职权范围内同本委员会有关的问题进行调查研究，提出建议；协助市人大及其常委会依法开展立法、监督等工作。"其具体工作职责共有 14 项，其中前 5 项与立法直接有关，即对提请市人大或者常委会审议的地方性法规案进行统一审议，向代表大会主席团或者常委会提出审议结果报告、法规草案修改稿、法规草案表决稿和修改情况的报告；向市人大或者常委会提出属于市人大或者常委会职权范围内同本委员会有关的议案；对提请市人大常委会审议的法规解释草案进行统一审议，提出法规解释草案表决稿；审议和处理代表大会主席团或者常委会主任会议交付的议案，提出审议结果报告；对地方性法规草案涉及的重大问题举行听证会，并提出听证报告。按照该规范性文件的规定："市人大法制委员会审议、决定问题，应当严格依法办事，按照民主集中制原则，集体行使职权。"

《上海市人大常委会法制工作委员会工作职责》规定了法工委的性质、地位："上海市人大常委会法制工作委员会（以下简称法工委）是市人大常委会的法制综合工作机构，法工委下设办公室、立法一处、立法二处、规章备案审查处和立法研究所。法工委的办事机构也是法制委员会的办事机构。"有鉴于此，法工委办公室同时也是法制委的办公室。按照该规范性文件，法工委承担的主要职责分为三大类，包括 22 项日常工作：

第一类是上海市人大常委会的立法工作，包括 9 项具体工作，贯穿立法工作的整个过程。即负责编制和起草市人大常委会五年立法规划和年度立法计划草案，了解立法规划和立法计划的实施情况，并根据实际情况变化向主任会议提出调整意见；受常委会主任会议的委托，研究、拟订有关地方性法规草案，拟订地方性法规解释草案；对提请常委会审议的法规草案，开展多种形式的立法调研；运用立法听证会、论证会、座谈会、公开征求意见、书面征求意见等形式,广泛征求人大代表、区县人大常委会以及社会各方面的意见,并汇总整理,印发常委会组成人员;根据常委会和有关专门委员会的审议意见及社会各方面的意见,修改法规草案,提出法规草案修改稿和审议结果报告、法规草案表决稿和修改情况报告的建议稿,提交法制委员会统一审议;整理常委会组成人员对法规草案的审议意见、编辑法规草案修改稿的参阅资料;负责法规通过后的文本核对和发布的相关工作;催办地方性法规配套性文件的制定;研究并答复有关地方性法规问题的询问;其他与常委会立法有关的工作。

第二类是常委会的其他法制综合工作,包括 10 项具体工作。即负责地方性法规清理的组织、协调、汇总等工作;配合有关方面做好地方性法规的宣传和培训工作;根据需要,开展立法后评估工作;负责立法技术规范的研究和指导;负责市政府规章报送备案审查的综合工作,提出处理意见;承办全国人大有关法律草案的征求意见工作;负责法规汇编和地方立法数据统计工作;编发《法制参阅资料》;负责人大网立法工作信息的编辑、上传和立法数据库的维护工作;常委会及其主任会议交办的其他工作。

第三类是地方立法理论和实务工作研究,包括 3 项具体工作。即根据本市经济和社会发展的实际需求,结合人大及其常委会的立法工作,开展地方立法理论和实务研究;确定年度研究课题项目,组织有关方面开展研究,并对年度课题研究报告进行评审;开展有关立法理论与实务的研讨和交流。

鉴于常委会法工委的工作覆盖了立法工作的各个阶段,在地方立法中始终处于风口浪尖,立法中的各种矛盾都集中在法工委。彭真曾形象地比喻,法工委是“苦力班子”。上海市人大常委会法工委自 1998 年设立以来,与法制委、各专门委员会各司其职、密切配合,探索形成了一套相对固定的立法工作制度,确保了地方立法的统一审议制度顺畅运行。

(四)地方立法后评估独领风骚

所谓“立法后评估”又称法律质量评估、立法效果评估、立法回头看等,是指法律、法规施行一段时间后,在立法部门的主持下,组织执法部门及社会公众、专家学者等,采用社会调查、定量分析、成本效益计算等多种方式,对法律、法规的实施绩效进行分析评价,对法律、法规中所设计的制度进行评判,并针对法律、法规自身的缺陷及时加以矫正和修缮。

立法后评估是提高立法质量的一项重要举措,在功能上既是对立法“成本—收益”的效益评估,也是根据实际情况对立法的再次校正。从实践来看,地方人大常委会作为地方国家权力机关,除行使立法职能外,在日常工作中往往将大量精力投入在执法监督和检查方面,立法与执法两者之间缺乏良性互动机制,立法者缺乏自我解剖、自我检查、自我监督、自我完善的工作机制，很少将目光投向实施中的法规本身。通过对法规全面、系统的评估，客观评判法规中制度设计的合法性、合理性、可操作性及实施成效，有助于及时总结立法工作的成功经验，冷静反思立法工作中存在的不足。

根据上海市第十二届人大常委会 2006 年的工作安排，上海市人大法制委、常委会法工委经过研究，选择 2002 年 7 月 25 日通过的《上海市历史文化风貌区和优秀历史建筑保护条例》（以下简称《保护条例》）作为首次立法后评估的对象。上海是国务院批准的国家级历史文化名城，现存的历史文化风貌区和优秀历史建筑是上海提高城市综合竞争力、建设国际化大都市的历史文化内涵。在城市改革和发展过程中，如何加强对历史文化风貌区和优秀历史建筑的保护，妥善处理好保护和发展的关系，已成为各级政府工作的难点之一和人民群众关心的焦点之一，选择《保护条例》进行评估有利于形成市区联动、条块结合的工作机制，动员社会公众积极参与，使评估工作产生良好的社会影响。

随着经济和社会的发展，上海的历史文化风貌区和优秀历史建筑保护工作也出现了一些新情况和新问题，先后有两位市人大代表领衔提出了关于修改完善《保护条例》的议案。一些部门和市民也通过来信、来电、来访，反映《保护条例》关于优秀历史建筑的管理体制、专项保护资金以及公有优秀历史建筑使用权调整等制度的规定还需要进一步修改完善。选择该条例进行评估对于即将开展的法规修改工作具有现实指导意义。从立法后评估的技术层面来看，与一般的地方性法规相比，《保护条例》规范的内容比较单一，涉及的上位法、相关上位法和同位法相对较少，与其他法律、法规的调整对象容易区隔。因此，选择《保护条例》作为评估对象，既有利于准确判断法规的实施效果，同时也有利于确保立法后评估结论的客观、真实。

立法后评估既是一项严肃的工作，又是一项技术性很强的工作，其内容涉及立法技术、法规执行、法规实施的制度背景和社会环境等多个层面，需要采用科学的评估方法。与此同时，立法机关关起门来搞评估，难免陷入立法者自娱自乐，既当运动员，又当裁判员的窘境。为确保评估结论的客观、科学、公正，需要吸收人大代表、法律专家、技术专家以及普通社会公众广泛参与这项活动。

上海的首次立法后评估考虑了评估的范围、主体、方式、程序以及评估结果对法律立、改、废的影响等多种因素，采用了市与各相关区人大常委会的评估和执法部门的自我评估相结合、召开各类座谈会与实地视察、考察相结合、问卷调查与个别访谈相结合、全面评估与专题调研、个案分析相结合等方法。为贯彻以民为本、民意为先的精神，设计了包括 27 项调查指标的调查问卷，委托专业机构随机抽取调查点和调查样本，调查成功的样本为 883 个。评估人员还走访了部分市民和市人大代表征求意见。问卷调查的结果使评估报告有了科学、严谨的数据支撑。

2006 年 4 月 25 日,上海市第十二届人大常委会第二十七次会议审议并通过了《〈上海市历史文化风貌区和优秀历史建筑保护条例〉立法后评估报告》。这一规范化的立法后评估是上海市以法规评估提高立法质量的首次尝试,全国人大领导充分肯定上海地方立法的这一创举,将上海的立法后评估称为全国最有代表性的立法后评估。①国内各新闻媒体及时作了报道,并发表评论文章,不少省市纷纷前来学习,并相继开展了立法后评估活动。一时间,"立法后评估"点击率之高成为立法工作一道亮丽的风景线。

评估报告表明,《保护条例》实施效果良好,对于进一步加大上海市历史文化风貌区和优秀历史建筑的保护力度、提高保护成效起到了积极的推动作用,取得了较好的社会效益,基本实现了《保护条例》的立法目的。问卷调查数据显示,接受调查的市民中有 78.9% 的人认为,《保护条例》对历史文化风貌区和优秀历史建筑的保护发挥了作用。《保护条例》实施后,按照规定的程序,本市第四批 234 处优秀历史建筑报市政府批准确定,保护建筑总数由《保护条例》实施前的 398 处增加到 632 处,保护范围逐步扩大。本市第二、第三批优秀历史建筑的保护技术规定也已经制定。在确定保护名单的基础上,30 处居住类优秀历史建筑的修缮工作初步展开,针对优秀历史建筑的 15 片保护试点也已取得一定进展。建业里、思南路等部分高密度超负荷使用的优秀历史建筑,通过解除租赁关系搬迁了大部分居民,为历史建筑的保护和合理使用创造了条件。此外,对城市建设中发现的部分有保护价值而尚未确定为优秀历史建筑的房屋,还采取了预先保护的措施。通过各方面的努力,市民对历史文化风貌区和优秀历史建筑的保护意识进一步增强,"利用服从保护"的原则逐步深入人心。问卷调查数据显示,接受调查的市民对《保护条例》的知晓度较高,有 69% 的市民通过电视、广播等媒体得知《保护条例》。有 88.9% 的市民认为保护工作很重要。如果发现某幢建筑具有历史文化价值,有 71.9% 的市民表示会向有关部门提出保护建议。如果发现有危害保护建筑的行为,有 82.9% 的市民表示会积极向有关部门举报。

这次评估聚焦法规中各项制度设计的合法性、可操作性和针对性,评估表明《保护条例》的立法目的明确,制度设计基本合理,实施效果较好。在评估过程中,相关职能部门和社会公众共同关注四个问题:

一是关于优秀历史建筑的管理体制。《保护条例》实施前,上海市政府确定了由规划局、房地局和文管委对本市优秀近代建筑各司其职进行管理的体制。

---

① 参见许安标:《立法后评估初探》,《中国人大》2007 年第 8 期。

市政府提请市人大常委会审议的条例（草案）当时考虑到《文物保护法》正在修订，规定优秀历史建筑经依法确定为文物保护单位的，按照《文物保护法》实施，不适用条例。因此，市文管委的管理职责没有纳入条例（草案）中。常委会审议通过的《保护条例》维持了市政府议案中关于管理体制的规定。《保护条例》通过后三个月，《文物保护法》修订通过。该法规定："尚未核定公布为文物保护单位的不可移动文物，由县级人民政府文物行政部门予以登记并公布。"据此，从2003年3月至2004年3月，本市各区县文物管理部门陆续公布了635处登记不可移动文物，其中包括部分市人民政府批准的优秀历史建筑。对于这部分既是优秀历史建筑又登记为不可移动文物的建筑，其适用的法律、法规既有《文物保护法》，又有《保护条例》，造成了保护建筑范围重叠，管理职权交叉，法律适用各异的情况。

二是关于保护资金投入机制。在评估过程中，市规划局、房地局和有关区人大常委会普遍反映：专项保护资金没有完全到位。尽管个别区投入了一定的保护资金，但由于体制和财政预算等各方面因素的限制，设立专项资金、专项账户的机制至今没有得到落实；由于对捐赠给予鼓励的政策还不完备，境内外捐赠的渠道也不够畅通；公有优秀历史建筑转让、出租的收益尚未有效用于优秀历史建筑的保护与修缮，也未形成收益与保护、修缮的良性互动机制。问卷调查数据显示，认为保护和修缮费用主要应由政府负担的市民占71.1%，认为应由政府和建筑的所有者、使用者共同负担的占25.1%。在回答"房屋因年久失修或受到损害，会不会出钱修缮房子"的问题时，37.1%的优秀历史建筑所有人（产权人）表示自己"会出钱"修缮房子，50.9%的人表示"自己愿意出一部分钱，但希望得到资金补助"。

三是关于公有优秀历史建筑使用权的调整。该问题是当初立法的焦点问题。市政府提出的条例（草案）规定，公有优秀历史建筑需要搬迁承租人并解除租赁关系的，出租人应当补偿安置承租人，补偿安置的标准可以参照房屋拆迁的规定协商确定；协商不成的，当事人可以向房地部门申请裁决；裁决作出后，当事人不履行的，房地部门可以申请法院强制执行。常委会审议时有两个焦点：首先是对承租人搬迁进行补偿安置的标准如何确定，其次是承租人和出租人对补偿安置数额协商达不成一致意见时的救济途径如何安排。根据各方面的意见，为充分体现对承租人合法权益的保护，《保护条例》第三十二条规定，补偿安置应当高于本市房屋拆迁补偿安置的标准。市政府可以根据优秀历史建筑的类型、地段和用途等因素制定补偿安置的指导性标准。具体补偿安置的数额，由出租人和承租人根据指导性标准协商确定。根据《保护条例》的要求，市政府于2003年2月制定了《关于本市公有优秀历史建筑解除租赁关系补偿安置指导性标准》，规定在执行拆迁补偿安置标准的基础上,非居住房屋提高 10%,居住房屋中的花园住宅提高 15%、新式里弄(公寓)提高 10%、旧式里弄提高 5%。问卷调查数据显示,在已搬迁的居民中,有 20.2% 的人对补偿安置数额表示"满意",表示"不满意"和"很不满意"的分别为 27.3% 和 10.1%。补偿安置标准与市民的心理预期之间仍有一定差距。关于搬迁补偿安置数额的确定方式,受访市民中有 53.2% 认为应"由出租人和承租人平等协商"确定;在已搬迁出历史文化风貌区或优秀历史建筑的住户中,有 90.0% 的住户是双方协商一致后搬迁的。因此,可以认为,《保护条例》规定在市政府指导性标准的基础上,由出租人和承租人协商确定补偿安置数额的原则是比较合适的。关于补偿安置数额协商达不成一致意见时的救济途径问题,在条例(草案)审议过程中,常委会组成人员提出,不宜采取由区县房地部门行政裁决的办法要承租人搬迁,更不宜强制执行。在立法听证会上,听证参加人中的专家、律师和法官认为,租赁关系的变更是一种民事关系,不宜用行政裁决方式来解决,更不宜采取强制措施。《保护条例》最终规定,出租人和承租人就补偿安置数额协商不成的,可以申请区、县人民政府裁决;对裁决不服的,可以依法向人民法院提起行政诉讼。《保护条例》实施过程中,有关职能部门反映《保护条例》设计的救济途径较为单一,居民搬迁工作难度大。

四是关于保护对象。《保护条例》将保护对象确定为历史文化风貌区和优秀历史建筑。随着对历史文化遗产保护认识的发展和深化,2004 年,市政府在有关通知中提出了保留建筑的概念,要求妥善保留 1949 年以前建造的、尚未列入优秀历史建筑保护范围、具有历史文化价值的花园住宅、大楼、公寓、成片的新式里弄等建筑物、构筑物,以及建成 30 年以上、符合有关规定的优秀建筑。从目前城市改造和建设的实际情况看,这部分保留建筑的维修、装修、改造、调整使用、买卖、出租、拆除等行为十分频繁,矛盾突出,直接影响着历史文化风貌区内的风貌留存。因此,在评估过程中,有的部门建议在将来修改《保护条例》时,可建立历史建筑的分类保护制度,明确保留建筑的法律地位,在此基础上实施分类管理。也有的部门认为,是否将保留建筑纳入《保护条例》的保护对象要慎重考虑。问卷调查数据显示,有 74% 的市民认为在保护建筑外扩大保护范围"很有必要"和"有必要"。

立法后评估工作是立法工作的有机组成部分,其目的是在分析法规制度设计的基础上,为法规的立改废提出建议,并对完善以后的立法活动寻求规律,以达到提高立法质量的目的。这次立法后评估给了立法机关有益的启示:

一是地方立法要把握好与上位法的衔接。《保护条例》关于管理体制的设定,虽然不存在合法性问题,但在实际管理和执法上出现了矛盾。因此,地方立法在立法时即应对上位法及相关法律的立法情况有深入的了解,对上位法即将出台的，地方法规要把握好出台时机。同时，还要注意与相关法规之间的协调。

二是地方立法要注重实施的可操作性。《保护条例》规定要建立多元化的资金投入机制，但由于相关配套措施未能及时完善，使得资金引入渠道不畅，制度设计的初衷在实践中难以完全实现。因此，需要在立法中加强调查研究，对涉及资金、预算的问题，要进行充分的论证和协调，以增强法规的可操作性。

三是地方立法要处理好关系各方利益的重大问题。《保护条例》在审议过程中，对公有优秀历史建筑使用权调整这一涉及承租人利益的重大问题，专门召开立法听证会，广泛听取社会各方的意见。在此基础上，常委会和主任会议比选方案、审慎决策，较好地处理了社会公共利益与公民合法权益的关系，政府权力与政府责任的关系。《保护条例》立法过程中，对关系群众利益的重大问题的慎重把握，对今后的地方立法具有借鉴意义。

四是地方立法要根据客观情况的变化适时作出调整。《保护条例》的各项制度设计主要是针对立法当时已经出现的情况和认识比较一致、做法相对成熟的问题作出规定，没有明确有关保留建筑保护等问题。同时，各方面对立法所要调整的对象，也有一个逐步深化的认识过程。这也启示立法者应当加强调查和研究，并根据客观事物的发展变化，适时对法规进行修改和完善。[1]立法后评估也显示了立法工作需要建立自我纠错的工作机制，对社会公众、专家学者反映的立法中存在的缺陷，立法者不能"犹抱琵琶半遮面"，应当具有敢于直面矛盾，勇于自揭"家丑"的宽广胸怀和从善如流的雅量。社会各界的广泛参与，有助于确保立法后评估结论的客观、科学、公正，进一步推动上海科学立法、民主立法的进程。[2]

经过多年的实践探索，立法后评估目前已成为提高立法质量、增强立法实效，推动科学立法的有效措施，并且不断常态化、规范化、制度化。[3]

（五）法规配套规范性文件监督领跑全国

人大及其常委会的监督权，是宪法和法律赋予国家权力机关的重要职权，与其他监督相比，人大及其常委会的监督具有法律效力。长期以来，如何增强监督实效一直是人大工作探索的核心问题之一。鉴于上海不少地方性法规中都规定由市政府就某一专门事项制定与地方性法规相配套的规范性文件，但不少规范

---

① 参见丁伟：《〈上海市历史文化风貌区和优秀历史建筑保护条例〉立法后评估报告》，《上海市人民代表大会常务委员会公报》2007年第一号。

② 参见丁伟：《从"立法后评估"看民主立法》，《文汇报》2007年2月9日。

③ 2015年3月15日全国人大通过的《立法法》修正案将立法后评估作为新增内容。2015年11月19日上海市人大常委会通过的《上海市人民代表大会常务委员会关于修改〈上海市制定地方性法规条例〉的决定》也新增规定："市人民代表大会有关的专门委员会、常务委员会工作机构可以组织对有关地方性法规或者法规中有关规定进行立法后评估。评估情况应当向常务委员会报告。"

性文件迟迟不出台,或滞后多年才出台,严重影响了地方性法规的实施效果。为此,作为从事立法工作的上海市人大常委会组成人员,本人在第十二届人大期间多次建议,将监督检查上海市地方性法规配套规范性文件制定情况作为加强人大监督工作的重要举措,这一监督针对性、实效性强,制定与否一目了然,同时也有助于促进立法工作和监督工作良性互动。根据上海市第十二届人大常委会2007年度工作要点的安排,对本届人大常委会制定的地方性法规配套规范性文件的制定情况进行监督检查。检查的目的,是了解根据本市地方性法规的规定或者授权制定配套规范性文件的情况,通过检查,了解存在的问题,以推动配套规范性文件的制定工作,保障地方性法规的有效实施。同时,也从一个侧面总结地方立法经验,规范地方性法规中规定或者授权制定配套规范性文件的条款,进一步提高地方立法质量。2007年10月10日,上海市第十二届人大常委会第三十九次会议审议通过了《关于监督检查本市地方性法规配套规范性文件制定情况的报告》。这是上海市人大常委会自1979年行使地方立法权以来,首次监督检查本市地方性法规配套规范性文件的制定情况,在全国各省市中也属首创,上海开展此项监督检查所反映的问题在全国具有普遍性,因而引起了我国立法界的关注。①

此项监督检查历时半年时间,由上海市人大法制委员会、常委会法工委负责组织和落实。监督检查采取了听取工作汇报与查阅已制定的配套规范性文件相结合,全面清理与重点检查、专项调研相结合,政府部门自查与检查工作组检查相结合等方法,力求使检查工作取得实效。为使检查工作有效开展,法工委与市政府法制办联合发出书面通知,要求市政府各有关部门对涉及本部门的配套规范性文件制定的落实情况进行自查,并形成书面报告。检查的内容明确为:一是配套规范性文件制定的落实情况;二是已制定的配套规范性文件的内容;三是制定配套规范性文件过程中遇到的问题;四是对法规中规定或者授权制定配套规范性文件条款的意见和建议。

由于这项监督检查没有现成经验可借鉴,相关工作开展过程中遇到不少难题,首当其冲的是如何界定"配套规范性文件",这一问题涉及监督检查的工作范围。本次监督检查的范围是第十二届人大常委会通过的地方性法规中,规定或者授权市人民政府及其相关行政管理部门制定的配套规范性文件。经统计,自2003年2月至2007年2月间,常委会共制定、修改和废止地方性法规73件,其

---

① 全国人大常委会于2009年将法律配套法规的制定情况纳入法律清理的范围,并于2009年2月出台了《关于法律配套法规制定的工作程序》,将该项工作纳入制度化的轨道。不少地方人大常委会也相继开展对地方性法规配套规范性文件的监督检查,专家学者开始进行相关的理论研究。

中，32 件法规中共有 137 条、144 个款项涉及制定规范性文件的表述。被要求制定的规范性文件可分为规划计划、方案预案、标准规范、目录范围、政策制度、收费价格、管理办法等不同类型。

由于目前我国法律、法规对于规范性文件的涵义、范围、制发主体、制发程序和权限以及审查机制等尚无统一规定，我国立法、行政和司法部门以及学术界对规范性文件的认识也不尽一致，因此，如何界定本次检查的具体对象是需要认真研究的问题。为此，检查工作组多次召开会议，并会同市政府法制办，对规范性文件的概念、拟列入本次检查范围的配套规范性文件等问题进行了深入的研究。检查工作组认为，上述 32 件法规中 137 条、144 个款项所涉及的规范性文件的表述形式和内容复杂多样，涉及面也非常广，其中相当部分是对行政部门的工作要求和履职要求。为了增强本次检查工作的针对性、实效性，突出检查工作的重点，经过反复讨论和深入分析，检查工作组将检查工作的范围确定为：根据地方性法规的规定或者授权，由市人民政府或者有关行政管理部门依法制定的、为保证该法规正确实施的、对管理相对人具有普遍约束力并可反复适用的规范性文件。按照这一标准比对，将 16 件法规、24 个条款列为本次检查的配套规范性文件制定范围。这 24 个条款涉及 25 项配套制度、15 个行政管理部门。

检查结果表明，截至 2007 年 2 月，16 件法规中所涉及的 25 件配套规范性文件中，有 14 件已完成制定工作，10 件尚未完成制定工作，1 件不需要再单独制定。其中，已完成制定的 14 件配套规范性文件，从制定的时间看，法规颁布后半年内制定的有 10 件。其他 4 件，一年内制定的 1 件；两年内制定的 2 件；三年内制定的 1 件。从制定的主体看，法规规定的制定主体主要有两个，一个是市政府，一个是有关主管部门。在已经制定的 14 件中，按照法规规定的主体制定的有 12 件，其他 2 件法明明确"由市人民政府另行规定"或"具体办法由市人民政府规定"，实际由有关主管部门制定；尚未制定的 10 件配套规范性文件中，草案已报送或者近期将报送待审批的有 3 件，处于起草和协调阶段的有 2 件，处于调研阶段尚未启动起草工作的有 5 件。这 10 件中，有 3 件已距法规颁布三年以上，有 1 件距法规颁布已达两年，有 5 件距法规颁布已达一年，最近的 1 件距法规颁布也已逾半年；不再需要制定配套规范性文件的 1 件法规是《上海市出租汽车管理条例》第四十一条第二款的规定，即对客运服务驾驶员违反本条例的行为实行记录制度，记录制度的具体规定由市交通局制定。市交通局提出，随着近年来行业诚信体系建设工作的启动，对驾驶员设定的考核指标已涵盖了记录制度的相关内容，不需要再单独制定记录制度的具体规定。

本次监督检查反映了目前各地地方性法规配套规范性文件制定工作中普遍

存在的问题：一是完成率总体不高。配套规范性文件涉及的都是使地方性法规得以实施的具体制度，如果这些制度长期缺失，必然会影响地方性法规的实施效果。二是部分文件的制定时间过长。目前地方立法的"生命周期"都不长，如果配套规范性文件出台距地方性法规颁布的时间过长，法规的实施效果将会受到影响，并可能出现规范性文件精神与地方性法规不一致的情况。三是制定的文件与法规要求的不完全一致。表现在部分文件的制定主体和文件层级不符合规定。

配套规范性文件制定中存在这些问题的原因是多方面的，既有有关政府部门对落实配套规范性文件制定工作不够重视的主观原因，又有法规实施后情况复杂多变的客观原因；既有配套规范性文件的起草工作机制不够健全的原因，又有立法技术和立法工作监督尚需改进的原因。监督检查的目的不在于发现问题，重要的是分析存在问题的原因，提出解决这些问题的建议。监督检查报告分析了产生这些问题的下列三个主要原因，并提出了针对性的建议：

一是该项工作缺乏刚性的制度性规范。法规授权或者规定市政府、市政府有关部门制定配套规范性文件，属于授权立法。这是一项十分慎重的立法权限转移行为，授权到哪一级和哪个部门缺少相应的规范。例如2005年10月28日修订的《上海市环境保护条例》第三十七条第二款规定，"本市强制回收的产品和包装物的具体目录以及回收和处置的具体办法，由市人民政府公布实施"。法规没有对配套规范性文件的制定主体、文种形式、制定期限等提出明确的要求。这项工作涉及市经委、市环保局和市政府法制办等部门，由哪个部门负责制定不明确。从授权条款的提出来看，有的授权条款是提案人提出的，在立法过程中对其必要性、可行性并未深入研究和论证。有些规范性文件在制定地方性法规时已经出台并实施，但主管部门仍要求在法规中写上由该部门"另行制定"等内容，以强化这些规范性文件的地位。还有一些授权条款的内容属于政府和政府部门的法定职责，并不需要在地方性法规中作出特别规定。有的政府部门反映，对内容比较单一、具体的事项，法规不一定要求由市政府制定配套规范性文件，授权相关政府管理部门制定，其可操作性可能更强。与此同时，对于制定配套规范性文件的时限也缺乏相应的制度性规范。据了解，1992年市人大常委会制定《制定地方性法规程序的规定》时，主任会议经讨论后曾明确，市政府及有关主管部门制定相应配套实施性规章的期限为6个月，但这一时限要求并未在规定中明确。2001年通过的《上海市制定地方性法规条例》中对此也没有明确。针对这一问题，监督检查报告建议：以谨慎授权为原则，完善授权立法规范，以此次检查为契机，认真总结地方立法中的经验和教训，规范授权的条款，完善授权立法的规范，尤其要加强对授权制定配套规范性文件的必要性、可行性的研究，对于哪些事项需要授权,哪些事项属政府职能而无需授权;对于授权到哪一级或者哪个政府部门作为制定责任人等问题,都要作深入细致的研究和充分的论证,慎用授权条款。在立法技术规范层面,对制定配套规范性文件的期限、文种、层级也要明确,以便于市政府及有关主管部门遵照执行,也便于市人大常委会和社会公众检查监督。对于配套规范性文件的制定时限,从实际情况看比较复杂,目前规定统一时限的条件尚不成熟,可以根据授权条款的实际情况,或者直接写进法规条款,或者在法规的审议报告中予以明确。

二是该项工作缺乏有效的督促与协调机制。一些部门反映,按照市政府有关规范性文件的规定,目前行政规范性文件实行事后备案制度。市政府及各行政部门的法制机构只是被动地负责对报请审核的规范性文件草案提出法律审核意见,并不对地方性法规要求的配套规范性文件制定情况进行检查。对于应当"由市人民政府规定"的配套规范性文件,也没有明确过检查落实情况的责任主体,市政府的法制机构难以主动检查落实情况,协调作用也难以主动发挥。因此,一些配套规范性文件的起草工作启动不够及时;因情况发生变化而不需要再制定的情况不能反映出来;一些内容涉及多个主管部门的配套规范性文件,由于缺乏有效的协调,常因有关部门意见相左而被延缓。如2003年12月颁布的《上海市人口与计划生育条例》第三十七条规定,领取了"独生子女父母光荣证"后的有关奖励的具体办法,由市人民政府另行规定。此项配套规范性文件的内容,涉及多个政府部门,在经费的出资渠道等方面曾遇到协调的困难,直到2006年3月才出台。调查中一些部门还反映,当前行政部门普遍存在重立法、轻配套的情况。针对这一问题,监督检查报告建议:建立责任协调机制,加强对配套规范性文件制定工作的指导。在常委会内部可由法工委作为牵头部门,会同各专门委员会办公室,对每年地方性法规中的授权条款落实情况进行了解和督促。市政府方面,可由市政府法制机构承担推动、协调的工作,并对政府相关部门制定配套规范性文件工作进行业务指导。在实际工作中,法工委和市政府法制办可以加强沟通,共同推进这项工作。

三是该项工作本身具有相当难度。要求制定的配套规范性文件,通常是地方性法规制定时的难点,也是改革和管理上的难点。在地方立法实践中,有时为了保证法规适时通过,会将一时难以形成统一意见,或难以提出有效解决难题办法的内容,以"市人民政府另行规定"的方式处理。如2003年12月颁布的《上海市旅游条例》第四十三条规定,"旅游线路实行特许经营,特许经营的审批机构和设立条件,由市人民政府规定"。特许经营依法应由法规规定,但是法规草案在审议中,相关行政管理部门之间对这一问题的看法差距较大,难以形成共识,于是作出了授权规定。由于该事项涉及政府相关部门之间的职责调整和行政管理体制改革,市政府一直未作出决策。也有些附条件制定的配套规范性文件,由于其制定的条件未成熟,暂未制定相关配套规范性文件。如《上海市人口与计划生育条例》第二十五条第三款规定,"因特殊情况可以再生育的条件,由市人民政府另行规定"。政府主管部门一直在收集特殊生育情况的个案材料,对特殊生育的情况还处于积累之中,要待条件成熟后方可以根据需要制定相关规定。针对这一问题,监督检查报告建议:建立规范性文件的备案审查制度,将配套规范性文件的制定纳入备案审查的范围,使这项工作制度化、程序化。①

上海市人大常委会的此项监督检查无疑是促进立法活动规范化的重要举措,对于提高地方立法质量,增强地方性法规的实效性、权威性具有积极的促进作用,并为该项制度的规范化、制度化奠定了实践基础。

（六）规范"配套规范性文件"的制度水到渠成

制定与地方性法规配套的规范性文件是立法工作的延伸,上海市人大常委会自 2007 年对该项工作进行监督检查后,高度重视地方立法活动中设定"授权条款"的必要性、可行性,杜绝了随意授权的现象。与此同时,全国人大常委会高度重视这项工作的制度化建设。2009 年 6 月,第十一届全国人大常委会第九次会议高度关注法律配套法规的制定情况,时任全国人大常委会委员长吴邦国指出,要重点督促国务院及其有关部门抓紧法律配套法规的制定工作,力争在2009 年年底前取得实质性进展。今后在确定立法项目、起草法律草案的同时,要统筹安排制定配套法规,力争与法律同步实施,个别不能同步的也要抓紧出台,以保障法律的有效实施。为促使该项工作制度化,全国人大常委会委员长会议制定了《关于法律配套法规制定的工作程序》,明确规定凡法律要求有关国家机关对专门事项作出配套的具体规定的,应当自法律施行之日起一年内作出规定。

国家层面的《关于法律配套法规制定的工作程序》对于上海地方立法的制度建设具有直接的指导作用。在上海两年多实践探索的基础上,并参照《关于法律配套法规制定的工作程序》,上海市第十三届人大常委会第四十一次主任会议通过了《关于制定地方性法规配套规范性文件的试行意见》（以下简称《意见》）,该《意见》共十条,将"法规配套规范性文件"定义为"根据本市地方性法规条文的明确规定,由市人民政府或者有关行政管理部门依法制定（包括修改、废止）的、为保证该法规正确实施的、对管理相对人具有普遍约束力并可反复适用的规范性文件。"《意见》明确了规范性文件制定时限的一般规定及其特殊情况下的例外规

---

① 参见丁伟:《关于监督检查本市地方性法规配套规范性文件制定情况的报告》,《上海市人民代表大会常务委员会公报》2007 年第七号。

定：制定规范性文件，一般应当在法规实施前完成，并与法规同步实施；需要为改革发展留有空间，在执行中逐步到位或者需要择机出台，应急出台的法规配套规范性文件，有关制定机关可以根据实际情况适时制定完善。

为确保配套规范性文件如期制定，《意见》对立法各阶段各责任主体的相关工作职责作出规定：在年度立法计划编制阶段，有关部门在提出立法项目时，应当在立项论证报告中同时就该项目是否需要制定法规配套规范性文件进行研究并提出初步意见；在法规草案起草过程中，经研究论证需要制定法规配套规范性文件的，起草单位应当同时开展配套规范性文件的研究和起草工作；需要由起草单位与其他部门共同制定配套分析文件的，应当加强沟通协调，及时开展起草工作；负责联系法规草案起草的市人大相关专门委员会、工作委员会应当及时对规范性文件的研究和起草工作进行督促；拟提请审议市人大常委会审议法规草案的机关可以在草案说明中介绍需要制定配套规范性文件的情况，或将已有的规范性文件作为参阅资料一并报送市人大常委会；市人大专门委员会在审议法规草案时，应当对需要制定的配套规范性文件的有关情况提出意见；在常委会审议法规草案过程中，法制委员会经审议认为需要增加或减少配套规范性文件的，应当与市政府法制办或者有关工作部门进行沟通、协商，在法规草案修改稿中予以体现，并在审议结果报告中明确及时制定的时限等具体要求。《意见》同时规定了配套规范性文件的督促制度：法规通过后，常委会法工委应当在七个工作日内列出法规中明文要求及时制定的配套规范性文件目录，向有关机关发出落实规范性文件制定的工作函；市人大专门委员会、工作委员会应当沟通协调，密切配合，跟踪、掌握配套规范性文件制定的进展情况，并结合执法检查和监督工作，做好督促检查工作；市人民政府或者有关行政管理部门依法制定的配套规范性文件，应当自发布之日起三十日内报送市人大常委会备案。《意见》同时规定，制定机关未在规定时限内制定配套规范性文件或者报送备案的，应当向市人大常委会提出书面报告；对需要适时制定配套规范性文件的，必要时制定机关应当向市人大常委会提出书面报告。《意见》的实施标志着上海地方立法的规范化上了一个新的台阶，以往比较突出的配套规范性文件迟迟不出台的状况得到了有效的控制。①

---

① 经过多年的实践探索，这项制度日趋成熟，2015年3月15日全国人大通过的《立法法》修正案将法律配套法规的制定要求作为新增内容。2015年11月19日上海市人大常委会通过的《上海市人民代表大会常务委员会关于修改〈上海市制定地方性法规条例〉的决定》也新增规定："地方性法规明确要求有关国家机关对专门事项作出配套的具体规定的，有关国家机关应当自法规施行之日起一年内作出规定，法规对配套的具体规定制定期限另有规定的，从其规定。有关国家机关未能在期限内作出配套的具体规定的，应当向常务委员会说明情况。"

四、 规范发展期地方性法规亮点解析

进入规范发展期的上海地方立法,坚守"不抵触"的底线,勇于直面社会矛盾,敢于在矛盾焦点上砍一刀,充分发挥立法智慧,在立法"关键条款"上下功夫,在"有特色"、"可操作"上探索地方立法的新路子。

（一）"一事一例"的立法新体例闪亮登场

经过二十多年的努力,中国特色的社会主义法律体系趋于形成,立法的发展模式已从数量增长型向内涵提升型转变。吴邦国指出:"实际上一部法律有的几十条,多的上百条,甚至几百条,但核心内容往往集中在那么几条上。"2003 年 10 月 28 日第十届全国人大常委会第五次会议通过了《中华人民共和国道路交通安全法》(以下简称《道路交通安全法》),该法自 2004 年 5 月 1 日起施行。该法第七十六条有关机动车发生交通事故造成人身伤亡、财产损失的赔偿责任承担方式引起了各方面的关注。为了保证《道路交通安全法》在上海得到更好的贯彻实施,有必要结合上海实际情况,通过制定上海地方性法规,细化、落实《道路交通安全法》第七十六条关于道路交通事故赔偿责任的规定。为此,上海地方立法首次探索就上位法的某一个条款制定实施性的地方性法规——《上海市机动车道路交通事故赔偿责任若干规定》,这种"一事一例"的立法方式在全国也属首创,得到全国人大常委会的高度肯定。

机动车交通事故责任,是指机动车的所有人或者使用人在机动车发生交通事故造成他人人身伤害或者财产损失时所应承担的侵权损害赔偿责任。在《道路交通安全法》(草案)审议过程中,有关道路交通事故责任采用何种归责原则的争议,始终是社会各界关注与新闻媒体聚焦的热点问题。草案规定:机动车交通事故造成人身伤亡的损失超过第三者责任强制保险金额的部分,由有过错的一方承担;双方都有过错的,按照各自过错的比例分担。这一规定根据过错原则进行责任划分,被社会理解为"行人违章,撞了白撞"。在全国人大常委会审议过程中,不少常委会组成人员认为我国大部分老百姓没有人身意外伤害保险,法律应当保护弱者的权益。根据我国的现实情况,在行人与机动车发生交通事故时,应当实行无过失原则,而非过错原则。法律应该既体现出法律本身的尊严,又体现立法对生命的关爱。为此,"撞了白撞"被拒之于法律条款之外,全国人大常委会表决通过的《道路交通安全法》第七十六条最终规定:

"机动车发生交通事故造成人身伤亡、财产损失的,由保险公司在机动车第三者责任强制保险责任限额范围内予以赔偿;不足的部分,按照下列方式承担赔偿责任:

（一）机动车之间发生交通事故的，由有过错的一方承担责任；双方都有过错的，按照各自过错的比例分担责任。

（二）机动车与非机动车驾驶人、行人之间发生交通事故，非机动车驾驶人、行人没有过错的，由机动车一方承担赔偿责任；有证据证明非机动车驾驶人、行人有过错的，根据过错程度适当减轻机动车一方的赔偿责任；机动车一方没有过错的，承担不超过百分之十的赔偿责任。

交通事故的损失是由非机动车驾驶人、行人故意碰撞机动车造成的，机动车一方不承担赔偿责任。"

该条规定将草案设计的过错责任原则和无过失责任原则改变为过错责任原则和过错推定原则，这一归责原则既是以人为本原则的集中显现，更是人类现代文明的重要标志，同时也对生命权与路权作了合理、适当的平衡。

任何法律制度的设计都需要经受司法实践的检验，在现代法治社会，一个标志性的案件可以引发一项制度的变革和完善。《道路交通安全法》实施仅一周，北京发生了首例"撞了不白撞案"：2004年5月9日，四川农民曹某某横穿北京市南二环主路时，被正在行驶中的小客车撞倒而死亡。交通支队作出交通事故认定书，认定死者与司机负同等责任。死者家属向法院起诉，要求司机赔偿总计27万元的损失。一审法院经审理认定：本案交通事故发生地为交通管理部门规定的机动车行驶的专用道路，非机动车及行人不允许通行。曹某某的行为违反了我国道路交通安全法中"行人应当在人行道内行走，没有人行道的靠路边行走"的规定，是引发此次交通事故的直接原因。但司机没有立即采取有效的措施，未全面地、合理地履行避让义务，也未做到安全驾驶，故对于交通事故的发生亦负有一定的责任。根据双方在交通事故中的过错，应负事故同等责任，各自承担相应的民事赔偿义务。为此，判决被告司机一次性赔偿给死者家属各项损失费共计人民币15.69万余元。二审法院经审理认为，死者穿行二环主路的行为违反了道路交通安全法律、法规，是事故发生的直接原因，司机在紧急状态下采取了一系列应变措施，但确有不当之处，因此减轻司机应承担赔偿责任的50%。2005年12月5日，二审法院作出终审判决：司机一次性赔偿急救费、运尸费、丧葬费、死亡赔偿金、交通费、住宿费、被扶养人生活费、精神损害抚慰金共计十万零八百八十元零六分。

该案宣判后在全国引起了轩然大波，事故的处理适用了《道路交通安全法》第七十六条，此时最高人民法院公布的关于对人身伤害赔偿标准的司法解释也正好生效，该司法解释对人身伤害赔偿的年限的标准从原来的10年大幅度提高到20年。按照该司法解释，死亡补偿费按照法院所在地上一年度的城镇居民人均可支配收入，或者农村居民人均纯收入的标准来进行赔偿，而且赔偿的标准按照20年计算(凡60岁以下都按20年计算,60岁以上的,每增加1岁扣除1年)。按照事故发生地北京当时的标准,死者为农村户籍,最高赔偿额约二十万元。然而,法院一审判决驾驶员赔偿死者家属的各项损失费十五万六千九百多元,二审改判为十万多元。两级法院认定的当事人双方应承担赔偿责任的比例及被告的赔偿金额存在明显差异,相关的法律依据并不明确。为此,当时全国各地都觉得《道路交通安全法》第七十六条过于原则,需要制定具体操作的办法。

在这一特定背景下,上海市第十二届人大常委会第十八次会议于2005年2月24日通过了《上海市机动车道路交通事故赔偿责任若干规定》(以下简称《若干规定》),适用于上海市行政区域内发生机动车道路交通事故,造成人身伤亡、财产损失的赔偿责任的确定。《若干规定》结构简练,共10条。值得关注的是,《若干规定》第一条规定的立法依据为"《中华人民共和国道路交通安全法》第七十六条等条款以及有关法律、行政法规的规定",即以上位法的某一条款为直接立法依据。这种"一事一例"的立法体例开创了地方立法的先河。

《若干规定》第三条是有关强制保险与责任限额的规定,在当时国家对第三者责任强制保险的责任限额作出明确规定之前,为了使《道路交通安全法》第七十六条在上海市得到有效实施,交通事故得到妥善处理,经与有关部门研究协商,将上海市第三者责任强制保险的责任限额暂定为4万元。经向国务院法制办等有关部门了解,该标准与国家正在研究制定的标准基本相同。[①]为此,第三条规定:"本市依法实行机动车第三者责任强制保险制度,强制保险的责任限额为4万元","国家对强制保险制度另有规定的,按照国家规定执行。"

《若干规定》第四条是有关机动车之间交通事故赔偿责任的规定,鉴于在机动车之间发生的交通事故中,机动车之间在道路上的"地位"相对平等,不存在谁强谁弱,所以机动车之间发生的交通事故应当先区分交通事故责任,然后由保险公司在责任限额内赔付。为此,《若干规定》第四条规定"机动车之间发生交通事故的,按照各自的事故责任,由所投保的保险公司在强制保险的责任限额内按照实际损失赔付;机动车未投保强制保险的,由其在应当投保的责任限额内按照实际损失承担赔偿责任。机动车之间发生交通事故的损失超出强制保险责任限额的部分,由有事故责任的一方承担赔偿责任;双方都有事故责任的,按照各自事故责任的比例分担赔偿责任。"

《若干规定》第五条至第八条有关机动车与非机动车驾驶人、行人之间交通事故的赔偿责任是立法中最受关注的条款。鉴于机动车与非机动车驾驶人、行

---

① 参见程九龙:《关于〈上海市机动车道路交通事故赔偿责任若干规定(草案)〉的说明》,《上海市人民代表大会常务委员会公报》2005年第二号。

人发生交通事故时，非机动车驾驶人、行人往往处于易受伤害的弱者地位，立法指导思想是首先由保险公司赔付人身伤害损失，从而充分保障非机动车驾驶人、行人的权利。这一立法指导思想体现了以人为本，尊重和保护人的生命健康权的价值取向。

《若干规定》第五条为机动车与非机动车驾驶人、行人之间交通事故强制保险责任限额内赔偿责任的规定，该条规定："机动车与非机动车驾驶人、行人发生交通事故的，由机动车投保的保险公司在强制保险的责任限额内按照实际损失赔付；机动车未投保强制保险的，由机动车一方在应当投保的责任限额内按照实际损失承担赔偿责任。"

《若干规定》第六条为机动车有事故责任的赔偿责任的规定，机动车与非机动车驾驶人、行人发生交通事故时，符合法定条件减轻机动车责任的适用情形和减轻的比例，是上海在此次立法中所要解决的主要问题。《若干规定》第六条根据上海实际情况和向非机动车驾驶人、行人适当倾斜的原则，针对机动车与非机动车驾驶人、行人之间交通事故的不同情形，相应规定了机动车一方承担赔偿责任的比例："机动车与非机动车驾驶人、行人之间发生交通事故的损失超出强制保险责任限额的部分，机动车一方有事故责任的，由机动车一方按照下列规定承担赔偿责任：（一）机动车一方在交通事故中负全部责任的，承担100％的赔偿责任；（二）机动车一方在交通事故中负主要责任的，承担80％的赔偿责任；（三）机动车一方在交通事故中负同等责任的，承担60％的赔偿责任；（四）机动车一方在交通事故中负次要责任的，承担40％的赔偿责任。"

《若干规定》第七条为机动车无事故责任的赔偿责任规定，旨在进一步明确机动车与非机动车驾驶人、行人发生交通事故时，在机动车完全没有交通事故责任的情况下，机动车减轻赔偿责任的适用情形和减轻比例，该条规定："机动车与非机动车驾驶人、行人发生交通事故的损失超出强制保险责任限额的部分，在有证据证明非机动车驾驶人、行人违反道路交通安全法律、法规，机动车驾驶人已经采取必要处置措施的情形下，按照下列规定减轻机动车一方的赔偿责任：（一）在高速公路、高架道路以及其他封闭道路上发生交通事故的，机动车一方按5％的赔偿责任给予赔偿，但赔偿金额最高不超过1万元；（二）在其他道路上发生交通事故的，机动车一方按10％的赔偿责任给予赔偿，但赔偿金额最高不超过5万元。"

《若干规定》第八条对《道路交通安全法》第七十六条第二款有关机动车赔偿责任的免除规定作了细化："交通事故的损失是由非机动车驾驶人、行人故意造成的，机动车一方不承担赔偿责任。非机动车驾驶人、行人与处于静止状态的机动车发生交通事故，机动车一方无交通事故责任的，不承担赔偿责任。"该条规定为"碰瓷"敲诈勒索的行为设定了法律障碍。

《若干规定》第九条有关道路交通事故社会救助基金的规定系上海地方立法的创制性规定,该条规定:"本市按照国家规定,设立道路交通事故社会救助基金。交通事故中受伤人员的抢救费用超出强制保险责任限额的,或者发生交通事故的机动车未参加强制保险的,或者发生交通事故后机动车驾驶人逃逸的,由道路交通事故社会救助基金先行垫付部分或者全部抢救费用,道路交通事故社会救助基金管理机构有权向交通事故责任人追偿。"

《若干规定》不但在立法技术上创立了"一事一例"的崭新立法体例,也在立法内容上体现以人为本、人文关怀、公平正义的价值取向,通过合理分配和平衡各方利益关系,实现社会和谐。值得一提的是,在立法性质上《若干规定》属于实施性地方性法规。有关机动车第三者责任强制保险是法定强制险,机动车道路交通事故赔偿责任系基本民事制度,依法属于中央专属立法事项,但这不影响地方立法按照《立法法》第七十三条第(一)项的规定,为执行《道路交通安全法》第七十六条的规定,根据本行政区域的实际情况作出细化规定。《若干规定》正是本着这一立法目的对《道路交通安全法》第七十六条进行细化规定,使得这一社会热议的条款在上海平稳落地。

(二)"授权决定"增添地方立法新功能

长期以来,地方立法的功能比较单一,基本上是根据本地经济社会发展的需要,或实施国家法律、行政法规的需要,制定地方性法规。进入21世纪后,上海经济社会快速发展,需要立法在短时期内迅速回应,给予及时的支撑,或者为完成特定的使命,由人大常委会依法赋予行政机关一定的权限。为此,地方人大常委会的"授权立法"应运而生。这一"授权立法"通常以法律性问题的决定为载体,与地方性法规相比,条文简洁,内容单一,在立法程序上通常采用"一审一表决"的简易程序。①

1. 及时铸造抗击"非典"法律利剑

2003年,我国一些地区突发了传染性非典型肺炎(以下简称"非典")疫情,对人民群众的生命健康带来了很大威胁。作为一种新的传染性很强的疾病,"非典"的病原体、流行特点和规律、传播途径与致病机理当时尚在研究之中,急需采取应急措施隔绝患者和疑似患者与社会的接触,有效控制"非典"传播。上海作

---

① 在人大工作实践中,不少人对于人大及其常委会作出的"重大事项决定"与"法律性问题的决定"的界限不甚清楚。重大事项决定权是法律赋予人大及其常委会的重要职权之一,但作出"法律性问题的决定"属于人大及其常委会立法权的范畴。"法律性问题的决定"所调整的内容固然也属于"重大事项",但更凸显法律要素,判断一个决定是否属于"法律性问题的决定",关键看该决定中是否具有法律授权的内容。

为人口密集，对外交往频繁的国际大都市，在有效控制"非典"传播，保障公众身体健康和生命安全方面面临更为严峻的挑战。为有效预防、及时控制和消除突发公共卫生事件的危害，保障公众身体健康与生命安全，维护正常的社会秩序，国务院于 2003 年 5 月 9 日公布了《突发公共卫生事件应急条例》。上海市人大常委会积极应对"非典"防治工作的严峻形势，果断启动应急立法程序，相关专门委员会、常委会法工委密切配合，加快各项立法流程的节奏，在最短的时间完成立法程序。2003 年 5 月 14 日，上海市第十二届人大常委会第四次会议审议通过了《上海市人民代表大会常务委员会关于控制传染性非典型肺炎传播的决定》（以下简称《决定》）。

《决定》共八项内容，系控制"非典"传播期间的"应急决定"。鉴于防治"非典"工作的特殊性和复杂性，为了使防治"非典"工作有法可依，需要进一步明确政府的相关职责，《决定》第一条第一款规定："本市预防和控制'非典'工作，应当根据《中华人民共和国传染病防治法》《突发公共卫生事件应急条例》和其他有关法律、行政法规，遵循预防为主、常备不懈的方针，贯彻统一领导、分级负责、反应及时、措施果断、依靠科学、加强合作的原则。"第二款规定："各级人民政府及其有关部门应当建立严格的'非典'防范和应急处理责任制，切实履行各自的职责。"《决定》第二条规定：预防和控制"非典"工作，实行"条块结合，以块为主"的属地化管理原则。区县、乡镇人民政府和街道办事处应当加强领导，组织力量，团结协作，群防群控，认真落实国家和本市预防和控制"非典"的各项措施。该条对居（村）民委员会的具体工作以及任何单位和个人应当遵守关于预防和控制"非典"的规定，服从本地区人民政府及其卫生行政主管部门的统一指挥和管理，落实预防和控制"非典"的措施，配合居（村）民委员会的预防和控制"非典"工作等事项作出规定。

鉴于在执行控制"非典"传播有关规定过程中出现一些单位和个人不予配合，有的疑似患者违反社会公德，隐瞒病情，出入公共场所的情形，给"非典"防治工作增加了难度，对公众健康造成威胁。为有效地控制"非典"在上海的传播，保障公众的身体健康和生命安全，上海市人大常委会赋予上海市人民政府根据本市疫情采取必要的应急处理措施的权力，明确单位和个人的权利、义务，加大对违反有关规定的处罚力度，对有效控制"非典"传播，保持本市正常的生产、生活秩序是十分必要的。为此，《决定》第一条第三款规定："市人民政府为控制本市'非典'疫情，可以根据预防和控制'非典'预案，依法采取必要的预防和控制措施，包括对特定的人员、区域、场所、单位等采取医学观察、隔离以及其他应急处理措施。"《决定》第三条规定：需要隔离治疗的"非典"临床诊断病人、疑似病人和需要接受医学观察的密切接触者，在卫生行政主管部门或者有关机构采取医学措施时应当予以配合;拒绝配合的,由公安机关依法协助强制执行。对可能受到"非典"危害的人员,相关部门应当根据有关规定采取必要的控制措施。医疗卫生机构在诊断"非典"病人或者就"非典"流行病学依法持证进行查询、检验、调查取证时,任何单位和个人都应当予以配合,不得以任何理由隐瞒病情以及其他相关的真实情况。不予配合,隐瞒病情或者其他相关真实情况的,由卫生行政主管部门予以警告,可以并处罚款。具体罚款数额由市人民政府规定。该类赋予行政机关依法采取必要的预防和控制措施等权力的条款具有鲜明的"授权决定"的特征。

为增强预防、控制"非典"传播的有效性、法律权威性,《决定》第四条规定:铁路、交通、港口、民用航空、卫生等行政主管部门应当加强对出入本市的交通工具和人员的查验,公安机关应当予以配合。受查验者应当如实填报有关情况,不得逃避查验,不得隐瞒真实情况;逃避查验或者隐瞒真实情况的,由相关主管部门予以警告,可以并处罚款。具体罚款数额由市人民政府规定。《决定》第五条规定:公安、物价、工商行政、质量技术监督、卫生、药品监管等部门应当切实维护社会秩序,加强市场监管,对利用"非典"散布谣言、发布虚假信息扰乱社会秩序,哄抬物价或者从事其他欺骗性商业活动,辱骂、殴打医务人员和执法人员的,依法予以惩处。第六条规定:各级人民政府及其有关部门、医疗卫生机构不履行应急处理职责或者未按照规定履行职责的,由其上级主管部门依法予以处理。第七条规定:任何单位和个人都有权向人民政府及其有关部门报告"非典"传播的隐患,有权监督各级人民政府及其有关部门、医疗卫生机构履行"非典"应急处理职责的情况,有权举报违反本决定的其他情况。接受举报的机关,应当及时调查处理。对经查实的举报,各级人民政府及其有关部门应当予以奖励。

《决定》作为一把抗击"非典"的法律利剑,为上海有效预防、控制"非典"传播提供了有力的法律支撑,《决定》颁布后,上海市防治"非典"指挥部向上海市人大常委会发了感谢信。《决定》有效地动员了社会各方面的力量,取得了良好的社会效果。鉴于《决定》系控制"非典"传播期间的"应急决定",其终止日期由上海市人大常委会另行公布。2003年8月5日,上海市第十二届人大常委会第六次会议通过了《上海市人民代表大会常务委员会关于终止执行〈关于控制传染性非典型肺炎传播的决定〉的决定》。"服役"近三个月的《决定》圆满完成了其历史使命。

2. 为浦东综合配套改革试点插上法制翅膀

2005年6月,国务院正式批准浦东新区进行综合配套改革试点,明确浦东综合配套改革试点要着力转变政府职能、着力转变经济运行方式、着力改变城乡二元结构。浦东新区综合配套改革试点是中央赋予上海和浦东新的战略使命,是浦东在更高起点上实现又好又快发展的战略机遇，也是上海加快实现"四个率先"、建设"四个中心"国家战略的重要组成部分。浦东前一轮开发开放的基本经验是注重在法制轨道上进行改革，这次浦东综合配套改革试点重在改革制约经济社会发展的体制机制，为现代化建设创造良好的体制环境。这就要求继续坚持"浦东开发开放、法制先行"的经验，协调好改革与法治之间的关系，在符合法律精神和原则的前提下进行改革，在法治框架内进行改革，依法有序地进行改革。为支持、促进、引导和规范浦东综合配套改革试点，为浦东综合配套改革突破体制性障碍和先行先试提供法制保障，根据中共上海市委常委会和上海市人大常委会的意见，上海市人大常委会将探索用地方立法为浦东综合配套改革试点提供法制保障的立法项目列入2006年度立法计划。

2007年4月26日，上海市第十二届人大常委会第三十五次会议通过了《上海市人民代表大会常务委员会关于促进和保障浦东新区综合配套改革试点工作的决定》（以下简称《决定》）。尽管《决定》篇幅异常简短，仅三条，但其内容具有很高的"含金量"，在授权内容上开创了上海地方立法的先河。

《决定》第一条明确了浦东新区综合配套改革试点的总体要求，规定浦东新区综合配套改革试点，应当切实贯彻国务院的要求，着力转变政府职能、转变经济运行方式、改变二元经济与社会结构，把改革和发展有机结合起来，把解决本地实际问题与攻克面上共性难题结合起来，把实现重点突破与整体创新结合起来，把经济体制改革与其他方面改革结合起来，积极探索，推进制度创新，率先建立起完善的社会主义市场经济体制。

《决定》第二条是"授权立法"的实质性条款，对在法定权限范围内授权浦东综合配套改革变通执行地方性法规和先行先试作出规定。鉴于这一授权内容在地方立法中属首次探索，且涉及地方立法的权限范围，笔者在常委会审议时，在支持常委会作出该授权决定的同时，提出要确保常委会授权本身的合法性。常委会主任会议认为，根据推进浦东新区综合配套改革试点的需要，根据坚持国家法制统一原则和本市地方性法规基本原则的精神，市人民政府和浦东新区人民政府根据各自职权范围，制定相关文件在浦东实施，应当符合政府职能转变和行政管理体制改革的方向，有利于完善社会主义市场经济体制。对于法律、法规未作规定且属于地方立法权限范围的事项，市人民政府和浦东新区人民政府可以根据行政管理的需要，制定相关文件先行先试；对于地方性法规已有规定的事项，市人民政府和浦东新区人民政府可以根据行政职能转变的需要，按照不增设行政许可、行政收费，不增加或变相增加机构队伍，不增设公民、法人和其他组织义务的原则，对行政许可审批事项和行政执法职责的主体予以优化配置。主任会议同时认为，依据《监督法》和本市相关规定，为了加强对浦东综合配套改革试点相关文件的监督,市人民政府和浦东新区人民政府制定的有关浦东综合配套改革的文件,应当报送备案,有关部门应当依法加强监督。①《决定》第二条规定:"在坚持国家法制统一原则和本市地方性法规基本原则的前提下,市人民政府和浦东新区人民政府可以就浦东新区综合配套改革制定相关文件在浦东新区先行先试,并报市人民代表大会常务委员会备案;浦东新区人民代表大会及其常务委员会可以就推进浦东新区综合配套改革试点工作作出相关决议、决定,并报市人民代表大会常务委员会备案。"从该条规定的内容来看,无论是授权内容,还是浦东新区人民政府作为被授权主体,抑或浦东新区人民政府制定的规范性文件报上海市人大常委会备案,均属于上海地方立法的新探索。

鉴于浦东综合配套改革采取的相关制度措施具有试验性,相当一部分的制度措施是以市政府、浦东新区政府制发的文件为依据的,其成熟的经验需要及时上升为地方性法规。为此,《决定》第三条规定:"市人民代表大会常务委员会根据实际情况,适时制定相关地方性法规,进一步支持和保障浦东新区进行综合配套改革试点。本市各级国家机关应当依法支持和保障浦东新区综合配套改革和创新措施的有效实施。"

《决定》有关"授权立法"的探索不但为浦东新区综合配套改革试点插上了法制翅膀,有力地推动了该项试点工作,同时为以后上海市人大常委会作山《关于本市促进和保障世博会筹备和举办工作的决定》《关于在中国(上海)自由贸易试验区暂时调整实施本市地方性法规有关规定的决定》《关于开展"证照分离"改革试点在浦东新区暂时调整实施本市有关地方性法规规定的决定》《关于促进和保障崇明世界级生态岛建设的决定》等一系列法律性问题的决定奠定了基础。

3. 为成功举办世博会保驾护航

举世瞩目的世博会于2010年5月1日至10月31日在上海举行,这是继北京奥运会后我国举办的又一次世界性盛会。实现办好一届成功、精彩、难忘的世博会的目标,需要动员社会各方面的力量,营造良好的办博氛围,应对世博会筹备阶段和举办期间的各项筹备与安全管理工作,需要依法赋予行政管理部门就采取临时性行政管理措施,制定政府规章或者发布决定的权限。为此,上海市第十三届人大常委会第四次会议于2008年6月19日通过了《上海市人民代表大会常务委员会关于本市促进和保障世博会筹备和举办工作的决定》(以下简称

---

① 参见沈国明:上海市人民代表大会常务委员会主任会议关于《上海市人民政府关于提请审议〈关于促进和保障浦东综合配套改革试点工作的决定(草案)〉的议案》的审议意见报告,《上海市人民代表大会常务委员会公报》2007年第三号。

《决定》）。《决定》共五条，分别对不同主体提出要求。

为激发全体市民关心世博、参与世博、服务世博、奉献世博的荣誉感和责任感，动员广大市民当好东道主、办好世博会，《决定》第一条规定："全体市民应当以主人翁的姿态关心、支持世博会的筹备和举办工作，积极参加知荣辱、讲文明、迎世博活动，自觉遵纪守法，践行公共道德，发扬奉献、友爱、互助、进步的志愿者精神，当好东道主，文明迎世博。"

为充分发挥各级、各类基层组织的积极性、主动性、创造性。《决定》第二条规定："本市各机关、企事业单位、社会团体、基层群众自治组织应当认真做好本职工作，大力支持、积极参与世博会筹备阶段和举办期间的各项工作，深入宣传世博会的主题，广泛开展文明礼仪普及教育，为筹备和举办世博会营造良好的社会氛围。"

为强化政府部门的责任，《决定》第三条规定："本市各级人民政府及其工作部门应当严格依法行政，依照各自职责，细化完善各项筹备和举办世博会工作的方案和计划，制定各类突发事件的应急预案，加强城市建设和管理，提升公共服务水平，改善市民生活环境，提高市民生活质量，更好地服务长江三角洲地区、服务长江流域、服务全国，确保世博会顺利举办。"

作为一个法律性问题的决定，《决定》的核心条款无疑是"授权条款"。《决定》第四条规定："在世博会筹备阶段和举办期间，市人民政府在不与宪法、法律、行政法规相抵触，不与本市地方性法规基本原则相违背的前提下，可以在社会治安、道路交通、安全生产、食品卫生、环境保护、市容环境、广告管理等领域，就采取临时性行政管理措施，制定政府规章或者发布决定，并报市人大常委会备案。"

《决定》第五条对上海市人大常委会自身的工作提出了要求："市人大常委会应当根据具体情况和实际需要，制定、修改与世博会筹备和举办工作有关的地方性法规，充分发挥人大代表的作用，汇集、反映人民群众的意见和建议，加强对本市促进和保障世博会筹备和举办工作的监督。"

为检验《决定》颁布后的实施效果，在上海世博会筹办进入临战状态的 2009年 12月，上海市人大常委会对本市实施《关于促进和保障世博会筹备和举办工作的决定》情况进行了执法检查。检查结果表明，《决定》的授权规定取得了显著的效果，截至 2009年 12月，依据《决定》的授权，市政府共制定出台了 13件保障世博的规章及规范性文件。围绕公共场所安全和流动人口这两个治安管理中的重点和难点问题，市政府制定出台了《关于严禁携带易燃易爆危险品乘坐公共交通工具的通告》和《上海市实有人口服务和管理若干规定（暂行）》。

为确保世博会期间上海市道路交通安全、有序、畅通，市政府制定出台了《关于加强本市非机动车道路停放管理的通告》《关于清理整顿道路上指示牌的通告》和《关于加强本市高速公路管理的意见》。为配合迎世博加强市容环境建设和管理工作，市政府出台了《关于对乱刻画乱涂写乱散发乱张贴乱悬挂宣传品或者标语的行为加强管理的通告》、《关于加强本市建筑垃圾和工程渣土处置管理的通告》、《关于加强 2010 年上海世博会筹备和举办期间本市建设工程施工管理的通告》、《关于加强本市占用道路和其他公共场所设摊管理的通告》和《关于加强本市景观灯光设施设置管理的通告》。为了加强户外广告设置规范，优化城市视觉环境，市政府制定出台了《关于加强流动户外广告管理的通告》、《关于加强本市户外广告设施管理的通告》和《上海市公共交通车辆和车站广告设置暂行规定》。

检查结果同时表明，《决定》发布一年多来，市政府及其相关部门依据现有法律法规规章和已出台的临时性行政管理措施，制定、落实世博保障各项工作方案、计划和预案，在社会治安、道路交通、市容环境、广告管理、安全生产、食品安全和公共卫生、环境保护、知识产权保护等多个领域，重点针对群众反映强烈、与上海现代化国际大都市形象不相称的突出问题，积极组织开展行政执法，加大检查整治力度，管理效果初步显现。实施《决定》的各方面工作取得阶段性进展：对涉及公共安全的领域，注重防患未然，加大监督检查力度；对社会普遍关注、影响城市文明形象的领域，加大整治力度；对存在整治难点的领域，注重执法与疏导结合、管理与服务并举。仅以久治不愈的拆违为例，相关数据显示，2009 年 8 月至 12 月，上海市已拆除正在实施的违章建筑 2252 起，比去年同期增加了近50%；拆除面积达 74398 万平方米，较去年同期增加 103%。同时，在交通干道沿线等重要区域拆除历史存量违法建筑 57 万平方米；在社会动员领域，强化宣传动员和督促检查。①实践证明，《决定》的实施取得了显著的社会效果和法律效果。

（三）以立法智慧实现"两个效果"的统一

《立法法》颁布后，中央与地方立法权限有了明确的界限，地方立法创制性的空间明显收窄。负有行政管理职责的行政管理部门受管理需求的驱使，常常出现意欲"冲击"地方立法合法性底线的冲动。如何正确、妥善处理管理需求的迫切性与地方立法的合法性之间的关系，实现地方立法法律效果与社会效果的统一，已成为地方立法规范期需要解决的主要矛盾。

1. 深度挖掘地方立法的有限空间

2005 年 10 月 28 日，上海市第十二届人大常委会第二十三次会议通过了修

---

① 参见姜平：《关于实施〈关于促进和保障世博会筹备和举办工作的决定〉情况的报告》，《上海市人民代表大会常务委员会公报》2009 年第七号。

订后的《上海市环境保护条例》。该条例于 1994 年 12 月 8 日由上海市第十届人大常委会第十四次会议通过，1997 年 5 月 27 日上海市第十届人大常委会第三十六次会议作了第一次修正。此次修订旨在贯彻《大气污染防治法》的相关规定，对原条例的部分内容及时进行修改、完善。

修订后的条例共 6 章 60 条，适用于上海市行政区域内的环境保护及其相关的管理活动。条例规定：坚持环境保护与经济、社会发展并重的方针，实行环境与发展综合决策，促进循环经济发展，实现经济效益、社会效益和环境效益的统一；各级人民政府应当对本行政区域的环境质量负责，实行环境保护行政首长负责制。每届政府应当根据环境保护规划，制定任期内的环境保护目标和年度实施计划，并保证一定的财政资金投入环境保护工作；各级人民政府应当每年向同级人民代表大会或者其常务委员会报告环境保护工作以及任期内的环境保护目标实现情况。条例对环境规划、区划和标准、环境监督管理、环境污染防治及法律责任作了专章规定。

在立法过程中，提高对环境违法行为的处罚幅度是政府相关部门要求修改条例的主要立法动因。在前期的立法调研中，环保主管部门希望突破上位法有关行政处罚的法定数额。应该说这一诉求具有相当的合理性。在当时情况下，排污单位超标准排放污染物、偷排污染物，故意不正常使用水污染物处理设施，或者未经环境保护部门批准，擅自拆除、闲置水污染物处理设施的现象比较普遍，而相关的法律责任很轻，违法成本低与执法成本高的矛盾比较突出。

具体到特定的法规条文，修订前的条例（1997 年版）第三十一条第一款规定："污染物排放总量控制区域内的排污单位，其污染物排放必须达到规定的排放标准和总量控制指标。"第三十三条第一款规定："单位和个体经营者超过国家和本市规定标准排放污染物的，必须按照规定缴纳超标准排污费；国家和本市规定必须缴纳排污费的，按其规定执行；缴纳超标准排污费和排污费后，不免除其污染治理责任、赔偿责任和法律规定的其他责任。"条例第五十四条规定："违反本条例第三十一条第一款规定的，加倍征收超标准排污费，处以五千元以上五万元以下的罚款，并且可以吊销排污许可证。"第五十五条规定："违反本条例第三十三条第一款规定的，除追缴其排污费或者超标准排污费及滞纳金外，可以处以欠缴金额百分之十的罚款。"

市政府在修订草案提请人大常委会审议的说明报告中称，通过近几年的治理，上海水环境质量总体上有了明显的改善，但在局部地区，水污染物超标排放的现象屡禁不止。产生这一现象的主要原因有两个：一是企业超标排污需要缴纳的排污费远低于治污成本，据环保部门调查估算，目前企业缴纳的排污费只相当于污染治理成本的九分之一左右；此外，《排污费征收使用管理条例》明确，排污费征收标准由国务院价格、财政、环保等部门制定,上海市无法自行提高排污费征收标准;二是现有法律、法规对水污染物超标排放的制裁力度不大,《水污染防治法》和《排污费征收使用管理条例》对超标排放水污染物只规定了双倍缴纳排污费,没有设定相应的行政处罚,不能有效制止水污染物超标排放行为。修订草案说明同时提出,2000 年全国人大常委会通过的《大气污染防治法》对大气污染物超标排放设定了一万元以上十万元以下的罚款。这一规定表明了国家立法将加重对超标排污的处罚力度。为此,修订草案参照《大气污染防治法》的立法精神,对水污染物超标排放设定了相应的行政处罚,明确水污染物排放应当符合国家和上海市规定的标准,对超标排放的,可处以一万元以上十万元以下的处罚。①在修订草案一审时,上海市人大城建环保委员会也认为,修订草案中有关水污染物超标排放的规定与《上海市实施〈中华人民共和国大气污染防治法〉办法》对超标排放行为处罚十万元以下的规定不一致,建议对修订草案的法律责任制度作进一步梳理、完善。②

简而言之,对于水污染物超标排放行为,依据《大气污染防治法》的立法精神,政府部门提交的修订草案的立法需求是处以十万元以下罚款。那么在上位法没有设定相应的行政处罚的情况下,地方是否有权设定处罚? 与此同时,能否依照《大气污染防治法》的"立法精神"设定水污染的法律责任? 这些问题能否解决直接关系到修订草案的制度设计能否成立。既要回应环保部门的合理诉求,加大违法者的违法成本,又要坚守地方立法"不抵触"的底线,这对立法工作者来说无疑是严峻的考验。经过反复研究论证,常委会法工委积极挖掘地方立法资源,在不直接冲撞上位法的前提下设计了破解难题的方案。

从法律上分析,修订草案有关水污染物排放处罚条款的直接上位法是《水污染防治法》,将《大气污染防治法》的"立法精神"作为立法依据,这种"移花接木"的方式于法无据,且过于牵强。但是,在《水污染防治法》对超标排放水污染物只规定了双倍缴纳排污费,没有设定相应的行政处罚的情况下,地方立法是否存在一定的立法空间,这一问题的研究极具现实意义。按照《行政处罚法》第十一条第二款的规定:"法律、行政法规对违法行为已经作出行政处罚规定,地方性法规需要作出具体规定的,必须在法律、行政法规规定的给予行政处罚的行为、种类和幅度的范围内规定。"鉴于《水污染防治法》和《排污费征收使用管理条例》对超标排放水污染物仅规定了双倍缴纳排污费,没有作出行政处罚规定,上海地方性

① 参见徐祖信:《关于〈上海市环境保护条例〉(修订草案)的说明》,《上海市人民代表大会常务委员会公报》2005 年第七号。
② 参见胡运骅:《上海市人民代表大会城市建设环境保护委员会关于〈上海市环境保护条例〉(修订草案)的审议意见报告》,《上海市人民代表大会常务委员会公报》2005 年第七号。

法规对此作出行政处罚的规定似不违反《行政处罚法》第十一条第二款的规定。上海市人大法制委员会经统一审议后认为，鉴于污水超标排放并严重污染水环境，对上海水环境质量具有较大的危害性，对这种情况设定处罚是必要的，也符合行政处罚法的规定。为此，对修订草案原条款进行修改，形成了修订后的条例第五十三条第一款，其条文表述是："违反本条例第三十三条第一款规定，直接向地表水排放污染物或者向城市集中污水处理设施排放一类污染物超过国家或者本市规定的排放标准，严重污染水环境的，由市或者区、县环保部门责令限期改正，可以并处一万元以上十万元以下的罚款。"该规定中关于"严重污染水环境"的内涵，由市环保部门根据实际情况予以界定后向社会公布实施。①这一修改方案的思路是，将《水污染防治法》、《水污染防治法实施细则》有关双倍缴纳排污费的规定视为对排污单位一般的超标排放污染物的处理方式；将"直接向地表水排放污染物或者向城市集中污水处理设施排放一类污染物超过国家或者本市规定的排放标准"的违法行为视为特殊种类的超标排污行为，将"严重污染水环境的"视为法律责任加重的考量因素，对这类上位法没有规定的新的、特殊的违法行为处一万元以上十万元以下的罚款。条例的这一关键条款较好地实现了社会效果与法律效果的统一。

2. 敏锐洞察创制性规定的法律风险

《立法法》实施后，中央和地方的立法权限有了明确的界线，地方立法如何准确把握创制性规定，在与上位法不抵触的前提下引领地方经济与社会的发展，这是规范发展期各地地方立法面临的共同问题。上海市人大法制委、常委会法工委在成立伊始就确立了地方创制性规定的立法原则：严守底线、慎重决策，谨防在合法性这一原则问题上的风险。

2004年8月19日，上海市第十二届人大常委会第十四次会议通过了修改《上海市村民委员会选举办法》决定修正案，该选举办法于1999年6月1日由上海市第十一届人大常委会第十次会议通过。此次修正旨在进一步发展民主政治，扩大基层民主，保证人民群众行使民主权利。当时的立法背景是，不少地方在村委会选举中推行"无候选人"的直接投票选举方式，这种方式俗称"海选"，一些省市已将"海选"的规定纳入有关村民委员会选举的地方性法规中。鉴于这种选举方式程序简单、成本较低、民主程度高，能充分反映村民意愿，修正决定草案审议中相关部门和市人大相关专门委员会主张仿效部分省市相关地方性法规的规定，将"海选"正式纳入条文中。笔者敏锐地觉察到，在地方立法条文中规定

---

① 参见丁伟：《上海市人民代表大会法制委员会关于〈上海市环境保护条例〉（修订草案）审议结果的报告》，《上海市人民代表大会常务委员会公报》2005年第七号。

"海选"制度存在很大法律风险,建议常委会慎重研究,必要时请示全国人大常委会法工委。理由是:《中华人民共和国村民委员会选举法》(以下简称《村民委员会选举法》)第十四条明文规定了村民委员会选举分两步走,第一步是村民直接提名候选人;第二步是候选人获得参加投票的村民的过半数的选票后当选。地方性法规中如规定"海选"存在与上位的法条直接冲撞的风险。与此同时,《村民委员会选举法》第二条第一款规定:"村民委员会是村民自我管理、自我教育、自我服务的基层群众性自治组织,实行民主选举、民主决策、民主管理、民主监督。"按照《立法法》第八条的规定,"基层群众自治制度"属于全国人大及其常委会专属立法权。尽管《村民委员会组织法》第十四条第四款规定"具体选举办法由省、自治区、直辖市的人民代表大会常务委员会规定",但这类规定只能是实施性、细化性的规定,不能是创制性规定。地方立法就中央专属立法事项作出创制性规定,存在法权、法条上与上位法相抵触的风险。

上级领导高度重视,决定由上海市人大常委会法工委书面请示全国人大常委会法工委,并要求法制委、法工委与专门委员会、市政府法制办、民政部门领导专程赴全国人大常委会法工委请示。全国人大常委会法工委研究后认为,《村民委员会选举法》规定了分两步走是经过充分研究、反复论证后确定的,是防止贿选、买票、卖票的程序性保证,并明确告知"海选"制度与《村民委员会选举法》的规定不符。"海选"最终未列入修正决定,法工委建议在法制委的审议结果报告中肯定"海选"的积极意义。

2005年9月23日,上海市第十二届人民代表大会常务委员会第二十二次会议通过了《上海市住房公积金管理若干规定》(以下简称《若干规定》),这是全国第一部住房公积金管理的地方性法规。该规定的立法目的是加强上海住房公积金的管理,维护住房公积金所有者的合法权益,促进城镇住房建设,提高城镇居民的居住水平,其上位法依据是国务院《住房公积金管理条例》。在《若干规定》草案的审议过程中,有关住房公积金的提取条件是各方面关注的焦点问题。相关部门认为,住房公积金作为长期住房储金,其用途主要是保障职工的住房消费。依照国务院《住房公积金管理条例》的有关规定,职工在职期间提取住房公积金,应当用于购买、建造、翻建、大修自住住房。但从上海实际情况来看,一些生活特殊困难的职工改善住房条件的需求远次于医疗、养老等方面的基本生存需求,因而按照以人为本的思想,应当允许这部分职工提取其住房公积金账户内的存储余额。为此,建议在国务院《住房公积金管理条例》规定的允许职工提取住房公积金账户存储余额的六种情形之外,又扩展了四种情形:其一,大部分或者完全丧失劳动能力的职工,与单位终止劳动关系的;其二,职工本人、配偶或者直系亲属因重病、大病住院,造成家庭生活困难的;其三,连续失业两年以上且生活困难的职工；其四，享受城市居民最低生活保障的职工。

法制委在统一审议中认为，适当放宽住房公积金提取条件具有一定的积极意义，但应当处理好地方性法规的创制性规定与上位法的关系。国务院《住房公积金管理条例》第五条规定："住房公积金应当用于职工购买、建造、翻建、大修自住住房，任何单位和个人不得挪作他用。"地方立法允许职工提取住房公积金用于与住房无关的医疗、养老等方面的需求，存在法条、法意上与上位法相抵触的风险。为此，建议相关制度的设计应与住房公积金制度的设立目的相吻合，将放宽后提取住房公积金的用途限定在与住房有关的范围。《若干规定》在第七条第一款放宽住房公积金提取条件的同时，增设了第二款的规定："职工享受城市居民最低生活保障，或者连续失业两年以上且家庭生活严重困难，或者因本人、配偶及其直系亲属因重病、大病造成家庭生活严重困难的，也可以向市公积金管理中心申请提取本人住房公积金账户内的存储余额，用于支付房租、物业专项维修资金、物业服务费等费用。"

上述两个立法例彰显了法制委统一审议制度在地方性法规合法性问题上把关的重要性，同时也引发了值得深思的问题：上海改革发展中有不少类似的问题，有实际需求，也有一定的政策依据，但在立法决策上既要积极，又要慎重，地方立法应当在严守与上位法不抵触的底线的前提下，切实解决地方经济与社会发展中存在的问题，实现立法的政治效果、社会效果与法律效果三者的统一。

3. 巧解法规案中合法性难结

2008年12月25日，上海市第十三届人大常委会第八次会议修订通过了《上海市房地产登记条例》。该条例于1995年颁布，在全国率先明确设立房地合一的登记机构，实行土地使用权和房屋所有权统一登记发证制度。条例颁布以后，于2002年10月作了一次修订。此次修订是为了适应《中华人民共和国物权法》（以下简称《物权法》）实施的需要，对原条例中与《物权法》不一致的内容进行修改。修改后的条例共8章77条，适用于上海市行政区域内的房地产登记（农村宅基地及利用宅基地建造的村民住房的登记办法另行规定）。条例将"房地产登记"界定为：房地产登记机构依当事人申请或者依职权，对建设用地使用权、房屋所有权、房地产抵押权、地役权和其他依法可以申请登记的房地产权利以及与此相关的事项进行记载、公示的行为。条例对房地产登记的一般规定、建设用地使用权和房屋所有权登记（包括初始登记、转移登记、变更登记、注销登记）、房地产抵押权和地役权登记、预告登记、更正登记和异议登记及法律责任等各章的相关制度作了补充、修改、完善，进一步规范了房地产登记行为，有利于更好地依法维护房地产权利人的合法权益。

条例草案审议修改过程中，一场涉及条例相关制度合法性、合理性、必要性的争议不期而至,争议的焦点是条例修订草案中有关损坏房屋承重结构的房屋限制转移登记这一关键条款。在上海市人民政府提请市人大常委会审议的条例修订草案中,曾考虑规定房地产登记机构收到行政执法机构关于损坏房屋承重结构等违法行为的认定文件后,将暂缓受理或中止审核转让、抵押该房地产的登记申请,这一制度设计试图通过限制交易的方式遏制破坏房屋承重结构这一常见的违法行为。修订草案一审后,常委会法工委通过报刊、网络、电话等方式向全体市民征求意见,并在2008年7月28日召开立法听证会。

一些市民对这一条款是否应当入法提出异议,业内人士及相关专家学者对这一问题也形成了两种截然相反的意见。反对者的主要理由是不动产的登记涉及国家基本的民事制度,属中央专属立法权限,《物权法》等相关上位法对此并未作出规定,延缓或中止登记,实际上是对登记申请人基本民事权利的一种限制,按照《立法法》的规定,地方人大常委会不具有基本民事制度的立法权。与此同时,《上海市住宅物业管理规定》对于禁止损坏房屋承重结构已有明确规定。2004年8月19日上海市第十二届人大常委会第十四次会议通过的《上海市住宅物业管理规定》第二十六条列举了禁止损害公共利益的九种行为,其中第一种禁止性行为就是"损坏房屋承重结构"。第四十一条规定:违反本规定第二十六条第一项规定,损坏房屋承重结构的,由区(县)房地产管理部门责令立即改正,恢复原状,可处一万元以上十万元以下的罚款;情节严重的,可处十万元以上二十万元以下的罚款。鉴于住宅物业管理规定已对损坏房屋承重结构的违法行为作出规定,登记条例规范的是登记行为,不必对此再作限制性规定。一些市民还认为,如果买卖双方就承重结构损坏的房屋达成了买卖合意,房地产登记机构不应当通过限制登记来阻断交易。赞成者的主要理由是,损坏房屋承重结构的行为影响了他人的物权利益,上海地方性法规对此作出的限制符合《物权法》的精神。在条例修订草案审议过程中,法制委员会倾向于在合法性问题上严格把关,法制委员会两次统一审议后准备删除修订草案中的这一条款。

对于删除修订草案中这一条款的做法,笔者一直处于一种忐忑不安的矛盾状态,因为两种意见都有其合理性。从应然角度讲,删除是很有道理的,尤其是该条款涉嫌冲撞国家专属立法的权限。但是从实然角度讲,删除草案中这一条款意味着损坏房屋承重结构这一严重的违法行为不影响转移登记,而按照条例规定,对违法情节、社会危害性较轻的违法建筑、临时建筑不予登记。这样处理是否会对公众产生误导?是否会使地方立法的导向发生偏差?从深层次考虑,对违法情节、社会危害性较轻的违法建筑、临时建筑不予登记,而对于损坏房屋承重结构这一违法情节、社会危害性较重的建筑则不限制其转移登记,这是否符合上位法的法意?当立法过程中出现重大争议时,常委会法工委的工作不是当裁判员,指出行与不行,而是使不行变为行。彭真同志曾说过,立法就是要在矛盾上切一刀。这一刀切在哪儿? 这一条款既不能简单删除,又不能原封不动地保留,因为合法性会受到拷问。在充分研究各种意见的基础上,笔者提出了一个修改方案,并获得了采纳。

按照修改方案,修订后的条例第二十一条第一款规定:"有下列情形之一的,房地产登记机构应当根据已经发生法律效力的文件,将有关事项记载于房地产登记簿:(一)人民法院、行政机关对建设用地使用权、房屋所有权依法实施财产保全等限制措施;(二)行政机关作出征收集体所有土地、征收房屋、收回国有建设用地使用权、批准建设用地、商品房预售许可等与房地产权利有关的决定;(三)行政执法机构对损坏房屋承重结构的认定;(四)行政执法机构对附有违法建筑的认定。"第二款规定:"对前款第三项、第四项所列情形已完成整改的,行政执法机构应当出具证明文件,由房地产登记机构在房地产登记簿上予以记载。"

按照该条规定,房地产登记机构应当将行政执法机构对损坏房屋承重结构的认定记载于房地产登记簿;当损坏房屋承重结构的违法行为完成整改后,行政执法机构应当出具证明文件,由房地产登记机构在房地产登记簿上予以记载。① 从维护受让人安全的角度出发,规定房地产登记机构应当在房地产登记簿上对房屋承重结构破坏情况进行记载,以提示受让人和其他善意第三人,这一做法于法无悖。修订后的条例第三十一条第一款规定:"申请房地产转移登记,应当提交下列文件:(一)申请书;(二)身份证明;(三)房地产权证书;(四)证明房地产权属发生转移的文件;(五)根据登记技术规范应当提交的其他有关文件。"第二款规定:"有本条例第二十一条第一款第三项所列情形的,还应当提交行政执法机构出具的已完成整改的证明文件。"前述修订后的条例第三十一条第二款的规定是审议后的新增条款。"内在乾坤"就在该款规定之中,法条字面上的表述是:损坏房屋承重结构的房屋,如申请房地产转移登记,应提供行政执法机构出具的已完成整改的证明文件。其实质性的法律效果是:凡是损坏房屋承重结构的房屋,必须在整改后才能申请转移登记。这一修改方案兼收并蓄了上述两种不同意见的合理成分。由于该条款适用于准予申请转移登记的情形,没有直接规定不能转移登记,因而不存在法权、法条与上位法抵触的问题。而要求违法者完成整改是相关上位法的明确要求,完全符合上位法的精神。这一修改方案较好地实现了立法社会效果与法律效果的统一。

这一例子也给了立法者有益的启示。在与上位法不抵触的前提下反映上海的地方特色,适应上海经济与社会发展的实际需要,关键在于如何正确理解和准

① 参见丁伟:《上海市人民代表大会法制委员会关于〈上海市房地产登记条例〉(修订草案)审议结果的报告》,《上海市人民代表大会常务委员会公报》2008年第九号。

确把握上位法的立法精神,防止思想僵化,机械理解上位法。如果要求每一项地方立法活动都必须有明示的、直接的上位法依据,或者"死抠"法律条文,将在很大程度上窒息地方立法的空间,使地方立法失去应有的活力,这与《立法法》的宗旨不符,也不符合地方立法的客观规律。

（四）创制性立法尽显上海地方特色

创制性立法是地方立法的活力所在,也是上海地方立法前二十年的重要特色。鉴于《立法法》明确界定了中央立法权限与地方立法权限的边界,进入规范发展期,在中央专属立法权限范围内,地方不再具有创制性立法的空间。但是,这并不影响地方立法在坚持"不抵触"的前提下锐意开拓地方创制性立法的新境界。该时期上海地方创制性立法更加注重"立得住、行得通、真管用"。

1. 有效化解校园意外人身伤害纠纷

2001年7月13日,上海市第十一届人大常委会第二十九次会议通过了《上海市中小学校学生伤害事故处理条例》,该条例共27条,适用于上海市行政区域内全日制中小学校学生在教育教学活动期间发生的人身伤害和死亡事故,幼儿园发生的幼童伤害事故,可以参照本条例执行,但单纯的财产损失和精神损害不包括在内。这是进入规范发展期后,上海第一个创制性地方性法规,其显著的特点是立法需求异常迫切,但立法难度很大。

在当时情况下,上海市共有小学1208所,在校学生87.16万人,学龄儿童入学率达99.99%;普通中学855所,在校学生76.68万人,其中,普通高中在校学生23.28万人;中等专业学校87所,在校学生13.06万人。随着全社会法制建设的进步和公民法律意识的增强,本市中小学校学生伤害事故处理开始成为一个突出的社会问题。1997年3月,上海市教委对长宁、闸北、闵行、奉贤三区一县128所中小学进行的抽样调查显示:1994年共发生学生伤害事故87起,1995年为105起,1996年为118起。由于学校与学生关系的法律性质定位不清,导致社会各方对学校责任定性认识不统一。三区一县调查显示,家长中认为学校对学生"负有监护责任"的占75%,认为学校"不负有监护责任"的有22%。教师中认为学校对学生不负"监护责任"的约占60%,认为学校对学生负有"监护责任"的有30%。而在法学界、司法界、教育界,对学校与学生关系的法律性质及其法律责任问题也各持所见,难以统一,明显增加了事故处理的难度。

与此同时,学生伤害事故属于民事纠纷,法律责任主要为侵权行为的损害赔偿责任,主要的处理依据是《中华人民共和国民法通则》(以下简称《民法通则》)及最高人民法院的司法解释。由于《民法通则》的有关规定和最高人民法院的司法解释比较原则,操作性不强,在学生伤害事故处理实践中,关于如何认定学校的侵权行为、学校如何承担法律责任、如何确定损害赔偿数额等问题,各方认识很不一致，有的受害学生家长还提出调配住房、调动工作等与事故处理无关的要求。各级人民法院审判时在法律适用上也不尽一致，由此加剧了学生伤害事故处理中的争议和处理难度。

对三区一县的调查显示：相当部分事故处理的周期为 6 个月至 1 年，不少长达两年左右；个别事故长期得不到处理，引起了社会各界的广泛关注，产生了一定的负面影响，同时也影响了素质教育的推进和学校正常秩序的维持。1997 年的调查结果表明：学生伤害事故的发生率随学生活动的自由程度提高而上升，课余活动、体育活动、校外活动期间是事故的易发时段。为了避免和减少学生伤害事故的发生，有的学校采取了一些与素质教育目标背道而驰的消极措施，如减少学生体育活动、劳动实践、校外活动，寒暑假期间为不让学生进校活动而封闭学校大门，甚至在课余时间将学生关闭在教室里。可以说，学生伤害事故处理中所产生的消极作用已经成为上海市推进素质教育的一大障碍。与此同时，学校对学生的安全保护意识不强，保障防范措施方面隐患不少。为此，为了妥善处理学生伤害事故，保障学生的合法权益，维护正常的教育教学秩序，有利于素质教育推进，通过地方性法规来规范调整学校在保障学生安全方面的义务和处理事故方面的责任，已是刻不容缓。①

尽管立法需求紧迫，但立法难度很大。当时《立法法》已经开始实施，有关侵权行为的法律责任属于国家基本民事制度，由全国人大及其常委会行使专属立法权，地方立法几乎没有创制性空间。因此，地方立法的着力点应该是对《民法通则》等上位法的原则性规定在中小学校学生伤害事故处理这一特定领域的适用作出具体规定。从这个意义上说，条例与其说是创制性规定，不如说是兼具创制性与实施性的多重性质的地方性法规。条例聚焦了实践中亟须解决的难点问题：

一是如何确定学校与学生关系的法律性质及其在学生安全方面所承担职责的性质。对此问题法律、法规无明确规定，法学界也尚无定论。主要有监护关系论，准行政关系论，特殊民事关系论，教育、管理和保护关系论四种代表性观点。条例第五条以《中华人民共和国教育法》、《中华人民共和国义务教育法》、《中华人民共和国未成年人保护法》等法律、法规为依据，采用了争议较少，且易于为社会各方接受的"教育、管理和保护关系论"，规定"学校在进行教育教学活动的同时，负有对学生进行安全教育、管理和保护的职责"。

二是如何确定学生伤害事故的归责原则。关于侵权民事责任通常有过错责

---

① 参见张伟江：《关于〈上海市中小学校学生伤害事故处理条例（草案）的说明》，《上海市人民代表大会常务委员会公报》2001 年第五号。

任原则、无过错责任原则和公平责任原则。《民法通则》第一百零六条第二款规定："公民、法人由于过错侵害国家的、集体的财产，侵害他人财产、人身的，应当承担民事责任。"《最高人民法院关于贯彻执行〈中华人民共和国民法通则〉若干问题的意见(试行)》第一百六十条也明确："在幼儿园、学校生活、学习的无民事行为能力人……受到伤害或者给他人造成损害，单位有过错的，可以责令这些单位适当给予赔偿。"条例综合现行民事立法以及最高人民法院司法解释和民法学理论，以过错责任为基本归责原则、以其他归责原则为补充。条例第八条规定："对学生伤害事故的发生有过错的责任人，应当承担损害赔偿责任。法律、行政法规另有规定的，从其规定。"

三是如何对学生伤害事故进行分类。条例以学校是否应当承担责任为标准，将学生伤害事故分为学校责任事故和学校无责任事故两大类。在立法技术上，采取"逐一列举＋概括规定"的立法模式，明确规定学校承担或者不承担责任的各种情形。条例第九条列举了学校承担损害赔偿责任的 11 种情形，其中包括学校的场地、房屋和设备等维护、管理不当；学校组织教育教学活动，未按规定对学生进行必要的安全教育；学校组织教育教学活动，未采取必要的安全防护措施的；学校向学生提供的食品、饮用水以及玩具、文具或者其他物品不符合国家和本市的卫生、安全标准。条例第十条列举了学校不承担损害赔偿责任的 10 种情形，其中包括伤害事故系学生自行上学、放学途中发生的；学生擅自离校发生的；学生自行到校活动或者放学后滞留学校期间发生，学校管理并无不当的；学生突发疾病，学校及时采取救护措施的。

四是如何确定损害赔偿的范围、赔偿项目、赔偿标准。条例第十八条规定学生伤害事故的赔偿范围应当根据人身伤害事故的具体情况确定。责任人应当赔偿医疗费、营养费、误工补助费、护理费、交通费等费用。造成学生残疾的，还应当赔偿残疾用具费、残疾生活补助费、残疾护理补助费等费用；造成学生死亡的，还应当赔偿丧葬费、死亡补助费等费用。该条同时规定，学生伤害事故的责任人不承担解决受伤害学生及其亲属的户口迁移、房屋调配、工作调动等与学生伤害事故无关的事宜。条例第十九条规定，发生学生伤害事故未造成残疾、死亡的，可以要求赔偿医疗费、营养费、父母或者其他监护人的误工补助费、护理费、交通费。条例第二十条规定，因学生伤害事故造成残疾的，受伤害学生除可以依照本条例第十九条的规定要求赔偿外，还可以要求赔偿残疾用具费、残疾生活补助费、残疾护理补助费。条例第二十一条规定，因学生伤害事故造成死亡的，死亡学生的父母或者其他监护人除可以依照本条例第十九条的规定要求赔偿外，还可以要求赔偿丧葬费、死亡补助费，死亡补助费的数额为上年度上海市城乡居民人均年消费性支出乘以死亡学生死亡时的年龄，不足一年的按一年计算。

　　五是关于赔偿资金的来源和使用。条例第二十二条规定以市或者区、县为单位组织学校为其应承担的责任投保，并规定设立学生伤害事故专项资金，由学校的举办者筹集。专项资金的筹集和使用办法由市教育行政部门会同市财政部门另行制定。具体的操作模式是，对一般性学生伤害事故，先由学校向保险公司投保，由保险公司依据保险合同规定的数额理赔；对重大学生伤害事故，保险理赔不能完全补偿受害学生所受经济损失的，由本市设立的专项资金解决。

　　六是关于学生伤害事故的处理途径。条例第十四条规定，学生伤害事故发生后，学校应当根据现有条件和能力及时采取措施救护受伤害学生，及时通知受伤害学生的父母或者其他监护人。第十五条规定，学生伤害事故发生后，学校应当在二十四小时内将有关情况报告学校所在地的区、县教育行政部门。属于重大伤害事故的，学校应当立即报告区、县教育行政部门及有关部门；区、县教育行政部门接到报告后，应当立即报告区、县人民政府和市教育行政部门。条例第十六条、第十七条根据现有民事纠纷处理的法律制度，分别规定了协商、调解和诉讼三种处理途径。学生伤害事故发生后，当事人可以在平等、自愿的基础上，协商解决各种纠纷。当事人不愿协商或者协商不成的，也可以向学校所在地的区、县教育行政部门要求调解。当事人还可以直接向人民法院提起诉讼。

　　条例作为我国第一部处理中小学生校园伤害事故的地方性法规，对一直争议不断的中小学生伤害案责任归属问题进行了界定，明确了伤害事故中各当事人的责任范围和赔偿标准，取得了良好的社会效果。条例确定的处理校园伤害事故的原则得到了《最高人民法院关于审理人身损害赔偿案件适用法律若干问题的解释》的确认。①条例实施一年之际，教育部出台了《学生伤害事故处理办法》，在全国范围内实施。之后，其他省市相继开展该领域的地方立法，这些法规的实施基本上解决了我国校园伤害事故处理无法可依的被动局面。值得一提的是，2010年7月1日起《中华人民共和国侵权责任法》开始施行。鉴于上位法对侵权责任作出了明确、具体的规定，上海市第十三届人大常委会第三十次会议于2011年11月17日通过了《上海市人民代表大会常务委员会关于修改〈上海市中小学校学生伤害事故处理条例〉的决定》，对条例作了相应的修改。

　　2. 以法治手段铸就城市记忆

　　上海是国家级历史文化名城，其历史文化风貌区和优秀历史建筑是上海城市历史的浓缩、文化的积淀，也是不可再生的资源。保护历史文化风貌区和优秀

____
　　① 该司法解释第七条规定："对未成年人依法负有教育、管理、保护义务的学校、幼儿园或者其他教育机构，未尽职责范围内的相关义务致使未成年人遭受人身损害，或者未成年人致他人人身损害的，应当承担与其过错相应的赔偿责任。"

历史建筑,对延续上海城市历史,保持城市特色,提高城市综合竞争力和历史文化品位,走可持续发展道路,有着极为重要的意义。2002 年 7 月 25 日,上海市第十一届人大常委会第四十一次会议通过了《上海市历史文化风貌区和优秀历史建筑保护条例》,该条例共 6 章 48 条,适用于上海市行政区域内历史文化风貌区和优秀历史建筑的确定及其保护管理。鉴于不少优秀历史建筑属于文物范畴,条例规定优秀历史建筑被依法确定为文物的,其保护管理依照文物保护法律、法规的有关规定执行。条例以问题为导向,聚焦上海历史文化风貌区和优秀历史建筑保护工作中存在的短板问题,作出了针对性的规定。

一是关于保护工作的体制。条例第三条明确规定,上海市规划管理部门负责本市历史文化风貌区和优秀历史建筑保护的规划管理。区、县规划管理部门按照本条例的有关规定,负责本辖区历史文化风貌区保护的规划管理;上海市房屋土地管理部门负责本市优秀历史建筑的保护管理。区、县房屋土地管理部门按照本条例的有关规定,负责本辖区优秀历史建筑的日常保护管理。其他有关管理部门按照各自职责,协同实施本条例。

二是关于保护工作的原则。在当时情况下,上海处于"大拆大建"的城市大规模改造时期,条例作出针对性的规定:"历史文化风貌区和优秀历史建筑的保护,应当遵循统一规划、分类管理、有效保护、合理利用、利用服从保护的原则。""优秀历史建筑的所有人和使用人,应当按照本条例的规定承担保护责任。任何单位和个人都有保护历史文化风貌区和优秀历史建筑的义务,对危害历史文化风貌区和优秀历史建筑的行为,可以向规划管理部门或者房屋土地管理部门举报。规划管理部门或者房屋土地管理部门对危害历史文化风貌区和优秀历史建筑的行为应当及时调查处理。"

三是关于保护经费。条例明确要求,上海市和区、县人民政府对本行政区域内的历史文化风貌区和优秀历史建筑负有保护责任,应当提供必要的政策保障和经费支持;历史文化风貌区和优秀历史建筑的保护资金,应当多渠道筹集。上海市和区、县设立历史文化风貌区和优秀历史建筑保护专项资金,其来源是市和区、县财政预算安排的资金;境内外单位、个人和其他组织的捐赠;公有优秀历史建筑转让、出租的收益;其他依法筹集的资金。历史文化风貌区和优秀历史建筑保护专项资金由市和区、县人民政府分别设立专门账户,专款专用,并接受财政、审计部门的监督。

四是关于历史文化风貌区和优秀历史建筑的确定。条例规定,历史建筑集中成片,建筑样式、空间格局和街区景观较完整地体现上海某一历史时期地域文化特点的地区,可以确定为历史文化风貌区。建成三十年以上的五类建筑可以确定为优秀历史建筑:1.建筑样式、施工工艺和工程技术具有建筑艺术特色和科学研究价值；2.反映上海地域建筑历史文化特点；3.著名建筑师的代表作品；4.在我国产业发展史上具有代表性的作坊、商铺、厂房和仓库；5.其他具有历史文化意义的优秀历史建筑。

五是历史文化风貌区的保护内容。条例规定，历史文化风貌区保护规划应当包括该地区的历史文化风貌特色及其保护准则、该地区的核心保护范围和建设控制范围、该地区土地使用性质的规划控制和调整，以及建筑空间环境和景观的保护要求、该地区与历史文化风貌不协调的建筑的整改要求以及规划管理的其他要求和措施。条例同时规定：在历史文化风貌区核心保护范围内进行建设活动，应当符合历史文化风貌区保护规划，不得擅自改变街区空间格局和建筑原有的立面、色彩；除确需建造的建筑附属设施外，不得进行新建、扩建活动，对现有建筑进行改建时，应当保持或者恢复其历史文化风貌；不得擅自新建、扩建道路，对现有道路进行改建时，应当保持或者恢复其原有的道路格局和景观特征；不得新建工业企业，现有妨碍历史文化风貌区保护的工业企业应当有计划迁移。在历史文化风貌区建设控制范围内进行建设活动，应当符合历史文化风貌区保护规划，新建、扩建、改建建筑时，应当在高度、体量、色彩等方面与历史文化风貌相协调；新建、扩建、改建道路时，不得破坏历史文化风貌；不得新建对环境有污染的工业企业，现有对环境有污染的工业企业应当有计划迁移。

六是关于优秀历史建筑的保护。条例规定，市规划管理部门应当会同市房屋土地管理部门提出优秀历史建筑的保护范围和周边建设控制范围，经征求有关专家和所在区、县人民政府的意见后，报市人民政府批准。在优秀历史建筑的保护范围内不得新建建筑；确需建造优秀历史建筑附属设施的，应当报市规划管理部门审批。市规划管理部门审批时，应当征求市房屋土地管理部门的意见。在优秀历史建筑的周边建设控制范围内新建、扩建、改建建筑的，应当在使用性质、高度、体量、立面、材料、色彩等方面与优秀历史建筑相协调，不得改变建筑周围原有的空间景观特征，不得影响优秀历史建筑的正常使用。在优秀历史建筑的周边建设控制范围内新建、扩建、改建建筑的，应当报市规划管理部门审批。市规划管理部门审批时，应当征求市房屋土地管理部门和所在区、县人民政府的意见。条例同时规定，优秀历史建筑的保护要求，根据建筑的历史、科学和艺术价值以及完好程度，分为四类：1.建筑的立面、结构体系、平面布局和内部装饰不得改变；2.建筑的立面、结构体系、基本平面布局和有特色的内部装饰不得改变，其他部分允许改变；3.建筑的立面和结构体系不得改变，建筑内部允许改变；4.建筑的主要立面不得改变，其他部分允许改变。

七是关于法律责任。条例规定，违反本条例规定，未按建筑的具体保护要求设置、改建相关设施，擅自改变优秀历史建筑的使用性质、内部设计使用功能，或者从事危害建筑安全活动的,由市房屋土地管理部门或者区、县房屋土地管理部门责令其限期改正,并可以处该优秀历史建筑重置价百分之二以上百分之二十以下的罚款;擅自迁移优秀历史建筑的,由市规划管理部门责令其限期改正或者恢复原状,并可以处该优秀历史建筑重置价一到三倍的罚款;擅自拆除优秀历史建筑的,由市房屋土地管理部门或者区、县房屋土地管理部门责令其限期改正或者恢复原状,并可以处该优秀历史建筑重置价三到五倍的罚款;对优秀历史建筑的修缮不符合建筑的具体保护要求或者相关技术规范的,由市房屋土地管理部门或者区、县房屋土地管理部门责令其限期改正、恢复原状,并可以处该优秀历史建筑重置价百分之三以上百分之三十以下的罚款;未及时报送优秀历史建筑修缮、迁移、拆除或者复建工程档案资料的,由市规划管理部门责令其限期报送;逾期仍不报送的,依照档案管理法律、法规的有关规定处理。

条例既是一部颇具影响的创制性的地方性法规,又是一部典型的调整上海地方性事务的自主性地方性法规。这部具有鲜明上海地方特色的地方性法规将历史文化风貌区和优秀历史建筑这一上海城市名片的保护纳入法制的轨道,用法治手段留住上海城市的记忆,对于进一步加强对上海历史文化风貌区和优秀历史建筑的保护,促进城市建设与社会文化的协调发展产生了积极的作用。

3. 续写古树名木法律保护新篇章

古树名木是有生命的绿色文物,是上海城市发展过程的历史见证。上海的古树资源并不丰富,且约三分之一的古树名木曾经处于衰弱和濒危的状态。为了挽救这些珍贵的"绿色文物",1983年9月12日上海市第八届人大常委会第四次会议批准了《上海市古树名木保护管理规定》,将上海市城乡范围内"具有历史价值和纪念意义的"、"树龄在百年以上的"、"树种珍贵,国内外稀有的"、"树形奇特,国内外罕见的"树木纳入应加强保护管理的"古树名木"的范围,规定凡树龄在三百年以上,以及特别珍贵稀有或具有重要历史价值和纪念意义的古树名木,定为市级保护,该条例实施近二十年来,在古树名木保护管理方面取得了积极的成效。据统计,上海市共有一百年以上的古树名木1595株,近80个品种,与常住人口相比,平均一万人才拥有一棵古树名木。

为了加强古树、名木和古树后续资源的保护,2002年10月1日上海市第十一届人大常委会第四十一次会议通过了《上海市古树名木和古树后续资源保护条例》,新条例共29条,适用于上海市行政区域内古树、名木和古树后续资源的保护。与原条例相比,新条例具有诸多的新意:

一是进一步扩大了古树名木保护的范围,将树龄在一百年以上的树木列为需要保护的"古树",将树种珍贵、稀有的、具有重要历史价值或者纪念意义的、具有重要科研价值的树木列为需要保护的"名木",将树龄在八十年以上一百年以下的树木列为需要保护的"古树后续资源"。

二是对古树、名木和古树后续资源实行分级保护：名木以及树龄在三百年以上的古树为一级保护；树龄在一百年以上三百年以下的古树为二级保护；古树后续资源为三级保护。一级保护的古树、名木，由市绿化局组织鉴定，报市人民政府确认；二级保护的古树，由市绿化局组织鉴定并予以确认；古树后续资源由区、县管理古树名木的部门组织鉴定，报市绿化局确认。鼓励单位和个人向市绿化局或者区、县管理古树名木的部门报告未登记的古树、名木和古树后续资源。市绿化局或者区、县管理古树名木的部门应当按照规定及时组织鉴定和确认，经鉴定属于古树、名木或者古树后续资源的，应当给予适当的奖励。新条例同时规定，市绿化局应当对古树、名木和古树后续资源进行统一编号，在古树、名木和古树后续资源周围醒目位置设立标明树木编号、名称、保护级别等内容的标牌。市绿化局应当会同市规划管理部门，划定古树、名木和古树后续资源的保护区。在古树、名木和古树后续资源保护区内，应当采取措施保持土壤的透水、透气性，不得从事挖坑取土、焚烧、倾倒有害废渣废液、新建扩建建筑物和构筑物等损害古树、名木和古树后续资源正常生长的活动。

三是对古树、名木和古树后续资源实行养护责任制，确定养护责任人，规定区、县管理古树名木的部门应当与养护责任人签订养护责任书，明确养护责任。鼓励单位和个人以捐资、认养等形式参与古树、名木和古树后续资源的养护。捐资、认养古树、名木和古树后续资源的单位和个人可以在古树、名木和古树后续资源标牌中享有一定期限的署名权。

条例还规定，禁止移植一级保护的古树以及树龄在一百年以上的名木。因城市重大基础设施建设，确需移植树龄在一百年以下的名木或者二级保护的古树的，应当向市绿化局提出申请。市绿化局应当自收到申请之日起十个工作日内提出审查意见，并报市人民政府批准。因市重大工程项目或者城市基础设施建设，需要移植古树后续资源的，应当向区、县管理古树名木的部门提出申请。区、县管理古树名木的部门应当自收到申请之日起五个工作日内提出审查意见，并报市绿化局批准。市绿化局应当自收到审查意见之日起五个工作日内作出审批决定，并通知区、县管理古树名木的部门。新条例还对禁止损害古树、名木和古树后续资源的行为及其法律责任作出了详尽的规定。新条例自 2002 年 10 月 1 日起施行，原《上海市古树名木保护管理规定》同时废止。

4. 依法助推大型科学仪器设施共享机制

2006 年年初，党中央、国务院召开了 21 世纪第一次全国科技大会，正式提出了加强自主创新、建设创新型国家的宏伟目标和战略任务。与此同时，中央对上海未来发展提出了"四个率先"的要求，其中之一就是要"率先提高自主创新能力",这对上海自主创新提出了更高的要求。上海市人大常委会与相关部门审时度势,经过充分调研论证,将构建大型科学仪器设施共享机制作为地方立法为自主创新提供支撑的突破口。2007年8月16日,上海市第十二届人大常委会第三十八次会议表决通过了《上海市促进大型科学仪器设施共享规定》(以下简称《规定》),《规定》共18条,将"大型科学仪器设施"定义为"一定价值限额以上,用于科学研究和技术开发活动的单台(套)科学仪器和实验设施"。具体价值限额由市人民政府另行规定。将"共享"定义为"本市行政区域内的高等学校、科研院所、企业等管理大型科学仪器设施的单位将大型科学仪器设施向社会开放,由其他单位、个人用于科学研究和技术开发的行为"。《规定》适用于上海市行政区域内的大型科学仪器设施共享,这是我国首部促进大型科学仪器设施共享的地方性法规。

选择将大型科学仪器设施共享作为立法的突破口,主要基于大型科学仪器设施以及由此衍生出的共享行为是整个创新体系建设和完善过程中的重要环节,需要通过立法给予强有力的支撑和保障。大型科学仪器设施是科技创新活动的重要物质基础,一流的科学研究和高层次的技术创新往往离不开一流的科学仪器,没有高精度的科学仪器设施很难获得高水平的科技成果。据测算,在当今的创新活动中,用于科学仪器设施的投入始终占据研发经费较高的比重,通常达到15%—40%左右。随着国家和全社会对创新的投入快速增长,大型科学仪器设施的整体状况虽有改善,但与全社会日益增长的创新需求相比,仍难以适应。

从当时上海的情况来看,近年来对科学仪器设施的投入是快速增长的趋势。对158家单位的调查显示,1991—2000年的十年间,这些单位新增仪器资产总量不足40亿元,而2001—2004年的四年间,新增仪器的资产就达到42亿元,四年的投资总额超过前十年的总和。然而,全社会对大型科学仪器设施共享的需求却并未因投资增长而出现下降趋势,反而更为强烈。据上海研发公共服务平台提供的统计数据,自2004年平台开通以来到2006年年底,科学仪器设施共享服务子系统共为用户提供服务42373次,受到广大中小企业、科研单位和科技人员的欢迎。在这些共享服务中,企业所占的比重稳步攀升,反映出企业创新活动对大型科学仪器设施的共享服务更为依赖。[1]从现有的立法资源来看,我国还没有专门对科技资源共享活动加以规范的法律,《科学技术进步法》、《促进科技成果转化法》等科技领域的基本法律对科技资源共享活动提出了指导性方向。由

---

[1] 参见李逸平:《关于〈上海市促进大型科学仪器设施共享规定(草案)〉的说明》,《上海市人民代表大会常务委员会公报》2007年第五、六号。

于部门隶属关系分明，加上缺少规范科技资源共享的相关法律，个别科研机构和人员不愿意将科研仪器和设施开放共享，出现了一些大型科学仪器设施封闭使用、重复建设、利用效率低下的现象。按照国家科技部的要求，大型精密科学仪器年有效机时一般要达到 1300 机时。根据相关调查，上海不少大型科学仪器设施年对外服务机时占有效机时的比重不足 30％，现有大型科学仪器设施开放共享的空间十分巨大。与此同时，上海的大型科学仪器设施分布、经费来源及其管理责权等涉及中央与地方、部门与条块之间的关系，通过地方立法，有助于进一步理顺关系，建立协调有序的共享制度，从而有利于整合资源、促进共享、提高财政资金的使用效益。

《规定》将"促进和倡导"作为立法的主要基调，将"机制设计"作为立法的核心环节。在不触及深层次宏观管理体制的前提下，事半功倍地发挥促进大型科学仪器设施共享的效果，在不影响仪器设施拥有者正常的科研活动和应有的利益的前提下，让更多闲置或有使用余量的仪器设施发挥效能，让更多的研发活动受益。《规定》的制度设计体现了以下三个特点：

一是以科学仪器设施的信息公开促进科学仪器设施的共享。科学仪器设施信息公开是共享的基础和前提，只有实现仪器设施的信息公开，才能解决供需双方信息不对称的问题，才能在更大的范围实现科学仪器设施共享。《规定》第四条规定：本市建立和完善大型科学仪器设施共享服务平台。市共享服务平台应当向管理单位和用户提供大型科学仪器设施共享的信息查询、服务推介、技术培训等服务。市共享服务平台应当根据国家总体布局的需要，加强与长江三角洲地区其他城市的合作，参与全国大型科学仪器设施协作共用网络建设。第五条规定：以市或者区、县财政资金全额或者部分出资新购、新建的大型科学仪器设施，其管理单位应当在完成安装、调试验收之日起十五日内，向市科技行政管理部门报送其名称、类别、型号、应用范围等基本信息，经汇总、分类后，通过市共享服务平台向社会公布。鼓励管理单位将前款规定以外的资金购置、建设的大型科学仪器设施的基本信息，报送市科技行政管理部门。

二是以财政性投入的资源共享促进社会资源的有效利用。投入资金的性质决定了公共财政资金购置的科学仪器设施应该首先实现共享。《规定》第六条规定：申请以市或者区、县财政资金全额或者部分出资新购、新建大型科学仪器设施的，申请报告或者项目可行性研究报告中应当包括提供共享服务的承诺。共享服务承诺应当包括共享服务可行性论证以及共享时间、范围、方式等内容。

三是以调控科学仪器设施的增量促进科学仪器的存量共享。为提高科学仪器设施的使用效率，《规定》将增量与存量两者结合起来考虑，以防止一面在要求现有科学仪器设施提高利用率的同时，另一面又在重复购置新的科学仪器设施，以造成新的浪费。第七条规定:以市或者区、县财政资金全额或者部分出资新购、新建大型科学仪器设施的,科技行政管理部门和财政等相关行政管理部门应当组织有关专家就其必要性进行评议。上海市已有同类大型科学仪器设施提供的共享服务可以满足申请单位相关科学研究和技术开发活动需要的,不予批准其新购、新建的申请。第八条规定:经新购、新建评议获准购置、建设大型科学仪器设施的,相关行政管理部门应当在项目合同或者项目批准文件中,明确该大型科学仪器设施在满足本单位科学研究和技术开发活动需要的同时,向社会提供共享服务的相关要求。

为了促进、鼓励共享,规范共享活动,《规定》对本市设立大型科学仪器设施共享服务奖励资金、管理单位和用户之间的关系及其权利与义务及相关的法律责任均作出了规定。

尽管这一创制性规定属于"倡导性"的地方性法规,但实施效果非常显著。《规定》实施三年之际,上海市人大常委会开展了《规定》的"立法后评估",立法后评估相关报告显示,接受调查的大型科学仪器设施用户中,96.4%认为规定的实施降低了研发成本;48.2%认为利用大型科学仪器设施共享服务缩短了研发周期,37.5%认为借助外部专家支持了解决方案。截至2010年10月底,上海市加盟研发平台参与社会共享的仪器总数达5805台(套),较规定出台前增长了300%;仪器原值总计约57.93亿元,较规定出台前增长了185%。报告显示,《规定》及其配套办法的全面实施,盘活和调动了沪上社会创新资源,对于促进上海市大型科学仪器设施共享,提高科技资源利用率发挥了积极作用,基本实现了《规定》的立法目的。有鉴于此,《规定》被誉为上海最具有实效的倡导性地方性法规。

五、 理论归纳与实践总结

进入规范发展期后,随着《立法法》的实施,有关地方立法权限、地方立法与国家法律"不抵触"的研究已从以往前瞻性、学理性的研究变为现实性、应用性、务实性的研究,相关理论问题的研究需要进一步深化。与此同时,随着地方立法的发展模式从数量增长型向内涵提升型转变,需要对地方立法的功能、地方立法在平衡社会利益方面作用的思考与探索及时进行理论归纳和实践总结。

1. 地方立法与上位法"不抵触"的涵义

地方立法与国家法律、行政法规"不抵触"是地方立法的生命线,宪法与地方组织法对此仅作了原则性规定。2000年颁布的《立法法》仍然重复了这一原则性规定,即地方人大及其常委会"在不同宪法、法律、行政法规相抵触的前提下,可以制定地方性法规"。尽管《立法法》没有对"不抵触"的涵义进行诠释,但第八条明确规定了地方立法不得超越中央专属立法权，这无疑为地方立法正确处理好与上位法的关系指明了方向。

　　然而，由于《立法法》仅作出原则性规定，实践中仍缺乏显性的判断标准，地方立法不规范的惯性还在继续，一些地方立法将触角伸到原属于中央立法权限范围，地方立法僭越中央专属立法权的现象也时有发生，[①]并呈现出愈演愈烈之势。出现这种状况的原因是多方面的，正确处理地方立法与国家立法的关系，除了不断增强维护国家法制统一原则的自觉性以外，在地方立法工作中，应当深刻领会"不抵触"的内涵，及时走出一些认识上的误区。

　　一是需要正确理解"不抵触"的涵义。对于前述《立法法》规定的"不抵触"的涵义，在地方立法的实践中大致有四种理解：其一，"不抵触"是指地方性法规不得作出与上位法的基本原则相抵触的规定，但不拘泥于其具体条文是否与上位法十分一致；其二，"不抵触"既包括地方性法规不得与上位法的基本原则和精神相抵触，也包括不得与上位法的具体条文相抵触，即地方性法规不得与上位法直接抵触和间接抵触；其三，"不抵触"除了地方性法规不得与上位法直接抵触和间接抵触外，还不得超越地方立法的权限；其四，除了上述三层含义外，地方性法规必须具有上位法的依据，不得钻上位法的空子，在上位法规定的范围外作出规定。[②]

　　正确理解"不抵触"的涵义关键在于如何准确把握《立法法》的精神实质。法律条文是凝固化的，而地方立法的实践是鲜活的，机械地理解法律条文并不符合《立法法》的本意。《立法法》分别规定了中央和地方权力机关的立法权限，中央和地方立法权力的总和构成了国家整体的立法权力，不存在空隙的、剩余的立法权力。《立法法》第八条采用了列举式的立法方式具体列举了专属于中央立法权的事项，而第七十三条则采用了概括式的方式对地方立法的事项作出原则性规定。有的观点认为《立法法》应当列举地方立法的事项，否则不利于地方立法权的有效行使。这一想法似过于理想化，因为地方立法的范围较为分散，以列举式方式规范难免挂一漏万，《立法法》只能采用抽象的概括式方式规范。鉴于《立法法》第八条明文列举了中央立法的专属事项，第七十三条又概括性地授权地方权力机关为执行法律、行政法规的规定，在需要时可以根据本行政区域的实际情况作具体规定，据此可以理解为在中央专属立法事项外，存在地方立法广阔的空间。

---

　　① 参见汪自成：《地方立法僭越中央专属立法权的实证分析——以某省征兵工作条例为例》，《人大研究》2006 年第 9 期。

　　② 参见王财锡：《地方立法要正确理解不抵触原则》，《地方立法研究文选》（第四辑），辽宁省人大法制委员会 2006 年 3 月编。

由于中央立法相对滞后并过于原则,如将"不抵触"理解为不得与上位法的具体条文相抵触,或者要求每一项地方立法活动都必须有明示的、直接的上位法依据,必然在很大程度上限制地方立法的空间,这与《立法法》的宗旨以及第七十三条的立法本意显然不符。事实上,地方权力机关根据《立法法》的抽象授权开展地方立法活动,有时很难从法律、行政法规中找到直接的法律依据,但可以从法律、行政法规的立法原则、精神或具体的规定中引申出其立法的依据。国内也有学者明确肯定根据间接的法律依据开展的地方立法活动合法有效。①

因此,正确处理地方立法与国家立法的关系,需要防止两种错误倾向:首先是曲解和规避上位法,在中央立法的禁区内"剑走偏锋",寻求地方立法的空隙,甚至直接僭越中央专属立法权。上海村民委员会选举立法草案意图将"海选"入法即属于这种情况。其次是故步自封,思想僵化,思维定式,在片面理解"不抵触"的情况下"作茧自缚",使地方立法失去应有的活力。克服这两种倾向关键在于深刻领会《立法法》有关"不抵触"的精神实质,在地方立法工作中要深入上位法的内部,准确把握上位法的立法精神与原则,结合本地区的实际对上位法作出实施性、补充性的规定,使中央和地方立法相互配合、协调统一。

二是需要正确认识"不抵触"与"有特色"的辩证统一关系。"有特色"是指地方立法所反映的本地区的特殊性,这是地方性法规的灵魂和生命,也是衡量地方立法质量和价值的重要标准。坚持地方立法"有特色"使得地方立法具有不同于国家立法的特性,但地方立法从属于国家立法,这种"有特色"是建立在与国家立法"不抵触"的前提下的。坚持"不抵触"与突出"有特色"是一对矛盾统一体在地方立法中的具体体现,离开了"不抵触"的前提追求地方立法的特色,地方性法规就失去法律效力;而丧失了地方特色,一味地强调统一性、原则性,地方立法也就失去了生命力。相反,在坚持"不抵触"的前提下,地方立法根据本地区的自然条件、人文环境以及经济发展实际状况,因地制宜、因时制宜,自主地解决改革与发展中急需解决的问题,对国家立法进行必要的细化、补充,使地方立法更具有针对性、可操作性,不但有助于国家立法的原则、精神在本地区得到有效的贯彻执行,同时也可为国家立法的完善积累经验。因此,二者是相辅相成的辩证统一关系。在地方立法中,正确认识和处理好这一辩证统一关系,应该寓"不抵触"于"有特色",融"有特色"于"不抵触",使地方立法的从属性与自主性达到有机的统一。

值得关注的是,在地方立法的实践中,存在大量照抄上位法的现象,使地方特色荡然无存。这种貌似尊重上位法,与上位法规定"不抵触"的现象实际上是

---

① 参见李长喜:《立法质量检测标准研究》,周旺生主编:《立法研究》(第2卷),法律出版社2001年版,第117页。

将上位法束之高阁。①随意取舍上位法条文,损坏了国家法律自身体系的完整性;降低了上位法的层次与效力,出现了地方权力机关审议国家立法的不严肃现象;造成地方权力机关可以解释国家立法的结果,侵犯了国家立法机关的解释权。这种现象无疑背离了"不抵触"的原则。

三是需要正确把握创制性地方立法。所谓创制性地方立法是指地方拥有立法权的国家权力机关和人民政府为了填补法律和法规的空白,或者是为了变通法律和法规的个别规定而进行的立法。其中,为了填补法律和法规的空白而进行的创制性地方立法,称为自主性地方立法;为了补充法律、法规的规定而进行的创制性地方立法,称为补充性地方立法。创制性地方立法与实施性地方立法相比,更能发挥地方立法的积极性、自主性,更能反映地方立法的特色,因而更应注意创制性地方立法应"不抵触"国家立法。《立法法》第七十三条第二款规定,除中央立法的专属事项外,"其他事项国家尚未制定法律或者行政法规的",地方立法机关根据本地方的具体情况和实际需要,"可以先制定地方性法规。在国家的法律或者行政法规生效后,地方性法规同法律或者行政法规相抵触的规定无效,制定机关应当及时予以修改或者废止。"根据这一规定,创制性地方立法具有严格的限制:第一是不得涉入中央专属的立法事项以及国家已经制定了法律或者行政法规的事项;第二是根据本地方的具体情况和实际需要确有必要制定创制性地方立法;第三是不得与上位法相抵触,且一旦国家立法生效后须即行修改或废止。为此,地方立法机关在积极探索创制性地方立法的过程中,必须恪守《立法法》的规定,充分考虑创制性立法的必要性、可能性和实际可操作性,谨防滥用或不适当行使创制立法权。

值得一提的是,在地方立法规范发展期,根据全国人大的要求,上海地方立法进行了三次清理,其中,2010年第三次清理的要求是解决地方立法中存在的"不一致"问题。但是,何谓"不一致",全国人大常委会没有作出具体规定,上海市人大常委会法工委经过认真研究,并请示了全国人大法工委后,将"不一致"确定为地方立法与上位法相抵触的三种情况:一是法权相抵触,即超越地方立法的权限;二是法条相抵触,即与上位法的具体条文相抵触;三是法意相抵触,即与上位法的基本原则和精神相抵触。这一年全国人大常委会法工委在上海召开了全国地方性法规清理的工作会议,对上海确定"不一致"的三项标准高度认同。

2."以人为本"的立法新理念

党的十六大以来,党中央将科学发展观作为与时俱进的马克思主义发展观,

---

① 第十一届全国人大法律委员会主任委员杨景宇同志指出:地方立法照抄上位法使得法律、行政法规成了太阳、月亮,只是挂在天上,不能落到地上。参见杨景宇:《加强地方立法工作 重在提高立法质量——关于做好地方立法工作的几点思考》。

这是我们党对社会主义现代化建设规律认识的进一步深化，是我们党执政理念的一个飞跃，也是指导发展的世界观和方法论的集中体现。科学发展观揭示的是发展的普遍规律，树立和落实科学发展观既是一个重大的理论课题，又是一项艰巨的实践任务，必须坚持理论和实际相结合，因地制宜、因时制宜地把科学发展观的要求贯穿于各方面的工作。在立法工作中，要坚持以科学发展观为指导，切实把科学发展观贯穿于立法的全过程，落实到调整立法规划、制定年度立法计划、确定立法项目等各个方面，落实到法律起草审议等各个环节，落实到法律的具体规定之中。①地方立法工作落实科学发展观是新的历史时期对地方立法工作提出的新要求，也是新形势下我国地方立法工作者应该审慎思考的新课题。

地方立法落实科学发展观，关键在于如何认识科学发展观的内涵，如何认识地方立法工作落实科学发展观的基本要求。科学发展观具有丰富的内涵，其精髓是以人为本，全面、协调、可持续发展。鉴于科学发展观所蕴涵的坚持以人为本、追求全面协调可持续发展和构建和谐社会等目标与原则，需要通过制定法律法规来实现，这就要求地方立法工作者不但要注重在具体的法律法规条文中体现科学发展观的精髓，而且要自觉地把科学发展观的要求贯穿在地方立法工作的各个环节。科学发展观以"以人为本"为核心，以全面、协调、可持续为三个基本点。这一全新的发展观赋予了地方立法的立法理念新的内涵，对地方立法的发展观提出了新的要求：②

一是牢固树立"以人为本"的立法理念。法律规范所调整的社会关系是一种人与人之间的权利和义务的关系，坚持"以人为本"，促进人的和谐发展是地方立法工作落实科学发展观的核心。以科学发展观统领立法工作必须实现立法理念的转变，以"以人为本"、"立法为民"的立法理念取代传统的以"官"为本，以"管"为本，以"权"为本的理念。这一立法理念的转变对地方立法工作产生了一系列重要影响：

第一，树立"以人为本"的立法理念，要求地方立法的重心发生转移，由注重方便政府管理、约束管理相对人的"管理型立法"，转向注重规范政府行为，保护管理相对人合法权益的"维权型立法"。

第二，树立"以人为本"的立法理念，要求地方立法的价值取向发生变化。"以人为本"是马克思主义的核心价值观，③在地方立法中坚持以人为本，不但要

---

① 引自王兆国：《加强地方立法工作　提高地方立法质量》，《中国人大》2004年第16期。
② 参见丁伟：《地方立法工作与科学发展观的落实》，《社会科学》2007年第2期。
③ 根据马克思主义关于最崇高的社会理想的思想，在社会发展诸要素中，人的要素是第一位的，实现人的自由全面发展，尊重人、关心人、信任人、提高人和完善人，一切为了最大多数人的根本利益，是马克思关于人是社会发展主体和核心思想的体现，也是社会主义社会的本质要求。

坚持把维护最广大人民群众的根本利益作为立法工作的出发点和落脚点，而且要把实现所有社会主体的平等权利，维护人的尊严、自由和权利作为立法的重要价值取向，尤其要加强对在权利实现中处于弱势地位人群的权利保护，防止地方立法沦为维护"特殊利益集团"利益的工具，并将更多具有正当性的人的权利纳入地方立法的视野。

第三，树立"以人为本"的立法理念，要求地方立法进一步推动立法民主的进程，逐步实现公众参与立法的有序化、制度化。在立法决策过程中深入了解和反映民情，充分尊重民意，广泛集中民智，切实保障人权，积极整合各社会阶层的利益诉求，努力协调各利益群体的利益，充分尊重广大人民群众的实践经验和创造精神，使地方性法规贴近群众、贴近社会。

二是促进地方立法的全面发展。在维护国家法制统一的前提下，地方立法应紧紧围绕发展这个第一要务，从本地区的具体情况出发，努力为经济发展和社会全面进步创造良好的法制环境。在突出经济立法的同时，地方立法应兼顾其他方面的立法，加强教育、科学、文化和社会政治等方面的立法，特别是要把立法同改革、发展和稳定的重大决策有机结合起来。通过全面推进地方立法工作，促进经济发展和社会的全面进步以及人的全面发展。

三是确保地方立法的协调发展。立法是一个相关利益主体多方博弈的过程，立法者所确认的法律规范实际上是一个历经多方博弈所形成的博弈均衡，从这个意义上说，立法本身就是一个平衡、协调矛盾的过程。地方立法落实科学发展观，不但要发挥地方立法对平衡社会利益与私人利益，维护和谐的社会经济秩序，促进社会整体利益的导向作用，用法律手段促进城乡、区域、经济社会、人与自然、国内发展与对外开放五个方面的统筹协调，更要致力于地方立法与地方立法工作的协调发展。在地方立法工作中，既要坚持协调发展观，促进法律治理系统内部各领域地方立法之间的协调发展，法律与道德、宗教、习惯、社区治理等非法律治理系统之间的协调发展，又要确保地方立法的整体协调性，保证地方立法内部的协调、同位阶法律之间的协调、不同位阶法律法规之间的协调、整个法律体系相互之间的协调一致。

四是推动地方立法的可持续发展。在地方立法中坚持可持续发展观，必须坚持与时俱进的科学态度，正确处理法律的稳定性与改革的变动性之间的关系，坚持地方立法"立、改、废"三者并重，既要在地方立法的权限范围内积极探索地方创制性立法，及时把改革发展的成功经验用法的形式固定下来，又要注意适时修改或废止地方立法中不适应改革和实际需要或与上位法抵触的规定，同时也要注意在地方立法中留有余地，为深化改革留下空间，使地方立法始终保持持续发展的动力。

　　3."激情立法"的理论反思

　　经过二十多年的努力,国家层面、地方层面的立法快速发展,法律法规已经有效涵盖了经济与社会发展的各个领域。随着依法治国的理念不断深入人心,崇尚法治已逐渐成为社会主流意识。出于对法治的憧憬和向往,人们寄希望于将所有社会问题都转化为法律问题,于是乎各种激情式的立法建议接踵而来。每年各地"两会"期间,新闻媒体竞相热炒代表、委员的各类立法建议令人应接不暇:如北京一记者出于对"公款吃喝每年消费 2000 亿元"的愤慨,提交了《餐饮票据管理法》草案,希望通过立法制止公款吃喝,并"从根本上改变中国人社交的方式";46 名知名学者联名致信国务院总理,呼吁启动"营养立法"解决国民营养不良、营养过剩问题;四川一律师提交了"母子女家庭关系规定"草案,希望能为"孝"道立法,依法惩治不孝之徒、忤逆子女。上海一具有深厚法律背景的代表连续几年提出《上海市市民行为规范》的立法议案。在地方立法规范发展期,有必要从理性角度对"激情立法"现象作出冷静思考。①

　　一是如何正确认识法律的有限功能。法治相对于"人治"而言,是相对理想的一种权威性的制度安排,又是一种有缺憾的制度文明,其功能是有限的。有限的、稳定的、相对滞后的法律与无限的、多变的、超前的社会之间始终处于矛盾状态。立法决不是根除一切社会痼疾的灵丹妙药,理性的法治建设只能是一个有所为有所不为的渐进过程。自近代以来,西方以笛卡尔和卢梭等人为代表的理想主义者推崇"成文法至上",追求"法网恢恢,疏而不漏",对法治的顶礼膜拜形成了人们对法律的过分依赖并发展成为社会法化的现象,极端的"立法依赖症"已成为现代法制的悲哀。激情立法的初衷诚然可嘉,但法治的概念绝不是万事立法,法律遍地。正如列宁所言:"假如我们认为写上几百个法令就可以改变农村的全部生活,那我们就会是十足的傻瓜。""餐票法"是不是根除公款吃喝的良药? 即使是一味良药,是否找到了病因? 公款吃喝罪不在无法,根在权力不受约束、财政分配不够规范、市场秩序不够健全;营养不良、营养过剩固然威胁我国居民的健康,但营养立法本质上是一种福利供给上的资源均衡,在各地社会保障体制还相当薄弱的情况下,仓促立法只会让法律成为一纸空文,必然损害法律的公信力。

　　二是如何有效利用现有法律资源,节约立法成本。早在 250 多年前,法国著名思想家孟德斯鸠就语重心长地提醒人们:节制是立法者的美德。节制立法既可以节约立法成本,又可以节约权力运行成本,也有助于消除立法膨胀带来的一系列负面效应。节制立法最有效的途径无疑是充分利用现有的立法资源。上述"激情立法"建议在现有的法律资源中都能找到归属:我国《发票法》对发票的领

━━━━━━━━━━

　　① 参见丁伟:《"激情立法"的理性思考》,《解放日报》2006 年 2 月 7 日。

购、开具、报销和保管均有严格的规定，加强对《发票法》的执法监督无疑有助于制止公款吃喝；1995 年颁布的《食品卫生法》第一条就将"保障人民身体健康，增强人民体质"作为立法宗旨。1996 年颁布的《学生集体用餐卫生监督办法》规定学生营养餐生产经营单位必须配备营养师。对这些相关法律进行充实、完善足以体现"营养立法"的精神。

三是如何准确厘定法律规范与道德规范的界限。现代社会的复杂性和世界的多元性决定了必然存在诸如宗教、信仰、情感、思想等法律无法涉足的"禁区"。尊老爱幼涉及法律规范与道德规范重叠的领域，"市民行为规范"则纯属道德领域。在很多道德领域，法律并不比其他手段更有效。在现代法制社会，法律必须尊重其他控制手段。要防止用公权力对包括家庭关系、婚姻关系、邻里关系在内的私人生活领域进行干预，善于用法律、道德、宗教、伦理及民俗等各种力量来共同维系社会这个复杂的生态系统。

四是如何在适合中国国情的前提下借鉴国外立法经验。对国外先进的立法经验我们理应博采众长，兼收并蓄，但不应罔顾中国的国情。倡导"营养立法"的专家、学者言之凿凿：国内外实践表明，人均 GDP 由 1000 美元增至 3000 美元的时期是居民膳食营养结构迅速变化的关键时期，也是营养干预的最佳时期。我国人均 GDP 早已突破 1000 美元，营养干预正当其时。中国各地经济发展不均衡，社会保障能力存在天壤之别，在一些学生辍学、教师工资打白条的贫困地区，营养餐、营养师是否太奢侈了？贸然移植国外立法不免陷入"淮南为橘，淮北为枳"的尴尬。

在"依法治 X"已成为格式化口号的当今社会，当各种"激情立法"的议案浩浩荡荡进入视野时，更需要立法者用驾驭全局的理性引导。单纯依靠法律无法创造一个和谐社会，立法同样需要落实科学的发展观。面对"激情立法"，我们有理由大声疾呼，尽快走出"立法万能论"的误区，摆脱"一法解千愁"的思维惯性。

4. 地方立法如何寻求最大公约数

上海地方立法规范发展期正值上海加快推进"四个率先"、经济社会加速发展的黄金期，上海同时也进入了社会矛盾的凸显期。体制转换、结构调整、社会变革以及观念变化必然触及各种社会利益，引发复杂的社会矛盾，积极、稳妥地化解各种社会矛盾已成为构建社会主义和谐社会的首要目标。追根溯源，导致社会矛盾频频出现的根本原因在于各种社会利益关系的失衡。从法律角度透视，任何一种社会利益关系都表现为法律所调整的人与人之间的权利义务关系，因而立法活动实际上是一个相关利益主体多方博弈的过程，立法者所确认的法律规范实际上是一个历经多方博弈所形成的博弈均衡，从这个意义上说，立法本身就是一个平衡、协调矛盾的过程，立法无非就是在社会关系变化的博弈中寻找最大公约数和最佳平衡点的过程。充分发挥地方立法平衡、调整社会利益关系的积极作用无疑有助于从源头上防止权利义务失衡,确保经济与社会快速、平稳发展。

地方立法通过平衡、调整社会利益关系寻求最大公约数,是人大作为国家权力机构在地方立法工作中发挥主导作用的现实需要。从目前我国立法工作的现状看,绝大部分地方立法的草案都是执法部门主持起草的,一些草案不同程度地存在部门立法利益化、部门利益合法化的倾向,一些部门趁立法之机扩权卸责;一些草案对有关行政执法者权利的规定不厌其详,而与权利相对应的义务以及相应的法律责任的规定则明显缺失。与此形成鲜明对比的是,对有关行政相对人权利的规定却十分简单,对其义务以及违反义务应当承担的法律责任的规定则细致全面;个别草案受部门利益的驱使,擅自扩大法规的调整范围,任意设立行政许可、行政强制、行政收费和行政处罚。这些直接导致权利义务失衡的倾向性问题在一些地区已经引起社会高度关注,亟须在地方立法的审议过程中得到有效的遏止。

进入规范发展期以来,上海市人大常委会在立法工作中坚持以科学发展观为指导,以提高地方立法质量为突破口,将提高地方立法质量的工作重心从改进立法形式、立法体例、立法程序和立法技术转向在地方立法的实质内容上贯彻以人为本的科学发展观,坚持把维护最广大人民群众的根本利益作为立法工作的出发点和落脚点,从源头上防止出现权利义务失衡,并且积极探索人大表达、平衡、调整社会利益关系的长效机制。这是规范发展期上海市人大常委会提高立法质量的成效从量变走向质变的一个重要标志。①

一是在立法项目的确定上,高度关注民生问题,加强社会领域的地方立法,切实解决群众最关心、最直接、最现实的利益问题。这一时期上海立法项目中涉及民生问题的立法项目占相当的比例。比如,《上海市法律援助若干规定》涉及对困难群体的保护;《上海市集体合同条例》涉及全市职工的切身利益,事关上海市和谐稳定的劳动关系机制的建立;《上海市实施〈中华人民共和国妇女权益保障法〉办法》涉及对占人口半数的广大妇女权益的保护;《上海市绿化管理条例》、《上海市城市道路管理条例》、《上海市燃气管理条例》等立法项目都旨在营造良好和谐的生活与生态环境,为提高人民群众的生活质量提供法律支持。

二是在立法决策上,积极推进公众参与立法的有序化、制度化,力求造法过程的民主化、透明化和公开化,在立法决策过程中深入了解和反映民情,充分尊重民意,广泛集中民智,及时有效地整合各社会阶层的利益诉求。这一时期不但多数法规草案在常委会一审后都在有关媒体上全文公布,广泛征集社会各界的意见,而且频繁召开座谈会、论证会、听证会,就相关条款听取意见。与此同时,

---

① 参见丁伟:《地方立法如何平衡社会利益关系》,《文汇报》2007年8月16日。

在总结历年来立法听证会成功经验的基础上，积极探索立法听证普及化的途径，将立法听证会设在基层，既方便了普通居民参加，又增强了听证的效果，降低了听证会的成本，同时也丰富了公众民主参与立法的形式，推进了立法民主化的进程。实践证明，立法决策的公开、透明，既有利于地方性法规贴近群众、贴近社会，同时也有利于从源头上防止地方立法被异化，使地方立法与部门利益隔绝。

三是在立法的实体内容上，采取切实有效的措施，防止地方立法所确立的权利义务关系失衡，保持立法理性、中立的品质。在这一时期上海地方立法的审议过程中，常委会牢固树立全局意识、大局意识，坚持立法为公、立法为民，对涉及权力和权利配置的地方性法规的调整范围、地方立法中行政许可、行政强制、行政收费和行政处罚的设定等规定高度重视，慎之又慎。

第一，在给予行政机关必要的手段的同时，加强对行政权力的规范、制约和监督。既注意从实际出发，赋予执法机关较多的行政许可权、处罚权，同时又将执法机关的义务及相关的法律责任明晰化、具体化。

第二，在赋予行政机关必要权利的同时，增设其相应的义务。如弱化一些地方性立法的管理色彩，增加管理机关以及垄断性经营企业的义务，以此平衡权利与义务。

第三，在赋予行政机关必要手段的同时，注重引导行政机关转变政府职能，改革管理方式，消除行政许可、行政处罚"依赖症"。如取消不必要的行政许可、备案制度，改为公示与报告制度，在取消一些行政处罚的同时强化执法部门的监督义务，并充分发挥市场的导向作用。

5. 如何推进和完善法规统一审议制度

《立法法》对地方立法机制产生的最大影响莫过于"法规统一审议机制"，这一制度性安排改变了以往某一个专门委员会在法规审议过程中"一竿子到底"的做法，赋予法制委员会在地方立法的统一审议工作中负有独特的工作责任。这一制度安排是维护国家法制统一原则、提高地方立法质量的重要举措。如何贯彻《立法法》的要求，尽快适应实行法规统一审议制度后地方立法面临的新形势，及时解决统一审议制度实施过程中出现的新问题，是地方立法规范发展期需要应对的重大实践问题。上海及各地地方立法的实践表明，推进和完善法规统一审议制度，关键在于如何进一步形成法制委、常委会法工委与各专门委员会的工作合力，营造协调、和谐的工作氛围，共同推进常委会的立法工作。解决这一关键问题需要正确把握好以下三个难点问题：①

一是法制委、常委会法工委与专门委员会如何进一步形成工作合力。法规

---

① 参见丁伟：《完善地方立法统一审议工作机制的几点思考》，《中国人大》2005年第10期。

案一审后由法制委根据各方意见对法规草案进行统一审议,这是《立法法》颁布后立法程序出现的新变化,在探索新的工作机制的过程中,法制委、常委会法工委面临多方面的压力和挑战。一方面,法制委、常委会法工委在履行自身职责,确保常委会立法质量方面,任务艰巨,责任重大。另一方面,由于人大内部对法制委在统一审议中的职责等问题的认识不尽一致,使法制委、常委会法工委感到压力和困惑。为了进一步促进法制委、常委会法工委与专门委员会形成工作合力,并完善相应的工作机制,亟须解决好三个问题:

第一,充分发挥专门委员会与法制委在统一审议中的"两个积极性"。按照各地人大惯常的工作流程,专门委员会对某项法规案提出审议意见报告提交常委会一审后,除委员会领导与相关同志列席法制委员会会议外,在委员会层面通常不再将该项立法列入议事日程。在统一审议阶段,大量的工作集中在法制委、常委会法工委,在审议过程中,经常需要解决涉及法规案的合理性、可行性、操作性等专业性较强的问题,但专门委员会专业领域的整体优势缺乏有效发挥的载体。因此,充分调动法制委、常委会法工委与专门委员会在统一审议中的"两个积极性",使专门委员会的专业优势与法制委的综合优势形成互补,并建立和完善相应的工作机制,已成为常委会规范发展期立法工作亟须解决的问题。

第二,准确定位法制委、常委会法工委与专门委员会的工作分工。在地方立法的审议工作中,法制委、常委会法工委与专门委员会担负着提高常委会立法质量的共同责任,但彼此的分工明显不同:专门委员会严把法规案的"入门关",决定某一法规案是否具备审议的条件;法制委、常委会法工委确保法规案的"出门关",对地方法规的合法性、规范性及立法的整体质量承担责任。在地方立法的实践中,个别法规案因入门把关不严,审议时间仓促,对合法性、合理性、可行性等问题没有议深、议透,审议基础较差,进入统一审议阶段,改动较大,甚至需要研究是否修改法规案的名称、体例、调整范围等一审前需要解决的基础性问题,这不但影响了立法效率,增加了立法成本,而且人为地造成了法制委与专门委员会的矛盾。有鉴于此,如何加强一审,改进二审,区分不同审次的重点,成为规范发展期常委会立法工作亟须解决的另一个重大问题。

第三,正确认识法制委在统一审议中的工作职责。一些同志认为,法制委的工作职责主要在法律上把关,确保法规案与上位法不抵触,因此,只要与上位法不抵触,一审时未提出修改的条款,法制委不宜作出修改。这一观点具有一定的普遍性,是法制委与专门委员会容易产生不和谐的主要原因。因此,有关法制委的工作职责亟须在人大内部达成共识。按照《立法法》及《上海市制定地方性法规条例》的规定,一审后法制委应"根据常委会组成人员、有关的专门委员会的审议意见和各方面提出的意见"进行统一审议。由于各方提出的意见和建议并不限于法律问题，且法制委组成人员中大部分是常委会组成人员，对合法性以外的问题进行审议无疑是法制委正常的工作范围。

二是如何准确把握立法程序中法制委、常委会法工委的提前介入。在规范发展期，上海出现了抗击"非典"的应急性立法，有的领导要求法律审议工作重心前移。在立法程序中法制委、常委会法工委提前介入对于提高应急立法的效率，及时发现法规议案中可能存在的法律问题，抓住立法的重点和难点，确有必要。但是，何时介入？由谁介入？怎么介入？在提前介入时如何发表意见？怎么发表意见？对于诸如此类的问题在认识上还有一个逐步深化的过程，在实践中同样有一个逐步摸索的过程。笔者认为，对于提前介入，既要坚持又要完善，应该把握好以下三个问题：

第一，对常委会组成人员、常委会法工委的提前介入应有不同的要求。对常委会一般组成人员来说，提前介入主要表现为参加常委会或专门委员会组织的立法调研活动，应邀列席专门委员会会议。提前介入的目的是及时掌握立法信息，熟悉法规案的内容，为常委会审议打好基础。在此阶段，在对法规案尚缺乏深入了解的情况下，不宜轻率发表结论性意见，避免介入过多冲淡、代替专门委员会的审议。鉴于法工委是常委会的法制工作机构，其相关组成人员和工作人员为履行其工作职责，应尽早参与专门委员会具体的立法调研和法规起草工作，及时研究法规案存在的主要问题，分析、论证法规案草案提交常委会一审的立法必要性、合法性、可行性等条件是否成熟。

第二，提前介入不应代替、模糊法规案的审次制度。时任全国人大常委会副委员长王兆国同志 2004 年 8 月在第十次全国地方立法研讨会上强调：要严格依法办事，按法定程序立法，立法程序是立法经验的总结，是提高立法质量的保证，要认真执行法规草案的审次制度。因此，除应急立法外，提前介入应严格掌握分寸，防止介入过深使《立法法》规定的审次制度形同虚设。

第三，应当允许对法规案的认识有一个逐渐深化的过程。不少地方人大的专门委员会在调研、审议阶段，有时会邀请法制委、常委会法工委的同志提前介入。在各地立法实践中有一个普遍现象，在相关委员会看来，法制委、常委会法工委对存在法律上的问题应该在此阶段及时指出，只要对法律问题不提出异议，就是默认没有问题。一旦法制委、常委会法工委的同志在一审或二审阶段发现和指出法规案与上位法可能存在抵触问题时，一些同志往往难以理解。事实上地方立法涉及的领域非常宽泛，法律法规的分类不断细化，专业性越来越强，法制委、常委会法工委的同志对有关法律问题的认识和理解同样有一个逐渐深化的过程，一些重大法律问题有时需要通过专家认证，甚至请示全国人大常委会法工委才能作出决定。上海村民委员会选举立法中有关"海选"制度的叫停就是典型的例子。因此,要求法制委、常委会法工委的同志一接触法规案即对合法性问题作出判断是不切实际的,也不符合事物认识的客观规律。

三是法制委、常委会法工委如何自我加压,改进工作方法。在贯彻实施《立法法》的新形势下,人大法制委、常委会法工委应把压力变为动力,并不断自我加压,采取积极姿态和有效措施,不断改进工作方法,建立和完善相应的工作机制,更好地与专门委员会形成工作合力,共同把好常委会立法质量关。

第一,在审议法律的各个阶段,积极、主动地征求专门委员会的意见和建议,充分发挥专门委员会的积极性和专业优势。在坚持法制统一原则,坚持立法的公正、公平,科学合理地规范公民、法人的权利与义务,国家机关的权力和责任,确保法规案与上位法不抵触,与同位法协调一致的前提下,对专门委员会的意见和建议应积极采纳,从善如流。对不宜采纳的意见和建议,充分说明理由,取得专门委员会的理解与支持。

第二,在需要提前介入的情况下,法制委、常委会法工委分工负责的领导和工作人员,应尽早进入状态,抓紧时间熟悉法规案和相关上位法、同位法的内容。在列席专门委员会会议时,应谨慎行事,防止轻率表态。遇有可能存在的法律问题,宜以提出问题的方式提请专门委员会注意。列席会议的人员会后应及时向法制委领导汇报,并及时对相关法律问题进行研究。法制委、常委会法工委内部应及时沟通,防止在同一问题上发出不同的声音。

第三,在法制委统一审议阶段,法制委应认真听取列席审议会议的专门委员会负责同志的意见。在审议过程中,及时向专门委员会反馈法规案的修改情况。遇有重大修改情况时,应提前与专门委员会沟通与协商,共同商量修改方案。出现重大分歧时,法制委应避免与专门委员会发生正面冲突,及时向常委会作出汇报。必要时,法制委、常委会法工委应通过召开专家论证会、听证会,或与专门委员会的同志一起请示全国人大常委会法工委、国务院法制办等方法,与专门委员会达成共识。

6.“世博立法”的经验启示

举世瞩目的上海世博会于2010年圆满落幕。在筹备和举办世博会期间,上海市人大常委会的一系列“世博立法”为世博会的有序运行提供了强有力的法制保障。胡锦涛同志在考察世博会筹办工作时指出,要着眼长远,谋划好“世博后”这篇大文章,最大限度把举办世博会带来的无形资源转化为推动经济社会发展的现实优势。为此,继续做好“依法办博”这篇大文章,需要切实做到“三个结合”,即把确保世博会成功举办与运用法制手段推动放大世博后续效应结合起来,把服务世博与日常依法履职结合起来,把为世博会留下城市建设的物质成果和城市文化的精神成果结合起来。就上海地方立法工作而言,需要及时总结“世博立法"的成功经验,科学评估"世博立法"的实施效应,进一步加强"后世博"的地方立法工作。①

一是充分肯定"世博立法"的实施成效。法的生命在于实施,在实施中取得显著成效,是上海市一系列世博立法的最大特点,也是最高评价。从评估结果来看,"世博立法"至少在以下几个方面取得了明显实效。

第一,为世博会的成功举办创造了良好的法治环境。除上海市人大常委会的《决定》和7件地方性法规外,以《决定》为依据,上海市政府先后通过了28个政府规章或规范性文件,内容涉及社会治安、道路交通等筹办世博会所涉及的诸多领域。据此,形成了以《决定》为先导,以7件法规为骨干,以28件政府规章或规范性文件为重要内容的"世博法文件群",为世博会的成功举办提供了全方位的法制保障。

第二,极大提升了上海城市建设管理和文明水平。《拆除违法建筑若干规定》和《市容环境卫生管理条例》有利于加强城市建设、诊治顽症陋习,《消防条例》有利于维护城市安全,《旅游条例》有利于倡导良好社会秩序,《公共场所控制吸烟条例》有利于净化公共场所空气质量,《公共汽车和电车客运管理条例》有利于改善市民出行条件,《志愿服务条例》有利于规范服务、提高市民素质,这些法规在改善城市硬环境和打造城市软实力方面都功不可没。

第三,充分尊重和保障了公民的合法权益。《拆除违法建筑若干规定》中的告知制度和拆迁机关对违法建筑物内合法财物的保管义务分别保障了公民的知情权和财产权;《志愿服务条例》中详细列举了志愿者在服务中享有的权利,以及自身权益受到侵害时的救济措施;《旅游条例》全面规定了对旅游者合法权益的保护;《公共场所控制吸烟条例》始终关注着市民的健康和非烟民的权益。

第四,有力提高了行政机关的执法水平。《志愿服务条例》中,行政机关更多地被赋予了服务和保障的职能,促进了行政理念的转变,有利于服务型政府的建设;《拆除违法建筑若干规定》中增加了听证程序、事先告知、公告等环节,有利于行政程序规范化、刚性化;《市容环境卫生管理条例》中堵疏结合、全程监控等执法方法,把行之有效的实践经验上升到了法定的管理措施;各件法规都对行政机关及其工作人员的违法、渎职等行为规定了相应的处罚措施,实现了行政机关的权责统一。

二是及时总结"世博立法"实施成效的成功经验。立法机关应该冷静思考,客观评估立法质量。应该说,"世博立法"取得实效具有多方面的因素:

第一,先进的立法理念奠定了立法质量的基础。"世博立法"的思路紧紧契合着"城市,让生活更美好"的主题,并在市容、公交、旅游等具体立法项目中体现

---

① 参见丁伟:《"世博"立法经验与上海地方立法工作的完善》,《法治论坛》2011年第1期。

了"城市社区的重塑"、"城市科技的创新"、"城市经济的繁荣"等副主题,使得立法能真正服务世博。"世博立法"注意将完成阶段性任务和解决长远问题相结合,把临时性规制措施的制定权授予政府,集中精力针对既符合世博会需要又有利于上海市长远发展的事项制定地方性法规,很好地解决了立法资源、立法需求和立法质量之间的关系。

第二,恰当的立法时机推动了立法难题的破解。筹办世博会,对提升城市法治化水平提出了迫切需要,也提供了难得的契机,上海市地方立法正是抓住了这个有利时机,边探索边创新。比如,在筹办世博会的大背景下,社会各方在控烟问题上逐渐形成了共识,因意见不一致使法规迟迟难以出台的问题迎刃而解;再如授权政府制定临时性行政管理措施以应对特殊情况,是地方立法中的一项新举措,为今后同类问题的解决提供了经验。

第三,合理的立法内容提供了立法实施的可能。"世博立法"项目以城市管理和社会服务为主,涵盖了道路交通、市容环境、城市建设、公共安全等多个领域,符合筹办世博会的客观要求;具体制度设计上突出公交便民、公共服务、健康保障、权益维护等有关民生的内容,贴近市民的生活需要和心理需求。这些内容使立法不仅真实"有用",并且受众"想用"。

第四,民主的立法程序消减了法规落地的阻力。世博立法的过程都特别强调透明性、公开性和社会参与性,比如《志愿服务条例》立法程序的启动就源于人大代表的议案,《旅游条例》的修订过程中突出了对消费者意见的征询,《公共场所控制吸烟条例》的制定过程中组织了向市民征求意见、立法听证和市民网上问答等活动。通过这些程序,吸纳了受众的意见,完善了法规的内容,拉近了法规与市民的距离,也起到了一定的普法和宣传的作用,减少了在实施中的阻力。

第五,有力的后续措施提升了贯彻法规的效果。其中最主要的是通过监督确保法规的贯彻落实。如上海市人大常委会以确保"平安世博"为重点,开展对《决定》实施情况的监督检查工作,还通过综合运用执法检查、跟踪监督、专题询问、代表视察、工作调研等多种方式开展监督工作。此外还采取措施提高法规的知晓度,如《公共场所控制吸烟条例》出台后开展了一系列的宣传、培训活动,力求法规规定家喻户晓并得到一体遵循。

三是充分放大"世博立法"效应,积极推进"后世博"地方立法工作。"世博立法"是城市法治化建设的一个生动案例,它的成功有力地说明城市发展、社会有序,需要法制先行。做好"后世博"地方立法工作,就是要用好"世博立法"带来的经验和启示,继续推进城市法治化建设,充分运用法制手段推动放大世博后续效应,为实现依法治市增添新的动力。

第一,地方立法要以需求为导向,围绕中心,服务大局。"世博立法"表明,社会需求是立法中的基本价值和制度设计最好的航向标。就上海经济与社会的发展目标来看，加快"四个中心"建设、实现"四个率先"是各项工作的重中之重，立法者应审时度势，紧紧围绕各项建设的需要，提供法制保障。同时，随着经济社会的发展，各领域的改革都已进入攻坚阶段，引发利益冲突的风险增大，应加强以民生为重点的社会领域立法，发挥立法在表达、平衡、协调各方利益中的作用，切实保障宪法和法律赋予公民的各项权利，保证全体人民共享改革发展成果。在立法理念上，应坚持以人为本，维护公平正义；在立法选项上，应突出人民群众生活和发展的切实需要；在立法的过程中，应开门立法，注重倾听百姓的利益诉求；在制度设计上，应追求权利与义务相统一、权力与权利相平衡；在法规的实施上，应宽严相济，体现执法为民。

第二，地方立法要以阶段性任务为抓手，着眼长远，谋划发展。筹办世博会是上海市当年的重大事务，需要集中力量予以应对，同时，又与上海市经济社会的长远发展交织在一起。因此，在将筹办世博会的各项工作纳入法制化和规范化轨道的同时，应对上海市今后各方面发展的需要一并予以考虑。比如，7件地方性法规分别从不同方面为世博会的成功举办提供了法制保障，但在法规文本中，尤其是立法目的条款均未提及"世博"二字，可见立法中考虑了法规的生命周期问题，力求长期有效。这使得"世博立法"不仅保障了为期半年的世博会的有效运行，也给上海保留了丰富的法律资源，实现了"法治世博"与推进上海城市法治化进程、完善我国社会主义法律体系的结合，对上海经济社会的影响将是长远的。在完成阶段性任务的过程中解决社会发展的长远问题，是"世博立法"的重要经验。

第三，地方立法要有聚焦战略，整合各种资源，发挥"拳头优势"。"世博立法"的经验表明，当针对同一个总体目标，多管齐下时，难题往往就得以破解。因此，地方立法应区分轻重缓急，理性分配立法资源，在一定阶段内集中力量解决一项关切民生的重大事项。在立法选项时，应围绕总体目标构建"法规群"，类似"世博立法"的"1＋N模式"可以进一步推广、尝试；在立法过程的各参与主体之间，要在利益博弈的过程中寻求共识，形成"心往一处想、劲往一处使"的局面，推动确实有需求的立法尽快出台；在立法层级和体例的选择上，要注意把握各种立法形式的特点，不求位阶高、体例大、内容全，但求有实效，正如"世博立法"中的《决定》和市政府根据《决定》发布的通告，在针对性、操作性、时效性方面有很大的优势，能够以点促面地推进法治建设的进程。

在充分肯定"世博立法"成效的同时，也应当看到，立法中也存在不尽如人意的地方。比如为了服务大局、着眼长远，立法的适当前瞻性与其内容的合理性、公众的可承受度之间的关系需要进一步研究；对政府根据授权制定的规章或其他规范性文件的审查和监督有待进一步加强。

转型发展期
（2010 年至十八大之前）

规范发展期上海地方立法的内涵发展有效地提升了地方立法的质量,为新时期上海地方立法的转型发展集聚了能量。经过三十多年的不懈努力,一个门类齐全、数量适度、内在统一、外在协调的中国特色社会主义法律体系如期形成。2011年3月10日,时任全国人大常委会委员长吴邦国在第十一届全国人大第四次会议第二次全体会议上宣布,中国特色社会主义法律体系已经形成。随着中国特色的社会主义法律体系的形成,上海地方立法进入了创新驱动、转型发展期,地方立法更加注重提升立法质量,更加注重加强立法的和谐性,更加注重增强立法的科学性。

一、 转型发展期地方立法背景与发展概览

转型发展期地方立法发展最重大的背景是中国特色社会主义法律体系的形成,这一在我国民主法制建设进程中具有里程碑意义的重大历史事件极大地影响了地方立法未来的发展走向。与此同时,《行政强制法》的颁布与实施,对于地方立法的权限及立法理念、立法功能也带来了重要的影响。

（一）中国特色社会主义法律体系如期形成

所谓中国特色社会主义法律体系,是指以宪法为统帅,以法律为主干,由宪法相关法、民商法、行政法、经济法、社会法、刑法、诉讼与非诉讼程序法等多个法律部门组成的有机统一整体。主要是指自我国改革开放以来,享有立法权和司法解释权的国家机关,坚持在中国共产党的领导下,为保障人民民主专政的国家政权及国家、集体和公民个人的合法权利而制定并修正的宪法、法律、行政法规和地方性法规的法律体系的总称。

中国特色社会主义法律体系有一个渐进式的形成过程。1992年党的十四大明确提出建立社会主义市场经济体制,随之提出要加快经济立法,在20世纪

末初步建立适应社会主义市场经济的法律体系。这是党首次提出要建立法律体系，体现了党对经济工作领导方式的重大转变。全国人大及其常委会为此加快立法步伐，到20世纪末，初步构建了社会主义市场经济法律体系框架。1997年9月，党的十五大明确提出依法治国，建设社会主义法治国家，并正式提出到2010年形成中国特色社会主义法律体系。这是党治国方略的重大发展，表明党的领导方式和执政方式从过去主要依靠政策转向既依靠政策又依靠法律。2002年，党的十六大对建成中国特色社会主义法律体系的目标作了重申。2007年党的十七大提出，要坚持科学立法、民主立法，完善中国特色社会主义法律体系。2010年，具有中国特色的社会主义法律体系正式建成。

这一法律体系具有独特的基本架构。从横向看，中国的法律体系大体由在宪法统领下的宪法及宪法相关法、民商法、行政法、经济法、社会法、刑法、诉讼与非诉讼程序法等七个部分构成。从纵向看，中国的法律体系包括法律、行政法规、地方性法规三个层次。截至2011年8月底，已制定现行宪法和有效法律共240部、行政法规706部、地方性法规8600多部，涵盖社会关系各个方面的法律部门已经齐全，各个法律部门中基本的、主要的法律已经制定，相应的行政法规和地方性法规比较完备，法律体系内部总体做到科学和谐统一。在这个法律体系中，宪法居于统帅地位，具有最高的法律效力，一切法律、行政法规、地方性法规的制定都必须以宪法为依据，遵循宪法的基本原则，不得与宪法相抵触。法律是法律体系的主干，解决的是国家发展中带有根本性、全局性、稳定性和长期性的问题，是国家法制的基础。行政法规和地方性法规不得与法律相抵触。行政法规是法律体系的重要组成部分。国务院根据宪法和法律，制定行政法规是履行宪法和法律赋予的职责的重要形式，是将法律规定的相关制度具体化，是对法律的细化和补充。地方性法规是法律体系的又一重要组成部分，在中国法律体系中同样具有重要地位，是对法律、行政法规的细化和补充，是国家立法的延伸和完善，为国家立法积累了有益经验。

中国特色社会主义法律体系是中国特色社会主义伟大事业的重要组成部分，是全面实施依法治国基本方略、建设社会主义法治国家的基础，是新中国成立六十多年特别是改革开放四十年来经济社会发展实践经验制度化、法律化的集中体现，具有十分鲜明的特征，体现了中国特色社会主义的本质要求、改革开放和社会主义现代化建设的时代要求、结构内在统一而又多层次的科学要求、继承中国法制文化优秀传统和借鉴人类法制文明成果的文化要求，以及动态、开放、与时俱进的发展要求。

中国特色社会主义法律体系的形成，是我国社会主义民主法制建设史上的重要里程碑，具有重大的现实意义和深远的历史意义。这一法律体系是中国特色社会主义永葆本色的法制根基,是中国特色社会主义创新实践的法制体现,也是中国特色社会主义兴旺发达的法制保障。该体系的建立,不但对未来中国国家层面的立法提出了新的要求,也对地方立法的转型发展提出了一系列新的要求。

（二）地方立法面临转型发展的新形势

中国特色社会主义法律体系的形成对地方人大的立法工作、监督工作提出了一系列新的要求,面对新形势、新任务,地方立法工作者应当审时度势,深刻领会法律体系形成的重要意义,进一步增强人大工作的主动性、前瞻性、开创性,努力实现地方人大工作的创新驱动、转型发展。

一是切实维护国家法制统一的原则。社会主义法律体系形成之后,维护国家法制统一、促进法律体系科学和谐统一将摆在更加突出的位置。对地方人大来说,尤其需要在地方立法工作中自觉维护国家法制统一的原则,及时清理与上位法不一致的地方性法规、政府规章,并且积极创新工作机制,探索法规清理的长效工作机制。

二是积极探索地方立法的转型发展。国家法律体系形成后,如何适应经济社会发展和民主法制建设的需要,继续加强地方立法工作,提高地方立法质量,是摆在我们面前的一个重大课题。要解决好这个课题,首先要从思想认识上明确地方立法的新趋势和新要求。

第一,切实实现立法工作的重心从追求数量转向提高立法质量。上海在地方立法规范发展期就开始注重实现立法重心的转移,但是知易行难,阻力不小,"立法万能论"的观念根深蒂固,难以撼动。值得关注的是,不少地方还出现了追求地方性法规体系的倾向。吴邦国在谈到地方立法工作时强调:"不能在国家法律体系之下或之外,再搞自己部门或专门委员会的法律体系。"①国家法律体系的形成,意味着涵盖社会关系各方面的法律部门已经齐全,各法律部门中基本的、主要的法律已经制定,相应的行政法规和地方性法规也日趋完备,在这种情况下继续追求地方立法的数量,必然造成地方立法的无序发展,从而影响国家法律体系的和谐发展。

第二,立法方式从制定和修改并重转向以修改完善法规为主。鉴于国家法律涵盖社会关系各方面的法律部门已经齐全,地方立法应当优先考虑有效利用

① 追求建立"地方性法规体系"的观念至今仍然存在,且具有一定的倾向性。为此,李建国副委员长 2016 年 9 月在第二十二次全国地方立法研讨会上讲话时进一步强调:地方立法要有全国"一盘棋"的大局意识,深刻认识地方性法规是中国特色社会主义法律体系的重要组成部分,而不是在这个体系之外搞出一个地方法规体系。要准确理解和把握地方立法的权限范围,不搞越权越位立法,不违背宪法法律规定,不违背上位法规定,切实遵循不抵触原则,自觉维护社会主义法制统一。

现有法律资源。与此同时，应当认真研究地方性法规与政府规章的界限问题。法律体系形成后，科学、合理地配置现有立法资源，避免重复立法，消除法律、行政法规、地方性法规、政府规章"四世同堂"的现象，更加刻不容缓。在法律体系中，各个层次、位阶的法律、法规、规章、规范性文件应当和谐一致、各司其职。

第三，立法体例从"大而全"转向"有几条立几条"的结构形式。随着法律体系的形成和不断完善，转型发展期地方立法中综合性、系统性的立法会相应减少，地方立法体例将从"大而全"转向"有几条立几条"的结构形式。走精细化的立法发展道路，采用"少而精"、"一事一例"的立法体例，在"拾遗补缺"上下功夫，在立法内容上着力在真正管用的"那么几条"上下功夫。这样做，既可以突出地方特色，又可以提高起草和审议效率，减少立法成本，并且可以从源头上有效根除重复立法、繁琐立法、地方立法照搬上位法的弊端。

三是着力增强人大监督工作的实效。法律的生命力在于实施。中国特色社会主义法律体系的形成，总体上解决了有法可依的问题，对有法必依、执法必严、违法必究提出了更为急迫的要求。为此，在提高地方立法质量的同时，应当加强执法检查，增强执法检查的实效。人大的监督应当更加注重保障和促进法律规范的有效实施，将工作的重点转向有法必依、执法必严、违法必究，彻底改变"立法如林"、"执法如零"的现象。

四是依法开展规范性文件备案审查工作，确保政府出台的规范性文件符合国家法制统一的要求。《立法法》明确规定地方政府规章应当报本级人大常委会备案；2006年出台的《监督法》将审查范围扩大至本级人民政府发布的决定、命令，《监督法》第三十条要求县级以上地方各级人大常委会对本级人民政府发布的命令和决定进行审查。建立、健全规范性文件备案审查制度既是转型发展期地方人大监督工作的重要内容，也是地方立法工作的延伸和发展。

五是努力营造遵法、崇法、信法、守法的社会氛围。中国特色社会主义法律体系已经形成，但整个社会的法治观念、法律信仰、法律素质，与之并不适应，甚至是相差甚远。中国是一个受人治传统文化影响深刻的社会，普通民众单纯的实体意识强，程序观念、程序意识弱，甚至有强烈的"青天心理"和官本位思想，信访不信法，信官不信法的现象比较突出。在转型发展期亟须消除社会中存在的"官官相护"的偏见以及既信官又仇官、既依靠法又怀疑法的矛盾心态。应当在加强立法工作的同时，加强法律法规的宣传教育，大力弘扬法治精神，强化法治观念，增强广大市民尤其是各级领导干部的法治意识和法律素质，引导法治舆论，营造全社会崇尚法治、厉行法治的良好氛围。

（三）《行政强制法》掀起行政改革风暴

2011年6月30日，第十一届全国人大常委会第二十一次会议审议并通过了《中华人民共和国行政强制法》(以下简称《行政强制法》),这部从酝酿到审议通过延亘十二载、横跨两届半人大、历经五次审议、创下中国立法史之最的行政法律终于出台并将自 2012 年 1 月 1 日起施行。该法与《行政处罚法》、《行政许可法》并称为我国三大行政立法,其出台标志着我国行政立法已基本上配套齐全,我国对行政权力的限制、公民权利的保障已构成了完整的法律体系。

《行政强制法》旨在为行政机关定规立矩,给限制行政相对人人身权、财产权的行政强制权戴上"紧箍咒",涉及公权力的边界、行政权与司法权配置。17 世纪英国思想家洛克曾一针见血地指出,在所有国家权力中,行政权力是最桀骜不驯的。而在政府行政行为中,行政强制又最能体现公权对私权的拘束。回眸十二年艰辛的立法历程,为寻求公权力与私权利之间的平衡点,各方锱铢必较,其博弈的激烈程度无以复加。《行政强制法》的立法天平再一次向私权利倾斜,对行政强制的设定和实施作出了一系列严格的限制,掀起了一场行政革命的急速风暴,席卷立法、行政、司法众多领域,并对地方立法、政府规章的制定权限、行政执法体制、执法理念产生了强烈的冲击。①

一是行政强制的设定权得到了严格控制。过去由于没有统一的规范行政强制的专门法律,《立法法》也未对行政强制的设定权作出明确划分,行政强制的设定权不明确,不少规章甚至规章以下的规范性文件也设定行政强制,且层级越低的规范性文件设定的行政强制越多。据有关部门统计,我国不同部门采用的强制手段多达 200 多种,其名称五花八门、令人眼花缭乱、应接不暇。一些行政机关在实施管理过程中滥设行政强制,侵害了公民、法人或者其他组织的合法权益。为从源头上解决行政强制"乱"、"滥"的现象,《行政强制法》明确规定"行政强制措施由法律设定",并赋予行政法规有限的设定权,地方立法仅具有最低限度的设定权,尚未制定法律、行政法规且属于地方性事务的,地方性法规可以设定查封场所、设施、财物和扣押财物这两项行政强制措施。法律、法规以外的其他规范性文件则不得设定行政强制措施。这意味着地方性法规仅具有最低限度的行政强制设定权,政府规章及规章以下规范性文件将与行政强制完全绝缘。

二是行政强制的设定门槛大大提高。《行政强制法》顺应了建设法治国家的时代要求,明确规定了行政强制设定和实施的法定原则、适当原则、教育与强制相结合原则、不得为单位和个人谋利原则,即应当依照法定的权限、范围、条件和程序,采取非强制手段可以达到行政管理目的的,不得设定和实施强制,当事人

---

① 参见丁伟:《给行政强制权戴上"紧箍咒"》,《文汇报》2011 年 7 月 26 日。

经教育自觉改正违法行为，履行法定义务的，就不应再采取行政强制。该法同时规定，起草法规草案，拟设定行政强制的，起草单位应当采取听证会、论证会等形式听取意见，并向制定机关说明设定该行政强制的必要性、可能产生的影响以及听取和采纳意见的情况。这意味着地方性法规草案如未经该法定程序拟设定行政强制，将受到合法性的拷问。《行政强制法》同时规定，行政强制的设定机关应当定期对其设定的行政强制实施情况及存在的必要性进行评价，并将意见报告给该行政强制的设定机关，对不适当的行政强制及时予以修改或者废止；公民、法人或者其他组织可以向行政强制的设定机关和实施机关就行政强制的设定和实施提出意见和建议，有关机关应当认真研究论证，并以适当方式予以反馈。这意味着已经设定的行政强制具有一定的生命周期，必须定期接受体检。

三是行政强制的执法体制面临严峻挑战。在上海行政执法环节，随着机构改革的不断深入，不少行政执法机关为精简机构、人员，越来越多地将行政机关的执法事项委托给事业单位，导致目前行政强制措施的执法主体庞杂、执法队伍良莠不齐，执法随意性较大、侵害公民合法权益的情况时有发生。为根除这一现象，《行政强制法》明确规定"行政强制措施权不得委托"。"行政强制措施应当由行政机关具备资格的正式执法人员实施，其他人员不得实施。"这意味着现行行政执法体制将面临重大的调整，行政部门委托社会组织和不具备资格的执法人员、雇用临时人员执法都将失去法律依据。

四是执法机关青睐的"代履行"手段得到严格限制。长期以来，一些地方性法规的法律责任部分对于"加处罚款或者滞纳金"、"拍卖或者依法处理查封、扣押的场所、设施或者财物"、"代履行"等行政强制执行的方式不同程度地作了规定。不少政府部门对于"管用"的代履行方式更是"情有独钟"。①然而，《行政强制法》明确规定"行政强制执行由法律设定"。这意味着在国家法律没有明确规定的情况下，地方立法与政府规章无权随心所欲地设定包括"代履行"在内的行政强制执行事项。值得一提的是，《行政强制法》还严格规定了代履行的设置条件，即只有在当事人逾期不履行，经催告仍不履行，其后果已经或者将危害交通安全、造成环境污染或者破坏自然资源的，行政机关才可以代履行，或者委托没有利害关系的第三人代履行，且代履行不得采用暴力、胁迫以及其他非法方式，其费用按照成本合理确定，由当事人承担。法律同时禁止行政机关、司法机关对

---

① 所谓代履行是指义务人逾期不履行行政法义务，由他人代为履行可以达到相同目的的，行政机关可以自己代为履行或者委托第三人代为履行，向义务人征收代履行费用的强制执行制度。代履行主要适用于该行政法义务属于可以由他人代替履行的作为义务，例如排除障碍、恢复原状、强制拆除等。对于不能够由他人替代的义务和不作为义务，特别是与人身有关的义务，不能适用代履行。

居民生活采取停止供水、供电、供热、供燃气等方式迫使当事人履行相关行政决定,禁止在夜间或者法定节假日实施行政强制执行。

(四)地方立法权限出现进一步收缩的发展态势

回眸地方立法三十年的发展轨迹,所呈现的基本态势是从无序到有序,从《宪法》、《地方组织法》的原则指导到《立法法》、《行政处罚法》、《行政许可法》、《行政强制法》等专门性法律的具体规范,而国家法律对于地方立法的规范发展最为刚性、最为显性的要求就集中体现在有关地方立法权限的规定上。

1996年10月1日起施行的《行政处罚法》第十一条第二款规定:"法律、行政法规对违法行为已经作出行政处罚规定,地方性法规需要作出具体规定的,必须在法律、行政法规规定的给予行政处罚的行为、种类和幅度的范围内规定。"该条款对地方性法规设定行政处罚的行为、种类和幅度作了限制性规定。

2000年7月1日起施行的《立法法》第八条明确规定了地方性法规不得规定的专属全国人大及其常委会的立法事项。第七十二条第一款规定:地方人大及其常委会根据本行政区域的具体情况和实际需要,在不同宪法、法律、行政法规相抵触的前提下,可以制定地方性法规。该条款将"不抵触"作为地方就非中央专属立法事项制定地方性法规的门槛。

2004年7月1日起施行的《行政许可法》第十五条第一款规定:本法第十二条所列事项(指法律规定可以设立行政许可的事项),尚未制定法律、行政法规的,地方性法规可以设定行政许可。第二款规定:地方性法规、政府规章不得设定应当由国家统一确定的公民、法人或者其他组织的资格、资质的行政许可;不得设定企业或者其他组织的设立登记及其前置性行政许可。其设定的行政许可,不得限制其他地区的个人或者企业到本地从事生产经营和提供服务,不得限制其他地区的商品进入本地区市场。该法第十六条第二款规定:"地方性法规可以在法律、行政法规设定的行政许可事项范围内,对实施该行政许可作出具体规定。"上述规定严格限定了地方性法规设定行政许可的条件和种类。

2012年1月1日起施行的《行政强制法》第十条第二款规定:尚未制定法律、行政法规且属于地方性事务的,地方性法规可以设定查封场所、设施或者财物、扣押财物这两类行政强制措施。第十一条第一款规定:"法律对系争强制措施的对象、条件、种类作了规定的,行政法规、地方性法规不得作出扩大规定。"该条第二款规定:法律中未设定行政强制措施的,行政法规、地方性法规不得设定行政强制措施。该法第十三条第一款规定:"行政强制执行由法律设定。"上述规定对地方性法规设定行政强制的条件和种类作了严格限制,并明确规定行政强制执行只能由法律设定,地方无权设定。

相对而言,《行政强制法》对地方立法权限的限制力度最大,该法的出台不啻是我国行政立法的又一次深刻变革，该法从出台到施行只有不到半年的过渡期，"倒逼"地方以时不我待、只争朝夕的使命感和紧迫感，积极应对该法出台后地方立法权限、执法体制等方面面临的严峻挑战。在对现行地方性法规、政府规章及其他规范性文件作全面、系统清理的同时，采取积极稳妥的方法，努力破解行政执法体制、机制上的瓶颈，进一步提升城市法治化水平。

上海地方立法前三十年，基本上十年为一个发展周期。中国特色社会主义法律体系形成后，中国立法制度的变革发展驶入了新的快车道，自中国特色社会主义法律体系形成至党的十八大提出依法治国新十六字方针，转型发展期仅持续了两年时间。自 2011 年 1 月至 2012 年 12 月，上海市第十三届人大常委会、第十四届人大常委会在短短两年时间内共制定地方性法规 17 件，修改地方性法规 12 件，作出一件修改地方性法规的决定，以打包方式一并修改了 13 件地方性法规，废止地方性法规 1 件，作出法律性问题决定 1 件。此外，上海市人大常委会积极探索立法制度创新，形成了一批科学立法的长效制度，该时期的地方立法工作凸显了转型发展期上海地方立法的鲜明特色。

二、 转型发展期地方立法主要特征

中国特色社会主义法律体系形成后，上海地方立法努力适应新形势，科学研判地方立法新的发展方向，积极推动地方立法的转型发展。

（一）与时俱进，加快法规清理步伐

国家法律体系形成后，各级立法机关更加注重法律体系内部各个层次的法律、法规之间的协调一致。为维护国家法制统一原则，确保地方性法规与上位法保持一致，上海地方立法将及时清理地方性法规作为推动地方立法转型发展的重要抓手。在《行政强制法》2012 年 1 月 1 日施行前，上海市第十三届人大常委会第三十一次会议于 2011 年 12 月 22 日通过了《上海市人民代表大会常务委员会关于修改本市部分地方性法规的决定》，以"打包"处理的方式按简易程序修改了 13 件法规 21 项修改事项。这是上海第四波法规清理。

为保障《行政强制法》的正确有效实施，根据全国人大常委会法工委《关于做好地方性法规中有关行政强制规定清理工作的通知》的工作部署和要求，上海市人大常委会将开展本市地方性法规中有关行政强制规定专项清理工作作为一项重要工作，清理工作以人大为主导，将上海市现行有效的 149 件地方性法规作为清理范围，按照全国人大常委会的统一部署，重点梳理和研究了地方性法规中行政强制的设定权、地方性法规规定的行政强制实施主体、地方性法规规定的行政强制程序。清理结果表明，上海市现行有效的 149 件地方性法规中涉及行政强制规定的法规为 50 件、涉及行政强制事项共 111 项。其中,存在与《行政强制法》规定不一致,行政强制权的设定与行政强制主体的规定明显不符合《行政强制法》要求的,需要修改的法规 17 件,涉及 30 项修改事项。上海市人大法制委、常委会法工委在汇总、整理、分析市人大各专门委员会、常委会工作委员会、市政府有关部门提出的意见和建议的基础上,经与有关方面充分沟通、反复协调、共同研究后,提出以"打包"处理的方式按简易程序修改 13 件法规 21 项修改事项的处理意见,并经第七十三次常委会主任会议讨论通过。另有 1 件法规涉及的 2 项修改事项,拟列入 2012 年度立法计划,将该法规予以整体废止;3 件法规涉及的 7 项修改事项将待上位法修改后,在进一步调研的基础上适时予以修改。

此次"打包"修改的决定包括三方面的内容。一是修改行政强制实施主体。《行政强制法》规定行政强制措施由法律、法规规定的行政机关在法定职权范围内实施,行政强制措施权不得委托,只有法律、行政法规可授权具有管理公共事务职能的组织实施行政强制。为符合《行政强制法》上述规定的要求,修改决定将实施行政强制的执法主体从原先经地方性法规授权实施行政强制的事业单位修改为相应的行政管理机关,由法律、行政法规授权的除外。这类修改有 11 项,例如将"市交通执法总队、区县交通执法机构"修改为"市、区县交通行政管理部门"。二是删除相关法规的条款。根据《行政强制法》第十条的规定,只有在尚未制定法律、行政法规且属于地方性事务时,地方性法规才能设定"查封场所、设施或者财物"和"扣押财物"的行政强制措施。据此,本次清理对已制定上位法、且上位法对同类行政行为未设定行政强制措施的,删除地方性法规中的行政强制措施规定,这类修改有 5 项,例如因无上位法依据删除《上海市反不正当竞争条例》第二十二条第四项"对与不正当行为有关财物,可以采取扣留、封存等措施,并在三个月内作出处理决定"的规定。三是修改部分法规中其他条文。《行政强制法》对行政强制执行程序作了明确规定,为与《行政强制法》保持一致,需对法规部分条文作出简单修改,以符合行政强制执行程序的规定,这类修改有 5 项,例如《上海市拆除违法建筑若干规定》第十二条关于行政强制执行程序的规定与《行政强制法》规定不一致,建议将"拆违实施部门应当立即强制拆除"修改为"拆违实施部门应当依法立即强制拆除",作简单文字修改确保法规不违反《行政强制法》第四十四条对强制拆除违法建筑的程序规定。再如,为保证法规修改后行政机关拥有切实有效的管理手段,需将部分法规原先设定的行政强制措施修改为代履行规定。例如将《上海市实施〈中华人民共和国水法〉办法》第二十二条设定的行政强制措施修改为行政强制执行中的代履行,即将"未经同意擅自建造的,水务行政管理部门有权责令停建或者予以封闭"修改为"未经同意擅自建造的,由水务行政管理部门责令限期拆除;逾期不拆除的,强制拆除,所需费用由违法者承担"。①

　　为适应国家法律体系形成后地方性法规清理工作常态化发展需要，上海地方立法从转型发展期开始加快法规清理的工作节奏，将"打包"修改法规的立法项目列入年度立法计划，并且积极探索法规清理"动态跟踪"机制，取得了积极的成效。

　　（二）精准发力，补齐地方立法短板

　　地方性法规是国家法律体系中不可分割的重要组成部分，国家法律体系形成后，国家法律、行政法规和地方性法规已经基本涵盖经济社会发展的各个领域。但是，在这一法律体系中，各领域的法律、法规的发展并不平衡，无论是国家层面的立法，还是地方性法规，最为明显的立法短板是以保障和改善民生为重点的社会领域立法。中国特色社会主义法律体系形成后，第十一届全国人大常委会把加强社会领域立法作为当前和今后一个时期加强和改进我国立法工作的一个重要方向，第十一届全国人大常委会的年度立法计划中列入了一批重要的、在法律体系中具有支架作用的社会领域的立法项目。上海在社会领域方面立法欠账也比较多，实现立法重点向社会领域立法倾斜，补齐地方立法短板是上海地方立法转型发展期立法工作的重要特征。

　　社会领域的立法成为短板并不是偶然的。在体制机制转轨、经济结构转型、社会结构转变、城市功能转换的关键时期，利益格局面临深刻调整，各种社会矛盾凸显叠加，积极、稳妥地化解各种社会矛盾已成为构建社会主义和谐社会的首要目标。从深层次的原因来分析，经济与社会发展中出现的许多矛盾与长期以来社会领域管理失范、投入不足、立法缺位有关，如转型发展期存在的社会矛盾比较集中地表现在劳动就业、社会保障、收入分配、教育、医疗、住房、食品安全、社会治安等社会领域，并呈现"碰头叠加"的状况。妥善解决社会矛盾和问题，处理好各种利益关系，充分调动各方面积极性，必须大力加强制度建设，制度建设的重点是法制建设。加强社会领域立法，目的就是要合理调整各种社会关系、利益关系，使人民群众共享发展改革成果，在法制的框架内解决各种问题和矛盾，使社会成员既充分享有权利、行使权利，又切实履行义务、承担责任，实现社会和谐。

　　为此，上海市人大常委会找准立法定位，将破除社会领域地方立法的瓶颈，推动解决人民群众最关心、最直接、最现实的利益问题作为转型发展期地方立法的重中之重，全面奏响促进民生的立法主旋律。在短短两年时间内，制定了《上

---

　　① 参见丁伟：《关于〈上海市人民代表大会常务委员会关于修改本市部分地方性法规的决定（草案）〉的说明》，《上海市人民代表大会常务委员会公报》2005年第七号。

海市城市管理行政执法条例》、《上海市实施〈中华人民共和国食品安全法〉办法》、《上海市社区公共文化服务规定》、《上海市养犬管理条例》、《上海市安置帮教工作规定》、《上海市实施〈中华人民共和国突发事件应对法〉办法》等保障和改善民生为重点的社会领域立法;修改了《上海市安全生产条例》、《上海市信访条例》、《上海市中小学校学生伤害事故处理条例》等社会领域的地方性法规。

加强社会领域的立法,实现地方立法的转型发展,对地方立法来说是一个严峻的考验。一是需要有积极回应民意需求、直面各种矛盾的勇气。《上海市养犬管理条例》、《上海市城市管理行政执法条例》、《上海市安置帮教工作规定》等地方性法规等有关社会领域的立法是人大代表反映最集中、人民群众呼声最强烈的立法项目,但在推进该领域的立法时往往触及深层矛盾和冲突,直接涉及利益关系调整,在形成社会共识方面往往会遇到较大的困难。人大常委会审时度势,力排众议,以主流民意作立法的依据,在充分调研认证的基础上,适时启动这些社会关注的立法项目。

二是需要充分发挥人大的主导作用。在通常情况下,政府相关部门对于制定管理性的地方性法规积极性比较高,绝大多数的管理性地方性法规由政府相关部门提出立法需求,并由政府相关部门负责法规案的起草。但保证与改善民生为重点的社会领域立法需要强化政府履行公共服务的责任,合理分配社会资源,加大政府财政对社会领域的投入,让发展改革的成果惠及人民群众。在这方面需要人大发挥主导作用,由人大相关委员会、常委会法工委组织法规案的起草工作,或者提前介入起草工作,倒逼政府相关部门切实履行服务政府、责任政府的职责。

三是需要在立法过程中妥善平衡各种利益关系。社会领域立法往往直接涉及利益关系调整,无论是既得利益者与争取利益者之间的利益协调,还是管理部门与执法部门的权限协调,难度都相当大,给立法工作带来了很大的挑战,需要立法机关坚持把维护最广大人民群众的根本利益作为立法工作的出发点和落脚点,从源头上防止出现权利义务失衡。在上海地方立法实践中,一些由执法部门主持起草的法规草案在权利义务的分配上明显失衡,或注重给执法者提供执法依据,强化管理者的权力和地位,或者追求执法便利,忽视执法便民,或者重处罚,轻服务管理,以处罚代替管理。一些社会领域的立法草案在强化管理部门权力的同时,将越来越多的政府部门的管理职责赋予事业单位及居民委员会、村民委员会等基层群众性自治组织。在法规案审议过程中,立法机关牢牢把握地方立法正确的政治方向,在平衡权利义务关系方面,坚持公平、公正,适当向管理相对人倾斜的立法导向,通过立法切实保障人民群众最关心、最直接、最现实的利益。

　　(三)围绕中心,力推促进性立法

　　尽管我国立法工作已经经历了三十多年的实践与探索,具有中国特色的社会主义法律体系也已经形成,但是,立法实务部门对于立法功能的认识还不尽一致,集中表现在有关促进性立法必要性的问题上。所谓促进性立法又称倡导性立法,旨在提倡、促进、改善、推动某一特定领域的工作。如全国人大常委会制定的《中华人民共和国清洁生产促进法》,立法宗旨在于促进清洁生产、提高资源利用效率,减少和避免污染物的产生,保护和改善环境,保障人体健康,促进经济与社会可持续发展。《中华人民共和国就业促进法》旨在促进就业,促进经济发展与扩大就业相协调,促进社会和谐稳定。《中华人民共和国民办教育促进法》旨在实施科教兴国战略,促进民办教育事业发展,维护民办教育和受教育者的合法权益。与管理性立法相比,促进性立法的管制性、约束性、规范性、可执行性、可操作性、有效性刚性不足,相关主体的法律责任相对弱化。有鉴于此,对于这类立法的必要性存在不同认识。上海市人大常委会一些组成人员也认为不应制定没有法律责任的地方性法规。应该说立法的功能是多方面的,除了规范权利义务以外,倡导和规范行为准则、引领社会发展方向也是立法的重要功能,促进性立法是国家机关积极介入经济与社会生活的重要体现,是管理性立法的重要补充。

　　多年来,上海地方立法注重围绕中心,服务大局,制定了一批具有影响的促进性地方性法规。如为建设国际金融中心,营造具有国际竞争力的金融发展环境,促进上海"四个中心"的建设,2009年6月25日上海市第十三届人大常委会第十二次会议通过了《上海市推进国际金融中心建设条例》,条例在促进上海国际金融中心建设方面发挥了积极的作用:一是设立推进金融中心建设议事协调机构,在国家有关部门指导下,组织制定和落实阶段性目标和各项措施。二是规定设立金融发展基金,用于对金融人才、金融创新的奖励和金融产业发展的扶持。三是加强与其他国际金融中心城市的交流,鼓励金融要素市场、金融和金融教育研究等开展国际合作交流。四是配合国家金融管理部门优化市场结构,发展证券投资基金、社保基金、保险资产、企业年金、信托计划等机构投资者。五是根据陆家嘴金融城、外滩金融集聚带、张江金融信息服务产业基地、洋山保税港区,以及其他区域的发展优势,完善金融业空间布局。六是配合国家部门建设统一的金融业征信平台,健全金融业高级管理人员执业信用记录,切实提高行政机构和全社会金融法律意识,开展金融风险防范意识教育。应该说,该条例取得了良好的社会效果和法律效果,并为上海制定《上海市推进国际贸易中心建设条例》《上海市推进国际航运中心建设条例》积累了宝贵的经验。

　　进入转型发展期后,上海地方立法更加注重围绕全市工作的中心,积极发挥地方立法的引领和推动作用,在短短两年时间内制定了《上海市促进中小企业发展条例》、《上海市推进国际贸易中心建设条例》、《上海市终身教育促进条例》、《上海市人民代表大会常务委员会关于促进改革创新的决定》,修改了《上海市促进行业协会发展规定》。促进性立法成为转型发展期上海地方立法一道亮丽的风景线。

(四)审时度势,加强立法顶层设计

中国特色社会主义法律体系形成之后,上海地方立法需要在国家法律体系中找准自身的定位,发挥好地方立法拾遗补缺的作用,这需要在摸清"家底"的基础上加强地方立法的顶层设计。为此,上海市人大常委会法工委于2012年年底组织力量,对上海市现行有效的地方性法规进行了分析、梳理,在充分调研的基础上形成了《本市地方性法规的分布情况和初步分析》。①

该项调研以上海现行有效的地方性法规为样本,截至2012年12月底,上海市现行有效地方性法规160件。其中,内务司法领域29件,占18.1%;财经领域34件,占21.3%;教科文卫领域26件,占16.3%;城建环保领域47件,占29.4%;侨民宗领域5件,占3.1%;农业农村领域5件,占3.1%;人大及其常委会自身建设领域14件,占8.8%(见下图一)。另有法律性问题决定10件。

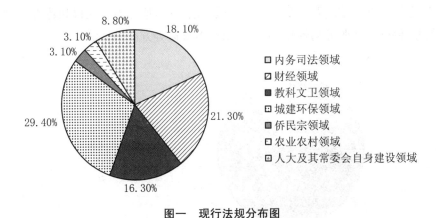

图一 现行法规分布图

调研报告分别对各领域地方性法规的数量、类型进行了剖析,提出了转型发展的方向:

1. 财政经济领域的地方性法规34件。其中,侧重于经济规范管理类的法规24件,占70.6%;侧重于经济推动引领类的法规5件,占14.7%;规范管理和推

---

① 有关上海相关领域地方性法规的统计数据及分布图选自《本市地方性法规的分布情况和初步分析》,在此谨向参与该项调研工作的上海市人大常委会法制工作委员会各相关处室的各位同事深表谢意。

动引领兼有的法规5件,占14.7％(见下图二)。总体上看,财经领域规范管理类立法较多,推动引领类立法相对较少,在转型发展期应进一步拓展促进性立法,在推动和引领经济发展方式转变和经济结构战略性调整等方面加快地方立法步伐。

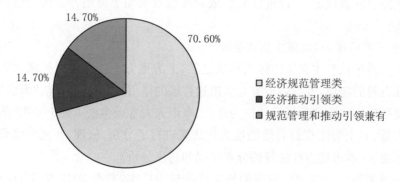

图二　财政经济领域法规分布图

2. 内务司法领域的地方性法规29件。其中,基层民主建设类的法规3件,占10.3％;社会管理类的法规21件,占72.4％;权益保障类的法规5件,占17.3％(见下图三)。总体上看,基层民主建设和权益保障类立法所占比例相对较低,在转型发展期应及时补齐社会领域立法短板,增加流动人口和特殊人群管理服务、促进公共服务均等化、维护公众基本权益等方面的立法。

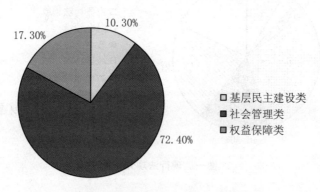

图三　内务司法领域法规分布图

3. 教科文卫领域地方性法规26件。其中,卫生、人口领域的法规9件,占34.6％;教育领域的法规6件,占23.1％;科学技术领域的法规6件,占23.1％;文化领域的法规4件,占15.4％;体育领域的法规1件,占3.8％(见下图四)。总体上看,教育领域的法规比较齐全,文化、体育领域的地方立法项目明显偏少,在转型发展期应在文化交流、文物保护等方面加快地方立法步伐。

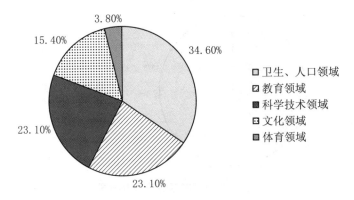

图四　教科文卫领域法规分布图

4. 城建环保领域地方性法规 47 件。其中,城市建设领域法规 7 件,占 14.9％;城市管理领域法规 28 件,占 59.6％;环境资源保护领域法规 12 件,占 25.5％。在环境资源保护领域的法规之中,属于环境保护类的法规有 8 件,在整个城建环保领域法规中占 17％;属于自然资源保护类的法规有 4 件,在整个城建环保领域法规中占 8.5％(见下图五)。总体上看,城市管理领域、城市建设领域的法规比较齐全,环境资源保护领域的地方立法项目偏少,在转型发展期应在生态保护和水土资源保护等方面加快地方立法步伐。

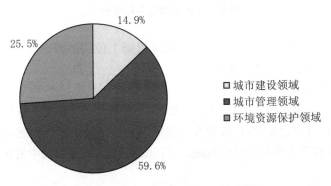

图五　城建环保领域法规分布图

5. 农业农村领域地方性法规 5 件。其中,侧重于农村管理类的法规 3 件,占 60％;侧重于农业科技类的法规 2 件,占 40％(见下图六)。总体上看,地方立法尚未涉及推动城乡发展一体化方面的内容,在转型发展期应在加快完善城乡发展一体化体制机制方面加快地方立法步伐。

6. 侨民宗领域的地方性法规 5 件。其中,侨务类法规 2 件,占 40％;民族类法规 2 件,占 40％;宗教事务类法规 1 件,占 20％(见下图七)。总体上看,侨务、民族、宗教事务类的法规分布均匀,外事立法属国家专有立法权,地方不宜制定

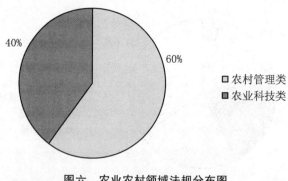

图六　农业农村领域法规分布图

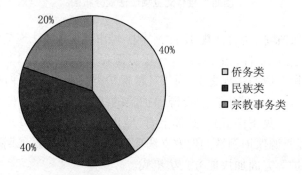

图七　侨民宗领域法规分布图

外事方面的地方性法规。在转型发展期应根据上位法的修改情况，结合本市实际，对现有地方性法规进行修改完善。

7. 法律性问题的决定 10 件。其中，打包修改法规决定类 7 件，占 70％；重大事项法律性决定类 3 件，占 30％（见下图八）。总体上看，涉及经济社会发展的重大事项的法律性决定偏少，在转型发展期应进一步拓展法律性问题决定的促进性功能，充分发挥重大事项法律性问题决定在围绕中心、服务大局中的积极作用。

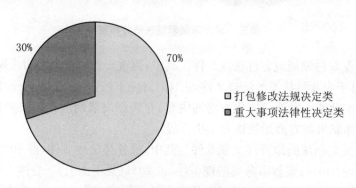

图八　法律性问题的决定法规分布图

此外,上海市人大自身建设领域地方性法规 14 件,涵盖了立法、监督、重大事项决定、选举任免、代表工作和议事规则等人大自身建设的方方面面。除地方性法规之外,该领域还存在上海市人大常委会主任会议、主任办公会议在不同时期制定的一系列规范性文件。鉴于该领域的立法事项属于《立法法》第八条规定的全国人大及其常委会制定法律的权限范围,上海地方立法在转型发展期应根据上位法的修改情况,结合本市实际,对现有地方性法规及时进行修改完善,并对地方性法规之外的规范性文件进行整合,一些行之有效的做法可以及时上升为地方性法规的规定。

调研报告在摸清家底的情况下,针对上海现行地方性法规中存在的倾向性问题,结合上海经济社会的发展目标,提出了转型发展期地方立法的发展方向。

一是应为加快完善社会主义市场经济体制、加快转变经济发展方式提供更有力的法制保障。加快转变经济发展方式是关系我国发展全局的战略抉择,上海地方立法应围绕全面深化经济体制改革、实施创新驱动发展战略、推进经济结构战略性调整、推动城乡发展一体化、全面提高开放型经济水平等重点领域加强立法工作,如制定信息化规定、社会信用体系建设条例、产业技术创新条例、碳排放交易管理条例等。

二是应为扎实推进社会主义文化强国建设提供更有力的法制保障。建设社会主义文化强国关键在于丰富人民精神文化生活,增强文化整体实力和竞争力。上海地方立法应在建设优秀传统文化传承体系、推进网络依法规范有序运行、广泛开展全民健身运动、完善公共文化服务体系、促进文化和科技相融合上下功夫,如制定文物保护条例、非物质文化遗产保护条例等。

三是应为改善民生、创新社会管理、加强社会建设提供更有力的法制保障。加强社会建设,必须以保障和改善民生为重点,加快推进社会体制改革。上海地方立法应围绕教育发展、促进就业、城乡社会保障体系建设、医疗卫生以及加强和创新社会管理等重点领域加强立法工作。如制定社区卫生条例、养老机构服务和管理条例、工资集体协商条例、见义勇为人员奖励和保护条例;修改未成年人保护条例、老年人权益保障条例、村民委员会选举办法、残疾人保障法实施办法、精神卫生条例、遗体捐献条例等。

四是应为大力推进生态文明建设提供更有力的法制保障。生态文明建设关系上海全体市民的福祉,关乎上海未来的长远发展。国家所提出的节约优先、保护优先、自然恢复为主的方针为地方立法指出了新方向。因此,地方立法应在着力优化国土空间开发格局,全民促进资源节约,保护海洋生态环境和自然生态系统,推进生活垃圾减量化、无害化、资源化上有所推进,如制定地下空间管理条例、湿地保护条例、水资源管理条例等。

五是应为加强城市安全管理，建设安全、便捷、宜居的城市提供更有力的法制保障。应该通过地方立法动员全社会参与城市安全监督管理，重点加强防灾减灾体系立法，加强轨道交通、危险化学品、建筑消防和信息安全监管等领域的立法，不断完善城市管理长效机制和联动机制。如修改轨道交通管理条例、道路交通管理条例、建筑市场管理条例、特种行业和公共场所治安管理条例、消防条例、烟花爆竹安全管理条例、防汛条例等。

实践证明，加强地方立法的顶层设计对于科学编制立法规划、立法计划具有十分显著的指导意义。上海市人大常委会法工委的这一调研为编制第十四届上海市人大常委会五年立法规划及年度立法计划提供了科学的依据。截至 2017 年 4 月，调研报告提出的文物保护条例、非物质文化遗产保护条例、养老机构服务和管理条例、工资集体协商条例、未成年人保护条例、老年人权益保障条例、村民委员会选举办法、残疾人保障法实施办法、精神卫生条例、地下空间管理条例、轨道交通管理条例、道路交通管理条例、建筑市场管理条例、消防条例、烟花爆竹安全管理条例等立法项目均已完成，社会信用体系建设条例已经常委会一审，调研报告提出的另一些立法项目有的成为近年来常委会年度立法计划中的正式项目，有的被列入预备项目、调研项目，立法条件成熟时可提请常委会审议。

（五）顺应民意，积极回应社会呼声

进入转型发展期后，上海市人大常委会高度重视地方立法的民意基础，努力改进民主立法的方式方法，积极回应社会呼声。《上海市养犬管理条例》《上海市公共场所控制吸烟条例》《上海市社会治安综合治理条例》等一些人大代表反映强烈、社会呼声较高的立法项目及时提请常委会审议通过。与此同时，积极改进地方性法规草案公开征求社会意见的方式方法，不断扩宽市民有序参与地方立法的渠道，在一些重要立法项目的审议过程中，分别听取三级人大代表的意见。立法中听取人大代表意见是发挥人大代表主体作用的重要途径，但是，代表更为关注的是其提出的立法议案能否予以采纳，进入立法程序。为进一步提高代表立法议案的采纳率，上海市人大常委会法工委于 2012 年 12 月对上海市第十三届人大代表提出的立法议案进行了分析、梳理。

在上海市第十三届人代会期间（2008 年 1 月至 2012 年 1 月），市人大代表提出的议案中涉及立法方面的议案共 117 件。其中，58 件立法议案进入了相关立法程序，并通过地方性法规或者政府规章予以采纳。剩余的 59 件立法议案中，有 27 件列入了上海市人大常委会 2013 年度立法计划建议项目之中，尚有 32 件立法议案未列入立法计划建议项目。未列入立法计划主要基于四个方面的原因：其一，相关立法议案属于国家立法权限，或者属于道德调整范畴，不属于地方立法调整范畴。如要求制定"上海市金融监管条例""上海市金融消费者保

护条例"、"商业特许经营条例"、"上海市市民行为规范"等立法议案。其二,前期
立法调研工作还不充分,进入立法程序的时机尚不成熟。如要求修改《上海市街
道办事处条例》《上海市少数民族权益保障条例》《上海市人大常委会讨论、决
定重大事项的决定》,制定"文化发展条例"、"可再生资源条例"、"社区卫生服务
条例"、"促进商业典当业发展条例"、"文化创意产业促进条例"、"农村集体资产
管理条例"等议案。其三,相关议案建议先制定、修改政府规章或者规范性文件,
待条件成熟后再上升为地方性法规。如要求制定"网络游戏条例"、"政府购买服
务条例"、"政府采购管理办法"、"森林条例"、"促进产权市场规范发展条例"、"房
屋使用安全管理条例"等立法议案。其四,国家法律、行政法规尚在制定或修改
过程中,需要等待上位法出台后再适时启动地方立法程序。如要求制定"社会保
障基金监督条例"、"图书馆条例"、"行政程序条例"、"个人信息保护条例"、"招标
投标条例"、"大学生实习条例"、"劳动合同条例"等议案。对代表议案未予采纳
的原因进行分析,并向代表作出必要的解释、说明,有助于代表有的放矢地改进
立法议案的质量,进一步提高立法议案的采纳率。

三、 转型发展期地方立法的制度创新

中国特色社会主义法律体系形成后,对于维护国家法制统一原则,及时清理
修改地方性法规,增强地方立法的科学性,促进国家法律体系内部和谐协调提出
了更高的要求。为此,上海地方立法在转型发展期积极开展立法制度创新,形成
了相应的长效机制。

（一）创建法规清理"动态跟踪"机制

在中国特色社会主义法律体系形成前后,为确保地方立法与国家法律相一
致,根据全国人大的统一部署,全国各地都在开展对地方性法规的集中清理。在
交流清理工作的经验与体会时,大家普遍感到法规清理缺乏制度性的保障。各
地的法规清理都是在特定时期采用突击性的、大规模的"歼灭战"来完成的。

以上海为例,在 1996 年实施《行政处罚法》、2001 年加入世贸组织、2004 年
实施《行政许可法》时,分别开展了三次专项清理。2010 年中国特色社会主义法
律体系形成前夕,首次对地方性法规作大规模的系统清理,以打包处理的简易方
式集中废止了 5 部地方性法规,修改了 48 部地方性法规,涉及 380 多个条款。
清理出的问题发人深省,个别与上位法明显不符、或者实际已弃用的法规仍然作
为有效的法规长期存在。与此同时,尽管立法本身包含了"立、改、废"三方面内
容,但各地在编制立法规划、立法计划时均未考虑法规废止的项目。笔者对这一
现象非常关注,并开始思考如何建立法规清理的长效工作机制。按照《立法法》

的规定，对于不属于国家专属立法的事项，在国家尚未制定法律或者行政法规的情况下，地方根据实际需要可以先制定地方性法规。在国家制定的法律或者行政法规生效后，地方性法规同法律或者行政法规相抵触的规定无效，"制定机关应当及时予以修改或者废止"。在法律语言上，"应当"的意思是"必须"，如何体现《立法法》提出的"制定机关应当及时予以修改或者废止"的要求，需要有长效工作制度予以保障。笔者提出了建立地方性法规清理"动态跟踪"机制的设想。这一工作机制旨在从根本上改变地方性法规未能随着国家层面法律、行政法规的变化而及时修改、废止的状况。为此，上海市在总结历次法规清理工作经验的基础上，在全国率先探索法规清理的长效工作机制。

地方性法规清理"动态跟踪"机制的主要做法是：上海市人大常委会法工委对当年国家法律"立、改、废"的情况密切关注和跟踪研究，及时提出修改地方性法规的处理意见，并在每年年底对与国家法律相关的上海市地方性法规进行一次"年检"，将清理工作与每年年底编制次年立法计划的工作有机结合，对于与国家法律明显"不一致"、"不协调"并且能通过打包处理等简易方式修改的，及时提请常委会审议，对于无法通过简易方式修改的，在编制下一年度立法计划时予以优先考虑。这样可以从制度上保证与上位法"不一致"的地方性法规得到及时处理。这一做法以几次集中清理法规为契机，把创新工作机制、推动地方性法规清理工作的常态化作为改进地方立法工作的一项重要举措。经研究论证，常委会法工委提出了建立法规清理长效机制的意见和建议，并于 2010 年 11 月 25 日向党组会议作了报告，这一意见被纳入了 2011 年度常委会的工作要点。

在探索建立地方性法规清理工作长效机制的过程中，常委会法工委坚持理论先行，成立了相关课题研究组，于 2011 年 2 月完成了《本市地方性法规清理工作长效机制研究》的课题报告，该课题在总结上海市以往法规清理经验与存在问题的基础上，对新形势下探索形成地方性法规清理工作长效机制的必要性和可行性、地方性法规清理工作长效机制的制度设计等问题作了较为全面、系统的论证。课题研究为实践作了必要的理论铺垫。

在实践层面，上海市常委会法工委首先尝试对全国人大常委会新制定、修改的法律进行动态跟踪。2011 年上半年，常委会法工委开展了对 2010 年新制定、修改的法律动态跟踪和即时清理工作。2010 年 3 月第十一届全国人大第三次会议至 2011 年 2 月，全国人大常委会召开了 6 次常委会，共制定和修改法律 15 件。经核对，有 7 件法律，涉及 11 件上海市地方性法规。常委会法工委对上海市相关法规与新制定、修改法律之间是否存在不一致的问题进行了分析研究。经初步清理，在 11 件相关法规中，其中 5 件法规发现与法律存在不一致的问题。如《村民委员会组织法》修改后，上海实施村民委员会组织法办法在关于应当召集村民会议的条件、关于召开村民代表会议的时间、关于村务公开制度等方面的规定都存在与上位法不一致的问题。又如，代表法修改后，与该法相关的本市地方性法规有 4 件（即实施代表法办法、关于代表书面意见的规定、关于代表议案的规定、罢免和补选各级人大代表程序的规定），其中，实施代表法办法、关于代表书面意见的规定在有关机关、组织对代表所提的建议、批评和意见的答复期限等方面存在与新修改的法律不一致之处。常委会法工委进行初步清理后，对与新制定或修改法律存在不一致问题的法规提出了处理意见和建议，对于条件成熟，需要即时修改的法律及时启动立法程序。

在初步探索取得积极成效的基础上，上海市常委会法工委及时总结经验，拟定了法规清理的制度规范，并于 2011 年 6 月向常委会党组会议作了汇报。党组会议充分肯定了法规清理工作的新尝试，并讨论通过了制度规范《关于地方性法规清理工作若干规定（试行）》。该制度规范明确了以下几方面内容：

一是即时清理和定期清理相结合。由常委会法工委动态跟踪上位法的立改废情况，并进行即时清理；每年第四季度牵头开展清理工作，由市人大各专门委员会（常委会工作委员会）、市政府及其工作部门对当年国家立法中出现的立、改、废情况进行梳理和分析，对涉及的本市地方性法规进行一次集中清理，常委会法工委在汇总整理后提出分类处理建议；在每届常委会任期的最后一年，对历次清理中提出的处理意见的解决落实情况予以检查回顾，以及时查漏补缺，解决遗留问题。

二是明确法规清理的审查内容和处理方式。法规清理的审查内容应主要包括合法性、协调性、适应性、可行性和技术性等几个方面。根据存在问题的轻重缓急、难易程度的不同，分别采取继续适用、决定修改、予以废止或作出解释等不同的处理方式。经过审查和处理，作为清理工作的成果，常委会除通过媒体和公报公布法规的修改、废止等情况外，可以通过编纂法规汇编等形式，向社会公布现行有效的法规。

三是实现上海市地方性法规清理工作与立法计划、规划编制工作的有机结合。探索地方性法规清理的常态化，目的是实现清理工作与立法计划、规划编制工作的有机衔接，既保证清理工作的效果，又保证立法工作的有序进行。每年第四季度实行定期清理，使地方性法规清理直接与立法计划编制工作相衔接，清理结果作为计划编制工作的依据之一，推进即时清理工作。如发现地方性法规中存在明显的"不一致"、"不协调"、"不适应"和"不可操作"等问题需要即时处理的，应及时按程序提出草案，提请常委会会议审议。如问题较为复杂，所涉条款较多，无法通过简易方式修改的，或者需要等待出台新的制度来覆盖现有法规的，拟将清理情况作为立法项目立项论证报告的内容之一，有关项目在编制下一年度立法计划时予以优先考虑。在每届常委会任期的最后一年回顾历次清理中提出的处理意见的解决落实情况时，如认为在本届任期内难以完成有关修改或废止工作的，应在编制五年立法规划时予以重点关注。

在对全国人大及其常委会新制定、修改法律进行动态跟踪、即时清理的基础上，上海市人大常委会法工委于2011年又尝试对国务院行政法规的立改废情况进行动态跟踪和即时清理。例如，国务院在2011年共制定和修改行政法规25件。经核对，有7件行政法规的制定涉及上海市9件地方性法规。经初步清理，在9件地方性法规中，有2件存在不一致的问题，有的事项行政法规没有规定，地方法规超出上位法范围作了规定；有的行政法规对有关主管部门名称、适用范围等作了修改，地方法规需作出相应修改。自2012年起，上海市人大常委会法工委又尝试将动态跟踪和即时清理工作与全国人大常委会、国务院对法律、行政法规的立改废工作进程挂钩，实现同步化。全国人大常委会每两个月召开一次常委会会议，国务院每一、二周召开一次常务会议，这对动态跟踪工作的及时性提出了更高的要求。

在试行对上位法进行动态跟踪和即时清理的基础上，上海市人大常委会法工委注重法规清理长效机制的落实和成果转化。例如，对于2011年动态跟踪中发现的与2010年11月修改的代表法不一致的问题，常委会法工委及时提出修改处理意见，并及时与有关专门委员会沟通，促进有关部门加快立法调研、尽快启动修改程序。2011年4月12日上海市第十三届人大常委会第二十六次会议修订通过了区县及乡镇人大代表直接选举实施细则，2011年9月22日常委会第二十九次会议修订通过了实施代表法办法，2012年7月27日常委会第三十五次会议修订通过了关于代表书面意见的规定。与此同时，实施村民委员会组织法办法、村民委员会选举办法列入立法计划调研项目。上海市人大常委会的这一制度创新得到了全国人大常委会法工委的高度肯定。目前，这项工作已经规范化、制度化、常态化，对确保上海地方立法与国家法律、行政法规协调一致发挥了积极的作用。

（二）首推"专项论证"制度

自1980年上海市制定第一部地方性法规以来，上海地方立法经历了三十多年的发展变化。三十而立，三十年是一个周期，在立法经验不断积累的同时，立法存在的问题也在不断沉淀，在转型发展期应当认真总结地方立法三十年的成功经验与存在的不足，进一步探索提高地方立法质量的规律，完善相应的工作制度，形成长效工作机制。从总体上讲，国家法律体系形成后地方立法总的发展方向是控制立法数量，以提高立法质量为工作重心，提高立法质量也是地方立法永恒的主题。立法与经济发展一样，增加立法数量并不难，如同增加投资拉动

GDP,难的是提高立法质量,如同转变经济发展模式,调整经济结构。从这个意义上说,面对新形势、新任务,地方立法工作同样需要创新驱动、转型发展,进一步增强主动性、前瞻性、开创性。

提高立法质量是一篇大文章,涉及立法工作的各个环节。立法工作的实践表明,提高立法质量的关键环节是法规草案的起草,一旦法规案形成,如同一个工件的毛坯已经形成,形状、尺寸、结构都已定型,加工余量非常有限,诸如立法形式、体例、总体思路、篇章结构、核心条款的设计都已经定型,审议过程中如要作实质性的修改,往往伤筋动骨,事倍功半。因此,提高立法质量关键在于关口前移,从源头上把好立法入门关。

常委会法工委作为常委会法制综合工作部门,承担了编制常委会五年立法规划、年度立法计划的具体工作,每年的立法计划都要报经市委批准才能实施。应该说,长期以来历届常委会党组对于立法规划、计划的编制工作高度重视。每年开展这项工作都有明确、具体的工作要求,为了从源头上提高立法质量,减少立法项目立项的盲目性、随意性,2009年上海市第十三届人大常委会通过了《上海市人大常委会立法项目立项论证工作试行办法》(以下简称《试行办法》),规定了立项论证的适用范围、论证内容、论证报告、联合论证、立项决定等内容。该办法自实施以来,取得了一定的成效。比如2010年和2011年度立法计划编制过程中,拟列入正式项目的立法项目建议单位均按要求自行开展论证或委托相关研究机构组织力量开展论证,并提交立项论证报告,这一报告成为判断立法可行性和必要性的决策依据。2009年的立法计划预备项目《上海市公共场所控制吸烟条例》经过立项论证后提交主任会议,经主任会议讨论后决定从立法计划的预备项目调整为正式项目,这是上海市立项论证制度的第一次尝试。从2010年开始,每年编制立法计划,所有的正式项目形式上都通过了立法论证,这些立项论证在一定程度上对于全面考量立法项目的必要性、可行性具有积极的作用。

但是,《试行办法》试行三年来,对其全面、客观地评估,其绩效并不令人乐观,立项论证工作至少存在以下几个显著的问题:

一是形式意义大于实质意义。按照《试行办法》的要求,立项论证主要论证的内容是必要性与可行性,《试行办法》实施以来,尚无一个论证报告的论证结果是必要性、可行性存在问题。一些论证报告有关立法必要性的论证内容较为空洞,泛泛而谈,说服力不强,导致一些立项后的项目审议时立法必要性受到委员们的质疑。一些项目有关可行性的调研论证不够充分,导致不能按计划完成,使规划和计划失去了应有的严肃性。

二是一些立法论证形同虚设。表现在有的部门未将主要精力、工作重心放在调研论证上,而是热衷于多方游说,个别项目甚至先立项、后论证,使立法论证形同虚设。

三是立法机关比较强调各方意见的统一，人大主导作用有待进一步发挥。常委会法工委的工作主要还是停留在汇总有关部门上报的立项建议和立项论证报告上。在市政府法制办、市人大各委员会、相关政府部门之间进行协调，平衡各个领域立法项目的数字。为了确保立法计划在主任会议上顺利通过，编制工作往往以排除异议为要务，有时对一些立法必要性、可行性明显有问题的项目持妥协折中的态度。

四是《试行办法》本身存在问题。总体上看，《试行办法》基本上是程序性的规定，仅第二条规定论证内容："立项论证工作应当重点围绕立法的必要性和可行性展开。（一）对立法必要性主要从立法的紧迫性、背景依据、需求分析等方面进行论证；（二）对立法可行性主要从立法的准备工作、主要思路、可操作性等方面进行论证。"从文字表述看，这些要求过于宏观、抽象，是软性的标准，如何认定"紧迫"、"需求"、"可操作性"，立法条件的成熟度，缺乏硬性的、具体的标准。

随着国家法律体系的形成和不断完善，地方立法中综合性、系统性的立法会相应减少，地方立法体例将从"大而全"转向"有几条立几条"的结构形式。要走精细化的立法发展道路，采用"少而精"、"一事一例"的立法体例，在"拾遗补阙"上下功夫，在立法内容上着力在真正管用的关键条款上下功夫。这样做，既可以突出地方特色，又可以提高起草和审议效率，减少立法成本，并且可以从源头上有效根除重复立法、繁琐立法、地方立法照搬上位法的弊端。应该说，这些并不是新的理念，多年来一直在说，问题是很多好的理念，好的想法只是停留在口头上、体现在文件中，没能化为具体的行动，更缺乏制度保障。如推行"一事一例"的立法体例，取决于起草部门提交的法规案基础是否扎实，关键是把好法规案的入门关。上海连续三年试行立法项目的立项论证制度，并要求申请立项的立法项目都要提供法规案的草案，几乎所有政府部门提供的法规草案都是体例完整、大而全的综合性条例。

立法论证制度的变革发生在上海市人大常委会 2012 年度立法计划编制的过程中。时任全国人大常委会委员长吴邦国提出，"一个法律中关键的就那么几条"，立法应在"关键的那么几条"上下功夫。针对国家法律体系形成后的新形势、新要求，常委会法工委在原有立法计划编制工作制度的基础上作了一些新的探索，要求立法项目申报单位开展立项论证时，应当重点论证两个问题：一是对现有的法律资源是否够用进行论证，能通过修改相关法规解决实际问题的，不再制定新的法规；二是就立法体例进行论证，是否可以采用"若干规定"等简易形式，以体现有几条立几条、重在解决实际问题的立法原则。当年政府部门的立法积极性很高，提出的正式立法项目有 30 件，多数论证报告关于立法必要性的论证说服力不强。据分析,许多相关的管理措施现行法律、法规中都有相应的规定,立法需要解决的问题大多属于执法层面的问题。常委会法工委在与各方面反复协商、沟通的基础上形成了2012年度立法计划初稿。初稿在提交党组会议讨论前,法工委书面征求各位常委会党组成员的意见,时任上海市人大常委会主任、党组书记刘云耕同志要求常委会法工委明确列入立法计划初稿的相关立法项目是否有"关键的那么几条"。应该说在具体的法规中如何判断"关键的那么几条"难度很大,需要创新工作方法。常委会法工委经过一番思考,决定再次召开有市人大各专门委员会、市政府各委办局、市政府法制办相关领导与法制部门负责同志参加的会议,要求各立法项目申报单位在原来立项论证的基础上进一步细化论证四个问题:一是所申报的立法项目,关键要解决什么问题;二是现有的法律、行政法规、地方性法规及政府规章对于解决这些问题是否已有规定;三是如需要通过制定或者修改地方性法规解决这些问题,具体列明有哪些关键性的条款;四是如果属于新制定法规,能否采用"若干规定"等简易形式,以体现有几条立几条、重在解决实际问题的立法原则。这一"专项论证"制度开创了地方立法工作的先河,得到了全国人大常委会法工委的充分肯定。

"专项论证"初试锋芒即取得可喜成效,在当年相关部门申报的正式项目中,在突发事件应对、国防教育、审计、推进国际贸易中心建设、信访等立法项目的专项论证工作上做得比较充分,专项论证报告基本做到围绕立法项目要解决的关键问题、现有的法律资源、关键性的条款等问题有理有据。经过专项论证后的申报正式项目中,社区文化中心管理、实施邮政法办法、刑释解救人员安置帮教工作、限制商品过度包装等四件立法项目经过专项论证,从原来叠床架屋、条文备至的条例形式转变为"有几条立几条"的简易立法体例,体现了以问题引导立法,以解决核心问题为目标,在关键条款上下功夫的立法工作新要求。"专项论证"是对立项论证制度的补充和深化,有助于对立法深层次问题进行研究和探讨,是对立项论证制度的完善。在立法工作中可以根据形势发展变化的需要,有针对性地提出每年需要特别论证的具体要求,这样有助于进一步提高立法质量,从源头上把好立法质量关,使立法的实效性得到进一步增强。

(三)探索"联合论证"制度

党的十七大要求全面落实依法治国基本方略,加快建设社会主义法治国家,明确提出依法治国是社会主义民主政治的基本要求,要坚持科学立法、民主立法,完善中国特色社会主义法律体系。为增强地方立法工作的科学性,各地立法机关普遍推行立法项目论证制度。与其他省市相比,上海的立法论证工作开展得比较早,并注重及时总结经验,改进工作方法。为更好地把好地方性法规的立项关,更加全面深入地听取各方面的意见,更加有效地加强人大在立法工作中的组织协调作用,上海市人大常委会法工委继探索"专项论证"制度后,又探索了"联合论证"制度。

"联合论证"是指在编制年度立法计划的过程中,对于各方意见不尽一致的项目,由市人大常委会法工委组织由常委会有关专门委员会、工作委员会、市政府法制办、市政府主管部门相关负责人、市人大代表和立法及相关领域专家组成论证会议进行联合论证。联合论证的主要程序是:1.由提出立法项目申请的主管部门、相关部门就立项的必要性、可行性、立法需要解决的关键问题以及立法准备工作等情况进行陈述;2.参加联合论证的各部门、人大代表、专家提出问题,请提出立法项目申请的部门进行解答;3.参加联合论证的各部门、人大代表、专家发表各自意见;4.参加联合论证的各部门、人大代表、专家闭门评议,决定相关申请立项的项目是否符合立项要求;5.常委会法工委向提出立法项目申请的部门反馈论证结果及修改立项论证报告的意见、建议。2012 年 12 月 6 日,上海市人大常委会首次召开立法项目联合论证会,全国人大常委会法工委派员专程来沪进行现场观摩和指导。

"联合论证"制度旨在遵循地方立法体制,尊重人大专门委员会、市政府法定职权的前提下,最大限度地发挥人大在立法工作中的主导作用以及常委会法工委作为常委会法制工作部门的组织协调作用。在现有的地方立法体制下,常委会法工委的工作职责之一是"负责编制和起草市人大常委会五年立法规划和年度立法计划草案,了解立法规划和立法计划的实施情况,并根据实际情况变化向主任会议提出调整意见"。常委会法工委在编制立法计划、立法规划中的工作职责可以归纳为八个字:组织、引导、协调、促进。

一是组织。立法计划、规划编制工作的主体是常委会党组,常委会法工委在常委会党组领导下负责制定编制工作方案并经常委会党组会议讨论,承担组织、牵头、落实编制工作方案的具体工作。

二是引导。通过制定编制工作方案提出立项范围和遴选重点,引导政府部门根据经济与社会发展的必要性、紧迫性及地方立法的可行性,申报项目,通过这一工作环节改变不加选择地接受政府部门申报项目的被动状态。

三是协调。编制立法计划、规划是人大发挥立法主导作用和加强组织协调的过程,是各专门委员会、工作委员会发挥组织协调作用最主要的抓手。编制工作方案中各专门委员会、常委会法工委的统筹协调工作占了很大比重。从立法项目申报情况来看,有的部门、领域申报项目过多,要区分轻重缓急进行调整。

四是促进。长期以来,民生领域、社会管理领域,立法资源相对稀缺,社会热切期盼,人大代表连年呼吁,但立法难度大,政府部门积极性不高,始终无法列入规划、计划,需要通过立法计划、规划,推一把,促一下,有计划、分步骤地从调研项目到预备项目,再到正式项目,逐步催生出来。

编制五年立法规划是从民主到集中,从各方面认识不尽一致到逐步趋于一致的过程,需要多方沟通,反复协调,工作量大,工作要求高,难度大。应该说,在历届常委会的正确领导下,各专门委员会、工作委员会、办公厅、研究室各司其职、通力合作,认真执行工作方案的要求,保证了历次立法规划、立法计划的编制工作如期完成。

由此可见,在现行地方立法体制下,"联合论证"制度不啻是人大发挥立法主导作用的重要抓手,对于提升上海科学立法、民主立法的水平具有积极的促进作用。"联合论证"试行之初,适用于各相关部门对于立法必要性、可行性存在分歧的项目,从 2015 年开始,该制度适用于所有申报年度立法计划中正式项目的立项申请。经过多年探索,该制度日趋成熟,2016 年上海市人大常委会主任会议通过的《关于加强立法工作组织协调的规定》进一步固化了这一制度,使该制度进一步规范化、制度化、常态化。

(四)试水"小型化立法听证会"

听证(Hearing)一词产生于英美普通法上基于自然正义观念而听取不同意见的法理,最初仅为司法审判活动中的必经程序,谓之"司法听证"(Judicial Hearing),以后又延伸至行政领域、立法领域,从而出现了立法听证(Legislative Hearing)制度。[1]我国学者对于立法听证的确切含义尚无定论,通常将其视为民主立法的范畴,指立法主体在立法过程中公开听取相关组织和个人的意见,将各种意见作为立法决策的参考依据。

在立法层面,我国 1996 年《行政处罚法》最早对听证制度作出规定:行政机关作出责令停产停业、吊销许可证或者执照、较大数额罚款等行政处罚决定之前,应当告知当事人有要求举行听证的权利;当事人要求听证的,行政机关应当组织听证。当事人不承担行政机关组织听证的费用。该法同时对听证程序作出明确规定。2000 年《立法法》对立法听证作出了规定,该法第三十四条第一款规定:"列入常务委员会会议议程的法律案,法律委员会、有关的专门委员会和常务委员会工作机构应当听取各方面的意见。听取意见可以采取座谈会、论证会、听证会等多种形式。"在立法过程中,座谈会、论证会、听证会都是民主立法的基本方式,但是,与座谈会、论证会相比,听证会具有公开性、法定性、程序性、正式性等特点。[2]

---

① 参见汪全胜:《论建立我国立法听证制度》,载周旺生主编:《立法研究》第 2 卷,法律出版社 2001 年版,第 374 页。

② 参见王爱声:《中国立法听证制度的建置及其完善》,载周旺生主编:《立法研究》第 5 卷,北京大学出版社 2005 年版,第 73—74 页。

　　立法听证是反映不同群体利益诉求的有效平台,是保障公民直接参与立法过程的一项重要制度设计。在地方立法转型发展期,亟须研究立法听证小型化、常态化的问题,在各地立法实践中,每一个地方性法规审议过程中都要召开一系列座谈会,对于立法中的疑难问题,根据需要召开有专家学者参加的论证会。就听证会而言,上海市人大常委会于2001年5月18日就《上海市中小学校伤害事故处理条例》举行立法听证,这是国内首次立法听证会,上海市召开立法听证会的数量在全国也名列第一。为进一步规范听证程序,2001年5月31日,上海市第十一届人大常委会第十二次主任会议通过了《上海市立法听证规则(试行)》,经过近六年的实践探索,上海市第十二届人大常委会第八十七次主任会议通过了《上海市地方立法听证规则》,该听证会规则明确可以举行立法听证会的七种情形:涉及本市社会、经济发展重大问题;对公民、法人或者其他组织的权益有较大影响的;不同利益群体之间有明显利益冲突的;对制定、修改或者废止法规的必要性有较大争议,或者对法规案的内容有较大争议的;法规案中设定行政许可、行政处罚、行政强制措施的;需要进一步搜集信息、广泛了解民意的;常委会会议认为需要听证的其他情形。听证会规则规定了严格的听证会程序:听证机构应当在听证会举行的十日前向社会发布听证会公告,公告应当包括听证会的目的、听证事项;听证会的时间、地点;对听证陈述人及旁听人的要求和报名办法;其他与听证会有关的内容。听证规则同时规定,要求作为听证陈述人的,应当在报名时表明对听证事项所持的观点;听证陈述人由听证机构在不同观点的报名人员中遴选,其中,常委会组织的听证会的听证陈述人由主任会议或者常委会法制工作委员会遴选。听证陈述人可以是与听证事项有利害关系的当事人,也可以是能够提供相关事实的组织与个人以及相关专家;听证机构应当在听证会举行前,向听证陈述人发出正式通知。

　　立法听证会对上海推进公民有序参与地方立法,增强立法科学性,凝聚社会共识及法制宣传教育起到了积极的作用。但是,实践中也反映了在立法听证制度实施过程中存在的问题,主要表现在立法听证会的成本很高,程序很复杂,组织部门不堪重负,而且实际效果不十分明显。其实,座谈会、论证会、听证会三者本身没有实质性的差别,都是听取意见。在有些国家,凡公开听取社会意见,都属于"听证"。按照这一标准,上海所有的地方性法规都经过"听证",中国式的立法民主是充分的、全面的,体现在立法各个环节。

　　听证会的最大问题是程序复杂,主要是听证陈述人要在限定的时间内从不特定的报名人中产生。然而,《立法法》在规定听证会时,并未规定听证会的程序,《上海市地方立法听证规则》也只是市人大常委会主任会议通过的内部工作制度,不属于地方性法规,实践中具有较大探索的空间。为此,上海市人大常委会在听证会小型化、常态化方面作了一些探索。2007年12月,上海市人大常委会在修改《上海市绿化条例》的过程中,笔者组织了上海市首次小型化的立法听证会,就草案修改稿中有关居住区树木修剪、迁移、砍伐以及居住区建成绿地内部布局调整等问题,在徐汇区康健街道玉兰园居委会召开社区立法听证会,听取社区居民、业主委员会成员、居民委员会成员以及物业公司代表的意见。常委会法工委在一个社区内张贴听证会公告,在社区范围内接受听证陈述人报名,听证会会场设在居委会会议室,空间小,但听证人与听证陈述人面对面接触,近距离交流,互动频繁,既方便了社区居民参加,又增强了听证的效果,降低了听证会的成本,同时也丰富了公众民主参与立法的形式,推进了立法民主化的进程。听证陈述人的意见也在修改后的条例中得到体现。①初步尝试成功后,上海市人大常委会法工委在养犬管理条例等一些与社会管理、改善民生有关的立法项目中进一步探索小型化的立法听证会,均取得了良好的效果。这一探索也给了立法部门有益的启示,无论是国家法律,还是《上海市地方立法听证规则》,均没有对听证陈述人如何产生,在多大范围内接受报名作出规定,在社区范围内开听证会并无不妥。在民主立法推进过程中,要防止思想僵化,自己束缚自己的手脚,应当在积极探索的过程中,认真总结立法听证的工作规律,进一步增强立法听证的实效,简化立法听证的程序,降低立法听证的成本。

(五)推行"4+1"立法课题研究模式

立法是一门科学,提高立法质量需要把握立法的科学规律。长期以来,上海市人大常委会高度重视增强地方立法的理论底蕴。2003年10月,上海市第十二届人大常委会成立了全国首个省级人大常委会专门从事地方立法理论与实务研究的直属立法研究机构——上海市立法研究所,该研究所系上海市人大常委会下属的全额拨款的事业单位,业务上归口常委会法工委。研究所成立伊始,积极探索与传统体制不同的运作模式,效仿兰德公司等国际知名智库,以动员和吸引社会力量开展对策研究,研究方式为课题制,通过购买服务的方式获得研究成果。经过多年实践探索后,上海市第十三届人大常委会于2009年对研究所的机构定位、工作目标、运作模式进行了调整,明确其工作职责主要是围绕本市改革发展稳定及经济社会发展的需要,紧贴市人大常委会立法工作实际,做好"三个服务",即为人大专门委员会立法前期的调研服务、为市人大常委会组成人员审议法规服务、为本市民主法制建设服务。具体开展地方立法的应用性研究、为常委会组成人员编辑法制参阅资料、组织并承办与地方立法相关的有规模有影响

① 参见丁伟:《上海市人民代表大会法制委员会关于〈上海市绿化条例(草案)〉〈修改稿〉修改情况的报告》,《上海市人民代表大会常务委员会公报》2007年第一号。

的研讨会等工作,借鉴并整合理论界与实务界的力量,发挥平台的集成优势,为市人大常委会立法工作提供智力支持。

在上海地方立法转型发展期,立法研究所围绕人大立法工作,依托立法职能部门,借助并整合社会力量,全力做好课题研究。为了破解地方立法的立项难题,抓住立法前期工作中的难点问题,使研究工作更加富有针对性和实用性,立法研究所在实践中逐步探索,形成了课题研究"4＋1"的模式。这一模式的最大特点是,综合各方需求,选择现实中迫切需要、能通过地方立法手段予以解决的预备项目和调研项目作为课题研究的对象,由市人大专门委员会、市人大常委会法工委、市政府法制办、市政府有关职能部门四方面人员,加上相关领域较有建树的专家学者联合组成课题组,做好项目的前期研究和论证工作。课题组一般采取座谈、问卷调查、实地走访、比较分析等多种方法开展研究,最终形成研究报告、草案建议稿及其说明。实践证明,采用这一研究模式,有利于整合各方资源,取得立法共识。

这一研究模式对于发挥人大在立法工作中的主导作用也起到了积极作用,成为人大提前介入立法前期的调研、起草工作,以课题项目倒逼立法项目的重要载体,在转型发展期催生了《上海市养犬管理条例》、《上海市公共场所控制吸烟条例》、《上海市安置帮教工作规定》等一系列社会期盼的社会领域立法。2011年度,立法研究所完成了金融消费者权益保护、预付式消费卡管理、刑释解教人员安置帮教、养老机构管理、老年人权益保障、文物保护、推进国际金融建设、信访、邮政业等18个立法课题研究报告,其中部分课题研究成果转化为上海市人大常委会2012年度正式立法项目。[①]2012年度,完成了小额贷款公司规范发展、见义勇为、民办教育、城市管理法制体系、碳排放交易、促进行业协会发展、个人征信等13个课题研究报告,其中部分课题研究成果转化为常委会2013年度正式立法项目。[②]"4＋1"立法课题研究模式不但增强了立法调研的成熟度,而且在立法草案提请常委会审议前破解了立法难点,统一了思想认识,从而提高了常委会审议质量,加快了地方立法的审议进程。

四、 转型发展期地方性法规亮点解析

为尽快适应国家法律体系形成后地方立法面临的新形势,找准上海地方立

---

① 参见上海市立法研究所编:《上海地方立法课题研究报告集》(2011 年度),上海锦绣文章出版社2012 年版。

② 参见上海市立法研究所编:《上海地方立法课题研究报告集》(2012 年度),上海锦绣文章出版社2013 年版。

法在转型发展期的立法方向和重点，上海市人大常委会未雨绸缪，在 2010 年对
上海市截至 2007 年年底之前所有有效的地方性法规进行全面清理的同时，由上
海市立法研究所委托上海社会科学院法学研究所对上海现行有效的所有地方性
法规进行评估。评估工作从合法性、适应性、操作性、绩效性、特色性、参与性六
个方面对 1979 年上海市设立人大常委会开始至 2007 年年底上海市制定并现行
有效的 142 件地方性法规进行全面的梳理、分析。这项基础性工作对新时期上
海地方立法精准发力、转型发展具有积极的意义。

（一）社会性立法直面立法难点

经过三十年的发展，地方立法低垂的果子已经摘完，上海所有的立法调研、
评估均表明，地方立法最为明显的短板是社会领域的立法。为此，转型发展期上
海地方立法需要面对的是如何应对立法难度大、人民群众呼声强烈的社会领域
立法。遇到矛盾是退避三舍、绕道走，还是直面矛盾、迎难而上，以足够的智慧、
魄力和韧劲积极化解矛盾，这对于立法部门来说不啻是一种严峻的考验。上海
市人大常委会积极回应社会呼声，直面立法难点，一些长期悬而未决的立法项目
在转型发展期如期完成。

1. 依法规范养犬行为

上海市人民政府曾于 1993 年颁布实施了《上海市犬类管理办法》，该管理办
法遵循"数量控制"、"限制养犬"的基本原则，实行以养犬许可为抓手、以捕杀无
证犬为查处手段的执法模式，对规范上海市养犬管理曾发挥了积极作用。但是，
随着市民生活水平的提高和居住环境的改善，市民养犬数量迅速增长，经许可饲
养的犬只从 20 世纪 90 年代初的 4.5 万条增至 14 万条。据公安部门调查推测，
上海市无证犬只的数量超过 60 万条。实践证明，较高的养犬管理收费和办证条
件等"门槛"要求并不能遏制居民养犬的需求，单纯依赖政府部门执法的管理模
式，实施效果也不尽理想，需要根据实际情况调整原有的管理理念和执法模式，
按照规范养犬行为的要求，实行政府部门监管、基层组织参与、社会公众监督和
养犬人自律相结合的新模式。

由于管理失效，犬只数量不断增加，因不规范养犬行为引发的各种社会问题
也日益突出，犬只伤人数量不断增加，2006—2011 年每年都超过 10 万起，2010
年发生近 14 万起，而且每年都有因狂犬病致人死亡的情况发生，危害公共安全
和市民健康。与此同时，犬吠扰民、犬只在公共场所随地便溺等现象大量存在，
对市民生活环境和市容环境卫生造成不良影响。为此，广大市民对治理"狗患"
的要求十分强烈，900 多位市民联名致信上海市人大，呼吁尽快制定相关地方性
法规。市人大相关课题组所作的一项调查问卷也表明，95.5％的市人大代表认
为有必要制定养犬管理的地方性法规。尽快启动这项地方立法已是民心所向、

民意所归。然而，对于这一矛盾突出、公众期待的立法，由于各相关管理部门无法就职责范围达成共识而长期不能进入立法程序。为此，上海市人大常委会审时度势，以主流民意作为立法的依据，在充分调研认证的基础上，适时启动了这一社会关注的立法项目。

2011年2月23日，上海市第十三届人大常委会第二十五次会议通过了《上海市养犬管理条例》。条例共7章61条，适用于上海市行政区域内犬只的饲养、经营以及相关管理活动。条例将规范养犬行为，保障公民健康和人身安全，维护养犬人的合法权利，维护市容环境卫生和社会秩序为立法宗旨，明确规定养犬管理实行政府部门监管、养犬人自律、基层组织参与、社会公众监督相结合的原则。条例在充分协调和沟通的基础上确立了养犬管理体制：市和区、县人民政府应当加强对养犬管理工作的领导。市和区、县人民政府建立由公安、兽医、城管执法、工商行政、住房保障房屋管理、卫生等部门参加的养犬管理工作协调机构，组织、指导和监督养犬管理工作，协调解决养犬管理工作中的重大问题。

市公安部门是上海市养犬管理的主管部门。区、县公安部门负责本辖区内的养犬管理以及相关处罚。市公安部门设立的犬只收容所负责犬只的收容、认领和领养工作。兽医主管部门负责犬只的狂犬病防疫，指导动物卫生监督机构实施相关管理以及处罚。城管执法部门负责查处城市化地区饲养、经营犬只过程中影响市容环境卫生的行为。工商行政管理部门负责对从事犬类经营活动的监督管理。住房保障房屋管理、卫生、财政、物价等相关行政管理部门按照各自职责，共同做好养犬管理工作。乡、镇人民政府和街道办事处应当配合有关行政管理部门做好养犬管理工作。

条例同时规定，养犬人应当依法养犬、文明养犬，不得损害他人的合法权益，各级人民政府和相关部门应当通过多种形式，开展依法养犬、文明养犬、防治狂犬病和人与动物和谐相处的宣传教育，并鼓励相关行业协会、动物保护组织等社会团体参与养犬管理活动。条例明确规定，本市依法对饲养的犬只实施狂犬病强制免疫、养犬登记制度和年检制度。犬只出生满三个月的，养犬人应当按照本条例规定，将饲养的犬只送至兽医主管部门指定地点接受狂犬病免疫接种，植入电子标识。饲养犬龄满三个月的犬只，养犬人应当办理养犬登记。养犬人应当到居住地或者单位住所地的区、县公安部门指定机构申请办理养犬登记和年检。饲养犬只的个人应当具有完全民事行为能力并在本市有固定居住场所。个人在城市化地区内饲养犬只的，每户限养一条，禁止个人饲养烈性犬只。区、县公安部门应当自收到养犬登记申办材料之日起十个工作日内进行审核。符合条件的，准予登记，发放《养犬登记证》和犬牌；不符合条件的，不予登记并说明理由。条例对养犬行为作了专章规范，规定养犬人饲养犬只应当遵守有关法律、法规和规章,尊重社会公德,遵守公共秩序,不得干扰他人正常生活,不得破坏环境卫生和公共设施,不得虐待、遗弃饲养的犬只,并详尽规定了养犬人携带犬只外出应当遵守的规定。条例对犬只的收容、认领和领养、犬只的经营、法律责任等事项作了专章规定。

养犬管理涉及面广,需要平衡不同社会群体的利益,同时兼顾养犬人生活陪伴、精神慰藉的需求。在立法过程中,社会各方普遍关注以下几个问题:①

一是"一户一犬"的规定条例在实施中如何掌握。在条例审议过程中,一户是否限养一条犬只争议比较大,上海市人大常委会广泛征求社会各界意见,就该问题举行了立法听证会,并在全体市人大代表中作了调查问卷。统计结果表明,85％的人大代表主张一户只能养一只犬。值得注意的是,上海市从1993年市政府颁布《上海市犬类管理办法》起,一直实行"一户一犬"规定,许多省市的立法也实行"城市化地区一户一犬"的原则。根据本市人口密度高和人均居住面积小的实际状况,条例明确规定城市化地区内每户限养一条犬只。"城市化地区",是指《上海市城乡规划条例》确定的中心城、新城和新市镇。对于社会关注的条例实施前一户已经饲养两条或两条以上犬只,并已办理养犬登记的,条例遵循《行政许可法》关于"公民、法人或者其他组织依法取得的行政许可受法律保护"的规定,明确规定"本条例施行前已依法为犬只办理养犬登记的,继续有效"。条例实施后,养犬人应当根据条例的规定将超过限养数量的犬只送交符合条例规定条件的其他个人、单位饲养或者送交犬只收容所。条例对违法无证养犬设定了法律责任,当然,执法过程也要讲求人性化。可以通过社区居委会做工作,宣传、引导、教育、批评。如果教育、批评还不改的话,那就按照法律强制执行,收容犬只,强制免疫,强制办证,还要依法进行处罚。

二是关于养犬的收费问题。关于养犬是否应当收费以及具体的收费金额,是常委会审议和征求意见过程中市民关心的焦点。绝大多数意见认为,养犬是个人行为,养犬人应当承担犬只的狂犬病免疫、电子标识成本的费用。同时,犬只也会占用一定的社会公共资源,养犬人应当承担必要的管理服务费,不收管理服务费,势必由全体纳税人来承担这笔费用,显然不公平、不合理。条例吸取了多数意见,规定养犬人应当承担犬只狂犬病免疫、电子标识、相关证件和管理服务费用。狂犬病免疫、电子标识的具体费用标准由市物价部门核定,相关证件和管理服务费的具体费用标准由市物价部门会同市财政部门核定,并向社会公布。条例同时规定,管理服务费的收取和使用情况应当定期向社会公布。收取的管

---

① 参见王海燕、周楠:《专家解读即将正式实施的〈上海市养犬管理条例〉》,《解放日报》2011年5月13日。

理服务费应当用于为养犬人提供养犬指导、服务等与犬只公共管理服务有关的事项。另外，为鼓励犬只绝育，条例规定绝育犬只减半收取管理服务费。

条例审议中，各方面对相关收费的依据较为关注。条例所规定的狂犬病免疫、电子标识的收费属于经营服务性收费，实行国家宏观调控下主要由市场形成的价格管理机制，对经营服务性收费实行市场调节价，市物价局、市农委确定了收费标准，狂犬病免疫采用进口疫苗的，为60元，国产疫苗40元，电子标识植入每只60元，各级动物疫病预防控制机构、经兽医主管部门认定的宠物诊疗机构可以在不高于这一标准的范围内确定本免疫点的具体收费标准。市物价局、市农委要求各免疫点认真做好明码标价工作，在收费窗口显著位置公示收费项目和标准，主动接受社会监督。条例所规定的相关证件和管理服务费则属于行政事业性收费，这是国家机关、事业单位根据法律法规等有关规定，在实施社会公共管理，以及在向公民、法人提供特定公共服务过程中，向特定对象收取的费用。在条例审议过程中，多数意见主张城市化地区的养犬管理服务费不能过低，80%的人大代表主张应收取管理服务费，多数代表认为收费应在500—1000元之间。从其他省市的立法规定看，北京、天津均规定重点管理区内每条犬只第一年为1000元，以后每年度为500元。按照国家规定，行政事业性收费应当遵循满足社会公共管理需要，合理补偿管理或服务成本，并与社会承受能力相适应的原则确定收费标准。为此，上海根据多数市民的意见，参照其他省市的立法经验，规定上海市城市化地区每条犬收取500元管理服务费。

三是有关养犬人自律的要求。在条例起草和审议过程中，不少人对条例的执法效果存在疑虑，甚至有人提出"公安机关管人都来不及，哪有精力来管狗。"为此，条例在设定相关法律责任的同时，确定了政府部门监管、养犬人自律、基层组织参与、社会公众监督相结合的养犬管理原则。条例的一大亮点是强化了对养犬人自律的要求，设专章规定养犬行为规范，其中对犬只伤人、犬吠扰民、犬排泄物污染环境、弃犬管理、染疫犬只处置等公众反映比较集中的问题作出明确规定。这些规定重在强化养犬人对犬只的监管，减少不规范养犬行为，引导市民规范养犬。养犬管理等社会领域的立法涉及法律与道德互相重叠的领域，行为人自律十分重要，立法的功能毕竟是有限的，上海市无证狗泛滥、狗伤人、犬吠扰人、犬只随地便溺、潜在的狂犬病等狗患问题由来已久，积重难返，不能奢望也无法期待法规一出台一夜之间解决所有的"狗患"。法规的实施是一个渐进的过程，要想从根本上解决狗患问题，关键在于提高养犬人的自律意识。社会上反映强烈的不规范养犬行为大多属于不文明行为或者轻微的违法行为，在这些领域法律有时无法取代道德的作用。只有通过包括所有养犬人在内的社会各界的共同努力，才能真正做到标本兼治，营造良好的社会氛围。

四是如何发挥社会组织在养犬管理中的作用问题。养犬问题是一个综合性的社会问题,上海市多年来养犬管理的实践证明,单纯依赖政府部门执法的管理模式,实施效果并不理想。因此,条例根据实际情况调整了原有的管理理念,注重发挥全社会的力量。居民委员会、村民委员会、业主委员会等基层组织在养犬管理中可以发挥关键性的作用,条例明确规定居民委员会、村民委员会、业主委员会以及动物保护组织、养犬协会等社会组织的协助管理职责,以弥补行政管理的不足。条例还规定了群众举报、投诉等社会公众监督制度,这对于规范养犬、解决养犬争议、加强养犬管理具有重要意义。这些都成为依法养犬、规范养犬、文明养犬和健康养犬的有效保证,既有利于节约行政资源,也可以发挥社会团体的优势,既体现了对社会公众参与权的尊重,也表达了对养犬人自律自觉、积极遵守社会公德的期望,推动全社会形成文明养犬的氛围。鉴于养犬管理工作群众性强、工作量大,要做好养犬管理工作,单靠执法部门加强管理和处罚是远远不够的,必须发动全社会的力量。条例鼓励社会团体、志愿者组织和志愿者参与养犬管理活动,鼓励有关社会团体开展犬只收容、领养工作。这样规定有利于发挥社会团体的优势,推动全社会形成文明养犬的氛围。

上海市人大常委会力排众议,直面矛盾,出台了养犬管理条例,社会各方面对该条例的实施情况非常关注,对此,上海市人大常委会在条例实施一年多后,对于条例的实施情况进行执法检查。检查结果表明,上海市公安、农委(兽医)、城管、工商、房管、卫生等职能部门抓住契机,进一步健全完善管理机制,狠抓各项措施落实,确保了上海市养犬管理工作有序、有效开展。

第一,免疫数、办证数大幅增加。一年来,上海市累计实施狂犬病免疫接种犬只 40 万余条,同比增加 187%;累计办理《养犬登记证》26 万余张,同比增加 90%。第二,广大市民的养犬行为逐步规范。一年来,上海市犬只伤人事件较条例实施前一年减少 1900 余起,犬吠扰民、不束牵引带遛狗、犬只排泄物影响环境卫生等现象明显减少。第三,公众参与积极性正在提高。特别是在养犬宣传、犬只收容领养等方面,上海市宠物行业协会、动物保护组织、基层组织的响应度和参与度越来越高。第四,"两会"代表和广大市民的满意度、认同感上升。一年来,全市接到的群众举报投诉数较条例实施前一年减少 6 成以上。2012 年,"两会"代表没有针对养犬管理工作的提案和意见。

执法检查也发现了条例实施中存在的问题,首先是管理合力尚未有效形成,部分区没有成立养犬管理协调机构,各职能部门之间的信息还不能做到及时沟通,齐抓共管的工作格局也有待进一步形成。其次是执法处罚力度有待加大,处罚养犬违法行为的案例甚少,执法部门侧重于"教育为主、处罚为辅"的"柔性管理"措施。再次是"一门式"服务模式尚未推开。最后是犬只留验、处理设施不够完善。立法的功能是有限的，客观地说，在解决无证养犬这一上海养犬管理最为尖锐的矛盾方面，条例起到了明显的成效，较好地实现了立法的初衷。

2. 依法保障"舌尖上的安全"

"民以食为天，食以安为先"。上海2009年常住人口已超过1900万人，年消费食品超过1000万吨，近6成食品和食品原料来自外地，保障人民群众"舌尖上的安全"，加强食品安全监管，是超大型城市管理的重中之重。长期以来，上海市人大常委会高度重视食品安全工作，连续开展执法检查和专项监督，大力推动上海市食品安全的监管体制、机制和法制建设。上海市人大代表和社会各界也高度关注食品安全地方立法工作，仅在第十三届人大第一次、二次、三次会议期间，就有66位市人大代表提出了5份相关议案。在国家立法层面，《中华人民共和国食品安全法》（以下简称《食品安全法》）和《中华人民共和国食品安全法实施条例》已分别于2009年6月1日和7月20日起正式施行。《食品安全法》在确立我国现阶段的食品安全基本法律制度的同时，明确要求省级地方人大常委会制定食品生产加工小作坊和食品摊贩的具体管理办法，为积极回应市人大代表的呼声，确保《食品安全法》及其实施条例所确立的食品安全法律制度在上海的贯彻施行，进一步提高上海市食品安全的整体水平，上海市第十三届人大常委会于2011年1月启动了制定《食品安全法》配套规定的立法程序。

2011年7月29日，上海市第十三届人大常委会第二十八次会议通过了《上海市实施〈中华人民共和国食品安全法〉办法》（以下简称《实施办法》）。该《实施办法》共62条，系实施性地方性法规。鉴于《食品安全法》及其实施条例的内容已较为详尽，《实施办法》遵循"拾遗补缺、注重实效"的基本思路，重点就上海市实施《食品安全法》及其实施条例过程中需要加以补充、细化的内容，《食品安全法》授权地方制定的管理规定，以及若干体现地方特色的创制性规定，有针对性地作出规范。在草案审议过程中，正值相关媒体披露"黑心馒头"事件。对于如何增强食品安全的监管实效、进一步加重食品生产经营者的责任成为立法过程中常委会组成人员及社会关注的焦点问题。《实施办法》重点规范了以下几方面的内容：

一是明确食品安全工作的监督管理体制。食品安全是"管出来"的，然而，食品这一特殊商品的产业链长，从田头到餐桌，不同环节需要由不同部门分别履行监管职责，如何明确责任主体、监管体制是立法过程中遇到的最大难点。经反复协调沟通，《实施办法》对此作出了多层次的规定：其一，明确各级政府的监管职责，规定市和区、县人民政府统一负责、领导、组织、协调本行政区域内的食品安全监督管理工作，建立健全食品安全全程监督管理的工作机制，统一领导、指挥食品安全突发事件应对工作，完善、落实食品安全监督管理责任制，对食品安全监督管理部门进行评议、考核,加强食品安全监督管理能力建设,为食品安全监督管理工作提供保障。其二,建立食品安全统筹协调机构,规定市和区、县人民政府设立食品安全委员会,并明确规定了其具体的职责。食品安全委员会下设办公室,承担委员会的日常工作。其三,规定乡、镇人民政府和街道办事处根据本办法和市人民政府的规定,做好食品安全监督管理的相关工作。其四,规定各相关政府部门的职责,食品药品监督管理部门承担食品安全综合协调职责,负责食品安全风险评估、食品安全地方标准制定、食品安全信息公布、组织查处食品安全重大事故,并负责对餐饮服务活动实施监督管理;质量技术监督部门负责对食品生产活动实施监督管理;工商行政管理部门负责对食品流通活动实施监督管理;农业等部门根据有关法律、法规的规定,负责对食用农产品的质量安全实施监督管理;城市管理行政执法、卫生、商务、出入境检验检疫等部门在各自职责范围内,共同做好食品安全监督管理工作。

《实施办法》同时规定,食品药品监督管理、质量技术监督、工商行政管理、农业等部门食品安全监督管理的具体职责,由市人民政府确定,并向社会公布。食品药品监督管理、质量技术监督、工商行政管理、农业、出入境检验检疫等部门应当加强沟通、密切配合,按照各自职责分工,依法行使职权,承担责任。鉴于食品安全监管主体多元,市民无法知晓哪个环节由哪个部门负责监管。在法制委统一审议过程中,笔者建议相关部门切实践行责任政府、服务政府的要求,设立统一举报电话。《实施办法》最终在草案中增加了第四十六条:市食品安全委员会办公室应当设立统一举报电话,并向社会公布。任何组织或者个人发现食品生产经营中的违法行为可以向统一举报电话投诉、举报,也可以向有关食品安全监督管理部门投诉、举报。食品安全监督管理部门对接到的咨询、投诉、举报应当受理,属于本部门职责的,及时进行核实、处理、答复;不属于本部门职责的,应当在两个工作日内书面通知并移交有权处理的部门处理。有权处理的部门应当及时处理,不得推诿;属于食品安全事故的,应当依法进行处置。受理投诉、举报的部门应当为投诉人、举报人保密,维护其合法权益。食品安全监督管理部门应当对举报属实、为查处食品安全违法案件提供线索和证据的举报人给予奖励。

二是明确了食品安全的责任主体。《实施办法》明确了食品生产经营者作为食品安全第一责任人的责任,规定食品生产经营者应当依照法律、法规和食品安全标准从事生产经营活动,建立健全食品安全管理制度,对其生产经营的食品安全向社会公众负责,接受社会监督,承担社会责任。《实施办法》规定,企业生产的食品没有食品安全国家标准或者地方标准的,应当制定企业标准,作为组织生产的依据。鼓励食品生产企业制定严于食品安全国家标准或者地方标准的企业标准。企业标准应当报市食品药品监督管理部门备案,在本企业内部适用。食品生产经营企业采购食品、食品原料、食品添加剂、食品相关产品应当查验供货者的许可证和产品合格证明文件，并建立进货查验记录制度，如实记录法律法规规定记录的事项，保留载有相关信息的进货票据。记录、票据的保存期限不得少于两年。

《实施办法》同时明确规定，禁止生产经营者使用食品添加剂以外的化学物质和其他可能危害人体健康的物质、以有毒有害动植物为原料、废弃食用油脂、超过保质期的食品为原料加工制作食品。餐饮服务提供者不得向消费者提供不符合有关食品安全标准和要求的餐具、饮具。食品生产经营者应当严格控制食品添加剂的使用，不得使用超过保质期的食品添加剂。食品生产经营者不得虚假标注食品的生产日期、保质期。食品生产经营者应当对回收食品进行登记。禁止使用回收食品作为原料用于生产各类食品，或者经过改换包装等方式以其他形式进行销售。鼓励食品生产经营者建立临近保质期食品提示制度，将临近保质期食品集中陈列出售，并向消费者作出醒目的提示。贮存、运输食品的容器、工具和设备应当安全、无害，保持清洁，防止食品污染，并符合保证食品安全所需的温度等特殊要求，不得将食品与有毒、有害物品一同运输。生产、销售散装食品，应当在散装食品的容器、外包装上标明食品的名称、生产日期、保质期、生产经营者名称及联系方式等内容。

三是明确了食品生产加工小作坊和食品摊贩的管理规定。食品生产加工小作坊和食品摊贩监管是公认的城市管理难题，不仅涉及食品安全问题，还与市容环境卫生管理密切相关。《食品安全法》对此未作出规定，而是授权地方立法作出规范。《实施办法》采取疏堵结合的方法对此作出规定：

其一，规定各级人民政府应当根据实际需要统筹规划、合理布局，建设适合食品生产加工小作坊从事食品生产加工活动的集中食品加工场所。鼓励食品生产加工小作坊进入集中食品加工场所从事食品生产加工活动；区、县人民政府应当按照方便群众、合理布局的原则，确定相应的固定经营场所，并制定相关鼓励措施，引导食品摊贩进入集中交易市场、店铺等固定场所经营。区、县人民政府可以根据需要，依法划定临时区域（点）和固定时段供食品摊贩经营，并向社会公布。划定的临时区域（点）和固定时段不得影响安全、交通、市容等。禁止食品摊贩在距离幼儿园、中小学校门口一百米范围内设摊经营。

其二，对食品生产加工小作坊生产加工的食品实行品种目录管理，品种目录由市质量技术监督部门编制，报市食品安全委员会批准后实施，并向社会公布；对食品摊贩实行登记制，规定食品摊贩在规定的区域（点）、时段内经营的，应当向经营所在地的乡、镇人民政府或者街道办事处登记相关信息。乡、镇人民政府或者街道办事处应当将食品摊贩的登记信息通报所在地的区、县食品药品监督管理、工商行政管理部门。

其三,用列举式的方式,分别规定食品生产加工小作坊从事食品生产加工活动、食品摊贩从事食品经营应当具备的条件。

其四,对食品生产加工小作坊实行准许生产制度,规定设立食品生产加工小作坊的,应当符合本办法第二十八条规定的条件,经工商行政管理部门核准名称登记后,向所在地的区、县质量技术监督部门申领《食品生产加工小作坊准许生产证》,并依法办理工商登记。未取得准许生产证并经工商登记的,不得从事食品生产加工活动。食品生产加工小作坊应当在准许生产的食品品种范围内,从事食品生产加工活动,不得超出准许生产的品种范围生产加工食品。准许生产证的有效期为三年。有效期满需要延续的,应当在届满三十日前,向原发证部门提出申请。

其五,用列举式的方式,规定食品生产加工小作坊的生产活动、食品摊贩从事食品经营的活动应当遵循的一系列要求。

其六,加强政府相关部门的监管。明确规定了质量技术监督、工商行政管理、食品药品监督管理、城市管理行政执法部门的相关管理职责。

四是明确了行业自律与社会监管制度。《实施办法》规定,食品行业协会应当加强行业自律,引导食品生产经营者依法生产经营,推动行业诚信建设,宣传、普及食品安全知识,为政府完善食品安全管理制度提出意见和建议。鼓励社会团体、基层群众自治组织开展食品安全法律、法规以及食品安全标准和知识的普及工作,对食品安全进行社会监督。《实施办法》同时规定,广播、电视、报刊、网站等新闻媒体应当开展食品安全法律、法规以及食品安全标准和知识的公益宣传,及时、全面、准确地报道食品安全信息,对违反食品安全法律、法规的行为进行舆论监督。

五是强化了法律责任。"黑心馒头"事件发生后,社会普遍要求加重违反食品安全管理规定行为的法律责任,将上海打造成违法成本最高、法律责任最重的城市。考虑到《食品安全法》及其实施条例对违反食品安全管理规定的行为已经设定了细致、严密的法律责任,《实施办法》中的很多强制性规范可以在上位法中找到参照的处罚依据,部分强制性行为规范可以在《上海市市容环境卫生管理条例》等其他法律规范中找到参照的处罚依据,《实施办法》整合了相关法律、行政法规及上海市相关地方性法规中的相关规定,并对《实施办法》创设的没有其他处罚依据的强制性行为规范设定了相应的法律责任。

3. 打造安置帮教长效机制

所谓安置帮教工作,是指依靠政府有关部门和社会力量,对刑满释放、解除劳动教养人员进行非强制性的扶助、教育、服务等活动。开展安置帮教工作,对于帮助刑释解教人员顺利融入社会，预防和减少重新违法犯罪，促进社会和谐稳定具有重要意义。

　　我国有关刑释解教人员的安置帮教工作有个演变发展的过程，新中国成立之初国家对刑满释放人员采取"多留少放"政策，改革开放初期调整为刑满释放人员一律回原籍由当地政府安置。从 20 世纪 90 年代开始，随着市场经济的建立与政府职能的转变，帮教社会化、安置市场化成为安置帮教的主要形式。1994 年《中华人民共和国监狱法》明确规定"对刑满释放人员，当地人民政府帮助其安置生活"。2010 年中共中央办公厅、国务院办公厅转发的《中央社会治安综合治理委员会关于进一步加强刑满释放解除劳教人员安置帮教工作的意见》对新时期进一步加强安置帮教工作提出了明确要求。上海的安置帮教工作始终处于全国的前列，刑释解教人员重新违法犯罪得到有效控制。据不完全统计，截至 2011 年年底，上海市共有沪籍刑释解教五年内人员 40760 人。按照有关部门统计口径，2010 年刑释解教人员重新违法犯罪率为 1.79％，2011 年为 1.46％，处于历史低点。①为了补齐社会管理领域地方立法的空白，加强社会治理的法治化建设，亟须以地方立法的方式及时总结上海安置帮教工作积累的行之有效的经验，形成长效工作机制。2012 年 11 月 21 日上海市第十三届人大常委会第三十七次会议通过了《上海市安置帮教工作规定》（以下简称《规定》）。《规定》共 16 条，系社会领域的创制性地方性法规，适用于上海市行政区域内对刑满释放、解除劳动教养人员的扶助、教育、服务等安置帮教活动。《规定》条文不多，贯彻了"有几条立几条"的立法指导思想，具有鲜明的上海特色：

　　一是明确了安置帮教的工作体制。《规定》确立了具有上海特色的由党委和政府领导、综治部门协调、司法行政为主、成员单位配合、社会力量参与的安置帮教的工作机制，规定各级人民政府应当加强对安置帮教工作的领导，将其纳入国民经济和社会发展规划，并将安置帮教工作经费纳入同级财政预算。市和区、县司法行政部门负责本行政区域内安置帮教的组织、协调和指导工作。乡镇、街道司法行政机构具体承担安置帮教的日常工作。公安、民政、人力资源和社会保障、教育、工商、财政、税务、住房保障房屋管理等部门应当按照各自职责，共同做好安置帮教工作。

　　二是固化了"六必"措施。2002 年，时任中共上海市委副书记、上海市政法委书记刘云耕同志在总结上海市安置帮教工作经验的基础上，提出了"六必"的工作要求，即"在监所必访、出监所必接、户口必报、基本情况必知、有困难必帮，

---

　　① 参见吴军营：《关于〈上海市安置帮教工作规定（草案）〉的说明》，《上海市人民代表大会常务委员会公报》2012 年第七号。

重点对象必控"。"六必"作为本市安置帮教工作的主要制度措施,具有极强的针对性、操作性,在推进本市安置帮教工作方面发挥了积极作用。《规定》对此予以固化,分别从监所内信息沟通与联系、出监所衔接、基本情况了解、户口居住证明办理、就学帮助、就业帮助、社会保障、针对性帮教等方面,从立法的角度对"六必"进行了规范。值得一提的是,"六必"中"重点对象必控"的要求涉及刑释解教人员是否享有与其他公民平等权利的问题,不宜在地方立法中对其设定特别的管控制度。为此,《规定》从开展针对性的帮助、教育的角度,规定司法行政部门应当会同有关部门和单位定期对刑释解教人员的学习、生活、就业等情况进行分析、评估,开展针对性的帮助、教育。

三是动员社会力量参与安置帮教工作。《规定》在总结多年来上海在引导社会力量参与安置帮教工作方面成果经验的基础上,鼓励建立为刑释解教人员提供帮教服务的专业社会组织和志愿者组织,规定社会帮教组织可以动员公民、法人和其他组织开展形式多样的社会帮教活动。司法行政部门可以通过购买服务等方式,支持社会帮教组织开展帮教工作。社会帮教组织在司法行政部门指导下自主开展帮教工作。鼓励公民、法人和其他组织通过提供就业岗位、志愿服务、捐赠等多种形式,参与安置帮教工作。《规定》同时要求区、县人民政府根据本地区安置帮教工作的需要,通过政府投入、社会支持等多种形式,建立具有食宿、教育、培训、救助等功能的过渡性安置基地,临时安置在生活、就业等方面有特殊困难的刑释解教人员。参与过渡性安置基地建设的公民、法人和其他组织,按照规定享受补贴和优惠措施。

《规定》的颁布实施,标志着上海市安置帮教工作真正进入法治化轨道。对于进一步推动上海市安置帮教工作规范化、科学化和社会化,加强和创新特殊人群的管理服务,更加有效地预防和减少重新违法犯罪,起到了有力的保障和推动作用。

(二)促进性立法助推经济发展

上海地方立法转型发展期正值上海开始进入"创新驱动,转型发展期"。中共上海市委第十次代表大会明确提出创新驱动、转型发展的总方针,要求以创新驱动发展,在发展中加快转型,在转型中提升发展的质量和效益。为此,该时期的上海地方立法注重以立法促进经济与社会的发展。

1. 依法推进学习型社会建设

发展终身教育事业,推进学习型社会建设,促进人的全面发展,对于提高上海全体市民的文化素质和道德修养、提升城市文明程度、推进上海经济发展方式转变具有十分重要的意义。党的十六大、十七大报告均强调要把构建和形成终身教育体系,作为建设小康社会的重要目标。2010年《国家中长期教育改革和发展规划纲要（2010—2020 年）》明确提出"构建体系完备的终身教育"。《上海市中长期教育改革和发展规划纲要（2010—2020 年）》也明确指出，到 2020 年，终身学习、终身教育理念在学校教育和全社会得到广泛确立，人人学会终身学习，终身享有教育机会，率先基本建成学习型社会。上海从 2008 年开始探索成人继续教育学分转换制度，并开展了试点工作，2009 年"上海终身学习网"正式开通，为市民接受公益性教育提供了互联网平台。2010 年设立了上海市学习型社会建设与终身教育促进委员会，并在全国率先成立了开放大学。此外，在区县层面，都成立了社区学院。在乡镇、街道层面，社区学校已经基本覆盖。在居（村）委会层面，70％以上的居（村）委会建立了教学点。①

为依法推进上海学习型社会建设，2008 年上海市人大常委会将终身教育立法项目列入五年立法规划。2009 年，由上海市人大立法研究所牵头，市人大常委会法工委、市人大教科文卫委、市政府法制办、市教委共同参与并组建课题组，就终身教育立法所涉及的重点问题开展研究，形成了立法研究报告和建议草案。在以科技进步和创新促进城市转型发展的关键时期，上海市人大常委会加快了立法步伐，将该立法项目列入正式立法计划。2011 年 1 月 5 日，上海市第十三届人大常委会第二十四次会议通过了《上海市终身教育促进条例》（以下简称《条例》）。《条例》共 35 条，适用于上海市行政区域内除现代国民教育体系以外的各级各类有组织的教育培训活动。《条例》以"促进终身教育"为立法指导思想，根据中长期教育改革和发展规划纲要要求，固化工作成果，整合各方资源，体现"大教育"理念，并努力回应现实需求，积极探索监管制度。《条例》针对终身教育的特点，着重对以下事项作出规定：

一是终身教育的涵义。《条例》从立法酝酿到起草、审议，各方面有关立法必要性、可行性认识上最大的分歧在于如何界定"终身教育"。从应然角度看，终身教育体系是一个涵盖从幼儿到老年的完整教育体系，包括学前教育、义务教育、高中教育、高等教育、职业教育、特殊教育、继续教育等多种教育形式。从实然角度看，有关学前教育、义务教育、高中教育、高等教育、职业教育、特殊教育等，国家立法层面及上海地方立法已经有了相关的规定。为了突出立法重点，避免重复立法，并妥善处理好法律体系内在的和谐，《条例》第二条规定："本条例适用于本市行政区域内除现代国民教育体系以外的各级各类有组织的教育培训活动。"该条规定意味着《条例》所规范的"终身教育"的范围涵盖学前教育、义务教育、高中教育、高等教育、职业教育、特殊教育以外的各级各类有组织的教育培训活动，

---

① 参见薛明扬：《关于〈上海市终身教育促进条例（草案）〉的说明》，《上海市人民代表大会常务委员会公报》2011 年第一号。

包括对在职人员、失业人员、农民、进城就业农村劳动者、老年人、残疾人等开展的成人继续教育培训活动。

二是终身教育的管理体制。《条例》明确了终身教育工作应当坚持政府主导、多方参与、资源共享、促进学习的方针,并固化了上海市开展终身教育的实践经验,确立了终身教育的管理体制:市学习型社会建设与终身教育促进委员会负责统筹、协调、指导全市终身教育和学习型社会建设。市学习型社会建设与终身教育促进委员会的办事机构设在市教育行政部门;区、县终身教育协调机构负责辖区内终身教育工作的协调、指导;市和区、县人民政府应当加强对终身教育工作的领导,将终身教育工作纳入同级国民经济和社会发展规划,采取扶持鼓励措施,促进终身教育事业的发展。乡镇人民政府、街道办事处应当按照各自职责组织开展终身教育工作;市教育行政部门是本市终身教育工作的主管部门。区、县教育行政部门按照职责,负责本辖区内的终身教育工作。《条例》同时规定,发展改革、人力资源和社会保障、公务员管理、农业、财政、税务、工商、人口和计划生育、统计、民政、文广影视、公安等有关行政部门按照各自职责,协同做好终身教育工作。工会、共产主义青年团、妇女联合会以及残疾人联合会、科技协会等其他组织协助开展终身教育促进工作。

三是终身教育的经费投入及用途。终身教育的推进需要持续投入足够的经费,为此,《条例》确定了多元化的经费投入渠道,规定各级人民政府应当将终身教育经费列入本级政府教育经费预算,保证终身教育经费逐步增长。市和区、县人民政府有关部门应当为开展终身教育提供经费支持;企业应当按照规定,足额提取职业培训经费,并可依法在税前扣除;本市鼓励自然人、法人或者其他组织捐助终身教育事业或者举办终身教育机构。捐赠人捐赠财产用于终身教育事业的,依法享受税收优惠。《条例》对于终身教育经费的用途也作了明确的限定,规定终身教育经费主要用于终身教育公共服务。企业用于一线职工的培训经费所占比例,应当高于职业培训经费总额的百分之六十,并每年将经费使用情况向职工代表大会报告。民办非企业单位以及其他组织应当为本单位在职人员职业培训提供经费保障。捐赠人捐赠财产用于终身教育事业的,依法享受税收优惠。

四是学分转换制度。终身教育体系不是封闭的,而是开放的、多元的社会培训体系,建设开放性的课程体系,提供多元性学习资源的信息平台,实现学习成果的互认和衔接,是终身教育、终身学习的发展趋势。《条例》为此规定:本市逐步建立终身教育学分积累与转换制度,实现不同类型学习成果的互认和衔接。成人高等教育同等学历水平同类课程的学分可以在各类成人高等教育机构之间相互转换。普通高等学校的普通高等教育课程的学分,可以转换为电视大学、业余大学等成人高等教育同等学历水平同类课程的学分。学分转换的专业和课程的目录,由市教育行政部门会同有关部门组织编制,报市人民政府批准后实施。

五是终身教育的师资保证。教育大计,教师为本,建立一支专职教师队伍是做好终身教育工作的重要保证。由于一些社区学院、社区学校专职教师没有职称评定和职务聘任的通道,队伍不稳定,工作积极性难以调动。《条例》对此作出明确规定:从事终身教育工作的专职教师应当取得相应的教师资格。政府有关部门应当根据终身教育培训机构的性质,将从事终身教育工作的专职教师的职务评聘纳入相关行业职务评聘系列;社区学院、社区学校专职教师的职务评聘,可以在教师职务系列中增加设置相应的学科组,参照国家教师职务评聘的相关制度执行。从事终身教育的专职教师在业务进修、专业技术考核等方面与相应的专业技术人员享有同等权利;鼓励专家、学者以及其他具有专业知识和特殊技能的人员兼职从事终身教育工作。从事终身教育的兼职教师,应当具有与终身教育有关的工作经验或者相应的专业技术资格。市教育行政部门应当会同相关行政部门逐步建立和完善终身教育兼职教师信息资料库,为各级各类教育培训机构从事终身教育工作提供师资信息服务。

六是教育资源整合和共享利用。终身教育具有终身性、全民性、广泛性、灵活性、实用性等特点,需要实现各种教育资源有效整合、共享共用。《条例》对此作了多方面的规定:其一,整合成人高等教育资源。要求本市设立的开放大学逐步整合成人高等教育资源,形成开放的学习平台。要求教育行政部门应当建立终身学习电子信息网站,完善市、区(县)终身教育数字学习资料库,提供公益性远程教育服务,实现资源共享。鼓励各级各类学校和教育培训机构充分利用互联网、移动通讯等开放教育课程、提供优质教育资源,促进终身教育发展。广播电视台(站)应当保证每天一定时间用于播放终身教育节目。其二,发挥普通学校的优势。要求普通学校发挥师资、科研、课程开发、场地、教学设备等方面的优势,在不影响正常教育教学情况下,为开展终身教育提供服务。其三,挖掘各种社会资源。规定图书馆、博物馆、科技馆、美术馆、文化馆(站)、工人文化宫、青少年活动中心、社区文化活动中心等应当根据市民需求,通过举办讲座、展览展示、科普教育等多种方式开展终身教育活动。各级人民政府及其部门可以通过购买服务的方式,将企业、民办非企业单位开发的教育学习资源用于终身教育。

七是经营性民办培训机构的监管。实践中不少经营性民办培训机构的经营者以教育咨询管理公司的名义行办学之实,给监管造成了困难。经营性民办培训机构恶意终止办学,经营者携款潜逃的事件屡见不鲜。为保障受教育者的合法权利,有效防范经营者携款潜逃,上海市政府提请人大常委会审议的《条例》草案借鉴山西等省、市的经验,规定了经营性民办培训机构风险保证金制度,主要用于民办培训机构终止时退还向学生收取的学费、杂费和其他费用。在常委会审议过程中,有的委员提出,对经营性民办培训机构收取风险保证金的规定是否适当,建议研究;还有的委员提出,应当对非经营性培训机构的设立程序作进一步完善。常委会法工委会同有关部门进行了研究,认为地方性法规设置风险保证金制度缺乏相关法律依据,为此提出了修改方案,提交法制委员会统一审议。

《条例》最终将草案中的风险保证金制度修改为学杂费专用存款账户监管制度,即通过第三方监管,保证教育培训机构收取的学杂费主要用于教育教学活动,以维护受教育者和教师的合法权益。①《条例》整合了常委会组成人员与社会各方面的意见,规定设立经营性民办培训机构的,申请人应当向工商行政管理部门申请办理名称预先核准手续,然后向工商行政管理部门提出登记申请。工商行政管理部门应当将有关申请材料送教育行政部门或者人力资源和社会保障行政部门征求意见。

与此同时,《条例》明确规定了经营性民办培训机构应当符合的具体要求,并且规定经营性民办培训机构不得未经登记擅自从事培训活动,不得挪用办学经费,不得恶意终止办学。因资不抵债无法继续办学的,应当依法办理终止办学手续。经营性民办培训机构未经登记擅自从事培训活动的,由工商行政管理部门会同教育行政部门或者人力资源和社会保障行政部门按照法律、法规规定予以处罚。经营性民办培训机构挪用办学经费、恶意终止办学的,由教育行政部门或者人力资源和社会保障行政部门按照各自职责,责令改正,并处以十万元以上二十万元以下罚款;有违法所得的,退还所收费用后没收违法所得;情节严重的,责令停止招生;构成犯罪的,依法追究刑事责任。

《条例》为上海学习型社会建设、城市创新发展奠定了坚实基础。《上海市教育改革和发展"十三五"规划》显示,《条例》实施以来,上海终身学习的社会共识基本形成,终身教育体系基本形成,多模式、广覆盖的学习型组织创建格局基本形成,市民终身学习需求基本得到满足,教育规模显著扩大,基础设施有效改善,服务体系更加完备,民办非学历教育市场不断规范,上海市的全国社区教育示范区、实验区、示范项目和全国数字化先行区数量居全国省市之首。

2. 优化中小企业发展法制环境

中小企业是创新的活力和源泉,也是上海率先转变发展方式、实现科学发展的重要基础。中小企业是上海市经济和社会发展的重要力量。据统计,从2002年至2009年,上海市中小企业数量年均增幅6.1%,达到33.75万户。在经认定的高新技术企业中,绝大多数为中小企业。在上海市高新技术成果转化项目中,

① 参见唐宁:《上海市人民代表大会法制委员会关于〈上海市终身教育促进条例(草案)〉审议结果的报告》,《上海市人民代表大会常务委员会公报》2011年第一号。

中小企业项目占 80％以上。在上海市高新技术产业化重点领域、项目及国家战略性新兴产业领域，有相当一部分中小企业参与。工业中小企业万元产值能耗比全市工业企业平均水平低 28％。中小企业从业人员占全市法人企业从业人员总量的比例保持在 80％以上。中小企业营业收入年均增幅 22.8％，占全市法人企业营业收入的 60％；税收贡献占企业税收的 50％左右。

　　但是，中小企业的发展也面临不少困难，中小企业作为市场弱势主体，其公平的发展环境有待进一步改善，统筹协调的工作保障机制有待进一步加强，中小企业服务体系建设有待进一步完善，科技型、创新型、成长型中小企业融资难的问题也亟待解决。①为进一步促进中小企业的发展，有必要制定相关地方性法规，固化提升行之有效的扶持政策措施，形成有利于中小企业发展的经营环境和长效机制。为此，上海市第十三届人大将制定促进中小企业发展条例列入常委会五年立法项目计划，上海市人大财经委员会会同相关委员会和政府有关部门组成了课题组开展立法论证。2009 年上海市第十三届人大第二次会议主席团将 14 位代表联名提出的《关于尽快制定上海市中小企业条例》列为正式议案。2010 年，该立法项目被列为市人大常委会年度立法正式项目。

　　2010 年 12 月 22 日，上海市第十三届人大常委会第二十三次会议通过了《上海市促进中小企业发展条例》（以下简称《条例》）。《条例》共 8 章 47 条，适用于在上海市行政区域内依法设立的有利于满足社会需要，增加就业，符合国家产业政策，生产经营规模符合国家中小企业划分标准的各种所有制和各种形式的企业。《条例》将着力转变政府职能，为中小企业提供优质服务、有效政策措施，切实解决阻碍中小企业发展的薄弱环节和突出问题，营造有利于中小企业发展的良好环境作为立法指导思想。鉴于《中华人民共和国中小企业促进法》已经从国家层面对促进中小企业发展作了制度安排，《条例》立足于结合上海实际，落实、细化上位法的规定，凸显地方促进中小企业发展的具体措施和工作特色。针对阻碍中小企业发展的薄弱环节和突出问题，《条例》从政府职责、创业扶持、资金支持、创新推动、市场开拓、服务保障、权益保障等方面作出具体规定：

　　一是政府职责。扶持、支持、服务中小企业是政府部门的主要职责，也是促进中小企业发展的重要抓手。《条例》明确规定：市和区、县人民政府应当加强对促进中小企业发展工作的领导，将中小企业发展纳入国民经济和社会发展规划，为促进中小企业的创立和发展创造有利环境。市和区、县人民政府应当根据本市转变经济发展方式和产业发展方向的要求，确定扶持的重点行业和领域，并制

---

① 参见王坚：《关于〈上海市促进中小企业发展条例（草案）〉的说明》，《上海市人民代表大会常务委员会公报》2011 年第四号。

定相应政策措施，引导中小企业发展；市人民政府设立的促进中小企业发展议事协调机构，应当加强对中小企业工作的统筹规划和政策协调。市人民政府负责促进中小企业发展工作的主管部门应当履行《条例》规定的一系列职责；区、县人民政府负责促进中小企业发展工作的部门在市中小企业工作主管部门指导下，做好本行政区域内的促进中小企业发展工作；市和区、县有关部门应当在各自职责范围内，为中小企业提供指导和服务，落实有关政策措施。

二是创业扶持。《条例》对创业扶持作出专章规定，明确规定鼓励自然人、法人或者其他组织投资创办中小企业。法律、行政法规未禁止进入的领域，中小企业与其他企业同样具有平等进入的权利。《条例》规定：市和区、县人民政府应当采取措施，鼓励创办科技型、资源综合利用型、节能环保型等中小企业，支持中小企业发展高新技术产业、战略性新兴产业和现代服务业。市和区、县人民政府及其有关部门应当主动为中小企业创业提供服务，建立和完善扶持中小企业创业的政策体系，按照规定为中小企业开业贷款、创业场地、招用人员等给予支持。《条例》同时规定，在本市创办小企业，符合本市促进就业等规定的，可以向所在地的区、县开业指导服务部门申请一定额度的开业贷款担保和贴息。本市创立十八个月内的小企业按照本企业吸纳就业情况，可以向所在地的区、县开业指导服务部门申请创业场地房租补贴。招用本市就业困难人员，签订一年以上劳动合同并为其缴纳社会保险费的中小企业，可以向区、县人力资源社会保障行政管理部门申请一定期限的资金支持。

三是资金支持。《条例》对资金支持作出专章规定，将关于中小企业专项资金两个"三分之一"的政策纳入地方立法，规定市财政预算安排中小企业发展专项资金，并逐步加大资金投入力度，用于支持本市中小企业发展、改善中小企业发展环境。市中小企业发展专项资金用于小企业的资金比例应当不低于三分之一。本市支持企业发展的其他相关专项资金应当适当向中小企业倾斜，用于中小企业的资金比例原则上不低于三分之一。《条例》同时规定，区、县人民政府应当根据实际情况，为中小企业提供财政支持。市和区、县人民政府应当引导和支持有条件的中小企业上市融资。支持中小企业发行集合债券和集合票据。产权交易市场和非上市企业股权托管登记中心应当为中小企业产权交易和股权登记、托管、转让等提供指导和服务。建立创业投资引导基金，引导社会资本创办企业投资企业，发展股权投资基金，支持高新技术产业等领域的中小企业发展。鼓励融资租赁、典当、信托等机构为中小企业提供融资服务。建立小企业贷款风险补偿机制，鼓励金融机构向小企业提供贷款。设立市和区、县联动的中小企业融资担保专项资金。鼓励各区、县人民政府结合本地区实际，主导设立主要为本辖区内中小企业提供融资担保服务的政策性担保机构，并及时补充资本金、逐步提高担保能力。鼓励各类资本参与本市中小企业融资担保体系建设,鼓励中小企业依法、自愿开展多种形式的互助性融资担保。

四是创新推动。《条例》以专章的方式对支持中小企业进行技术研发和创新,提高中小企业的核心竞争力作出一系列规定:中小企业开发新技术、新产品、新工艺发生的研究开发费用,可以依法在计算应纳税所得额时加计扣除;中小企业开展技术创新活动,符合国家和本市技术创新等规定的,可以向科技等行政管理部门申请中小企业创新资金支持;中小企业建立的技术研究开发机构、设计机构等被国家或者本市认定为工程技术研究中心、企业技术中心或者企业设计中心的,可以享受国家和本市规定的税收、财政资金支持等政策;市中小企业工作主管部门应当会同市教育、科技等行政管理部门组织本市中小企业、高等院校和科研机构开展产学研项目交流合作,定期组织中小企业创新推荐会,向创业投资机构、金融机构和融资担保机构推荐中小企业自主知识产权项目、产学研合作项目、科技成果产业化项目等;鼓励中小企业研发拥有自主知识产权的技术和产品,创建自主品牌,加强对中小企业保护知识产权的指导和服务,依法保护中小企业的知识产权。

五是市场开拓。《条例》对市场开拓作了专章规定,进一步细化了政府采购中小企业产品和服务的具体措施,规定政府采购的采购人和采购代理机构应当公开发布采购信息,为中小企业参与政府采购提供指导和服务。符合条件的中小企业,可以享受投标保证金等费用减免;预算金额内的政府采购项目,中小企业能够提供并符合采购要求的,采购人应当从中小企业采购;超出规定预算金额的政府采购项目,在同等条件下,采购人应当优先从中小企业采购;各相关部门应当加强对中小企业在投资、开拓市场等方面的指导和服务。中小企业参加展览展销活动,为大企业产品配套的技术改造项目,可以按照规定向相关行政管理部门申请资金支持;质量技术监督等行政管理部门应当鼓励中小企业通过质量管理体系认证、环境管理体系认证和产品认证等国际标准认证,支持中小企业采用国内外先进标准提升产品和服务质量。

六是服务保障。《条例》围绕中小企业公共信息集中发布、服务体系建设等事项对中小企业服务保障作出专章规定,规定市中小企业工作主管部门应当收集、汇总国家和本市有关中小企业发展的产业政策、扶持措施、行业动态、办事程序、专项资金等信息,并集中在《上海中小企业网》上发布。市和区、县人民政府设立的中小企业综合服务机构应当在市中小企业工作主管部门和区、县中小企业工作部门的指导下,为中小企业提供政策咨询、信息传递等公共服务,联系和引导中介服务机构为中小企业提供服务。支持各级工商业联合会参与促进中小企业发展工作,参与中小企业服务体系建设。财政、税务行政管理部门应当落实国家扶持中小企业发展的财政、税收优惠政策,对符合条件的小型微利企业、中小企业投资国家鼓励类项目等,依法给予税收减免优惠。各级行政机关应当优化行政程序,简化审批环节,为中小企业、中介服务机构、商会、行业协会等提供公开透明和便捷高效的行政服务。

七是权益保护。《条例》对中小企业的权益保障也作出专章规定。明确规定中小企业合法经营权受法律保护,任何单位和个人不得利用职权非法占有或者无偿使用企业财产。有关部门在办理中小企业申请的登记注册、行政审批、年检等事项时,不得在法律、法规规定之外增设条件,不得违反规定逾期办理。与此同时,《条例》列举了任何单位和个人不得作出损害中小企业权益的禁止性行为,规定中小企业对违反规定的行为,有权拒绝并有权举报、控告,相关机关或者行政监察部门应当依法查处。

《条例》施行两年之际,上海市人大常委会进行了执法检查。检查结果表明,上海市人民政府及各有关部门、各区县政府认真贯彻《条例》规定,出台一系列配套政策措施。上海市促进中小企业发展工作协调机制进一步健全,工作合力进一步加大;财税扶持力度逐年递增,产业导向进一步明确;创业创新政策更趋完善,中小企业活力进一步呈现;融资环境有较大程度改善,小微企业融资进一步受到关注;全覆盖的中小企业服务体系基本建成,中小企业权益保护进一步得到保障。上海市中小企业总体保持了平稳较快的发展态势。

3. 依法助推国际贸易中心建设

加快建设上海国际经济、金融、贸易、航运中心和社会主义现代化国际大都市,是党中央、国务院从国家战略全局作出的重要部署,也是上海贯彻落实科学发展观,深入推进创新驱动、转型发展的必然选择。鉴于"国际贸易"属于《立法法》第八条列举的"基本经济制度以及财政、海关、金融和外贸的基本制度"这一中央专属立法权限,如何以地方立法来引领上海国际贸易中心建设,始终是上海立法工作者思考的问题。2009年,国务院发布了《国务院关于推进上海加快发展现代服务业和先进制造业建设国际金融中心和国际航运中心的意见》,对上海国际贸易中心建设提出了更高的要求。2011年,第十一届全国人大第四次会议批准的《中华人民共和国国民经济和社会发展第十二个五年规划纲要》再次明确要"加快上海国际经济、金融、航运、贸易中心建设"。

《上海建设国际贸易中心"十二五"规划》明确提出,要加强上海国际贸易中心相关法规和法律服务体系建设。在全面贯彻创新驱动、转型发展总方针的新时期,加快制定推进上海国际贸易中心建设的地方性法规已经刻不容缓。为此,上海市人大常委会、上海市人民政府相关部门会同部分中央驻沪机构、企业和行业协会、专家学者、人大代表,积极论证与破解立法瓶颈,不断加快立法进程,并就立法的必要性、可行性、立法规范的内容取得共识，立法的条件日趋成熟。

2012 年 11 月 21 日，上海市第十三届人大常委会第三十七次会议通过了《上海市推进国际贸易中心建设条例》（以下简称《条例》）。《条例》共 7 章 38 条，立足于有效激发各类贸易主体的积极性，保障其合法权益，维护平等竞争的贸易投资环境，增强上海国际贸易中心建设的内生动力，并且固化和完善现有推进机制，形成工作合力，明确目标任务，落实细化各部门在推进上海国际贸易中心建设中的职责和义务，在更深层次、更宽领域推进上海国际贸易中心建设，不断提升上海的国际竞争力。《条例》在立法指导思想上凸显地方促进的特点，妥善处理好上海地方立法与国家法律的关系，既立足当前、着眼长远，又注重统筹兼顾局部和整体的关系，在具体条文方面体现鼓励性、引导性、促进性，并坚持开放性、前瞻性、创新性思维，围绕国际贸易中心建设推进工作特别是市场建设进行制度安排，从地方可以有所作为而且应当有所作为的领域入手，重点解决靠市场自身难以解决的瓶颈和问题。《条例》在总则中明确了国际贸易中心的发展目标和推进机制，并对市场体系建设、贸易主体建设、区域布局和基础设施建设、贸易便利化和贸易促进、贸易秩序维护和法治环境建设等事项作了专章规定。

一是发展目标和推进机制。上海国际贸易中心建设是国家战略、长期任务，需要在立法中明确发展目标，体现目标引领。《条例》着眼于经济全球化的深入发展和我国在全球贸易格局中地位的变化，规定"本市按照国家部署，尊重国际贸易规则和惯例，推进上海国际贸易中心建设，将上海建设成为具有国际国内两个市场资源配置功能，市场体系完备、贸易主体集聚、区域布局合理、基础设施完善、市场环境公平有序，与我国经济贸易地位相匹配的国际贸易中心。"

《条例》要求：市人民政府组织编制上海建设国际贸易中心规划，加强对本市推进上海国际贸易中心建设相关工作的领导，深化与商务部等国家有关部门的部市合作机制；本市设立的推进上海国际贸易中心建设议事协调机构负责协调推进上海国际贸易中心建设相关工作，组织有关部门制定和落实阶段性目标和各项措施。市商务、发展改革、经济信息化、财政、税务、建设交通、规划国土、工商、质量技监、人力资源、金融服务、口岸服务、合作交流等部门和区、县人民政府应当加强协作配合，具体落实推进上海国际贸易中心建设的各项工作。《条例》同时要求推动与港澳台地区、国内其他地区在贸易领域的合作交流，完善与长三角地区的经贸合作联动机制；加强与其他国际贸易中心城市的交流。

二是市场体系建设。构建具有国际国内市场资源配置功能的市场体系是上海国际贸易中心建设的核心内容。《条例》从促进现有市场转型和推进新型市场发展的需要出发，在市场培育、制度规范、政策支持等方面作了方向性、引导性规定，要求市人民政府及其有关部门采取措施，鼓励企业优化货物进出口贸易结构,促进加工贸易企业转型升级,增强上海口岸的集散作用,推动转口贸易和离岸贸易发展,配合国家有关部门支持进出口企业开展跨境贸易人民币结算。《条例》同时要求市商务部门应当会同市有关部门支持企业建立国别进口商品中心,促进进口商品的展示、洽谈和交易,支持发展各类外贸转型基地;市商务、发展改革、经济信息化、工商、金融服务、质量技监等部门应当在国家有关部门的指导下,依法规范和扶持建设具有集聚效应和交易规模的大宗商品交易市场,实现重点大宗商品领域的信息、定价、交易、结算功能,并完善物流、金融、信息、技术等服务;市商务部门应当在国家有关部门的指导下,利用现有国际国内资源,推动建立服务全国面向全球的技术进出口交易平台,实现信息集聚、资源协调整合、技术贸易促进等功能;促进电子商务市场发展,鼓励电子商务技术创新、经营模式创新和服务创新,推进电子商务与信息、金融、物流等融合发展,推广电子商务的广泛应用。

三是贸易主体建设。《条例》着重从贸易型总部、跨国经营企业、中小企业、与贸易相关的组织等方面对贸易主体建设作了规定,鼓励境内外企业在上海设立采购中心、分拨中心、营销中心、结算中心、物流中心、品牌培育中心等具有贸易营运和管理功能的贸易型总部,明确规定经市商务部门认定的贸易型总部,在通关流程、人才引进、资金结算、投资便利、人员出入境等方面按照规定享受优惠政策。《条例》鼓励本市具有先进技术、品牌优势、规模实力或者市场基础的企业开展跨国经营,支持其设立境外分支机构和研发中心、拓展境外业务、发展国际营销网络,要求相关职能部门按照国家和本市有关规定,简化企业境外投资项目核准手续,推进境外投资便利化,鼓励中小企业参与商业流通、贸易服务等产业发展,支持其开展批发零售、连锁经营、物流、会展服务、广告代理、品牌创意、营销策划等业务并拓展境内外市场。鼓励境内外贸易促进机构、行业协会、商会等组织在上海设立总部或者常驻代表机构,支持其依法开展业务活动,促进贸易发展。

四是区域布局和基础设施建设。《条例》将区域优化布局,打造现代贸易功能区、现代服务业集聚区、贸易促进机构集聚区等多样化的功能载体作为上海国际贸易中心建设的重要内容。规定市和区、县人民政府应当根据上海建设国际贸易中心规划,依托黄浦江两岸重点发展区域、虹桥商务区和综合保税区等区域的发展优势,规划建设各类贸易集聚区。市规划国土部门和有关区、县人民政府在组织编制控制性详细规划和土地利用年度计划时,应当依据本市城市总体规划和土地利用总体规划,结合上海建设国际贸易中心规划的要求,保障贸易集聚区的建设用地需求。《条例》要求市人民政府及其有关部门应当在国家有关部门的指导下,推动海关特殊监管区域的功能创新和转型升级,鼓励贸易与金融、航运、物流、制造、会展等产业融合发展，探索建立符合国际惯例的自由贸易园区；在外高桥保税区推进国家进口贸易促进创新示范区建设，拓展离岸贸易等新型贸易服务。

五是贸易便利化和贸易促进。《条例》从多角度对推进贸易便利化进行制度设计，规定本市完善贸易便利化联席会议制度，推动建立贸易便利化的效率指标体系，规范贸易便利化工作流程。鼓励区、县人民政府和产业园区管理机构设立贸易便利化集中服务场所，组织口岸查验机构和相关单位进驻联合办公，并建立日常运行协调机制，方便企业办理通关申报和相关的税务、外汇、金融、货代等业务。《条例》要求市口岸服务、商务等部门在国家有关部门的指导下，加强通关协调服务，支持口岸查验机构优化通关流程和服务、加快口岸监管模式创新，推动进出口货物通关便利化。支持口岸查验机构、口岸运营单位提高通关申报、查验、放行、后续监管等环节的信息化应用水平。《条例》对于促进标准化发展、会展业发展、信息平台建设、完善退税服务、人才引进与培养等相关贸易促进制度也作出了相应的规定。

六是贸易秩序维护和法治环境建设。《条例》要求政府相关职能部门加强配合，定期开展公平贸易情况通报及相关政策措施的审查，加强进出口公平贸易公共服务，支持行业协会、商会、企业和专业服务机构开展贸易摩擦协调、贸易调整援助、产业损害预警等公平贸易工作，引导企业以及相关行业协会、商会，按照国际贸易规则和惯例应对反倾销、反补贴、保障措施、知识产权、技术性贸易措施等贸易摩擦案件，完善与贸易有关的知识产权保护长效机制，建立公共知识产权援助服务平台，依法查处侵犯知识产权的违法行为。《条例》同时要求本市各级人民法院依法完善贸易纠纷审判机制，加大对贸易纠纷案件的执行力度，本市仲裁机构依据法律、法规和国际惯例，完善仲裁规则，提高贸易纠纷仲裁专业水平和国际化程度，并支持各类商事纠纷专业调解机构依照国际惯例，采取多种形式解决贸易纠纷。

《条例》的实施被视为上海营造"国际贸易中心"的重要里程碑，标志着上海从制度上推动转变贸易发展方式，实现城市转型升级，提高经济的开放度和国际化水平，形成建设国际贸易中心的整体合力。①

4. 以法治引领创新驱动、转型发展

实行改革开放政策以来，在党中央、国务院的正确领导下，上海始终不渝地积极探索具有中国特色、时代特征、上海特点的科学发展之路。经过三十多年的发展，上海处于加快推进"四个率先"、加快建设"四个中心"和社会主义现代化国

① 参见：《上海加快国际贸易中心建设步伐》，《国际商报》2016年8月7日。

际大都市的关键时期,伴随着国际国内环境的深刻变化,上海自身发展面临着资源环境约束趋紧、体制机制障碍更加凸显、社会矛盾协调难度增大等严峻挑战,传统发展模式已不可持续,发展转型势在必行。

为此,2012 年 5 月召开的中国共产党上海市第十次代表大会在总结上海改革开放历史经验和准确把握当前时代特征的基础上,明确提出要在更高起点上推动上海科学发展,必须深入贯彻落实科学发展观,坚持创新驱动、转型发展的总方针。坚定不移、坚持不懈地推进创新驱动、转型发展,是全社会的共同责任。上海市人大常委会审时度势,及时将制定促进创新驱动、转型发展的法律性问题决定列为立法预备项目,条件成熟即可提请常委会审议。根据主任会议要求,常委会法工委会同市人大财经委、教科文卫委成立了起草工作组,在前期研究的基础上,对一些重要问题进行了研究、论证,草拟了决定草案的初稿,并通过召开座谈会等形式,广泛听取了市委和市政府有关部门、市人大各委员会、部分市人大代表和专家学者的意见,在汇集各方面智慧的基础上形成了决定草案。

2012 年 6 月 6 日,上海市第十三届人大常委会第三十四次会议审议并通过了《上海市人民代表大会常务委员会关于促进创新驱动、转型发展的决定》(以下简称《决定》)。《决定》共 9 条,旨在以法律性问题决定的形式,把上海市委作出的这一重大决策转化为全市人民的共同意志,以此凝聚社会各方共识,动员社会各方力量,营造支持创新驱动、转型发展的社会环境,完善创新驱动、转型发展的政策措施,加快形成有利于创新驱动、转型发展的体制机制,并为创新驱动、转型发展提供必要的法制保障。《决定》以上海市第十次党代会精神为指导,紧扣上海市"十二五"规划,立足把市委关于创新驱动、转型发展的重大决策通过法定程序转化为全市人民的共同意志,按照社会动员和制度保障相结合的思路,以相关主体在创新驱动、转型发展战略中的职责为主线,明确了创新驱动、转型发展的总要求和总目标,并从社会动员、政府推动、法制保障和人大监督等方面作出了具体规定。①《决定》主要聚焦五个方面的内容:

一是关于总方针、总要求和总目标。为提高全社会对创新驱动、转型发展重要性的认识,《决定》明确规定,本市应当坚持创新驱动、转型发展的总方针,以促进人的全面发展为根本目的,坚持发展为了人民、发展依靠人民,发展成果更加广泛、更加均衡地惠及人民;应当将创新驱动、转型发展贯穿于经济社会发展的全过程,以深化改革开放为动力,以培养、集聚和用好人才为关键,以制度创新保障和推动观念创新、科技创新和文化创新,以创新驱动发展,在发展中加快转型,

---

① 参见丁伟:《关于〈上海市人民代表大会常务委员会关于促进创新驱动、转型发展的决定(草案)〉的说明》,《上海市人民代表大会常务委员会公报》2012 年第四号。

在转型中提升发展的质量和效益；应当根据国家对上海的战略定位和要求，加快推进创新驱动、转型发展，努力建设与我国经济实力和国际地位相适应、具有全球资源配置能力的国际经济、金融、贸易、航运中心，努力建设经济活跃、法治完善、文化繁荣、社会和谐、城市安全、生态宜居、人民幸福的社会主义现代化国际大都市。《决定》同时明确规定了本市创新驱动、转型发展工作应当围绕的重点领域和关键环节。

二是关于社会动员。创新驱动、转型发展不仅是政府的责任，也是全社会的共同责任。为此，《决定》号召全社会进一步解放思想，弘扬海纳百川、追求卓越、开明睿智、大气谦和的城市精神，践行公正、包容、责任、诚信的价值取向，凝聚智慧和力量，把创新驱动、转型发展的要求转化为全社会的自觉行动，积极参与、支持创新驱动、转型发展的各项工作。

三是关于政府推动。各级人民政府及其部门在推动创新驱动、转型发展中负有重要职责。《决定》对此作了相应规定，明确要求市人民政府围绕创新驱动、转型发展的重点领域和关键环节，进一步完善推进创新驱动、转型发展的相关政策，明确目标任务、责任部门和推进措施；积极探索建立创新驱动、转型发展的评估方法和评价指标，完善经济社会发展指标体系，健全科学的绩效考评机制；优化财政支出结构和政府投资结构，提高政府投资对创新驱动、转型发展的引导作用。《决定》同时要求各级人民政府及其部门按照创新驱动、转型发展的要求，坚持社会主义市场经济的改革方向，发挥市场配置资源的基础性作用，最大限度地激发社会活力和人民群众的创造力，以政府职能转变为核心，以政府管理创新为重点，加快行政管理体制改革，建设服务政府、责任政府、法治政府、廉洁政府，敢于担当、勇于负责，加快形成有利于创新驱动、转型发展的体制机制。

四是关于法制保障。作为法律性问题的决定，《决定》作出了相关授权规定。规定市人民政府应当围绕创新驱动、转型发展积极探索，着力破解制约创新驱动、转型发展的制度瓶颈和政策障碍；在不与宪法、法律、行政法规相抵触的前提下，可以在扩大开放、完善市场体系、吸引人才、创造最佳创业环境和改变城乡二元结构等方面先行先试，制定政府规章或者发布决定，并报市人大常委会备案。《条例》同时要求上海市各级人民法院、人民检察院充分发挥司法职能，维护公平正义，为创新驱动、转型发展提供司法保障。

五是关于人大监督。作为地方权力机关，各级人大常委会应当通过依法履职积极支持、监督创新驱动、转型发展的各项工作。为此，《决定》规定市人大常委会根据具体情况和实际需要及时制定、修改与创新驱动、转型发展有关的地方性法规；本市各级人大常委会应当通过听取专项工作报告、开展执法检查等方

式，加强对本决定执行情况的监督；本市各级人大常委会和乡、镇人民代表大会
应当充分发挥代表作用，组织代表围绕创新驱动、转型发展开展专题调研和视察
等活动，汇集、反映人民群众的意见和建议，督促有关方面落实创新驱动、转型发
展的各项工作。

《决定》紧紧抓住创新驱动、转型发展这一事关上海市经济社会发展具有根
本性、全局性、长远性的重大事项，抓住与人民群众切身利益相关的重大问题，通
过法定程序，把市委的重大决策上升为国家意志，转化为全市人民的共同意志和
共同遵守的行为规范。创新驱动、转型发展首先是一场深刻的思想观念的变革，
思想决定行动，是行动的先导和动力，惟有转变思想观念、更新发展理念，才能确
保创新驱动、转型发展的要求切实转化为全社会的自觉行动。转方式、调结构以
深化改革为动力，贯穿经济社会发展各个环节和全过程的、涉及体制的重新建
构、机制的彻底转换、政策的重新选择、利益的重新分配，需要破除迷信、解放思
想，以义无反顾、百折不挠的决心和勇气，勇于改革，敢于创新，坚决冲破一切妨
碍发展的思想观念，坚决改变一切束缚发展的做法规定，坚决革除一切影响发展
的体制弊端，以思想的大解放推动改革的大突破、经济的大发展。统一思想才能
统一行动，凝聚共识才能凝聚力量。

《决定》的重要作用之一就是统一思想，凝聚创新驱动、转型发展的共识，把
创新驱动、转型发展的要求转化为全社会的自觉行动。创新驱动、转型发展又是
一场波澜壮阔的社会革命，天时不如地利，地利不如人和，创新转型成功与否取
决于能否最大限度地发挥人民群众作为社会变革主体的首创精神，激发全社会
的创新活力，形成全民参与、一呼百应的良好社会氛围。列宁曾经指出："千百万
创造者的智慧却会创造出一种比最伟大的天才预见还要高明得多的东西。"创新
驱动、转型发展以促进人的全面发展为根本目的，坚持发展为了人民，发展依靠
人民，发展成果更加广泛、更加均衡地惠及人民，广大人民群众既是创新转型的
重要参与者，又是直接受益者。《决定》将创新驱动、转型发展确定为全社会的共
同责任，号召全体市民以高度的使命感和责任感，积极支持、参与、监督创新驱
动、转型发展的各项工作，为这一总方针的贯彻实施奠定了坚实的社会基础。[①]

（三）管理性立法填补立法空白

经过三十年的发展，上海管理性的立法已经基本配套齐全，但仍有一些难度
较大的立法项目，因各方面对立法必要性、可行性认识不一致而未能及时出台。
在转型发展期，上海市人大积极发挥立法主导作用，广泛凝聚共识，及时填补了
一批管理性立法的空白。

---

① 参见丁伟：《创新转型应成为全社会的自觉行动》，《解放日报》2012 年 6 月 12 日。

1. 依法保障口岸服务工作

上海口岸是国家对外开放的重要门户，"十一五"期间，上海口岸进出口货物总额累计达到 3.6 万亿美元，年均增长 16.1%，占全国进出口货物总额的比重保持在 30% 以上，其他省市经上海口岸进出口占比接近 2/3；出入境旅客吞吐量累计 8838.2 万人次，年均增长 89%。2010 年上海港货物吞吐量 6.5 亿吨，连续六年居世界第一；集装箱吞吐量 2905 万标准箱，首次跃居世界第一；浦东机场货邮吞吐量连续三年排名全球第三。上海口岸作为我国最大的口岸，有力地推动了上海国际航运中心、贸易中心建设，成为上海服务长三角、服务长江流域、服务全国的重要载体。

2009 年 4 月，国务院发布的《国务院关于推进上海加快发展现代服务业和先进制造业建设国际金融中心和国际航运中心的意见》明确要求上海"营造便捷、高效、安全、法治的口岸环境和现代国际航运服务环境"。通过地方立法形式，进一步明确有关各方优化口岸服务环境的义务，是保障上海实现"创新驱动、转型发展"，增强上海服务全国能力的迫切需要。多年来，上海在国家有关部委的指导和支持下，在完善口岸服务体制机制等方面采取了一系列措施，取得了明显成效。2005 年，为充分发挥口岸工作合力，组建了上海口岸工作领导小组，建立了上海口岸工作领导小组办公室，负责行使上海口岸管理以及"大通关"的协调服务职能。2008 年进一步完善口岸工作体制，设立了上海市口岸服务办公室，作为市政府直属机构，加强口岸协调服务。在优化口岸服务环境方面，在全国率先提出并实施"大通关"工程，率先实行"5＋2 天"通关工作制和多种形式的通关模式创新，率先设立"一门式"口岸通关服务场所，较早形成了覆盖长三角和中西部省份的跨区域口岸合作机制，世博会期间还在加强协同配合、提高通关效率等方面积累了丰富经验。这些行之有效的政策措施需要通过地方立法予以确认和完善。①为此，上海市人大常委会将该立法项目列入正式立法项目后，市口岸办、市政府法制办、市人大财经委、市人大常委会法工委共同组成了立法调研起草小组，积极推动立法进程。

2011 年 11 月 17 日，上海市第十三届人大常委会第三十次会议通过了《上海口岸服务条例》（以下简称《条例》）。《条例》共 6 章 31 条，适用于上海口岸开放、通关服务优化、口岸环境保障等工作。《条例》将"口岸"界定为供人员、货物、物品和交通工具直接出入国（关、边）境的港口、机场、车站等。出于妥善处理国家事权与地方事权关系的考虑，《条例》将立法内容聚焦在"两个服务、一个规范"

---

① 参见周厚文：《关于〈上海市口岸服务条例（草案）〉的说明》，《上海市人民代表大会常务委员会公报》2011 年第八号。

上，即为口岸查验机构依法履行职能提供服务保障，为口岸相关企业发展提供服务保障，规范地方政府口岸开放行为。在《条例》草案审议过程中，有关《条例》的名称引起了常委会组成人员的关注。上海市政府提请人大常委会审议的草案采用的法规名称是"上海市口岸服务条例"，财经委员会和有的委员建议，按照中央、地方关于口岸事权的划分和本条例的立法宗旨，进一步斟酌条例名称。有的委员提出，法规是明确权利和义务的，在条例名称中使用"服务"一词不妥，同时，考虑到洋山港地域特殊情况，建议条例名称改为"上海口岸条例"。有的委员提出，管理包括协调和服务的含义，建议条例名称改为"上海口岸管理条例"。有的委员提出，口岸管理大部分事权在中央，地方对口岸管理的事权有限，但条例中规定了部分管理事项并设定了相关的法律责任，条例的立法目的与部门职责中也含有管理内容，建议条例名称改为"上海市口岸管理若干规定"。

上海市人大法制委、常委会法工委对这一问题进行了深入研究，认为"上海口岸"是国家设在上海的口岸，其对外开放的绝大部分事权在中央，具体的管理职能主要由中央驻沪口岸查验机构行使，地方对口岸管理的事权有限，主要体现在为口岸查验机构履职和口岸相关企业发展提供服务保障。同时，条例名称还应考虑"上海口岸"中洋山港地域特殊情况。为此，经征求口岸查验机构意见，并商请市政府法制办征求市政府领导意见后，将条例名称修改为《上海口岸服务条例》。①《条例》着重对以下事项作出规定：

一是关于上海市口岸服务部门的服务责任。《条例》规定上海市人民政府在国家有关部门的指导下，加强对本市口岸工作的领导，统筹推进上海口岸的建设和发展。上海市口岸服务部门按照规定权限，负责口岸管理和通关协调服务工作，推进口岸环境的优化完善，并组织实施本条例。上海市各相关政府部门应当根据各自职责，规范和优化行政程序，协同实施本条例，为口岸运行提供公开透明、便捷高效的行政服务。

二是关于上海口岸开放规划。鉴于国务院要求省级政府应当编制口岸开放规划，但对规划编制的程序、功能定位以及与相关规划的关系等缺乏明确规定。《条例》结合国家规定以及口岸开放规划编制的实践，规定市口岸服务部门应当会同市发展改革、规划国土、建设交通、交通港口、商务、财政等部门，根据上海对外开放和经济社会发展需要，组织编制上海口岸开放规划。经征求口岸查验机构、相关区县人民政府、上海市海关特殊监管区域管理机构等意见后，按照规定程序报批和公布。上海口岸开放规划作为专项规划纳入本市国民经济和社会发

---

① 参见汪兰洁：《上海市人民代表大会法制委员会关于〈上海市口岸服务条例（草案）〉审议结果的报告》，《上海市人民代表大会常务委员会公报》2011 年第八号。

展规划,是实施口岸开放管理的依据。上海口岸开放规划应当与本市港口、机场、铁路等专项规划相衔接。本市有关部门在编制港口、机场、铁路等专项规划时,应当征求市口岸服务部门意见。

三是关于查验配套设施的建设保障措施。口岸查验配套设施是指开展口岸查验、监管所需的查验场地、卡口通道、隔离设施以及办公、业务用房等。鉴于口岸查验配套设施建设标准的制定属于国家事权,地方层面重点是结合实际完善程序,加强各方的协调配合,落实配套设施。对此,《条例》规定对列入上海口岸开放规划的港口、机场、车站等建设工程,市口岸服务部门应当会同口岸查验机构、本市有关部门和建设单位按照国家有关规定,结合实际情况,协调落实口岸现场查验设施和非现场配套设施的建设要求。口岸现场查验设施和非现场配套设施,应当按照"保障监管、便利通关、资源集约、合理适当"的原则建设和配备。对列入上海口岸开放规划的港口、机场、车站等建设工程,口岸现场查验设施应当与主体工程统一规划、统一设计、统一投资和统一建设。

四是关于口岸开放范围内涉外作业区的对外开通启用。为确保口岸有序开放、口岸资源合理配置、口岸查验监管到位,《条例》规定在口岸开放范围内,码头、航站楼、车站等作业区需要对外开通启用的,由作业区运营单位向市口岸服务部门提出。对外开通启用的作业区,应当符合上海口岸开放规划,具备相关主管部门认可的工程立项手续及生产运行条件,其口岸查验配套设施等查验和监管条件应当符合口岸查验监管要求。经市人民政府批准对外开通启用的码头、航站楼、车站等作业区扩建、改建的,应当按照规定办理对外开通启用手续。

五是关于口岸开放范围内临时接靠。上海自 20 世纪 80 年代以来,根据实践需要和国家文件精神,开始实行临时接靠的口岸开放管理制度。该制度适用于尚未对外开通启用的码头、航站楼、车站等作业区,因为口岸建设、应急保障、科研考察等特殊原因需要而接靠国际交通运输工具的情形。实践证明,由市口岸办牵头办理临时接靠手续,是地方政府在口岸查验机构支持下建立的一项协同开展通关服务的管理措施,不可或缺,但尚无明确的法规依据,需要地方立法予以制度确认。为此,《条例》规定在口岸开放范围内,为对外开通启用的码头、航站楼、车站等作业区因口岸建设、应急保障、科研考察等特殊情形,确需临时接靠国际交通运输工具的,作业区运营单位应当提前向市口岸服务部门提出。临时接靠的作业区,应当具备相关主管部门认可的生产运行条件和基本的查验监管条件。市口岸服务部门应当及时牵头办理临时接靠手续,协调保障口岸查验机构开展检查检验和监督管理工作。

六是关于通关服务优化。口岸通关便利化是口岸服务环境的核心环节。口岸开放运行后,出入境检查检验等监管活动由中央驻沪的各口岸查验机构实施。

虽然地方立法不便涉及具体的监管措施,但地方政府及有关部门在协调和保障通关服务方面可以进行制度设计。为此,《条例》第三章对通关服务优化作了专章规定,其内容涉及建立集中通关服务场所,方便企业办理通关申报和相关的税务、外汇、金融等业务;促进通关信息化建设,支持保障地方电子口岸信息平台建设、促进各部门通关信息兼容共享;建立通关流程优化机制,加强通关协调服务,推进口岸查验机构、口岸运营单位和其他相关单位加强通关各环节的联动协作,及时协调处理影响通关日常运行的各类问题;为重要国际会议、重大国际赛事、大型国际展览建立通关服务保障机制,确保重大活动通关安全便捷。

七是关于口岸环境保障措施。《条例》根据国家和上海市相关要求,结合口岸工作实际,对口岸环境保障作出专章规定,其内容涉及口岸安全保障和口岸集疏运保障,规定本市有关部门应当协同口岸查验机构加强口岸风险的预警防范,配合做好打击走私、防范非法出入境等工作,加强对口岸及其周边道路、堆场等相关设施的建设管理,及时处理可能影响口岸集疏运的问题。《条例》同时对企业诚信建设、中介市场的促进和规范、建立口岸服务质量的社会评议制度等事项也作出了规定。

八是关于法律责任。鉴于口岸开放涉及国家主权,口岸运营单位未办理相关手续擅自接靠国际交通运输工具是严重的违法行为。为确保口岸开放管理的严肃性,《条例》对本市口岸开放范围内码头、航站楼、车站等作业区的运营单位未办理对外开通启用或者临时接靠手续,擅自接靠国际交通运输工具的情形规定了相应的法律责任。鉴于口岸开放范围外运营单位擅自接靠国际交通运输工具的行为属于国家事权范围,地方不宜设定具体罚则,《条例》规定由上海市口岸服务部门予以纠正,并报国家有关部门处理。

《条例》的实施进一步规范了上海口岸开放,提高了口岸通关效率,保障了口岸安全畅通。《条例》与《上海港口条例》及以后出台的《上海市推进国际航运中心建设条例》一起,[①]构成了上海市促进国际航运中心建设的"法规群",对于促进上海"四个中心"的建设产生了积极的推动作用。

2. 强化建设工程质量安全风险管理

建设工程的质量和安全关系到广大人民群众的生命和财产安全,是建筑活动及其监督管理的核心内容。2009年6月27日5时30分,上海市闵行区莲花

① 经过长达数年的立法酝酿准备,上海市第十四届人大常委会第三十次会议于2016年6月23日通过了《上海市推进国际航运中心建设条例》,该条例共6章46条,旨在贯彻实施建设上海国际航运中心的国家战略,对接"丝绸之路经济带"和"21世纪海上丝绸之路"建设,形成与中国(上海)自由贸易试验区建设的联动机制,营造具有国际竞争力的航运发展环境。至此,上海国际金融中心、国际贸易中心、国际航运中心的地方性法规配套齐全。

南路一在建楼盘工地发生楼体倒覆事件，致 1 名工人死亡。事故调查组认定其为重大责任事故，6 名事故责任人被依法判刑 3 至 5 年。这一恶性事件引起社会关注，"楼脆脆"被列入 2009 房地产十大新闻。无独有偶，2010 年 11 月 15 日 14 时 15 分，上海市静安区胶州路 718 号 28 层的教师公寓发生重大火灾事故，造成 58 人遇难，71 人受伤，建筑物过火面积 12000 平方米，直接经济损失 1.58 亿元。经调查，该起特别重大火灾事故是一起因企业违规造成的责任事故。连续发生的两起重大责任事故凸显了上海建筑市场管理混乱以及监管不力的状况。惨痛的教训也警示政府相关管理部门、建设单位与勘察、设计、施工、监理、检测、监测等相关从业部门，对生命负责，对城市负责，切实做好维护城市安全的每一项工作。这两起事故也促使政府相关管理部门及立法部门审视现行法律、法规的有效性、针对性，研究如何进一步加强上海市建设工程质量和安全管理方面的地方性法规。

从总体上讲，有关建设工程质量和安全管理方面的法律、法规比较齐全。在国家立法层面，1997 年 11 月全国人大常委会通过的《建筑法》形成了我国建筑法律制度的基本框架。2002 年 6 月全国人大常委会通过的《安全生产法》适用于包括建设工程在内的所有生产经营单位。2000 年 1 月和 2003 年 11 月，国务院分别发布了《建设工程质量管理条例》《建设工程安全生产管理条例》，这两部行政法规对《建筑法》《安全生产法》的有关内容进行了细化，构建了我国建设工程质量和安全活动及监督管理的基本法律制度。在上海地方层面，上海市人民政府于 1994 年 12 月发布了《上海市建筑工程质量监督管理办法》，1996 年 8 月发布了《上海市建设工程施工安全监督管理办法》，根据上海实际对建设工程的质量和施工安全方面的法律、行政法规进行了具体化，形成了上海建设工程质量和安全管理的具体制度。与此同时，1997 年 10 月，上海市人大常委会通过了《上海市建筑市场管理条例》，根据当时上海的实际情况对建筑活动进行了全面规范。1999 年 11 月，上海市人大常委会又通过了《上海市建设工程材料管理条例》，从保证建设工程质量和安全的角度对建筑材料使用及监督管理进行了规范。这两件地方性法规对加强上海市建设工程质量和安全监督管理发挥了积极作用。

然而，随着上海城市建设的快速发展，从业队伍和人员急剧扩张。截至 2011 年 4 月底，上海市在建工程共有 5373 个，总投资额达到 8615 亿元，总建筑面积为 1.39 亿平方米左右。上海全市现有勘察、设计、施工、监理等企业过万家，其中本市 8300 多家，外省市进沪 2500 多家；建筑师、建造师、监理工程师等各类注册执业人员约 10 万人，建筑施工作业人员约 60 万人，[①]这对城市建设工

---

① 参见黄融：《关于〈上海市建设工程质量和安全管理条例（草案）〉的说明》，《上海市人民代表大会常务委员会公报》2011 年第九号。

程质量和安全管理提出了更高的要求。两起重大责任事故集中暴露出上海建设工程质量和安全管理中存在的薄弱环节和问题。为此，在加强执法监督力度的同时，有必要针对上海建设工程质量和安全行政监督管理方面存在的缺陷，通过地方立法调整监督管理职能，转变监督管理方式，理顺行政管理体制和行政法律关系。

2011 年 12 月 22 日，上海市第十三届人大常委会第三十一次会议通过了《上海市建设工程质量和安全管理条例》（以下简称《条例》）。《条例》共 8 章 70 条，适用于上海市行政区域内建设工程的新建、扩建、改建和既有建筑物、构筑物的拆除、修缮，以及相关监督管理活动。立法的主要目的是细化完善相关制度，补齐监督管理方面的短板。《条例》重点规范了以下几方面的内容：

一是关于监督管理体制。在国家层面，对建设工程实行按专业分工负责的行政管理模式，即建设部、交通部、铁道部、水利部等分别对其负责的专业工程实施监督管理。根据上海地域的特点以及上海建设工程管理的传统，1997 年《上海市建筑市场管理条例》确定了除民航、铁路外，上海实行由建设行政管理部门统一监督管理建设工程活动的行政管理体制。长期以来，对这一体制一直存在着争议，实践中也存在着部门职责不清的问题。为此，在总结以往经验和教训的基础上，《条例》将原有的建设工程"统一管理的行政体制"调整为"综合管理与专业管理相结合的行政体制"，规定上海市建设行政管理部门是本市建设工程质量和安全的综合监督管理部门，并负责相关专业建设工程质量和安全的监督管理。《条例》列举了市建设行政管理部门应履行的综合监督管理的具体职责。《条例》同时规定市港口、水务、海洋、绿化、民防、房屋等行政管理部门按照法律、法规和市人民政府规定的职责分工，负责相关专业建设工程质量和安全的监督管理。区、县建设行政管理部门和其他有关部门按照职责分工，负责本行政区域内建设工程质量和安全的监督管理。本市发展改革、安全生产监督、财政、公安消防、质量技术监督、规划、经济信息化等行政管理部门在各自职责范围内，协同实施本条例。这一"综合管理与专业管理相结合的行政体制"既有利于继续发挥建设行政管理部门的综合协调职能，又能发挥专业管理部门的专业优势，从而进一步优化和强化建设工程质量和安全的监督管理。

二是关于建设单位的协调管理责任。鉴于建设单位是投资定作方、委托方，并非生产制作方、受托方，现行建筑管理方面的法律、法规只规定了勘察、设计、施工单位应承担的质量和安全责任，没有明确建设单位的质量和安全责任。考虑到作为投资方和委托人的建设单位对工程的选址、设计、规模、质量、安全等方案决策起着主导作用，在建筑承发包关系中居于优势地位，其行为对工程质量和安全的影响很大，且不少房地产商开发建设的建筑产品用于出售而非自用，难免存在对工程质量和安全不负责任的道德风险。为此，《条例》明确规定，建设单位对建设工程质量和安全负有重要责任，应当负责建设工程各阶段的质量和安全工作的协调管理，并按照合同约定督促建设工程各参与单位落实质量和安全管理责任。鼓励建设单位委托项目管理单位，对建设工程全过程进行专业化的管理和服务。

三是关于风险评估制度。《条例》借鉴了国际通行的做法，并总结了在重大工程中探索实施的工程风险评估的成功经验，建立了风险评估制度。《条例》规定建设单位应当在可行性研究阶段，对建设工程质量和安全风险进行评估，并明确控制风险的费用。建设工程质量和安全风险包括建设和使用过程中的建设工程本体的风险以及对毗邻建筑物、构筑物和其他管线、设施的安全影响等。风险评估的具体办法由市人民政府另行制定。建设单位应当将风险评估的内容提供给勘察、设计、施工和监理等单位，并要求相关单位在勘察文件、设计方案、初步设计文件、施工图设计文件、施工组织设计文件的编制过程中，明确相应的风险防范和控制措施。

四是关于建设工期规范。建设工期对于建设工程质量和安全至关重要，不少工程事故均与建设方、施工方违反规定"任意压缩工期"有关。对此，《条例》规定建设工程发包前，建设单位应当根据建设工程可行性研究报告和建设工期定额，综合评估工程规模、施工工艺、地质和气候条件等因素后，确定合理的勘察、设计和施工工期。在建设工程招标投标时，建设单位应当将合理的施工工期安排作为招标文件的实质性要求和条件。勘察、设计和施工工期确定后，建设单位不得任意压缩；确需调整且具备技术可行性的，应当提出保证工程质量和安全的技术措施和方案，经专家论证后方可实施。

五是关于工程质量保证保险和建筑幕墙维修专项资金制度。长期以来，住宅工程质量缺陷是社会各界广泛关注的问题，而玻璃幕墙爆裂、坠落事件时有发生，更令人关注。尽管《建筑法》、《建设工程质量管理条例》规定建设工程实行质量保修制度，施工单位应当承担建设工程在法定范围和期限内的质量缺陷保修责任，2010年12月上海市人大常委会通过的《上海市住宅物业管理规定》也要求建设单位在房屋所有权初始登记前交纳物业保修金，作为发生房屋质量缺陷时的专项保障资金。但是，这些制度实施的门槛较高、效果欠佳。为此，上海市政府提交常委会审议的《条例》草案借鉴国际惯例，设计了工程质量保证保险制度。考虑到保险制度系《立法法》第八条所列举的中央专属立法权限，地方不宜创设。经法制委员会统一审议后，《条例》规定：在新建住宅所有权初始登记前，建设单位应当按照本市有关规定交纳物业保修金。建设单位投保工程质量保证保险符合国家和本市规定的保修范围和保修期限，并经房屋行政管理部门审核同意的,可以免予交纳物业保修金。这一表述没有直接设定工程质量保证保险制度,但鼓励建设单位投保这一险种。《条例》同时规定,建设工程使用建筑幕墙的,应当符合市人民政府的相关规定。建设单位应当按照规定建立专项资金,用于建筑幕墙的维修。

六是关于施工单位的现场管理责任。施工单位的现场管理对建设工程质量和安全产生直接影响,《条例》从现场管理机构、施工文件和方案编制、施工顺序和重点环节现场监督等方面作了细化规定,明确施工企业应当按照合同约定组建施工现场项目管理机构,并配备相应的技术人员、管理人员,未经发包单位同意不得更换;施工组织设计文件、专项施工方案应当明确条例规定的内容,施工单位应当按照施工组织设计文件和施工技术标准顺序施工;在危险性较大的分部工程、分项工程施工时,项目负责人、专职安全管理人员必须在现场监督。

七是关于施工作业人员管理。从已发生的建设工程质量和安全事故看,绝大多数都是人为因素导致的,而施工现场的作业人员是事故发生的直接责任人。《条例》强化了对施工作业人员的要求,规定施工单位或者劳务分包单位应当与其施工作业人员签订劳动合同。施工作业人员应当向市建设行政管理部门申领施工作业人员劳务信息卡。施工单位或者劳务分包单位应当及时将施工作业人员的身份信息、所在单位、岗位资格、从业经历、培训情况、社保信息等信息输入劳务信息卡。施工单位和劳务分包单位应当定期对施工作业人员开展教育培训和业务学习。未经教育培训或者考核不合格的人员不得上岗作业,从事特种作业的施工人员应当持证上岗。

八是关于监理报告制度。建设工程出现质量问题,常常与监理部门监管缺位直接有关,也表现为建设单位为赶工期,对监理单位报告的质量和安全问题置若罔闻。为此,《条例》明确规定监理单位应当代表建设单位对施工质量和安全实行监理,对建设工程施工质量和安全承担监理责任。《条例》还在上位法规定的基础上,强化并创新了监理单位的定期报告制度和紧急报告制度,要求项目监理机构定期向管理部门报告施工现场的日常情况,便于管理部门掌握施工动态和基本情况。项目监理机构发现质量和安全事故隐患、要求施工单位改正或者停工而施工单位拒不执行,或者发生质量和安全事故时,必须立即向管理部门报告。《条例》要求管理部门接到报告后,必须立即到施工现场予以处置。通过这一制度设计,在监理单位和管理部门之间建立即时互通和快速处理机制,有利于对建设工程施工现场质量和安全的控制和处理。

《条例》的颁布和实施有效地补齐了上海建设工程质量与安全管理中的制度短板,对于进一步增强上海建设工程质量与安全管理监督的针对性、有效性具有积极的意义。

3. 全面落实监督法的法定要求

规范性文件备案审查制度作为中国特色宪法审查制度的重要组成部分，是人大及其常委会最为重要的监督制度，也是长期以来人大监督工作中较为薄弱的环节。我国是实行单一制的社会主义国家，法制统一是我国社会主义法制的重要原则，对规范性文件进行备案审查是维护法制统一的重要手段。规范性文件面广量大，涉及社会关系的诸多方面，影响着公民、法人和其他组织的合法权利与义务，其内容是否合法、适当，对于群众的切身利益关系重大，由人大常委会对规范性文件的合法性、合理性、适当性进行备案审查，对于确保规范性文件与宪法、法律、法规相一致，促进社会主义法律体系和谐统一，保障和维护广大人民群众的根本利益具有重要意义。

我国《宪法》构建了地方人大审查规范性文件制度的基本框架。《地方组织法》在 1982 年《宪法》的基础上，扩大了地方各级人大审查规范性文件的范围。2000 年 3 月 15 日颁布的《立法法》规定了地方人大常委会有权撤销本级人民政府制定的不适当的规章。鉴于《立法法》仅规范立法性的规范性文件，即法律、行政法规、地方性法规、政府规章，规章以下的规范性文件如何备案审查不属于《立法法》规范的内容。2007 年 1 月 1 日开始施行的《中华人民共和国各级人民代表大会常务委员会监督法》(以下简称《监督法》)专设一章，对规范性文件的备案审查作出了更为具体、系统的规定。《监督法》明确授权省级人大常委会对县级以上地方各级人大常委会对规范性文件备案审查的程序作出具体规定。1999年 1 月 11 日，上海市第十一届人大常委会第十五次主任会议通过了《关于市人民政府规章备案的审查办法》，开始对上海市人民政府制定的规章进行备案审查。《监督法》生效后，上海市第十二届人大常委会第八十七次主任会议于 2007年 3 月 19 日对该审查办法进行了修订。因此，对规章的备案审查早就制度化、规范化。但是，法律效力在规章以下的规范性文件长期以来未列入备案审查的范围，[①]且主任会议通过的《关于市人民政府规章备案的审查办法》位阶太低，与《监督法》的要求不相适应。为了更好地贯彻落实《立法法》、《监督法》的法定要求，上海亟须制定一部专门规范人大常委会规范性文件备案审查的地方性法规。

自 2006 年下半年以来，根据上海市人大常委会主任会议的要求，常委会法工委就监督法的实施和规范性文件备案审查的立法进行了一系列的准备工作。制定规范性文件备案审查的地方性法规曾列入 2009、2010 年度上海市人大常委会立法计划，为配合该项立法工作，常委会法工委和立法研究所于 2009 年组

---

① 上海市人民政府颁布的规范性文件采用不同的文号，其中规章采用"沪(府)令"文号，效力在规章以下的规范性文件采用"沪(府)发"、"沪(府)办发"等不同的文号。

建课题组,对地方人大常委会规范性文件备案审查的理论与实践进行研究,并形成了法规草案建议稿。2010年上海市人大常委会法工委在原有基础上又对规范性文件备案审查立法中遇到的相关问题诸如规范性文件报送备案的范围、备案审查的标准、审查工作机制和程序、审查纠错机制等问题展开深入的研究,并赴其他省市学习、考察,就立法中涉及的相关问题进行讨论。列入2011年度立法计划正式项目后,常委会法工委在深入调研,广泛听取市人大各专门委员会、常委会工作委员会、办公厅、研究室,区、县人大常委会,市政府法制办等政府有关部门意见的基础上,对法规草案反复修改、完善,形成法规草案。①据了解,截至2011年12月,除北京、上海以外,全国已有29个省级人大常委会相继制定了规范性文件备案审查地方性法规或在制定实施监督法办法中对规范性文件备案审查作专章规定。

2012年4月19日,上海市第十三届人大常委会第三十三次会议通过了《上海市人民代表大会常务委员会关于规范性文件备案审查的规定》(以下简称《规定》),该《规定》共16条,适用于上海市人民代表大会常务委员会对规范性文件的备案审查。鉴于区、县人大常委会的机构设置、审查的规范性文件范围均不同于市人大常委会,备案审查程序的设置也会有较大区别,较难在同一法规中作出详尽规定。因此《规定》主要规范市人大常委会对规范性文件的备案审查工作。《规定》规定区、县人民代表大会常务委员会依照职权对规范性文件备案审查的具体程序,参照《规定》执行。这样既保证本市规范性文件备案审查工作的统一性,又给区、县人大常委会根据各自实际情况作出具体规定留有空间。由于《立法法》《监督法》仅对备案审查工作作出原则性规定,《规定》需要结合上海的实际作出细化规定,相关条款在审议过程中充满博弈。《规定》主要规范了以下几方面的内容:

一是关于备案审查的范围。备案审查的范围问题是《规定》最具实质性意义的核心制度,也是审议中有关各方最关注的焦点问题。鉴于规范性文件的制定主体多元、形式多样,且关于"规范性文件"定义的内涵和外延,法律没有明确的规定,为明确备案审查的范围,根据上海市的实践经验并参考其他省市的经验,《规定》采用概括与列举相结合的方式对应当报送备案的规范性文件作出规定:"本规定所称规范性文件是指涉及本市公民、法人和其他组织的权利、义务,并具有普遍约束力,在一定期限内可以反复适用的下列文件:(一)市人民政府规章;(二)市人民政府发布的决定、命令;(三)本市地方性法规授权市人民政府及其相

① 参见丁伟:《关于〈上海市人民代表大会常务委员会关于规范性文件备案审查的规定(草案)〉的说明》,《上海市人民代表大会常务委员会公报》2012年第三号。

关工作部门制定的与本市地方性法规相配套的规范性文件；（四）区、县人民代表大会及其常务委员会作出的决议、决定；（五）依法应当向市人大常委会报送备案的其他规范性文件。"《规定》列举的上述五种文件所依据的是《立法法》第八十八条、第八十九条和《监督法》第二十九条、第三十条的规定，以及全国人大常委会委员长会议"关于法律配套法规制定的工作程序"的有关规定。《规定》采用概括与列举相结合的方式，可以避免因规定过于原则、模糊造成界定不清，或者因简单列举造成挂一漏万的现象。这一上海特色的规定得到了全国人大常委会法工委及其他省市的肯定。

在《规定》草案审议过程中，有关部门建议并且专门来函，要求将规范性文件备案范围中的"市人民政府发布的决定、命令"予以删除。上海市人大常委会法工委对此作了艰苦的协调、沟通，再三说明将政府发布的决定、命令列入备案范围是上位法的法定要求，《监督法》第三十条明确规定人大常委会备案审查范围包括本级人民政府发布的决定、命令。需要说明的是，《监督法》第三十条仅要求县级以上地方各级人大常委会对本级人民政府发布的命令和决定进行审查，并未对"决定"、"命令"进行界定。为防止备案审查范围过于宽泛，《规定》根据上海的实际情况，对包括决定、命令在内的需要备案审查的规范性文件作了严格限定：第一是涉及本市公民、法人和其他组织的权利、义务；第二是具有普遍约束力；第三是在一定期限内可以反复适用。与此同时，本规定所指的"决定"、"命令"的制定主体为市人民政府，市人民政府制定或转发的其他规范性文件不属于备案审查的范围。为此，法制委员会统一审议后，建议对《规定》草案有关报送备案的规范性文件范围不作修改。①值得一提的是，人大常委会对政府制定规范性文件这一抽象行政行为的备案审查，属于事后监督的范畴，并不影响政府部门制定的规范性文件的实施时间与法律效果，也不影响行政机关的行政效率。

二是关于备案审查的机构。《规定》对规范性文件的报送、接收和审查机构及其职责分工作了规定。根据《规定》，规范性文件应当自公布之日起三十日内报送市人大常委会备案。报送机构原则上由规范性文件制定主体报送。鉴于市政府法制办是市政府的法制机构，负有对本市行政机关制定的行政规范性文件法律审核和备案审查职能。因此，《规定》规定：市人民政府及其相关工作部门制定的规范性文件，由市人民政府法制办公室报送备案；区、县人民代表大会及其常务委员会作出的决议、决定，由区、县人民代表大会常务委员会办公室报送备案。市人大常委会作为规范性文件备案审查的主体，其行使备案审查权的具体

① 参见丁伟：《关于〈上海市人民代表大会常务委员会关于规范性文件备案审查的规定（草案）〉审议结果的报告》，《上海市人民代表大会常务委员会公报》2012年第三号。

工作应由其内部工作机构承担。根据本市现行的有关规定和长期实践经验,需要根据工作机构的不同性质和功能进行合理分工。参照全国人大委员长会议制定的《行政法规、地方性法规、自治条例和单行条例、经济特区法规备案审查工作程序》和全国人大常委会备案审查工作程序,《规定》规定:市人大常委会办公厅收到报送备案的规范性文件,应当在登记后送市人大常委会法制工作委员会。常委会法工委认为规范性文件报送备案材料不符合要求的,应当要求报送机关在规定限期内重新报送;符合要求的,分送市人民代表大会有关专门委员会审查。按照这一规定,市人大常委会办公厅负责"入口"和"出口"两个环节,如报送备案的规范性文件的来文接收登记、归档、与规范性文件制定机关之间必要的文件往来。市人大各专门委员会作为审查机构,根据职责分工,承担常委会对规范性文件的审查工作。市人大常委会法工委作为承办机构,负责规范性文件备案审查的具体工作,如报送备案材料审核,分送有关专门委员会审查,综合汇总专门委员会的审查意见并按规定处理,作好与制定机关的沟通、催办和协调,研究有关主体提出的审查建议等。

三是关于审查的内容。审查内容即为审查机构开展审查工作的标准。依据《立法法》第八十七条、《监督法》第三十条的规定,《规定》对市人大常委会审查的内容作了明确规定:"对规范性文件主要审查是否存在下列情形:(一)同宪法、法律、行政法规和本市地方性法规相抵触;(二)同本级或者上级人民代表大会及其常务委员会的决议、决定相抵触;(三)超越法定权限,限制或者剥夺公民、法人和其他组织合法权利,或者增加公民、法人和其他组织义务;(四)违背法定程序;(五)其他依法应当予以撤销的情形。"鉴于目前国家法律对规范性文件备案审查的内容仅限于"合法性"问题的审查,《规定》规定的审查内容主要围绕合法性的问题,且均有上位法依据,未涉及规范性文件的合理性、适当性等问题。

四是关于审查处理机制。《规定》参照全国人大委员长会议制定的《行政法规、地方性法规、自治条例和单行条例、经济特区法规备案审查工作程序》和全国人大常委会备案审查工作程序,规定:专门委员会审查规范性文件时,根据需要可以要求制定机关说明情况、补充材料,制定机关应当如实说明、补充,也可以采用邀请专家参与审查工作、举行听证会等多种方式进行审查;专门委员会应当自收到报送备案材料之日起三十日内书面提出审查意见,送法工委;规范性文件存在本规定所列前述五种情形之一的,法工委应当书面告知制定机关,并要求制定机关在指定期限内提出处理意见;制定机关应当在指定期限内修改或者废止前款所指的规范性文件,并将修改或者废止的处理结果书面告知法工委,或者书面提出无需修改或者废止的理由;法工委应当将制定机关修改或者废止规范性文件的处理结果书面告知专门委员会;制定机关未在指定期限内修改或者废止,也未书面提出无需修改或者废止理由，或者提出的理由不成立的，法工委应当书面告知有关专门委员会；专门委员会经研究，认为规范性文件应当修改或者废止，制定机关不予修改或者废止，或者提出的理由不成立的，由常委会办公厅书面告知制定机关在指定期限内自行纠正；制定机关在指定期限内对规范性文件仍不予修改或者废止的，专门委员会可以向主任会议提出撤销该规范性文件的议案，由主任会议决定提请市人大常委会会议审议决定。需要说明的是，加强对规范性文件的备案审查工作，目的在于促进各类主体依法制定好规范性文件。因此，规范性文件备案审查的处理机制，重在加强沟通与协调，对规范性文件中存在的不适当的问题，首先督促制定机关自行纠正。确有不当情形，而制定机关仍不予修改或者废止的，再采取其他法定措施。《规定》的前述规定体现了这一原则。

　　值得一提的是，常委会法工委起草的提交常委会审议的《规定》草案设计了审查要求和审查建议的启动机制和程序。《规定》草案第十二条规定："市人民政府、市高级人民法院、市人民检察院和区、县人民代表大会常务委员会认为规范性文件存在本规定第六条所列情形之一的，可以向市人大常委会书面提出审查要求。""办公厅收到审查要求应当在登记后送交法工委。法工委应当自收到审查要求之日起十日内分送有关专门委员会审查。"这是参照了《立法法》和《监督法》对法定主体提出审查要求启动审查的问题所作的规定。

　　《规定》草案第十三条规定，"本规定第十二条规定以外的本市其他国家机关和社会团体、企业事业组织以及公民认为规范性文件存在本规定第六条所列情形之一的，可以向市人大常委会书面提出审查建议。""收到审查建议的市人大常委会工作机构、办事机构应当在登记后转交法工委。法工委收到审查建议后进行研究，必要时，分送有关专门委员会审查。"该条同样参照《立法法》和《监督法》对有关机关、公民、组织提出审查建议问题所作的规定。在审议过程中，有的部门提出，《规定》草案第十二条、第十三条有关审查要求、审查建议的启动规定，涉及的问题比较复杂，是否需要在本法规中作出规定，建议进行研究。经研究，法制委员会认为，虽然《立法法》第九十条对相关国家机关、社会团体、企业事业组织以及公民向全国人大常委会书面提出审查行政法规、地方性法规的要求和建议作出了规定，但对地方人大常委会接受、处理对规范性文件的审查要求、审查建议未作出规定，《监督法》对此也未作出规定。因此，《规定》草案第十二条、第十三条有关审查要求、审查建议启动的规定尚无上位法的直接依据，实践中相关国家机关、社会团体、企业事业组织以及公民提出审查要求、审查建议的规范性文件并不限于《规定》所列举的依法需要备案审查的规范性文件范围，相关的处理程序也需要在实践中进一步探索。为此，建议删除《规定》草案第十二条、第十三条。①

《规定》的制定将上海长期以来备案审查方面的制度性规定上升为地方性法规,补齐了规范性文件备案审查方面上海地方立法的短板,对于全面落实《监督法》的法定要求,保障人大常委会依法行使监督职权具有长远的意义。

4. 依法规范城管执法行为

城管执法作为城市管理的综合执法形式,几乎承载了城市管理执法层面所有的热点、焦点、难点问题。长期以来,城管执法部门法律地位不明确,执法管理运行体制不顺畅,城管队员的权利义务、法定职责以及履职范围不清晰,国家层面缺乏一部统一的规范城市综合执法的法律。其中,最为突出的矛盾是城管的综合执法需要行使相对集中的行政处罚权,而城管部门在跨部门协调时存在困难,经常发生执法的重叠与冲突。

为深化行政管理体制改革、提高行政执法效能,2000 年 7 月,上海市人大常委会通过了《关于同意在本市进行城市管理综合执法试点工作的决定》,同意在上海市部分区、县进行以市容市貌管理为主要内容的综合执法即相对集中行使行政处罚权的试点。据此,上海市中心城区先后组建城市管理监察大队,由其集中行使本市地方性法规和市政府规章规定的市容环卫、绿化、市政、环保等领域的全部或者部分行政处罚权。2002 年 8 月,国务院发布《关于进一步推进相对集中行政处罚权工作的决定》,授权省、自治区、直辖市人民政府可以根据《行政处罚法》第十六条的规定,决定在本行政区域内开展相对集中行政处罚权工作。2004 年 1 月,上海市政府根据国务院授权发布实施《上海市城市管理相对集中行政处罚权暂行办法》,进一步推进城市管理相对集中行政处罚权工作。该暂行办法的实施,对于促进上海市城市管理相对集中行政处罚权工作的发展,维护城市市容市貌,提高城市管理水平,保障上海世博会成功举办等方面发挥了积极作用。但是,该暂行办法规范的主要是相对集中行政处罚权的范围,在相对集中行政处罚权的工作要求,特别是城管执法行为规范、城管执法人员管理方面,规定还比较欠缺。

与此同时,执法不规范、不文明现象依然存在,与加强法治政府建设的要求和市民群众的期望相比,执法规范化还有不少差距。2011 年 1 月,在上海市第十三届人大第四次会议上,丁明等 11 名市人大代表提交了"1 号议案"——《关于加快制定上海城管地方法规的议案》,呼吁制定本市城管地方法规,"明确执法主体、执法机构的法律地位"、"明确城管执法职责范围,严格规定执法职责范围

---

① 参见丁伟:《关于〈上海市人民代表大会常务委员会关于规范性文件备案审查的规定(草案)〉审议结果的报告》,《上海市人民代表大会常务委员会公报》2012 年第三号。

的确定与调整必须依法由市区两级政府决定"等内容。根据代表的建议和立法具备的条件，上海市人大常委会将《上海市城市管理行政执法工作条例（暂定名）》列入年度立法计划。

2012年4月19日，上海市第十三届人大常委会第三十三次会议通过了《上海市城市管理行政执法条例》（以下简称《条例》）。《条例》共7章42条，将加强城市管理行政执法工作，规范行政执法行为，提高行政执法效率和水平，保护公民、法人和其他组织的合法权益作为立法宗旨，以《行政处罚法》、《行政强制法》等法律、行政法规为立法依据。《条例》在立法思路上以规范城管执法为主线，从城管执法现状出发，对城管执法主体、城管执法行为和城管执法人员管理等各方面进行严格规范，引导城管执法人员树立正确的执法理念，建立和完善相关制度和工作机制，促进城管执法效能的提高和城管执法监督机制的完善。鉴于国家层面尚未制定城管执法领域的专门法律、行政法规，这部管理性立法属于创制性地方性法规。《条例》着重对以下事项作出规定：

一是关于法规名称和适用范围。鉴于国家层面的立法阙如，有关《条例》的名称成为法规起草时的难点和常委会审议中的焦点问题。《条例》起草时最初拟定名为《上海市城市管理行政执法工作条例》，考虑《条例》主要调整与规范城市管理相对集中行政处罚权工作有关的事项，不涉及城市管理的其他具体规定，"城市管理行政执法"的含义可能过于宽泛，且《条例》的定位是对相对集中行政处罚权的行使进行规范，不是对相对集中行政处罚权的所有事项进行全方位的规范，因此，提请市人大常委会审议时将法规草案名称确定为《上海市规范行使城市管理相对集中行政处罚权条例》。①在常委会两次审议中，均有委员对法规的名称提出意见，部分委员认为，相对集中行政处罚权作为名称过于复杂，不利于社会理解，建议修改。也有不少委员提出了相应的修改建议。常委会法工委会同相关部门对该问题进行了研究，提出修改方案，经法制委员会统一审议后，建议将《条例》名称修改为"上海市城市管理行政执法条例"，这一名称符合上海市实际，也与上海市城市管理行政执法局的名称相一致。相应地，建议对草案修改稿中关于城市管理行政执法的相关表述作适当修改。②

鉴于上海市人民政府根据国务院授权发布实施的《上海市城市管理相对集中行政处罚权暂行办法》已对城市管理相对集中行政处罚权的具体范围作了明确界定。包括市容环境卫生、绿化、市政工程、水务、环境保护、工商、建设、房屋

---

① 参见马云安：《关于〈上海市规范行使城市管理相对集中行政处罚权条例（草案）〉的说明》，《上海市人民代表大会常务委员会公报》2012年第三号。

② 参见张凌：《上海市人民代表大会法制委员会关于〈上海市规范行使城市管理相对集中行政处罚权条例（草案）〉（修改稿）修改情况的报告》，《上海市人民代表大会常务委员会公报》2012年第三号。

管理、城市规划等方面的全部或者部分行政处罚权,且根据经济社会的发展,城市管理行政执法体制改革的进一步深化,相对集中行政处罚权的范围需要不断调整,《条例》在适用范围上采用了比较简洁的表述方式,规定《条例》适用于上海市行政区域内的城市管理行政执法活动,具体包括市和区、县城市管理行政执法部门依法相对集中行使有关行政管理部门在城市管理领域的全部或部分行政处罚权及相关的行政检查权和行政强制权的行为。

二是关于城管执法体制。城管执法体制是立法需要规范的核心制度。《条例》在对上海城管执法体制的现状进行总结分析的基础上,对各级政府的城管执法体制作出规定:市和区、县人民政府应当加强对城市管理行政执法工作的领导,应当根据区域面积、人口数量、管理需求等状况,合理配置城市管理行政执法人员和执法装备,并将城市管理行政执法工作所需经费纳入同级财政预算,保障城市管理行政执法部门依法履行职责;市城管执法部门是本市城市管理行政执法工作的行政主管部门,负责本条例的组织实施;区、县城管执法部门负责本辖区内城市管理行政执法工作,并接受市城管执法部门的业务指导和监督;区、县城管执法部门应当在镇(乡)、街道派驻城管执法机构,以区、县城管执法部门的名义,具体负责本区域内的城市管理行政执法工作。镇(乡)人民政府、街道办事处可以组织协调城管执法机构在辖区内开展城市管理行政执法活动。《条例》授权市和区、县城管执法部门根据需要可以在特定区域派驻城管执法机构,以市或区、县城管执法部门的名义,具体负责本区域内的城市管理行政执法工作。《条例》同时规定,建设、绿化市容、水务、环保、工商、房屋管理、规划国土资源、公安、财政等行政管理部门按照各自职责,协同做好城市管理行政执法的相关工作。

三是关于执法权限。各地城管执法中存在的普遍问题是执法权限不清晰,社会流传着"城管是个筐,什么都往里面装","城管是上管天,下管地,中间还要管空气"的说法。为此,《条例》用专章的方式对市和区、县城管执法部门的执法权限作出规定。《条例》用列举的方式详细列明了市和区、县城管执法部门在市容环境卫生管理、市政工程管理、绿化管理、水务管理、环境保护管理、工商管理、建设管理、城乡规划和物业管理八大领域实施行政执法的范围以及相关的法律依据,并且规定城管执法部门按照规定实施行政执法的具体事项由市人民政府确定,并向社会公布。为防止相关部门随意增设城管部门的执法事项,《条例》明确规定本市地方性法规或者政府规章可以对城市管理行政执法的范围进行调整。除此之外,其他任何单位和个人不得擅自变更城市管理行政执法的范围。

四是关于规范城管执法行为。城管执法人员的依法执法、规范执法、文明执法是社会关注的焦点问题。《条例》在总则中明确规定:城市管理行政执法工作遵循合法、公正、公开的原则,坚持以人为本,执法与教育、疏导、服务相结合,文明执法、规范执法，注重法律效果与社会效果的统一；应当加强城市管理行政执法队伍建设，完善执法制度和监督机制，促进执法水平的提高。《条例》同时规定：城管执法人员依法执行职务，受法律保护。公民、法人或者其他组织应当支持城管执法部门的工作，协助城管执法人员依法行使职权。城管执法部门应当听取公民、法人或者其他组织的意见，不断改进和完善执法方式和方法。为规范城管的执法行为，《条例》设置专章，对城管执法人员资格管理、行为规范、取证行为、遗留现场物品的处理程序等事项——作出细化规定，并规定城管执法部门应当建立违法行为举报制度，并向社会公布全市统一的举报电话及其他联系方式。

五是提高行政执法效率和水平。《条例》立足于通过树立正确的执法理念、创新工作机制，提高行政执法效率和水平。其一，推行分类执法，城管执法部门可以根据违法行为的性质和危害后果，采取不同的行政执法方式。其二，完善案件管辖制度，为避免因交叉执法、重叠执法，防止执法部门相互推诿，《条例》规定：管辖区域相邻的区、县城管执法部门对行政辖区接壤地区流动性违法行为的查处，可以约定共同管辖。共同管辖区域内发生的违法行为，由首先发现的城管执法部门查处。管辖权发生争议的，由市城管执法部门指定管辖；市城管执法部门对区、县城管执法部门未予查处的违法行为，应当责令其查处，也可以直接查处。市城管执法部门可以对社会影响重大的违法行为直接进行查处；必要时，也可以组织相关区、县城管执法部门共同进行查处。其三，建立执法协助与信息共享制度。规定在城市管理中开展重大专项执法行动时，城管执法部门需要有关行政管理部门协助的，有关行政管理部门应当在职责范围内依法协助；有关行政管理部门需要城管执法部门协助的，城管执法部门应当在职责范围内依法协助；市和区、县人民政府应当采取措施推动城管执法部门和有关行政管理部门建立健全城市管理与执法信息共享机制，促进信息交流和资源共享。其四，创新执法方式，要求市和区、县人民政府应当不断加大城市管理行政执法科学技术的研发投入，推广先进科学技术手段在调查取证、检查检测等方面的普及运用。

六是关于城管执法监督机制。《条例》设立专章，从政府监督、内部监督、层级监督、部门监督、公众监督、社会评议等角度就强化城管执法监督作出规定：市和区、县人民政府应当加强对城市管理行政执法工作的监督，对城管执法部门不依法履行职责的行为，应当责令其改正并追究行政责任；市城管执法部门应当建立全市统一的执法培训、岗位交流、督察考核、责任追究和评议考核等制度；城管执法部门应当将城管执法职责范围、执法依据、执法程序以及监督电话等事项向社会公开，接受社会监督；镇（乡）人民政府、街道办事处应当加强对派驻本镇（乡）、街道的城管执法机构执法工作的监督检查，定期组织评议，并将评议结果告知其所属的区、县城管执法部门。

《条例》的出台告别了上海以往城管执法事项由单行的地方性法规分散规定的碎片化状况,补齐了上海管理性地方立法的短板,对于加强城市管理行政执法工作,规范行政执法行为,提高行政执法效率和水平,促进城管执法人员规范执法、公正执法、文明执法具有积极的意义。

(四)创制性立法贴近现实需求

转型发展期的上海地方立法更加注重在日趋完善的国家法律系统中寻找地方立法的有限空间,更加注重发挥创制性地方立法对于经济社会发展中的引领作用,更加注重地方创制性立法的实际功效。

1. 将募捐活动纳入法制轨道

募捐是调集民间资源、促进公益事业发展的有效方式,对提升公民责任意识、缓解社会矛盾、增进社会和谐,具有重要意义。随着经济社会的发展和物质生活水平的提高,人们公益捐赠的热情不断高涨,上海市的募捐活动呈现出良好的发展态势,公益捐赠总额稳定增长,2009 年为 12.35 亿元,2010 年为 18.5 亿元;汶川大地震、玉树地震、舟曲泥石流等重大灾害,引发了社会捐赠热潮。[1]但是,实践中也存在募捐主体混乱、真假难辨,募捐活动行为失范,募集财产的管理和使用混乱,捐赠人的知情权、监督权难以得到保障,政府监管缺乏依据的问题。"郭美美事件"的爆发,使得募捐组织的公信力、公众公益捐赠的积极性受到了严重影响。为此,有必要通过立法有效规范募捐活动,提高募捐组织的公信力,重振公众公益捐赠的信心和热情。由于国家层面的《中华人民共和国公益事业捐赠法》仅对自然人、法人或者其他组织自愿无偿捐赠财产的行为和相应的受赠行为作出了规范,对向社会公开募集财产的劝募行为未作出规范。《中华人民共和国红十字会法》和《基金会管理条例》虽然规定了红十字会和公募基金会可以开展募捐活动,但相关规定过于原则。除此之外,再没有其他的法律、法规对红十字会、公募基金会以外的单位和个人开展募捐活动进行规范。为此,上海开展的这项立法属于地方创制性立法。

2012 年 6 月 7 日,上海市第十三届人大常委会第三十四次会议通过了《上海市募捐条例》(以下简称《条例》)。《条例》共 7 章 48 条,适用于在上海市行政区域内开展的募捐及其有关管理活动。《条例》遵循"主体法定、活动备案、行为规范、信息公开、政府监管"的基本思路,将规范募捐活动,保护捐赠人、募捐组织和受益人的合法权益,促进公益事业的发展作为立法宗旨,着重对以下事项作出规定:

---

① 参见马伊里:《关于〈上海市募捐条例(草案)〉的说明》,《上海市人民代表大会常务委员会公报》2012 年第四号。

一是关于募捐的相关定义。为区分"募捐"与"捐赠"、"劝募"等相关概念，《条例》在调研论证的基础上将"募捐"定义为"基于公益目的，向社会公开募集财产的劝募行为"。将"公益事业"定义为非营利的下列四类事项：1.救助灾害、救济贫困、扶助残疾人等困难的社会群体和个人的活动；2.教育、科学、文化、卫生、体育事业；3.环境保护、社会公共设施建设；4.促进社会发展和进步的其他社会公共和福利事业。

二是关于募捐主体。《条例》针对开展募捐活动的主体混乱的问题，对依法开展募捐活动作了明确规定。《条例》规定了三类"募捐组织"，即红十字会、公募基金会以及经依法登记，以发展公益事业为宗旨，通过资助或者志愿服务等形式向社会公众提供服务的社会团体。募捐组织依法可以开展募捐活动。在红十字会、公募基金会以外，引入一定数量的公益性社会团体，可以形成适度竞争，有利于拓展更多的民间捐赠资源，促进公益事业发展。《条例》同时规定募捐组织以外的其他单位和个人，基于公益目的，需要开展募捐活动的，应当与募捐组织协商，经募捐组织同意，由募捐组织依照本条例的规定组织开展。募捐组织以外的其他单位和个人，不得单独开展面向社会的募捐活动。这一规定为募捐组织以外的单位和个人开展募捐活动预留了通道，不至于影响其从事公益事业的积极性。

三是关于募捐活动的备案。鉴于《条例》将募捐主体限定为经过严格审批程序并依法成立或者经依法登记的募捐组织，为提高行政效率、减少审批环节，便利募捐活动的开展，《条例》规定了募捐活动备案制度，规定募捐组织开展募捐活动，应当制定募捐方案，并在募捐活动开始十个工作日前，向募捐活动所在地的区、县民政部门办理备案手续；其中，跨区、县开展募捐活动的，向市民政部门办理备案手续。募捐方案应当符合法律、法规的规定，并包括《条例》列举的法定内容。募捐活动的期限一般不超过一年。募捐活动期限届满后，需要继续开展募捐活动的，应当在期限届满五个工作日前重新办理备案手续。募捐组织应当按照备案的募捐方案开展募捐活动。募捐方案确定的时间、期限、地域范围、方式发生变化的，募捐组织应当及时告知市或者区、县民政部门。《条例》同时规定，应对突发的自然灾害和事故灾难，需要紧急开展募捐活动，无法在活动开始前办理备案手续的，募捐组织应当在募捐活动开始后五个工作日内补办备案手续。

四是关于募捐组织的工作成本。这是《条例》草案起草和审议中社会关注的问题，在草案征求意见的过程中，有意见提出应当对募捐组织因募捐、开展公益活动所产生的工作成本划定一个统一的标准或者上限，防止募捐组织在募集财产中列支过高的工作成本。鉴于募捐组织的大小、募捐活动的规模、募集财产的多少千差万别，很难划定一个可以普遍适用的合理标准。为此，《条例》采用"原则规定＋信息公开"的模式,对募捐组织的工作成本进行规范。《条例》规定:因募捐、开展公益活动所产生的工资、办公费用等必需的工作成本,国家规定可以在募集财产中列支的,募捐组织不得超出国家规定列支;国家没有规定的,应当控制在已经公布的募捐方案所确定的工作成本列支项目和标准之内;已在财政拨款中列支的工作成本,不得在募集财产中列支。《条例》同时规定:募捐活动结束后,募捐组织应当及时将包括实际支出的工作成本在内的募捐情况在信息服务平台上向社会公开,最晚不迟于募捐方案确定的募捐活动期限届满后十五个工作日;募捐组织应当在信息服务平台上,向社会公开募集财产的使用情况;募集财产使用情况的公开一般每年不少于两次。募集财产的使用情况应当包括工作成本列支明细。

五是关于信息公开。在立法过程中,社会意见最为集中的问题是如何公开募捐活动信息,确保捐赠人的知情权、监督权。为此,《条例》特设专章集中规范募捐活动的信息公开制度。《条例》规定市民政部门应当建立统一的募捐信息网络服务平台,为社会公众免费提供募捐信息服务,接受咨询、投诉、举报,并作为募捐组织信息公开的平台;募捐组织应当在信息服务平台上,公开本组织的基本信息;募捐组织应当在募捐活动开始前,将经民政部门备案的募捐方案在信息服务平台上向社会公开。募捐组织开展现场募捐的,还应当将募捐方案的主要内容在活动现场公示;募捐组织以其他方式募捐的,应当在其发布募捐信息的载体上,公示募捐方案的主要内容;募捐活动结束后,募捐组织应当及时将募捐情况在信息服务平台上向社会公开,并于每年6月30日前,在信息服务平台上向社会公开本组织上一年度的财务审计结果。《条例》同时规定:捐赠人有权向募捐组织查询其捐赠财产使用情况的有关信息;捐赠人要求对其捐赠行为、捐赠财产等有关信息不予公开的,募捐组织应当尊重捐赠人的意愿。

六是关于监督管理。《条例》采用组织自律、社会监督、政府监管相结合的方式加强对募捐活动的监管。《条例》规定,民政部门应当加强对募捐组织开展募捐活动的情况进行监督检查;发现有违法行为的,应当及时查处,并将处理情况向社会公布;民政部门应当每年选择一定数量的募捐组织,委托专业机构对其募集财产的管理和使用情况进行审计,并将审计结果向社会公布;审计部门按照国家有关规定,对募捐组织募集财产的管理和使用情况进行审计,依法向社会公布审计结果。财政部门依法对募捐组织的财务会计和公益事业捐赠票据的使用情况进行监督管理。《条例》同时鼓励公众、媒体对募捐活动进行社会监督。任何单位或者个人发现募捐组织在募捐活动中存在违法情形或者募捐组织以外的其他单位和个人违法募捐的,可以向民政等有关部门投诉、举报。市民政部门应当设立统一举报电话,并向社会公布。民政等有关部门接到投诉、举报后,应当及时进行核实、处理，并将处理结果告知投诉人、举报人。

《条例》的制定对于规范募捐活动，保护捐赠人、募捐组织和受益人的合法权益，促进上海公益事业的发展，产生了积极的意义。

2. 依法治理商品过度包装

保护和改善环境，提高资源利用效率，促进经济与社会可持续发展，需要发挥立法的引领和推动作用。2011 年下半年，上海市第十三届人大常委会对上海市垃圾分类和减量化工作开展了专项监督。常委会组成人员认为，当前商品过度包装现象较为普遍，包装废弃物已经成为生活垃圾的重要来源，由于目前垃圾处理方式基本依靠填埋，对城市宝贵的土地资源造成了巨大的压力。且部分商品包装用材日趋奢华，个别商品包装成本甚至远超商品自身价值，在造成资源浪费的同时，也造成商品售价的虚高，损害了消费者利益，滋长了奢靡铺张的不良风气。不少常委会组成人员建议对限制商品过度包装进行立法。

为此，上海市人大常委会对这一创制性立法高度重视，于 2011 年年底启动了立法调研，成立了立法调研领导小组，并由城建环保委、财经委、常委会法工委和政府相关部门组成工作小组进行深入调研论证，调研结果表明，上海作为人口高度密集、土地资源稀缺的特大型城市，对限制商品过度包装进行立法具有现实意义和紧迫性。通过立法可以实现三个目标：一是对商品过度包装进行约束和限制，促使国家的强制性规定得到有效落实；二是实现包装废弃物和生活垃圾的减量化，促进资源的综合利用，推动上海经济社会的转型发展；三是促进商品合理包装，引导健康、节约和环保的消费理念，倡导良好的社会风尚。为充分了解民意，工作小组在人大公众网和代表网上开展问卷调查，10 天内 800 多人参加，其中 90％以上的被调查者认为上海对限制商品过度包装进行立法很有必要。但也有部分意见认为，过度包装现象的存在，表明其有市场需求，政府不应干预。

尽管各方面对立法必要性的认识比较一致，但对于立法的可行性则存在不同的认识。从立法层面来看，全国人大常委会制定的《中华人民共和国清洁生产促进法》、《中华人民共和国循环经济促进法》均属于促进性的立法，原则性较强，通过地方性法规对限制商品过度包装，促进包装物减量进行针对性、强制性的规定，既无可直接参照的上位法，也无先例可循。

上海制定地方性法规存在一些需要破解的难点：其一，包装减量涉及国家强制性标准。按照《中华人民共和国标准化法》第六条规定：对需要在全国范围内统一的技术要求，应当制定国家标准。国家标准由国务院标准化行政主管部门制定。对没有国家标准而又需要在全国某个行业范围内统一的技术要求，可以制定行业标准。行业标准由国务院有关行政主管部门制定，并报国务院标准化行政主管部门备案，在公布国家标准之后，该项行业标准即行废止。对没有国家标准和行业标准而又需要在省、自治区、直辖市范围内统一的工业产品的安全、卫生要求,可以制定地方标准。地方标准由省、自治区、直辖市标准化行政主管部门制定,并报国务院标准化行政主管部门和国务院有关行政主管部门备案。然而,在商品过度包装社会反响最大的化妆品、月饼等领域,国家已经制定了GB233502009《限制商品过度包装要求食品和化妆品》、GB198552005《月饼》等强制性标准,在此的情况下,上海开展地方立法难度很大。与此同时,上海市场销售的大部分商品产地不在上海,地方立法能够产生的作用有限。其二,关于地方立法的切入点。治理商品过度包装最有效的方法是从生产源头入手,但是,上海是个开放性的大市场,非本地生产的商品占很大比重,这意味着大部分商品只有通过对销售环节进行监管。其三,关于主管部门。商品包装的治理涉及面广,管理工作分别涉及发改委、经信委、商务委、工商局、质监局、食药监局、环保局等多个部门,但是,现有的法律法规及政府"三定方案"都没有明确该项工作的主管部门,现实中这项工作职责分工不清,管理界限模糊。其四,关于法律责任问题。国家层面的法律虽有限制商品过度包装的强制性标准,但缺乏相应罚则,使得治理商品过度包装效果不彰。鉴于《中华人民共和国清洁生产促进法》等上位法对生产环节的过度包装行为未规定相应处罚,按照《行政处罚法》的有关规定,地方立法对此不宜设定罚则。针对这些立法难点,立法调研工作小组进行了深入调研,并邀请法律专家进行论证,在交流探讨中达成共识。草案征求意见稿形成后,又多次征求市政府相关部门、市人大常委会组成人员的意见。其间,工作小组还两次赴京就立法中的有关问题向全国人大法制委、环资委、常委会法工委、国家发改委、国家质监总局等作专题汇报,各相关部门对上海率先就限制商品过度包装进行地方立法表示肯定和支持。

2012年11月21日,上海市第十三届人大常委会第三十七次会议通过了《上海市商品包装物减量若干规定》(以下简称《若干规定》)。该《若干规定》共12条,适用于在上海市行政区域内生产、销售的商品包装及其监督管理。作为创制性地方性法规,《若干规定》的制度设计具有鲜明的上海地方立法特色:

一是关于法规名称与立法切入点。法规的名称应该与立法的切入点相吻合,在起草过程中,曾考虑围绕限制商品过度包装开展立法,将法规定名为"上海市限制商品过度包装若干规定"。工作组经过调研论证后认为,在供大于求的市场环境下,销售企业总体上相对生产企业有一定的话语权,通过对销售环节进行监管可以向生产环节传导,间接对生产环节产生影响。与此同时,销售环节与消费者关系最密切,过度包装的商品是否适销,关键还是看消费者是否买账,依靠公众监督是立法产生作用的最有效手段。经过反复研究,最终以商品包装物减量作为立法的切入点,将销售环节作为规范重点,对销售者的责任、义务作出规定，为此，将法规名称定为"上海市商品包装物减量若干规定"。这一立法切入点可以覆盖所有商品，既可以对食品和化妆品领域的商品过度包装问题采取约束性措施，又可以对其他商品采取一些激励引导措施，引导企业开展包装物减量和资源回收利用，不仅可以拓展立法空间，更能起到积极的导向作用。这也是不少发达国家的普遍做法。

二是关于执法体制。商品包装物减量涉及相关部门的职责，在法规起草和审议过程中存在各种不同的意见。鉴于质量技术监督部门是标准管理的主管部门，《若干规定》最终规定：质量技术监督部门负责商品包装物减量的监督管理工作。即由质监部门承担主要执法职责，生产环节和流通环节的包装物减量均由质量技术监督部门负责监管，这样规定有助于使监管责任更加清晰，避免分段管理的弊端。《若干规定》同时规定：工商、食品药品监督等行政管理部门应当在开展有关商品质量监督检查时将商品包装情况纳入检查内容，并将检查情况告知同级质量技术监督部门。发展改革行政管理部门应当会同相关部门按照本规定制定、完善促进商品包装物减量的政策措施。经济信息化、环境保护等行政管理部门应当将商品包装情况纳入清洁生产审核内容，督促生产企业对产品进行合理包装。商务行政管理部门应当督促商业企业按照本规定要求加强进货检查验收，并会同相关部门推进商品包装物的回收再利用工作。绿化市容、物价等行政管理部门应当在各自职责范围内协同做好商品包装物减量工作。

三是关于包装物减量的基本原则。《若干规定》确立了"企业自我约束，政府管理引导，行业规范自律，社会共同监督"的原则。《若干规定》重点强调企业的主体责任，规定商品包装应当合理，在满足正常功能需求的前提下，其材质、结构、成本应当与内装商品的特性、规格和成本相适应，减少包装废弃物的产生。对国家已经制定限制商品过度包装标准的商品，本市实施重点监管；对国家尚未制定限制商品过度包装标准的，上海市质量技术监督部门可以会同相关行政管理部门以及行业协会制定商品包装的指导性规范。生产者和销售者对商品进行包装，不得违反国家限制商品过度包装标准中的强制性规定，销售者不得销售违反强制性规定的商品。《若干规定》同时规定，商品包装违反强制性规定，或者商品供应方拒绝提供相关证明的，销售者可以按照合同约定拒绝进货。《若干规定》对政府部门履行监管职责，开展监督检查，制定激励引导措施，行业协会发挥自律作用，公众和媒体开展社会监督等事项也作了明确规定。

四是关于法律责任。根据《行政处罚法》第十条第二款的规定，"法律对违法行为已经作出行政处罚规定，行政法规需要作出具体规定的，必须在法律规定的给予行政处罚的行为、种类和幅度的范围内规定。"鉴于《中华人民共和国清洁生产促进法》等上位法对生产环节的过度包装行为作出了原则规定，但未规定相应处罚，《若干规定》对生产者违反强制性规定进行商品包装的行为无法规定相应的行政处罚，只是规定"生产者违反强制性规定进行商品包装的，质量技术监督部门应当责令停止违法行为，限期改正。"鉴于《若干规定》将监管重点设定在销售环节，而上位法未对"销售违反国家强制性包装规定的商品"这一行为作规定，地方立法存在设立罚则的空间。为此，本着"过罚相当"的原则，《若干规定》规定："销售者销售违反强制性规定的商品的，质量技术监督部门应当责令停止销售，限期改正；拒不停止销售的，处二千元以上二万元以下罚款；情节严重的，处二万元以上五万元以下罚款。"

《若干规定》采用了"一事一例"的立法体例，体现了"有几条立几条"的立法理念，实现了地方人大的立法工作与执法监督工作的良性互动，其颁布与实施对于限制商品过度包装，降低消费成本，减少包装废弃物产生，合理利用资源，引导公众建立新的生活和消费方式产生了积极的作用。

五、 理论归纳与实践总结

面临转型发展期立法形势的新变化、立法工作的新要求，地方立法需要及时深化立法理论的研究，加强理论对地方立法的指导作用。转型发展期正值上海开展地方立法三十周年，地方立法需要在不断走向成熟、规范的同时，在认真总结地方立法实践经验的基础上，成功地实现转型发展。

1. 地方立法如何实现转型发展

中国特色社会主义法律体系的形成为地方立法工作带来了新的契机，面对新形势、新任务，上海地方立法需要审时度势、认真谋划，认真总结三十年来地方立法工作的成功经验与存在的不足，以进一步提高地方立法质量为突破口，进一步增强主动性、前瞻性、开创性，在新的历史起点上，努力实现地方立法工作的创新驱动、转型发展。为此，必须抓住以下几个关键环节：

一是夯实认识基础，科学研判新趋势和新要求。在新的起点上加强地方立法工作，提高地方立法质量，首先要从思想认识上明确地方立法的新趋势和新要求。国家法律体系的形成，意味着涵盖社会关系各方面的法律部门已经齐全，各法律部门中基本的、主要的法律已经制定，相应的行政法规和地方性法规比较完备，因此，地方立法工作将从制定和修改并重转向以修改完善法规为主。相应地，随着法律体系的形成和不断完善，今后地方立法中综合性、系统性的立法会相应减少，地方立法体例将从"大而全"转向"少而精"、"有几条立几条"的结构形式。同时，社会主义法律体系是伴随着改革开放的进程逐步形成的，随着改革的不断深化、经济社会的全面发展，今后的地方立法也必将由注重经济领域立法转向更加注重社会领域立法和其他领域立法的均衡发展。地方立法的这些新趋势，归根到底，就是要从满足数量需求转到满足质量要求上来，使地方立法更加适应经济社会发展需求，反映客观规律，解决实际问题。

立法质量是法律法规的生命，提高地方立法质量是地方立法工作的永恒主题，也是完善中国特色社会主义法律体系的要求。地方立法工作的上述新趋势，反映在立法质量要求上，就是要坚持法制统一，使地方性法规与上位法保持一致，确保国家法律在本地方得到一体遵循；要坚持统筹兼顾，使地方性法规与其他法律规范互相衔接，协调配套；要妥善处理各类利益关系，切实增强法规的可操作性，确保法规能够得到有效实施；要调整立法工作思路，确定立法项目应坚持问题导向，设计制度规范应力求明确具体，选择立法模式应重在有效管用，使法规更具有现实针对性和可操作性。

二是创新工作方法，全面推进科学立法、民主立法。科学立法、民主立法是提高立法质量的重要途径，国家法律体系的形成过程，也是科学立法、民主立法不断深化的过程。在新的起点上进一步提高地方立法质量，须认真总结实践经验，深入推进科学立法、民主立法。其一，树立以人为本的立法理念，全面践行民主立法。以人为本的立法理念要求立法者尊重人民主体地位，把最广大人民群众的根本利益作为立法的出发点和落脚点，把实现所有社会主体的平等权利作为立法的价值取向，在立法中正确处理好公共权力和公民权利的关系。为此，需要注重立法民主参与主体的广泛性和过程的开放性、立法民主形式的多样性和结果的实效性。其二，遵循客观事物的发展规律，全面落实科学立法。科学立法是要使立法与经济社会发展规律和法律体系的自身规律相适应，使地方性法规满足合法性、协调性、适应性、可操作性的要求。落实科学立法，要处理好立法前、立法中和立法后三个阶段中的六对关系，即在立项和起草阶段，处理好地方性法规和其他社会规范的关系、立法体例和立法内容的关系；在审议和表决阶段，处理好地方性法规的合法性和针对性的关系以及法规中体现的多元利益间的关系；在实施和完善阶段，处理好地方性法规的制定和不断完善的关系、制定和有效实施的关系。

三是强化基础保障，大力加强理论研究和队伍建设。推进民主立法、科学立法，提高立法质量，需要以科学理论为指导、以合格的人才为保障。其一，为提高地方立法质量，需要抓好理论研究和队伍建设，深入开展理论研究，提高运用理论指导立法实践的水平。要深入研究地方立法中全局性、长远性、规律性的问题，不断提高运用法律理论研究成果解决实际问题的能力，切实提高立法决策水平，为不断完善法律体系提供可靠的理论支撑。要深化研究立法程序和制度，不断完善立法技术，全面提高地方立法质量。要广泛搭建和充分利用立法研究所等理论研究平台,鼓励高等院校、科研机构参与研究的积极性、主动性,为立法工作者参与理论研究畅通渠道,利用各类研讨会、座谈会的机会加强与其他省市的沟通交流。其二,抓好人才培养和队伍建设,为立法工作提供优质的人才储备。"做合格立法人,当好参谋助手",需要立法工作者加强理论武装,这对确保地方立法的正确方向至关重要。为此,需要加强人才培养,提供多种方式和途径的培训学习,拓展干部锻炼和人才培养的渠道,全面提高工作人员分析判断、沟通协调、文字处理等方面的能力,着力提高其把握大局和解决复杂问题的能力。

2. 地方立法如何体现民主立法的本质要求

在转型发展期,如何进一步加强民主立法,增强民主立法的自觉性、实效性是地方立法面临的重大课题。随着社会主义民主政治的稳步推进,人民群众对于立法的期盼以及参与立法的热情不断高涨,积极呼吁以立法的方式解决利益关系比较复杂、协调难度比较大的社会矛盾。例如,针对上海城市养犬中存在的矛盾,900 多位市民联名致信市人大,呼吁尽快制定相关地方性法规,95.5％的市人大代表认为有必要制定养犬管理的地方性法规。民意已汇聚成一股强大的推动立法进程的舆论力量。在立法工作中,通常将科学立法、民主立法两者并列,民主立法在排列上居于科学立法之后。其实,民主立法意义更大,科学立法主要是提高立法质量的工作方法问题,民主立法不仅仅是工作方法问题,也是地方立法的本质要求,事关人大作为民意机关如何代表全体人民行使立法权力的原则问题。[①]党中央一再提出,要支持和保证人民通过人民代表大会行使国家权力。人民代表大会制度是保证人民当家作主的根本政治制度。民主立法的重大意义可以从多个方面来认识:

一是民主立法是地方立法的本质要求。18 世纪法国大革命的思想先驱卢梭有一句名言,"法律是公意的表现,是人民意志的记录"。同一时期法国另一位启蒙思想家孟德斯鸠认为"立法权应该由人民集体享有",并由人民的代表通过议会来行使。在现代民主政体中,立法权是代表、汇集和反映民意的国家权力,追求民意是立法根本的价值取向。在人民当家作主的中国,社会主义法律的本质更是"人民意志的体现"。我国《宪法》第二条明确规定,"中华人民共和国的一切权力属于人民"。"人民行使国家权力的机关是全国人民代表大会和地方各级人民代表大会。"《立法法》第五条明确规定,"立法应当体现人民的意志,发扬社会主义民主,保障人民通过多种途径参与立法活动。"人大作为民意机关代表全体人民行使民主立法的权力,在立法工作中体恤民意、尊重民意、顺应民意,充分保障公民参与立法的权利。从这个意义上说,尊重民意是地方立法的本质要求。

---

① 参见丁伟:《尊重民意是地方立法的本质要求》,《解放日报》2009 年 10 月 20 日。

二是民主立法是保障人民知情权、参与权、表达权、监督权的重要途径。在地方立法的过程中，深入了解民情、充分尊重民意，广泛集中民智，以主流民意作为立法的依据，使立法更加贴近百姓的生活，解决普通民众最关心的社会问题，不但有助于提高地方立法的合理性、针对性和可操作性，而且可以进一步激发"民意立法"的热情和参与立法的主动性，消除公众对法律的陌生感，增强对法律的认同感。诚如马克思所言，"只有当法律是人民意志的自觉表现，因而是同人民的意志一起产生并由人民意志所创立的时候，才会有确实的把握。"一旦民意真正融入立法之中，公众在了解和通晓法律的同时，必将牢固树立法律信仰，自觉地将法律要求内化为自己的行动准则。

三是民主立法是确保立法理性、中立的品质，实现立法公正价值的有效途径。在现有的立法体制下，绝大部分地方立法的草案都是执法部门主持起草的，不少立法所注重的是给予政府和其他共同体提供管理的合法依据，或者强化管理者的权力和地位，个别草案受部门利益的驱使，擅自扩大法规的调整范围，任意设立行政许可、行政收费和行政处罚。而对于类似犬类管理等矛盾突出、公众期待的立法，却由于各相关管理部门无法就职责范围达成共识而长期不能进入立法程序。应该说，法律作为"公共产品"，是否具有广泛的民主性和公意代表性，应当作为判断其是否具有合法性、合理性、公正性的主要标准。在社会主体利益日益多元化的今天，光有笼统的"民主立法"、"开门立法"是远远不够的，立法者应当牢固树立"民意为本"的理念，积极探索公平的、开放的、多向度的社会利益表达渠道，为不同群体提供公平的利益表达的制度性平台，并且善于在不同利益群体的博弈中作出冷静、理性、睿智的立法决策。

在推进民主立法方面，各地地方立法普遍存在效果不彰，投入与产出不成正比的状况，这是地方立法应当破解的难点问题。上海地方立法也不例外，在增强民主立法实效方面仍有待进一步探索。经常出现的问题要从规律上去找原因，反复发生的问题要从制度上去找原因，研究如何打破瓶颈。转型发展期，上海市人大常委会着重解决三个问题：

一是法规案公开征求公众意见的问题。上海地方性法规案一审后草案都要在《解放日报》等报刊上全文刊登，公开征求公众对法规草案的意见，成本很高，但收到的意见却寥寥无几。其原因很简单，即公众并不清楚制定、修改立法的目的与宗旨是什么？国家相关立法或修改前的规定是怎样的？修改哪些内容？由于信息不对称，所以根本无法提出针对性的意见。第十三届人大制定城管条例时，常委会法工委作了些改进，将立法的背景目的、矛盾焦点等一并说明，取得了一些成效。所以应当进一步改进工作方式，进一步公开立法信息、立法资料，甚至可以考虑只公布法规草案中制定、修改的核心内容，审议中矛盾的焦点问题。

法规案的全文可以在相关网站上公开,需要了解的可以上网查询。这样可以节约成本,提高效率,起到事半功倍的效果。

二是编制立法规划征求人大代表意见的问题。从第十三届人大五年立法项目的完成情况看,半数以上的立法项目源自人大代表的议案。为了进一步加强民主立法,充分发挥人大代表的主体作用,编制第十四届人大常委会立法规划时,常委会法工委在工作方法上作了一些改进,在三个不同的工作阶段三次听取全体代表的意见,取得了积极的成效。这一做法需要继续探索,形成常态化的工作机制。

三是立法听证小型化、常态化的问题。转型发展期上海地方立法在听证会小型化、常态化方面作了一些有益的探索,取得了良好的法律效果和社会效果。在今后的立法工作中,需要认真总结上海多年来的成功经验,进一步探索立法听证的工作规律,不断增强立法听证的实效,简化立法听证的程序,降低立法听证的成本,并适时修改听证规则,明确赋予小型化听证制度的合法性,使之成为上海民主立法制度化、常态化的重要载体。

3. 地方立法必要性、可行性的新思考

国家法律体系形成后,涵盖社会关系各方面的法律部门已经基本齐全,各法律部门中基本的、主要的法律已经制定,相应的行政法规和地方性法规也日趋完备。为此,转型发展期地方立法工作的重心应该从追求数量转向提高质量。然而,这一浅显易懂的道理知易行难。在上海市人大常委会每年编制年度立法计划时,各相关部门申报立法项目的数量逐年上升,这种现象在地方立法转型发展期尤甚。按照立法项目申报的要求,每一项申报的立法项目都应提交立项论证报告,主要对有关立法项目的必要性、可行性进行论证。尽管有些项目的必要性、可行性明显存在问题,但论证报告无疑都得出肯定性的结论,这与科学立法的要求与地方立法转型发展的要求显然格格不入。鉴于这种现象具有相当的普遍性,应当引起立法部门高度重视,由此引出一个值得深思的问题,在国家法律体系已经形成、地方立法进入转型发展的新时期,如何把握地方立法的必要性、可行性。这一问题既涉及观念问题,又涉及立场、观点和方法问题。总体上说,需要解决好以下三个问题:

一是如何转变观念,走出认识上的误区。立法必要性、可行性的判断,是一个主观认识的过程。在新的起点上加强地方立法工作,提高地方立法质量,首先要从思想认识上认清地方立法发展的新趋势、新任务、新要求,这需要转变观念,走出认识上的误区。

其一,"立法万能"的观念。尽管经过三十年的发展,国家法律体系已经形成,在地方经济与社会发展各个领域,基本上已经不存在无法可依、无章可循的状况，但是，不少行政机关的立法冲动有增无减，将立法视作根除一切社会痼疾的灵丹妙药。更有甚者，将明显的行政管理缺位、执法缺位所导致的问题归于立法的缺位。这种严重的"立法依赖症"是立法必要性、可行性论证结论失真的重要诱因。

　　其二，"处罚万能"的观念。历年来，多数立法论证报告关于立法必要性的论证都将提高处罚力度作为立项的理由。有资料表明，2009 年，中国预算内外的收费罚款收入共计 2.2 万亿元，超过税收的三分之一。再以上海市为例，仅 2011 年上半年，行政处罚共计 1297 万多件，罚款数额高达人民币 3.6 亿元。一味的增加处罚力度不但容易滋生执法部门"以罚代管"的倾向，有损政府公信力，而且其合法性也面临挑战。值得一提的是，法律体系形成后，全国人大常委会采用主动审查的方式，对地方立法设定行政处罚的情况进行了专项清查，2010 年上海清理地方性法规时清查出的与上位法不一致的突出问题，就是超越上位法的处罚幅度。这一问题需要引起高度重视。可以说，"处罚万能"的观念是立法必要性、可行性论证结论失真的直接动因。

　　其三，"重立法、轻执法"的倾向。法律体系形成后，有法可依的问题已经基本解决，应当更加注重保障和促进法律规范的有效实施，将工作的重点转向有法必依、执法必严、违法必究。国家法律体系形成的 2010 年，上海市现行有效的地方性法规近 150 件，政府层面的各类规范性文件体系庞大，仅上海市人民政府正式颁布的规章就有 280 余件。尽管如此，不少行政机关对于立法的期待和重视的程度远远超过了执法。值得注意的是，不少立法论证报告在论证立法必要性时，对存在的问题没有区分是立法层面的问题，还是执法环节的问题。一方面争着要立法提高处罚金额，另一方面是选择性执法，一些设定罚则的违法行为很少得到处罚。上海市人大常委会各项执法监督表明，不作为、晚作为、乱作为的现象仍然不容低估。"重立法、轻执法"的倾向无疑混淆了立法与执法的不同功能，个别行政机关甚至意图让立法为不尽合法、合理的行政管理行为、行政执法行为背书，使管理、执法中的风险演变为立法风险。这种倾向应当引起警醒。

　　二是如何科学论定地方立法的必要性。这一问题从地方人大及其常委会行使立法权开始，一直是各地立法工作面临的共同问题。上海市人大常委会在多年探索的基础上，曾于 2000 年 7 月由上海市第十一届人大常委会第九次主任办公会议通过了《上海市人大常委会审议地方性法规（草案）的若干质量标准》，该规范性文件对于审议地方性法规草案的具体质量标准作出了全面、系统的规定，其中第一项即为"体现立法必要性的质量标准"，其定义的"立法必要性"是指法规调整的社会关系属于法律性问题，法规的制定具有针对性、及时性。所谓"具有法律的调整性"是指法规所要规范的事项不具有暂时性、阶段性、个别性，也不是纯政治性、政策性和道德性问题，而属于法律性问题，即仅依靠行政、政策、舆论或者道德手段难以有效调整的，需要通过立法手段调整，并运用国家强制力保证实施的事项。这些事项经过论证，能够用立法的方式加以规范。所谓"具有鲜明的针对性"是指法规所要规范的事项是特定的，规定的是公民、法人和其他组织的权利与义务、国家机关的权力与责任等，而且是法律、行政法规在本地区的实施存在法律空白或者需要细化的领域。所谓"具有及时性"是指法规所要建立的法律秩序，是本地区经济与社会发展中迫切需要规范的社会关系。毋庸置疑，十七年前的这一系列规定融立法理论与实践经验于一体，即使放到今天，这一制度设计仍然非常完美、细致、周到。然而，这一规范性文件所规范的是常委会"审议阶段"的质量标准，而非立项阶段，换言之，相关立法项目不管是否具有必要性，都已经进入人大常委会审议程序。毫无疑问，对立法项目必要性进行把关应当注重源头控制，最佳时机是立项阶段。

科学论定地方立法的必要性，需要把握好几个关键点：其一，科学、合理地配置现有立法资源。国家法律体系形成后，各法律部门中基本的、主要的法律已经制定，相应的实施条例已经非常完备，地方立法细化的空间已经越来越小，不少立法建议在现有的法律资源中都能找到归属，为此，要防止"为了立法而立法"的倾向，避免重复立法、"法律法规四世同堂"。其二，厘清地方性法规与政府规章的关系。在法律体系中，各个层次、位阶的法律、法规、规章、规范性文件应当和谐一致、各司其职。为此，应当区分地方性法规与政府规章的区别。政府规章与地方性法规的功能、作用和调整范围是有区别的，地方性法规不应越俎代庖，取代政府规章。然而，现在政府部门的立法积极性很高，总希望将政府规章上升为地方性立法，其结果是一些属于政府行政管理职权范围内的事项、属于政府内部各部门相互关系调整的事项、属于应由政府自行决策的事项、属于行政管理中需要采取的具体制度、措施和方法的事项、属于行政机关自身活动和自身建设的事项，本该由政府制定规章，都要求人大立法。这种状况在上海地方立法立项申报时屡见不鲜。这不但造成立法成本的增加和立法资源的浪费，影响立法效率，而且模糊了国家权力机关与行政机关的职权，影响地方国家机关相互间的协调有序运转。其三，正确认识国家法律与地方性法规的关系。从上海的实践来看，不少立项论证报告在陈述立法必要性时，把现行地方立法与国家新出台的法律"不一致"作为修法的主要理由，似乎言之凿凿，理由非常充分。其实不然，国家立法出台并不意味着地方必须立即修改法律。地方立法与国家法律不一致时自动无效，执法机关首先应当适用的是国家法律。其四，区分立法与执法的不同需求。上海市历年编制立法计划时均发现，有的部门在陈述立法必要性时，所需要解决的问题其实并不是立法问题，而是执法层面的问题。

　　需要说明的是，一些法律界人士认为，随着国家法律体系的形成，国家法律已有效涵盖经济与社会发展的各个层面，地方立法的空间将不断收缩。这一观点并不准确。应该说，法律体系形成后，地方立法的空间没有明显变化，因为《立法法》对中央立法权限与地方立法权限作了明确区分，国家法律体系的形成并不影响地方人大及其常委会依法取得的立法权限。具体来说，法律体系形成后，实施性、自主性和先行先试的立法空间并没变小，在某些方面如转变经济发展方式上还增加了。虽然，从立法发展的规律来看，地方立法的空间趋于收缩，但国家法律具有普适性的特点，其条文将更为原则、抽象，而地方立法调整的社会关系更具体，在坚持"不抵触"的前提下，地方立法根据本地区的自然条件、人文环境以及经济发展实际状况，因地制宜、因时制宜，自主地解决改革与发展中急需解决的问题，对国家立法进行必要的细化、补充。一些法律还明确授权地方性法规就特定事项作出具体规定。因此，实施性法规仍然具有需求。当然，由于在自主性、先行性立法领域，国家尚未制定法律或者行政法规，地方立法的必要性就更加突出，与实施性立法相比，立法的空间也更大。自主性、先行性立法的针对性更强，更能切合实际解决本地区的实际问题，地方特色更强。因此在立法项目的选择上应突出地方特色，优先考虑自主性、先行性立法。

　　对地方立法"必要性"的论证，不仅仅限于相关社会关系是否需要由地方立法加以规范，而且涉及立法方式、立法体例的必要性论证。其中，关于立法方式，重点论证是制定法规还是修改法规，即在存在相关地方性法规与政府规章的情况下，是否有必要重起炉灶，制定新的地方性法规。如前所述，国家法律涵盖社会关系各方面的法律部门已经齐全，如何有效利用现有法律资源，节约立法成本需要认真思考。关于立法体例，应重点论证能否采用"有几条立几条"的立法体例。换言之，是否有必要制定"大而全"的条例。随着法律体系的形成和不断完善，今后地方立法中综合性、系统性的立法会相应减少，地方立法体例将从"大而全"转向"有几条立几条"的结构形式。走精细化的立法发展道路，采用"少而精"、"一事一例"的立法体例，在"拾遗补阙"上下功夫，在立法内容上着力在真正管用的"那么几条"上下功夫。

　　值得一提的是，在这个问题上，上海市人民政府法制办与上海市人大法制委、常委会法工委对"有几条立几条"的立法体例达成高度共识，但难以推动。原因很多，其中很大程度上是观念的问题，不少部门崇尚地方立法的"法典化"模式，不论地方立法的调整内容和相关法律资源的状况如何，都要搞成大而全的综合性条例，似乎法规不分章分节，不列出几十条，就体现不出法规的等级效力，显示不出起草部门、执法部门的显赫地位。立法机关也有一些不尽一致的看法，有的观点认为，贪大求全的倾向只是立法形式、立法技术层面的问题，不值得大张挞伐。

笔者认为,重立法形式、轻立法实质内容这一倾向对地方立法的危害之烈,应该引起足够的重视。首先,地方立法采用什么名称、体例与立法质量直接相关。立法体例上贪大求全,必然导致立法结构上叠床架屋、立法内容上面面俱到,繁杂冗长,不利于突出立法的地方特色,影响地方立法的针对性和可操作性;其次,重立法形式、轻立法实质内容人为地增加了地方立法的成本,影响了立法效率,并导致了重复立法、繁琐立法,造成了立法资源的浪费;最后,立法体例上贪大求全是地方立法照搬上位法的现象屡禁不止的直接原因。地方立法追求"大而全",迫使起草部门不可避免地抄袭上位法,使得地方立法成为中央立法的"影子"。一些地方性法规甚至不惜精心"改编"上位法的条款,以求摆脱"照抄照搬"之嫌,这种极不严肃的行为使地方立法的合法性受到拷问。

三是如何客观认定地方立法可行性。立法的可行性通常指立法项目的成熟度。在前述《上海市人大常委会审议地方性法规(草案)的若干质量标准》中,常委会审议地方性法规草案的具体质量标准的第三项为"体现立法可行性的质量标准",其定义的地方立法的"可行性"是指法规便于社会各方遵守、运用与执行,能够有效地实施。可行性的具体标准有两项,第一,法规设定的规范具有可操作性,其判断标准是法规设定的规范具有完整性;设定的权利义务关系明确,法律后果确定,救济途径完整便利,程序具体明确;法规之间保持和谐、衔接、配套,相互之间不矛盾,后法否定前法的有正当的理由予以说明;除为了更好地保护公民、法人和其他组织的权益而作出的特别规定,法规不溯及既往,但法规新设定的规范对既存事实与行为的溯及力应当作出过渡性安排,权利义务的变更、取消,要注意保护当事人的合法权益;法规审议中涉及的重大分歧意见经过依法协调,基本取得共识,或者明确了取舍的原则。第二,法规的施行条件已经成熟。判断的标准是法规实施前后对比,能够达到管理成本的下降或者社会经济效益的提高;已经做好组织实施和执行法规必要的人、财、物的准备。该规范性文件的制度设计同样非常完美,但规范的是常委会审议阶段的立法质量,与立项阶段的项目论证无涉。从规范发展期上海地方立法实践来看,相当多立法项目的必要性容易取得共识,但是立法的可行性显然存在问题。倘若一个不具备立法条件的立法项目进入立法程序,其结果将极大地加重审议机构的工作压力、工作难度。轻者立法质量无法得到保证,重者法规案被搁置审议,成为废案。

对地方立法的可行性作出客观、科学的论定,需要关注几个关键的环节:

其一,确立正确的立法主要思路,即说明立法拟解决的关键问题。在上海的地方立法实践中,一些立法项目的必要性、紧迫性各方面有共识,但在可行性问题上争议很大,起草部门决心很大,但立法思路并不清晰,说不清楚到底需要解决什么问题。因为法律能规范的内容很少,如果采用短平快的方式作一个决定,不失为一个事倍功半的方法，但起草部门坚持要制定条例，导致相关部门无法就立法思路达成共识。究其原因，主要是可行性论证形同虚设。按照规定凡申报立法正式项目必须提交立法草案，起草部门未经认真研究，拿出了一个前期专家课题研究的报告所附的建议稿充数。立法的思路还包括立法所要解决的重点和难点问题。在可行性论证中，必须明确立法所要解决的重点和难点问题，明确是否已提出有效的解决方案、方案是否具有可操作性、是否需进一步进行论证，确保一旦立项后法规案的制度设计切实可行。

其二，注重地方立法拟设定的管理制度、执法体制。在上海地方立法实践中，这一问题是法规案审议环节争议最大，协调难度最大的立法难点。立法项目的申报部门应当重点说明立法拟设立的管理体制、执法体制是否符合改革的方向和政府"三定"方案的要求，是否与上位法衔接和协调；对本部门与其他部门之间存在的管理和执法方面的问题是否进行了协商沟通；是否存在交叉执法、多头执法的问题。如果存在交叉执法的情况，应厘定各执法部门的职责范围，相关执法主体执法行为的主次、先后，认真梳理分析执法争议和盲点，进一步明确各执法部门的职能定位，明晰执法内容，明确执法权限。此外，还应研究论证管理工作现状及存在的突出问题和矛盾，明确解决存在的问题和矛盾有无相关的政策措施，立法拟设定的管理制度、执法制度、监督制度及相关措施，与过去和外省市已有的立法成果相比较，有哪些创新，对推动实际工作有哪些预测效果。立法拟设定的主要管理措施、保障措施和处罚手段在未来管理活动中是否可行，是否具有可操作性。

其三，立法的相关依据。立法的相关依据是可行性论证的重要内容，涉及地方立法的合法性问题。具体来说，需要研究论证相关立法项目是否属于地方立法权限，是否僭越国家专属立法权限；立法拟设定的行政许可、行政征收、行政收费、行政强制、行政处罚等事项和内容，是否符合法律规定的权限、事项范围；是否依法履行了听证、论证等法定程序；作为地方立法上位法的法律、行政法规以及作为地方立法同位法的部门规章等规范性文件的制定、修改等情况，如作为地方立法依据的相关立法项目国家正在起草、讨论、征求意见、协调，应重点论证地方立法的时机是否成熟，防止与国家法律抢跑道。

总之，提高立法质量关键在于关口前移，从源头上把好立法入门关，而立项论证是必要性、可行性等问题源头上把关最重要的抓手。本书已经对上海市人大常委会转型发展期探索的专项论证制度、联合论证制度等立法制度创新举措作了介绍，此处不再赘述。

4. 地方立法五年规划的功能与作用

编制五年立法规划是行使立法权的人大常委会的一项常规性、基础性、战略性的工作。从 20 世纪 80 年代始,我国开始重视立法规划的制定。国务院最早于 1981 年批准制定了 1982—1986 年经济立法规划,1988 年第七届全国人大常委会第二次会议印发了《全国人大法律委员会关于五年立法规划的初步设想》,1991 年第七届全国人大常委会正式制定了 1991 年 10 月至 1993 年 3 月的立法规划。之后,每届全国人大常委会、国务院换届后履职的第一年,都要制定五年立法计划,每年年底开始,编制下一年度的立法计划。地方人大常委会亦是如此。可以说,编制五年立法规划和年度立法计划已成为具有中国特色的立法工作惯例。然而,长期以来,这项重要工作只是人大常委会的内部工作规程,并非法定要求,且立法规划的执行率较低,进入转型发展期后一些地方对于编制五年立法规划的必要性出现不同的看法,有的省市不再编制五年立法规划,有的地方将编制五年立法规划改为建立立法项目库。对于这一项重大的立法制度的存废,应该本着实事求是的科学态度,慎重对待,切勿草率从事。

上海市第十届人大常委会 1995 年编制了三年立法规划,从 1998 年第十一届人大常委会开始编制五年立法规划,尽管没有专门的制度性规定,但常委会主任会议通过的《上海市人大常委会法制工作委员会工作职责》将负责编制和起草市人大常委会五年立法规划和年度立法计划草案,了解立法规划和立法计划的实施情况,并根据实际情况的变化向主任会议提出调整意见等事项列为常委会法工委的主要职责之一。从上海市人大常委会历次五年立法规划的执行情况来看,第十届人大常委会(1995—1997 年)三年规划确定的立法项目 67 件,完成了 35 件,完成率为 52%;第十一届人大常委会(1998—2002 年)五年规划确定的立法规划项目 66 件,完成 42 件,完成率 64%;第十二届人大常委会(2003—2007 年)五年规划确定的立法规划项目 88 件,完成 48 件,完成率55%;第十三届人大常委会(2008—2012 年)五年规划确定的立法规划项目 53件,完成 41 件,完成率 77%;第十四届人大常委会(2013—2017 年)履职已四年,五年立法规划项目的完成率已达到 71%,随着第五年(2017 年)立法计划的完成,完成率将达到 76%。上述统计数据表明,上海市人大常委会历届五年立法规划的完成率比较高。尽管五年立法规划只具有指导性、方向性,不具有指令性、强制性,历年的完成率也不具有可比性,因为基数不同,而且实际完成的立法项目除规划项目外,还有相当数量的规划外的新增项目。但是,五年立法规划的编制是一项严肃的立法活动,立法规划经市委批准,其完成的情况反映了立法机关编制的立法规划是否科学合理、切实可行,反映了常委会的立法工作是否规范有序。

值得一提的是,为检验立法规划的科学性、可行性,上海市人大常委会法工委于 2012 年 12 月底对第十三届人大常委会五年立法计划未完成的立法项目的情况进行了分析，规划确定的立法项目53件，完成了41件，有12件未进入立法程序，主要有四个方面的原因：其一，部分地方性法规的修改项目在立项时依据全国人大常委会的五年立法规划，由于列入全国人大常委会五年立法规划的上位法在本届内未完成修改，或因故延迟修改，导致上海列入规划的法规修改项目无法启动。如市级预算监督规定、消费者权益保护条例、劳动合同条例和促进就业若干规定等。其二，上位法经修改后，列入上海五年立法规划的地方性法规急需明确的主要问题已经基本解决，但有些操作性问题有待在实践中进一步积累经验，如市人大代表视察的有关立法、专利保护条例的修改等。其三，相关立法项目虽有立法需求、修法必要，但立法调研中发现情况比较复杂，立法条件尚不成熟，如可再生能源立法、社会保险基金监督立法、房地产开发经营管理立法、公路管理条例的修改等。其四，相关立法项目虽列入五年立法规划，但各方面对立法的紧迫性认识不一致，所以未能列入年度立法计划正式项目，如实施残疾人保障法办法等。

应该说，在地方立法转型发展期，五年立法规划不是可有可无，该项工作只能加强，不应削弱。第十四届上海市人大常委会履职伊始，常委会高度关注上海地方立法的顶层设计。笔者认为，立法的顶层设计就是五年立法规划。常委会法工委在草拟编制五年立法规划和年度立法计划的工作方案中，都会围绕国家重大战略和上海市的工作大局，确定立法项目立项的指导思想、立法项目的遴选标准，这一指导思想和遴选标准就是人大常委会对立法的顶层设计。在绝大部分法规案由政府部门起草的情况下，编制五年立法规划是人大常委会发挥立法主导作用的关键环节和主要抓手，确保人大常委会为地方立法选好题，立好项，从源头上发挥人大在立法工作中的主导作用。

与此同时，实现地方立法的科学性、有效性、有序性，对有限的立法资源进行合理有效的分配，也需要人大常委会通过编制五年立法规划对立法需求进行统筹协调。诚然，五年立法规划的有效周期为五年，五年中经济与社会发展会出现变数，但这不是取消规划的理由，一方面，五年规划不同于年度立法计划，只具有指导性、引领性。另一方面，五年立法规划本身不是一成不变的，可以根据经济与社会发展的需要进行调整。事实上，五年立法规划对编制年度立法计划起到了重要的指导作用，而每年编制年度立法计划实际上就是对五年立法规划的执行进行动态调整。近年来，上海市人大常委会在总结经验的基础上，更加注重科学、合理地确定立法计划中的正式项目、预备项目、调研项目，形成各类立法项目合理的梯度结构，每年编制年度计划时进行滚动。这样做可以在确保五年立法规划高质量如期完成的前提下，为每年编制年度立法计划留下必要的空间。根据当年经济与社会发展的实际需要，适时列入规划外的新增项目，使上海的地方立法既符合立法的科学规律，又能体现与时俱进的理论品质，切实发挥对经济与社会发展的引领和推动作用。

值得一提的是，为进一步推进依法立法、科学立法，2015 年 3 月 15 日全国人大通过的《立法法》修正案的决定中增设了立法规划、立法计划的内容。修改后的《立法法》第五十二条第一款规定：全国人民代表大会常务委员会通过立法规划、年度立法计划等形式，加强对立法工作的统筹安排。编制立法规划和年度立法计划，应当认真研究代表议案和建议，广泛征集意见，科学论证评估，根据经济社会发展和民主法治建设的需要，确定立法项目，提高立法的及时性、针对性和系统性。立法规划和年度立法计划由委员长会议通过并向社会公布。该条第二款规定：全国人民代表大会常务委员会工作机构负责编制立法规划和拟订年度立法计划，并按照全国人民代表大会常务委员会的要求，督促立法规划和年度立法计划的落实。第六十六条第二款规定：国务院根据国家总体工作部署和全国人民代表大会常务委员会的立法规划，编制本年度的立法工作计划，并与全国人民代表大会常务委员会的年度立法计划相衔接。国务院法制机构应当及时跟踪了解国务院各部门落实立法工作计划的情况，加强组织协调和督促指导。上海市第十四届人大常委会第二十四次会议 2015 年 11 月 19 日通过的《上海市人民代表大会常务委员会关于修改〈上海市制定地方性法规条例〉的决定》中也增设了立法规划、立法计划的规定。修改后的《上海市制定地方性法规条例》第五十条第一款规定：市人民代表大会常务委员会通过立法规划、年度立法计划等形式，加强对立法工作的统筹安排。立法规划和年度立法计划由主任会议通过并向社会公布。第二款规定：市人民代表大会常务委员会法制工作机构负责编制立法规划和拟订年度立法计划，并按照市人民代表大会常务委员会的要求，督促立法规划和年度立法计划的落实。至此，编制五年立法规划、年度立法计划已成为法定的要求。

5. 如何促进立法与执法的良性互动

进入转型发展期后，上海先后发生了"倒楼事件"、"11.15 重大火灾事故"，在这之前，还发生了"钓鱼执法事件"、"黑心馒头事件"，相关部门在反思时不约而同地提出需要修改相关法律、法规。上海市人大常委会在听取市政府相关部门专项工作报告，开展执法检查及专题询问时发现，上述事件的背后都不同程度地存在相关管理部门、执法部门对违法违规现象打击不力、监管失灵、执法缺位、管理空心化的问题。与此同时，现有法律、法规、行政规章及各类规范性文件对相关事项均有相应的规定，如果各个环节的执法到位，上述事故本来是可以防范的。由此引发了一个值得深思的问题——如何促进立法与执法的良性互动。立法与执法是法制建设过程中互不可缺的两个重要环节，两者之间相互依存、相辅相成、相互作用,完善的立法是严格执法的必要条件,严格执法才能实现立法的目的和意图,并且准确、全面地将执法信息反馈给立法机关,对立法的进一步完善产生积极的反作用。治沉疴需要下猛药,经历了三十年发展的上海地方立法要在新的起点再出发,成功实行转型发展,需要立法部门与执法部门加强联动,形成工作合力,采取切实有效的措施,促进立法与执法的良性互动。

一是立法过程中对执法的可行性、可操作性严格把关。加强立法与执法的良性互动,对立法部门来说,关键在于确保地方性法规本身的可执行性、执法的可操作性。

其一,在立项阶段,对管理体制、执法体制的可行性、可操作性严格把关。从上海编制年度立法计划的实践来看,有关立法项目可行性论证的关键在于管理体制、执法体制的可行性、可操作性。这一问题也是专项论证、联合论证的重点问题。上海地方立法实践中一些社会呼声强烈的法规之所以未能及时出台,关键在于政府相关部门在管理体制、执法体制上无法取得共识。社会关注的"一支烟"、"一条狗"的立法均存在这样的问题。以养犬管理条例为例,养犬管理涉及公安、兽医、城管执法、工商行政、住房保障房屋管理、卫生等部门的管理权限,市人大常委会在反复协调、沟通的情况下设立了由各部门参加的养犬管理工作协调机构,在充分协调和沟通的基础上确立了养犬管理体制,确定了公安部门为养犬管理的主管部门,并确立了其他相关部门在养犬管理各执法领域的管理职责,从而具备了开展立法的前提条件。

其二,在法规案审议阶段,加强组织协调,确保制度设计经得起执法实践的检验。在一些地方立法的审议过程中,相关管理部门职责的划分、执法体制的确定、执法机构的设立与授权等问题往往成为各方激烈博弈和关注的焦点。经常出现制定一部法,就要求设立一个机构,建立一支执法队伍的管理诉求,显然无法得到编制管理机构的认同。上海地方立法实践中,相关部门借立法之机揽权卸责的现象也比较常见。在审议实施食品安全法实施办法草案的过程中,为一个公众举报电话设在哪个部门,出现了相关部门反复争执的情形。在控烟条例草案的审议过程中,相关部门热衷于追逐行政管制权力、强化行政处罚力度,提出了与管理体制、执法体制无法匹配的法律责任追究制度。与原有的政府规章相比,控烟条例规定的禁烟或控烟的范围几乎涉及所有的公共空间,并在执法体制上将原先的卫生行政部门"独家执法",扩大为由教育、卫生、交通、公安、房屋行政部门以及文化综合执法机构、食品药品监督部门等多部门"综合执法"。鉴于公共场所吸烟具有即时性、短暂性、多发性的特点,又属于轻微的违法行为,加之行为人"法不责众"的从众心理,难以确保执法人员在第一时间赶赴现场固定证据,对违法者有效作出处罚,为此,一些常委会组成人员、专家和市民对控烟条例能否有效执行表示担忧。该条例的实施情况表明，这一担忧并非是多余的。

其三，在制度设计上重视法规实施的民意基础。养犬管理、控烟管理这类社会领域的立法涉及法律"他律"和道德"自律"的交叉领域，相关法律责任制度的设计要合理、适度，坚持处罚与教育相结合，教育公民、法人或者其他组织自觉守法。如果对轻微违法行为动辄处罚，成本未免太高，同时也难以让民众感知、认同并服膺，这无疑会影响立法目的的实现，也势必影响执法效果。

二是加强立法后评估与执法监督。地方性法规通过后，并不意味着万事大吉。四百多年前明代思想家张居正说过："天下之事，不难于立法，而难于法之必行。"为此，立法机关在立法后需要关注立法的实施效果，积极开展相关工作。

其一，加强立法后评估。立法后评估是立法的延伸，也是检验立法质量的有效方法。上海市人大常委会开展立法后评估的实践表明，检验地方立法质量最为显性的标准就是地方性法规的执行效果，即立法设计的相关制度是否具有可执行性、可操作性。

其二，加大执法监督的力度。执法检查和执法监督是常规性的检验地方性法规实施效果的有效手段，在国家法律体系已经形成的转型发展期，人大常委会应当转变工作思路，实现工作重心的转移，在精心选择立法项目的同时，在加强执法检查，增强监督实效，促进立法与执法互动等方面下更大的功夫，从根本上消除社会戏称"立法如林"、"执法如零"的现象。

其三，督促政府相关部门严格执法。"徒善不足以为政，徒法不足以自行"，中国先哲孟子提出的这一具有普遍意义的治国之道绵延千年，至今仍然被奉为圭臬，演绎为"执法必严"、"违法必究"这些当下中国立法与执法的理念。法律区别于其他社会规范就在于其强制执行力，法律缺乏强制执行力将成为一纸空文。

1994年10月20日上海市第十届人大常委会第十三次会议通过的《上海市烟花爆竹安全管理条例》明确规定："内环线以内禁止燃放烟花爆竹"，"违反本条例燃放烟花爆竹的，公安机关视情节轻重，对单位或者个体工商户可以处二千元以上五万元以下罚款"。"违反本条例规定的个人或者单位的直接责任人，由公安机关按照有关法律、法规的规定处以警告、罚款或者拘留。"然而，在该条例2015年12月31日修改前，在长达二十多年的时间里，执法机关对于内环线以内燃放烟花爆竹这一违法行为竟没有处罚过一次。由于执法不彰，条例显然失去了其严肃性。令人欣慰的是，世博会筹办举办期间，各相关执法部门整合执法力量，多管齐下，倾尽全力，有效提升了上海城市管理的总体水平，有些长期困扰城市管理者的顽症，整改率达到了100％。在常委会专题询问时，有关部门高度赞扬世博立法如何管用、有效。笔者认为，既不低估立法的保障作用，更应当承认，执法到位起到了至关重要的决定性作用。"世博执法"可以说是上海依法执法、严格执法的一个生动案例，其成功有力地证明法律的生命在于实施。为此，相关执法机关应当认真总结依法办博的成功经验，努力探索严格执法的长效机制，充分运用法治手段推动放大世博后续效应，把举办世博会带来的无形资源转化为推动经济社会发展执法工作的现实优势，为城市法治化建设不断贡献新的力量。

其四，督促执法部门积极探索执法理念的转变。法治能否真正实现不在于法律制度表层的建构，而在于有没有相应的理念相匹配，法治社会的过程，不在于制定了多少法律，而在于树立了什么样的法律理念。世博会筹办举办期间，执法部门积极探索执法理念的转变，在执法理念上体恤人情、彰显人性、尊重人格，改变了管理即执法、执法即处罚的简单粗放的执法方式。柔性化的执法方式适度减少了执法的强制力，增强了公众的认可度，实现了法律效果与社会效果的有机结合。当法治得到社会成员的普遍认同和信仰时，法治的要求将化为社会成员遵法守法的自觉行动。诚如卢梭所言，"一切法律之中最重要的法律，既不是铭刻在大理石上，也不是刻在铜表上，而是刻在公民的心里，它形成了国家的真正宪法，它每天都在获得新的力量，当其他法律衰老或消亡的时候，它可以复活那些法律或代替那些法律，它可以保持一个民族的精神。"依法办博的成功经验之一是动员广泛公众积极参与立法，努力营造世博法治环境，使立法、执法成为公众表达民意与立法机关、执法机关吸取民智的良性互动过程，有力夯实了法治得以实现的社会思想基础。

三是高度重视"依法不作为"的消极现象。进入转型发展期以来，上海市各级政府积极应对市场化、信息化、法治化对政府自身改革和建设的新考验，紧紧围绕建设服务政府、责任政府、法治政府、廉洁政府的目标，着力转变政府职能，"两高一低"行政区建设取得了重大突破。然而，在依法行政的主旋律中仍然存在一些不和谐的杂音，突出表现在一些执法部门及其工作人员刻意寻求法律的隙缝，为其不主动作为，相互扯皮、相互推诿的行为披上"合法化"的隐身衣，这种"依法不作为"的现象已经引起社会广为关注。①

在现代法治社会，行政机关行政作为的义务来源于法律的明确规定，行政不作为以行政主体没有履行法定作为义务为必要条件。随着依法治国理念的不断深入，行政机关的法治意识与行政相对人的维权意识不断增强，行政机关显性的不作为、乱作为已在很大程度上得到遏制，但是，以"依法不作为"为标志的隐性

---

① 参见丁伟：《消除依法行政主旋律中"依法不作为"的杂音》，《文汇报》2013年1月29日。

的不作为却有增无减,在人民群众反映强烈的食品安全监管、违章建筑拆除等执法领域呈现出不断蔓延的趋势。追根溯源,"依法不作为"现象的产生基于多方面的原因:

其一,行政机关的法定义务不清晰。行政作为义务具有法定性,而法律、法规对于某一行政机关行政作为义务的规定并不总是一目了然的。从应然角度讲,各个行政机关都有法定的职责、法定的义务,任何行政机关都只能在法定的范围内行使权力,任何程度的越权都会导致执法行为无效。从实然角度看,社会关系的复杂性、多样性决定了同一法律关系有时需要不同的法律从不同的角度对相关行政机关的职责作出规范,导致不同行政执法机关的法定职权竞合重复。在"依法不作为"多发的食品安全监管领域,近年来,食品卫生领域警讯频传、烽火四起,"三鹿奶粉"、"瘦肉精"、"黑心馒头"等事件余波未平,涉及 14 个省的制售"地沟油"特大案件又一次洞穿了百孔千疮的食品监管网,随之而来的又是一场场声势浩大的"集中打击"、"专项整治"活动。中国的食品安全监管制度、执法状况一直没有得到有效的改进。

以屡禁不止的"地沟油事件"为例,其凸显的首要问题是监管不力。制售"地沟油"的违法行为环节多、链条长,隐蔽性强、跨区域广,按照我国相关法律与行政法规的规定,至少 10 个行政执法机关负有相关的监管职责。其中商务部门负有对餐饮业行业管理的职责,质检部门负有对食品生产加工环节的监管职责、工商部门负有对流通环节经营食用油的监督职责、食品药品监管部门负有对餐饮服务单位的监管职责、卫生部门负有对食用油进行风险监测,完善相关检测方法的职责。然而,从公安机关破获的地沟油案件来看,在掏捞、粗炼、倒卖、深加工、批发、零售等各个环节,未见有关行政执法部门有效履行其监管职责,10个部门竟然管不了一桶地沟油。业内人士认为,只要任何一个监管部门积极履行职责,足可以有效斩断地沟油的黑色产业链,社会公众为此对"分段监管"的行政执法体制滋生的执法"扯皮"现象啧有怨言。由此产生的问题是:既然1>10,何不变 10 个部门多头执法为 1 个部门跨系统综合执法?在全国人大常委会审议《食品卫生法》(草案)的过程中,"六七个部门管不住一头猪"、"十几个部门管不了一桌菜"的问题始终是审议的焦点问题,有关各方在食品安全的监管体制上充分博弈,由于食品安全监管是"从农田到餐桌"的全过程监管,涉及农业、工商、卫生、质监、商业、供销、粮食等十几个部门的法定职责,立法部门权衡利弊,最终选择了"分段监管"的执法体制。①应该说,法律、法规对行政作为义务作出直接规定的通常是义务性法律规范,不少授权性法规并不正面

---

① 参见丁伟:《整治"地沟油",关键在于优化执法》,《文汇报》2011 年 10 月 18 日。

规定行政作为义务,但隐含了行政机关的行政职责及相应的行政作为义务或附随义务,法律、法规赋予的行政相对人行政法上的权利也隐含行政主体的行政职责及相应的行政作为义务。因此,法无明文规定,不能成为执法机关消极执法、怠于履职的"合法"理由。

其二,"多头执法"、"交叉执法"的执法体制。社会诟病的"多头执法"、"交叉执法"其实是一种常态化现象,并非食品安全领域行政执法的特例。在当今社会,任何一部法律都无法囊括其调整的法律关系所涉及的所有问题,需要由不同的法律、法规从不同的角度对某一法律关系的相关事项作出规定。因此,法律、法规、规章存在竞合的现象不足为怪。同样,我国行政执法体系是一个科学严谨的系统,各执法机关相互联系,相互依存,但又相互区别,自成一体,彼此之间不能相互取代。因此,不同法律规范或同一法律规范可以就相关或相邻执法事项授权不同执法机关。遍览现行行政法规,只授权一个单位执法的行政法规非常少见。

"多头执法"、"交叉执法"也可以因行政相对人具体的违法行为而引起。如行政相对人以实施某一违法行为为目的,而其违法的方法或结果触犯不同的法律、法规、规章,或者行政相对人实施的一个违法行为,触犯不同的法律、法规、规章,或者行政相对人实施不同的违法行为,分别触犯不同的法律、法规、规章。在上述情况下,多个执法部门都可以行使执法权。此外,有关法律、法规、规章或机构三定方案规定的职权竞合重复,也会致使不同的行政执法机关都具有执法权。这一现象客观上滋生了"依法不作为"的现象。

应当说"分段监管"、"多头执法"、"交叉执法"本身并不是问题,对同一违法行为几个执法部门都有执法权,是一般管辖和特殊管辖的关系,在有交叉的职责范围内,相关的执法主体的执法行为有主次、先后之分,只要各执法部门勤勉执法、跨前一步,使各执法环节互相衔接,形成合力,各类违法行为必将知难而退。反之,执法机关遇事后退一步、敷衍塞责、推诿扯皮,再严密的监管网也是形同虚设。在有法可依问题已经基本解决的今天,各级执法机关应当将执法必严、违法必究作为工作重心,以解决问题为导向,以完善长效机制为目标,努力创新执法工作机制。对于部门职责交叉、行政行为效力不高、群众意见较大、久治不愈的执法领域,应认真梳理分析执法争议和盲点,进一步明确各执法部门的职能定位,明晰执法内容,明确执法权限,建立起责任明确、赏罚分明、权责利相一致的"统一、协调、权威、高效"的监管制度。与此同时,认真总结条块结合、多方联合的联合执法、网格化执法的经验,在确保行为规范的同时,注重提高行政执法质效,为促进及时执法、有效执法,解决执法不作为和迟作为的问题,按照"职能最相近、处置最有利"的原则,建立指定管辖和协议管辖机制,切实解决部门或者地区执法推诿扯皮的问题。

其三,一些执法机关及其相关执法人员难以适应我国法治进程发展对执法工作提出的新要求。近年来,我国新修订了《国家赔偿法》、《刑事诉讼法》、《民事诉讼法》,制定了《行政强制法》、《国有土地上房屋征收与补偿条例》等一系列重要法律、法规,这些法律、法规的最大特点是规范行政执法行为、避免公权力滥用,保护公民、法人和其他组织的合法权益,促进和监督行政机关依法履行职责。这些法律、法规对执法活动的民主、文明、公开要求非常严格,对执法机关执法理念、执法机制、执法方式、执法能力提出了严峻挑战,令人遗憾的是一些执法部门不思进取,乘势而不为,为消极不作为寻找"合法"遁词。以"依法不作为"另一多发的违章建筑拆迁领域为例,按照原《上海市拆除违法建筑若干规定》的规定,对在建的违法建筑,当事人拒不停止建设或者拒不拆除的,拆违管理部门可以立即组织强制拆除,这种传统的执法方式确实行之有效。但是,新出台的《行政强制法》要求拆除违法建筑要走至少六个月的一般程序,且夜间或法定节假日不得实施强制执行,使得在建违法建筑拆除工作受到很大影响,一俟走完程序违法建筑已成事实。有的执法部门以履行法定程序为由,对违法建筑不闻不问,听任违法建筑蔓延。

其四,一些执法机关及其工作人员主观上缺乏服务意识、责任意识、使命意识、忧患意识,将"依法"作为懒政庸政的遮羞布。与此同时,"钓鱼执法"事件后,有些执法部门及其执法人员不从正面汲取教训,反而加重了"畏难情绪"和"避险情绪",助长了对问题视而不见的不作为、滞后作为等消极履职现象。2011年3月至9月,上海市第十三届人大常委会对上海市贯彻实施《行政处罚法》的情况进行了执法检查,检查结果表明,市民群众高度关注违法建筑、食品安全等领域的执法问题,反映执法部门对这些"老大难"问题束手束脚,使违法行为屡禁不止。从中暴露出有的执法部门日常监管不力、查处问题不严,影响了执法部门的公信力和权威性。问卷调查结果也显示,有46%的市人大代表认为执法部门存在不作为现象。检查认为,本市既有执法不作为的现象,也有执法乱作为的问题,但目前市民群众对执法不作为的感受更为强烈,加大处罚力度的呼声更大,局部领域的不作为现象已成为当前执法中的一个突出问题。①该项执法检查同时发现,一些执法量很大的行政机关近年来行政复议、行政诉讼的案件均为零,其原因在于执法机关对于查证属实的违法行为作出了远远低于法定罚款幅度下限的处罚决定,这无疑是另一类"依法不作为"。

---

① 参见丁伟:《市人大常委会执法检查组关于检查本市贯彻实施〈中华人民共和国行政处罚法〉情况的报告》,《上海市人民代表大会常务委员会公报》2011年第七号。

与显性的不作为、乱作为相比，"依法不作为"的隐蔽性更大，危害性更烈，所反映的不仅仅是庸懒散奢的不良风气，而是一种有违"执政为民"根本宗旨、藐视国家法制权威的另类腐败现象，应该引起高度的警觉。人大及其常委会在促进立法与执法互动的同时，应当加强执法监督，要求相关行政机关更加注重从严治政、高效施政、依法行政、廉洁从政，进一步提高行政效率、创新行政管理方式，强化政府部门职责，努力建设人民满意的服务型政府，督促各级行政机关及其工作人员勇于担当、敢于作为，以严格、公正、文明、廉洁的执法形象，取信于民，引领社会，以公正树公信，以公信赢权威，切实从源头上杜绝"依法不作为"现象。

变革创新期
（十八大至今）

在全面深化改革、全面推进法治中国建设的新时期，上海地方立法进入了变革创新期。该时期的上海地方立法工作以问题为导向，以制度创新为驱动力，以破解难题、引领发展为突破口，以实现改革决策与立法决策协调同步为主轴，为上海实施国家重大战略，当好改革开放排头兵、创新发展先行者提供强有力的法律支撑。

一、 变革创新期地方立法背景与发展概览

党的十八大以来，历经了三十五年波澜壮阔的改革开放历程的中国进入了全面建成小康社会的决胜阶段，以法治引领发展已成为时代的主旋律，立法在全面深化改革、全面推进法治中国建设的进程中发挥着越来越重要的作用。

（一）党的十八大提出依法治国新十六字方针

2012年11月召开的党的十八大明确提出，"法治是治国理政的基本方式。要推进科学立法、严格执法、公正司法、全民守法，坚持法律面前人人平等，保证有法必依、执法必严、违法必究"。"科学立法、严格执法、公正司法、全民守法"这一新的十六字方针与三十四年前党的十一届三中全会上提出的十六字方针"有法可依、有法必依、执法必严、违法必究"形成鲜明的比照。两者之间有着衔接、继承、发展的关系，前者是在后者基础上的发展，丰富了后者的内涵，扩大了后者的外延，更为科学地设计了国家治理现代化的法治建构，表明我国社会主义法治建设进入了新阶段。新十六字方针将"科学立法"置于首位，彰显了立法在依法治国格局中的引领作用。党的十八大将法治的精神贯穿始终，明确提出"深入开展法制宣传教育，弘扬社会主义法治精神，树立社会主义法治理念，增强全社会学法尊法守法用法意识。提高领导干部运用法治思维和法治方式深化改革、推动发展、化解矛盾、维护稳定能力。"这一系列的要求预示着法治将对经济、文化、

社会生活产生极为深刻的影响。党的十八大将法治作为治国理政的基本方式，不仅凸显了法治在国家治理和社会管理中的重要作用，还体现了执政党在不断总结历史经验教训基础上，对执政规律的深刻把握，对执政使命的决心和担当。

党的十八大对新时期的立法工作提出了新的要求："完善中国特色社会主义法律体系，加强重点领域立法，拓展人民有序参与立法途径。"其中，完善国家法律体系，加强重点领域立法，属于对科学立法的具体要求；拓展人民有序参与立法途径，属于对民主立法的具体要求。地方立法是中国特色社会主义法律体系的重要组成部分，地方立法工作贯彻党的十八大精神，需要进一步树立全国"一盘棋"的大局意识，准确理解和把握地方性法规的权限范围，切实遵循不抵触原则，在国家法律体系的总体框架下找准地方立法的发力方向，聚焦地方立法的重点领域，并且敢于担当、锐意进取，积极开拓创新，不断拓宽科学立法、民主立法的渠道。

（二）党的十八届三中全会描绘全面深化改革蓝图

2013年11月，党的十八届三中全会通过的《中共中央关于全面深化改革若干重大问题的决定》（以下简称《决定》）描绘了全面深化改革的蓝图，提出了包括经济、政治、文化、社会、生态文明、党建等在内的六个领域改革主线，并细化成60项任务，这60项任务被分解成336项改革举措。《决定》明确了全面深化改革的总目标，提出"全面深化改革的总目标是完善和发展中国特色社会主义制度，推进国家治理体系和治理能力现代化。"《决定》将国家治理体系和治理能力现代化作为全面深化改革的总目标，是基于对改革开放三十五年来治国理政规律性的认识所作出的战略决策，表明了执政党站在时代的高度，对国家治理体系与治理能力进行顶层设计和战略谋划，以更大的政治智慧和勇气促进国家治理模式的现代转型。国家的治理体系是一个完整的制度系统，涵盖"五位一体"的总体布局，是国家治理能力孕育的基础。实现这一总目标首先需要明确国家治理体系、治理能力现代化的实现路径。党的十八大报告明确提出："全面推进依法治国，法治是治国理政的基本方式。"有鉴于此，作为治国理政基本方式的法治不仅是国家治理体系现代化的核心，也是实现国家治理体系、治理能力现代化的必然路径。

《决定》对于全面深化改革新时期的立法工作提出了明确、具体的要求，完善中国特色社会主义法律体系，健全立法起草、论证、协调、审议机制，提高立法质量，防止地方保护和部门利益法制化；完善人大工作机制，通过座谈、听证、评估、公布法律草案等扩大公民有序参与立法途径。这些规定进一步细化了党的十八大对科学立法、民主立法提出的要求，为变革创新时期地方立法促进改革、引领发展，进一步加强科学立法、民主立法，明确了工作重点和工作目标。

（三）党的十八届四中全会提出法治中国建设新要求

2014 年 10 月，党的十八届四中全会通过的《中共中央关于全面推进依法治国若干重大问题的决定》（以下简称《决定》）绘制了全面推进依法治国的战略宏图，该决定与党的十八届三中全会通过的《中共中央关于全面深化改革若干重大问题的决定》形成了姊妹篇，对三中全会确定的全面深化改革的一系列举措进行法治层面的顶层设计。《决定》明确了全面推进依法治国的总目标、重大任务与基本原则，将党的十八大提出的依法治国新十六字方针具体化，中央深改办分解出了《决定》确定的 180 多项改革举措，相关的改革举措目标方向明确、实现路径清晰。《决定》勾画了建设中国特色社会主义法治体系必须坚持立法先行，发挥立法的引领和推动作用的法治路径，揭示了法治体系内部科学严密的逻辑关系，凸显了新时期治国理政的新常态，弘扬了依宪治国、依法治国的时代精神。①

党的十八届四中全会的《决定》高度重视立法工作在法治中国建设中的基础性地位和作用。对立法相关工作提出了八个方面的要求：

一是确定全面推进依法治国总目标。该目标是建设中国特色社会主义法治体系，建设社会主义法治国家。这一法治体系是一个完整的制度系统，涵盖五个分支体系，其中，"形成完备的法律规范体系"居于首位，既是体系的核心内容，又是治理能力孕育的基础。

二是明确了全面推进依法治国的根本保证。《决定》强调党的领导是中国特色社会主义最本质的特征，是社会主义法治最根本的保证。把党的领导贯彻到依法治国全过程和各方面，是我国社会主义法治建设的一条基本经验。加强党对立法工作的领导长期以来一直是立法工作的一条工作方针，党的十八届四中全会以后，中央专门发布文件，将加强党对立法工作的领导进一步规范化、制度化。

三是明确立法对经济与社会发展的牵引和保障作用。《决定》明确提出："法律是治国之重器，良法是善治之前提。建设中国特色社会主义法治体系，必须坚持立法先行，发挥立法的引领和推动作用。《决定》明确要求：实现立法和改革决策相衔接，做到重大改革于法有据，立法主动适应改革和经济社会发展需要。

四是确定了立法工作的关键环节。《决定》明确提出要"抓住提高立法质量这个关键"。

五是对健全、完善立法工作体制、机制提出具体要求。《决定》明确提出要"健全有立法权的人大主导立法工作的体制机制"；完善立法体制，加强党对立法工作的领导，完善党对立法工作中重大问题决策的程序；完善立法机制，坚持立

---

① 参见丁伟：《良法是善治之前提》，《文汇报》2014 年 10 月 31 日。

改废释并举,增强法律法规的及时性、系统性、针对性、有效性。

六是对民主立法提出具体要求。《决定》要求立法工作要转变立法理念,要恪守以民为本、立法为民理念,贯彻社会主义核心价值观,使每一项立法都符合宪法精神、反映人民意志、得到人民拥护。要把公正、公平、公开原则贯穿立法全过程;扩宽民主立法途径,完善立法项目征集和论证制度,健全立法机关主导、社会各方有序参与立法的途径和方式,拓宽公民有序参与立法的途径。

七是提出了需要加强的重点领域立法。《决定》要求加快完善体现权利公平、机会公平、规则公平的法律制度,保障公民人身权、财产权、基本政治权利等各项权利不受侵犯,保障公民经济、文化、社会等各方面权利得到落实。

八是要求加强立法队伍建设。《决定》明确提出,全面推进依法治国,必须大力提高法治工作队伍思想政治素质、业务工作能力、职业道德水准,着力建设一支忠于党、忠于国家、忠于人民、忠于法律的社会主义法治工作队伍。建设高素质法治专门队伍,把思想政治建设摆在首位。立法队伍与行政执法队伍、司法队伍并列,推进立法队伍正规化、专业化、职业化建设在党的文件中首次出现,意义重大。

应该说,《决定》有关立法工作的上述要求,绝大部分内容适用于地方立法。按照《决定》的要求,加强立法工作需要"抓住提高立法质量这个关键"。根据《决定》的规定,提高立法质量,关键在于强化一个制度,发挥两个作用,抓住两个环节。具体来说,"强化一个制度"指加强市委、人大常委会党组对立法工作的领导。"发挥两个作用"指发挥立法的引领和推动作用,发挥人大及其常委会在立法工作中的主导作用。"抓住两个环节"指科学立法、民主立法这两个环节。可以说,党的十八届四中全会的《决定》确立了变革创新期上海地方立法工作的主轴,对上海地方立法工作产生了极其深刻与长远的影响。

（四）党的十九大开启中国特色社会主义新时代

2017 年 10 月,在全面建成小康社会的决胜阶段、中国特色社会主义发展关键时期,具有划时代意义的党的十九大隆重召开。党的十九大报告是我们党迈向新时代、开启新征程、续写新篇章的政治宣言和行动指南,是决胜全面建成小康社会、开启中国特色社会主义新时代的集结号和动员令。报告高屋建瓴、统揽全局,将坚持全面依法治国作为新时代坚持和发展中国特色社会主义的基本方略之一,强调人民代表大会制度是坚持党的领导、人民当家作主、依法治国有机统一的根本政治制度安排,必须长期坚持、不断完善。要支持和保证人民通过人民代表大会行使国家权力。要发挥人大及其常委会在立法工作中的主导作用。十九大报告明确提出要深化依法治国实践,提出全面依法治国是国家治理的一场深刻革命,必须坚持厉行法治,推进科学立法、严格执法、公正司法、全民守法。

推进科学立法、民主立法、依法立法，以良法促进发展，保障善治。全面贯彻落实党的十九大确立的宏伟目标，上海地方立法工作任重道远，需要以锐意创新的勇气、敢为人先的锐气、蓬勃向上的朝气，积极做好各项工作，努力谱写新时代上海地方立法的新篇章。

（五）行政审批制度改革不断向纵深发展

深化行政审批制度改革、加快政府职能转变是党的十八大和十八届二中、三中全会部署的重要改革事项，是第十二届全国人大第一次会议审议批准的《国务院机构改革和职能转变方案》确定的重要任务。新一届国务院组成以来，把加快转变政府职能、简政放权作为开门第一件大事，把深化行政审批制度改革作为重要抓手和突破口，提出本届政府任期内要把原有审批事项削减 1/3 以上的工作目标。按照党中央统一部署，国务院根据行政许可法的要求，整体谋划、分步推进，先易后难、由浅入深，大刀阔斧取消、下放行政审批事项，着力推进简政放权。

一是大幅减少行政审批等事项。着眼于理顺政府与市场、政府与社会的关系，减少政府对微观事务的管理。一批涉及企业投资项目核准、企业生产经营活动许可以及对企业、社会组织和个人的资质资格认定事项被取消或下放，并改革工商登记制度，放宽市场准入，将"先证后照"改为"先照后证"，注册资本实缴登记制改为认缴登记制，将一大批工商登记前置审批事项改为后置审批，约占改革前前置审批事项的五分之三，将企业年检制度改为年度报告公示，推进工商注册制度便利化。二是公开国务院各部门现有行政审批项目并全面清理非行政许可事项。全面摸清并向社会公布国务院各部门正在实施的行政审批事项，锁定了改革底数，并接受全社会监督，从制度上堵住了各部门随意实施审批的漏洞。在此基础上，开展了非行政许可审批事项清理规范工作。三是着力规范行政许可的设定。为根除行政许可事项边减边增的顽疾，国务院印发了严格控制新设行政许可的通知，对新设行政许可的标准、审查程序和监督等作了更为具体严格的规定。在起草法律草案、制定行政法规时严格遵守行政许可法的规定。

在加快转变政府职能、简政放权的同时，坚持放管结合，加强事中事后监管，创新政府管理，转变政府职能，加快建设法治政府、创新政府、廉洁政府，努力为人民提供优质高效服务。一是切实管住管好该管的事项。依据政府职能，对关系人民群众身体健康、生命财产安全以及可能妨碍市场公平竞争等事项，切实加大了监管力度。二是加强取消下放事项的后续监管。国务院有关部门将政府管理由事前审批更多地转为事中事后监管，实行"宽进严管"。针对取消下放的审批事项，逐项研究提出相应的事中事后监管措施，包括告知性备案、发挥相关行业协会作用、制定行业从业标准、完善信用管理体系、定期不定期抽查和加大行政问责等，努力做到权力和责任同步下放，调控和监管同步强化。三是创新完善市场监管体系,建设统一开放、竞争有序、诚信守法、监管有力的市场监管体系,努力形成权责明确、公平公正、透明高效、法治保障的市场监管格局。

新一轮的行政审批制度改革对地方立法的立法理念、地方性法规所设计的管理体制、管理方法,事中、事后监管制度提出了一系列新的要求。与此同时,确保行政审批制度的改革先立后破,于法有据,切实做到改革决策与立法决策协调同步,跟踪法律、行政法规修改状况及时清理地方性法规,将成为地方立法常态化的工作。

(六)上海肩负排头兵、先行者的特殊使命

2014年5月23日,习近平总书记在出席亚信上海峰会后在上海考察时强调,上海作为全国最大的经济中心城市,在国家发展大局中占有重要位置,要抓住机遇,锐意进取,继续当好全国改革开放排头兵、科学发展先行者,不断提高城市核心竞争力,开创各项工作新局面。2015年3月5日,习近平总书记参加第十二届全国人大第三次会议上海代表团审议时,要求上海继续当好改革开放排头兵、创新发展先行者,在以开放促改革方面继续走在前列、在创新驱动发展方面继续走在前列、在创新社会治理方面继续走在前列、在从严管党治党方面继续走在前列。

2016年3月5日、2017年3月5日,习近平总书记参加第十二届全国人大第四次会议、第五次会议上海代表团审议时反复强调,上海要保持锐意创新的勇气、敢为人先的锐气、蓬勃向上的朝气,继续当好全国改革开放排头兵、创新发展先行者。上海市不负重托,不辱使命,解放思想、大胆实践,披坚执锐、攻坚克难,率先探索自由贸易试验区的先行先试、"证照分离"改革、司法改革试点等一系列改革试点,形成了一批可复制、可推广的经验。与此同时,加快建设具有全球影响力的科技创新中心,并在创新社会治理、加强基层建设等方面继续走在全国前列。为发挥立法在改革发展中的引领、推动、规范和保障作用,确保重大改革于法有据,上述一系列的重大改革要求地方立法以与时俱进的科学态度,积极回应改革发展特色时期对立法的特殊需求,及时作出"立、改、废、释"的相应安排,并及时将改革成果固化为地方性法规的规定。

变革创新期的上海地方立法积极贯彻重大改革于法有据的要求,主动适应上海改革发展的需求,努力回应社会期盼,出现了新一轮的立法数量"井喷"现象。自2013年2月至2017年12月底,上海市第十四届人大及其常委会任期内已经制定地方性法规30件,修改地方性法规74件次,其中集中打包修改法规6次,共修改法规48件,因制定新法规而废止地方性法规10件,制定法律性问题规定10件,修改法律性问题规定1件。按照2017年立法计划,第十四届人大常委会任期最后一年,将审议制定正式立法项目7件,制定法律性问题决定3件。变革创新期上海地方立法需求的剧增,进一步凸显了立法对改革发展的引领、推

动、规范和保障作用。

二、 变革创新期地方立法主要特征

在全面深化改革、全面推进依法治国新时期，上海肩负着实施国家战略的特殊使命，需要地方立法在权限范围内给予有力的法律支撑，上海自身的改革发展也需要地方立法及时发挥引领和推动作用。为适应新形势下地方立法工作的新常态，上海地方立法勇于探索、善于创新，努力实现立法观念的转变、立法思路的变革，立法方式的创新。

（一）成功演绎立法决策与改革决策协调同步

变革创新期上海地方立法最为显著的特征，是以立法引领和推动改革发展，积极探索改革决策与立法决策协调同步在立法理论与实践层面的难题，以与时俱进的科学态度积极回应特殊时期对立法的特殊需求。上海市第十四届人大常委会任期内第一个立法项目《关于促进改革创新的决定》就旨在正确处理改革创新与依法行政之间的关系，明晰改革创新的法治路径。在上海实施自由贸易试验区这一国家重大战略的过程中，上海地方立法更是审时度势、谋定思动，敢于担当，善于创新，在既无国家层面立法授权，又无现成经验可资借鉴的情况下，探索出了一条具有上海特色的法治保障路径。先后制定了《关于在中国（上海）自由贸易试验区暂时调整实施本市地方性法规有关规定的决定》、《中国（上海）自由贸易试验区条例》、《关于开展"证照分离"改革试点在浦东新区暂时调整实施本市有关地方性法规规定的决定》、《关于修改〈关于在中国（上海）自由贸易试验区暂时调整实施本市有关地方性法规规定的决定〉的决定》。

这一系列立法举措生动演绎了改革决策与立法决策协调同步，确保了上海自贸试验区在法治的轨道上顺利运行，并且及时回应了学术界关于自贸试验区相关立法活动的各种关切，取得了良好的法律效果与社会效果。上海自贸试验区的法治保障模式、实施路径成功地被其他自贸试验区所复制，成为上海自贸试验区可复制、可推广经验的重要组成部分。常委会法工委在相关立法项目的推进过程中，不断转变立法观念、立法思路，创新立法方式，探索出了全面深化改革、全面推进依法治国新时期地方立法的新路子。与此同时，上海市人大常委会未雨绸缪，积极开展"全国人大常委会关于中国（上海）自由贸易试验区暂时调整实施法律决定到期后如何应对"的重点调研，调研成果得到了中共上海市委主要领导的高度肯定，调研报告所设计的全国人大常委会层面法治保障需求的四条路径为全国人大常委会 2016 年 9 月修改《外资企业法》等四部法律的部分条款提供了决策依据。

(二)为基层建设、社会治理提供强有力支撑

变革创新期上海地方立法的另一重大特征,是围绕并服务于上海全市工作重心,通过法定程序,将市委的重要决策及时转化为具有普遍约束力的地方性法规。党的十八届三中全会积极适应新形势下我国社会结构、社会组织形式、社会管理环境发生深刻变化的需要,提出了创新社会治理体制的新要求,并将维护最广大人民根本利益,最大限度增加和谐因素,确保人民安居乐业、社会安定有序作为加强和创新社会治理的重要目标。社会治理的对象是社会关系,而社会是人类生活的共同体,是人类相互联系、互相合作形成的群体,社会和谐最主要的标志是人与人和谐相处,因此,社会治理的核心无疑是人。在多元化的社会治理体系中,基层是社会的单元细胞,是人作为社会成员参与社会活动最基本、最直接的载体,捕捉和传输社会需求最敏感的触角,也是产生利益冲突和社会矛盾的"源头"、协调利益关系和疏导社会矛盾的"茬口",基层同时又是党的执政之基、力量之源。因此,社会治理的关键在于夯实基层基础,基础不牢,地动山摇。

为此,中共上海市委审时度势,积极、主动应对上海经济社会快速发展及基层建设中出现的新情况、新问题、新变化,将"创新社会治理、加强基层建设"这一事关上海当前改革和未来发展的全局性大事作为2014年上海市委头号调研课题,在调研重点上突出以问题为导向,集中力量、充分调研,力求结合上海实际,研究提出创新社会治理、加强基层建设的目标、思路和框架体系,形成清晰明确的顶层设计。这是上海切实贯彻中央关于全面深化改革的要求,坚持源头治理,标本兼治、重在治本,扎实推进社会治理创新的战略性决策。①调研重点落在街道和镇以及居和村两个层面,旨在使工作重心进一步下移,通过将经常性的管理、执法资源下沉,统筹管理的权力下沉,与之相对应的人财物支配管理权下沉,让基层更加有职有权有物有人。调研形成"1+6"文件,即《关于进一步创新社会治理加强基层建设的意见》以及关于深化本市街道体制改革、完善居民区治理体系、完善村级治理体系、组织引导社会力量参与社区治理、深化拓展网格化管理提升城市综合管理效能、社区工作者管理6个实施意见、管理办法。

为及时将市委重大调研的成果转化为地方性法规,上海市人大常委会将相关立法项目列入年度立法计划,紧锣密鼓地开展相关立法工作。其一,2016年9月14日,上海市第十四届人大常委会第三十二次会议修订通过了《上海市街道办事处条例》,这次立法对原条例作了重大修改,明确了街道办事处组织属性、主要职能、条块关系、公共服务等内容。其二,2017年2月22日,上海市第十四届人大常委会第三十五次会议修订通过了《上海市实施〈中华人民共和国村民委员

---

① 参见丁伟:《在创新社会治理中不断加强基层建设》,《文汇报》2015年3月7日。

会组织法〉办法》，在村民委员会及相关组织、民主管理和民主监督、农村社区建设、村民自治保障等方面对原办法作了重大修改。该立法项目原为年度立法计划中的预备项目，经过认真调研后立法条件成熟，及时转化为正式项目予以审议通过。其三，2017年4月20日，上海市第十四届人大常委会第三十六次会议通过了《上海市居民委员会工作条例》。该立法项目在年度立法计划中为调研项目，经过深入调研，立法条件趋于成熟，亦及时提交审议通过。该条例对居民委员会工作的基本原则、居民委员会的组织运行机制、主要任务、工作保障机制等事项作出了明确的规定。"街、村、居"三法的相继出台及时将市委的重大决策转化为地方性法规。

加强和创新社会治理，是人民安居乐业、社会安定有序、城市长治久安的重要保障。近年来，市委针对社会治理领域存在的突出问题，就加强和创新社会治理作了全面部署。为将市委的重要举措转化为地方性法规，上海市人大常委会及时启动了相关立法程序，支持和保障相关管理部门加强和创新社会治理：

其一，查处车辆非法客运。长期以来，上海有关车辆非法客运处罚手段较为单一，整治成效不明显，非法客运呈蔓延态势。2014年6月19日，上海市第十四届人大常委会第十三次会议通过了《上海市查处车辆非法客运若干规定》，明确禁止利用未取得营业性客运证件的汽车、利用摩托车、三轮车、电力助动车等车辆从事经营性客运活动。并且明确规定，对违反规定利用未取得营业性客运证件的汽车从事经营性客运活动，按照法律、行政法规和本市地方性法规的有关规定，由交通行政管理部门扣押从事非法客运活动的车辆并予以处罚；对从事非法客运活动再次被查获且存在安全隐患的，依法定程序没收用于从事非法客运活动的车辆。对从事非法客运活动的驾驶人，由公安交通行政管理部门暂扣其机动车驾驶证三个月至六个月；对有依法应当吊销机动车驾驶证的道路交通安全违法行为的，吊销其机动车驾驶证。该若干规定对于治理非法客运痼疾发挥了有效的作用。

其二，依法提高规章设定行政处罚罚款的限额。2014年4月23日，上海市第十四届人大常委会第十二次会议表决通过了《上海市人民代表大会常务委员会关于修改〈上海市人民代表大会常务委员会关于市人民政府制定规章设定行政处罚罚款限额的规定〉的决定》（第二次修正），取消了经营性和非经营性违法行为的划分标准，将定额罚款限额从十万元提高至三十万元，并规定个别规章对某些违反行政管理秩序的行为设定罚款，确需超过上述限额的，由市人民政府提请市人民代表大会常务委员会审议决定。市人民政府制定规章时，可以在罚款限额的规定范围内，根据过罚相当的原则，对公民、法人或者其他组织设定不同的罚款幅度；根据经营活动中违反行政管理秩序行为的不同情况，规定适当的罚款计算方法。

其三,加强烟花爆竹安全管理。近年来,上海市因燃放烟花爆竹引发的安全事故仍时有发生,需要加大对非法经营、储存、燃放烟花爆竹行为的监管力度。与此同时,随着城市大气污染问题的日益突出,市民对于控制燃放烟花爆竹、改善空气质量的呼声强烈,有必要对现有的禁止燃放烟花爆竹的区域等规定进行调整。①2015 年 12 月 30 日,上海市第十四届人大常委会第二十六次会议通过了《上海市烟花爆竹安全管理条例》,该条例对 1994 年 10 月 20 日通过的原条例进行了全面修订,完善了烟花爆竹安全管理工作机制,加强了烟花爆竹燃放安全管理,将禁放区域从内环扩展至外环,规定了外环线以外区域禁放的八类场所,增设了重污染天气期间的禁放规定,强调了安全燃放的具体要求,强化了烟花爆竹经营安全管理,加大了对烟花爆竹违法行为的处罚力度。条例修订后,公安机关雷厉风行、令行禁止,在上海全市范围启动社会防控一级勤务等级,各级公安干警会同 30 万平安志愿者、居委干部、楼组长等社会力量,多管齐下,倾尽全力,严守烟花爆竹的生产、经营、储存、运输、燃放和销毁处置等各个环节。在全体市民的共同努力下,上海实现外环线内中心城区基本"零燃放",外环线以外燃放量明显减少。上海"禁燃"的成功见证了上海社会基层治理能力的成效,检验了上海基层组织社会动员的能力和水平,是加强社会治理的一个生动实践和成功范例。②

其四,固化"交通大整治"的成果。2016 年,根据市委、市政府的部署,上海开展"交通大整治",补好城市交通管理中的短板。固化整治工作的成果,需要立足于超大型城市道路交通管理的实际需要,针对管理和执法过程中遇到的突出问题,对《上海市道路交通管理条例》进行全面修订。2016 年 12 月 29 日,上海市第十四届人大常委会第三十四次会议通过了修订后的《上海市道路交通管理条例》,这次修改坚持公交优先发展战略、完善道路交通基础设施建设、严格车辆和驾驶人的管理、细化道路通行管理规定、促进动静态交通平衡发展、推行道路交通综合治理、加强文明、规范执法、充实法律责任的相关规定,为上海道路交通执法提供了强有力的法律保障。

(三)充分发挥人大对立法的主导作用

党的十八届四中全会明确提出要"健全有立法权的人大主导立法工作的体制机制",发挥人大及其常委会在立法工作中的主导作用,建立由人大相关专门委员会、常委会法制工作委员会组织有关部门参与起草综合性、全局性、基础性

---

① 参见陈靖:《关于〈上海市烟花爆竹安全管理条例(修订草案)〉的说明》,《上海市人民代表大会常务委员会公报》2015 年第九、十号。

② 参见丁伟:《让"禁燃"成为全体市民的自觉行动》,《文汇报》2017 年 1 月 24 日。

等重要法律草案制度。为贯彻落实这一要求,上海市第十四届人大常委会高度重视在立法工作中发挥人大常委会的主导作用,除了《上海市制定地方性法规条例》、《上海市实施〈中华人民共和国全国人民代表大会和地方各级人民代表大会代表法〉办法》、《上海市人民代表大会关于代表议案的规定》、《上海市人民代表大会关于代表建议、批评和意见的规定》、《上海市实施宪法宣誓制度办法》、《上海市人民代表大会常务委员会组成人员守则》等规范人大制度的地方性法规及相关法律性问题的决定由人大常委会相关工作部门自行起草。《关于在中国(上海)自由贸易试验区暂时调整实施本市地方性法规有关规定的决定》、《上海市村民委员会选举办法》、《上海市预防职务犯罪工作若干规定》、《上海市禁毒条例》、《上海市实施〈中华人民共和国村民委员会组织法〉办法》、《上海市社会信用条例》等一批重要的地方性法规的制定、修改,均由市人大常委会自行起草或组织起草,并由市人大有关专门委员会提请常委会审议,或由常委会主任会议提请常委会审议。与此同时,在《上海市人民代表大会常务委员会关于促进改革创新的决定》、《中国(上海)自由贸易试验区条例》、《上海市大气污染防治条例》、《上海市燃气管理条例》、《上海市推进国际航运中心建设条例》、《上海市急救医疗服务条例》、《上海市公共场所控制吸烟条例》、《上海市道路交通管理条例》等地方性法规草案的审议过程中,上海市人大常委会在一些重要制度、核心条款的把握上充分发挥人大常委会的主导作用和组织协调作用,正确处理好地方立法的引领性与科学性、权威性与可执行性、创制性与合法性以及权力与权利的关系。

(四)积极发挥人民代表大会的立法功能

我国《宪法》与《立法法》明确规定,地方立法权的归属是地方人民代表大会及其常务委员会。人民代表大会制度是我国根本政治制度,是人民行使国家权利的主要机构,是人民当家做主的主要表现形式,更是人民通过选举参与国家管理的根本性政治制度。《立法法》第七十六条规定:"规定本行政区域特别重大或者社会普遍关注的事项的地方性法规,应当由人民代表大会通过。"《上海市制定地方性法规条例》第三条规定,市人民代表大会及其常务委员会依照宪法、法律规定的权限制定地方性法规。规定本市特别重大事项的地方性法规,应当由市人民代表大会通过。在市人民代表大会闭会期间,常务委员会可以对市人民代表大会制定的地方性法规进行部分补充和修改,但是不得同该法规的基本原则相抵触。由于人民代表大会每年仅召开一次,且会期有限,会议议程众多,在代表大会召开的短暂期间内审议、修改、表决难度很大,各地普遍存在代表大会期间一般不安排审议地方性法规的情形,在常委会审议地方性法规时广泛征求代表意见,邀请代表列席常委会会议、参加各种座谈会。

为更好地彰显人民代表大会的立法功能,进一步发挥人大代表在地方立法中的主体责任，上海市第十四届人民代表大会自 2015 年起，连续三年在代表大会上审议、表决地方性法规。2015 年 1 月 29 日，上海市第十四届人大第三次会议审议通过了《上海市实施〈中华人民共和国全国人民代表大会和地方各级人民代表大会代表法〉办法》、《上海市人民代表大会关于代表议案的规定》、《上海市人民代表大会关于代表建议、批评和意见的规定》（简称"一办法两规定"）。这是继 2001 年之后，上海市人代会再度对地方性法规进行审议、表决。将规范代表工作的相关法规交由代表大会审议、表决，能够有效发挥代表在立法中的主体作用，丰富代表的履职实践。"一办法两规定"的修改过程，成为反映代表意愿、凝聚代表共识的过程，成为增强代表履职责任心、使命感的过程。①

　　2016 年 1 月 29 日，上海市第十四届人大第四次会议审议通过了《上海市老年人权益保障条例》。上海是我国最早进入老龄化社会和老龄化程度最高的特大型城市，老年人权益保障问题一直受到社会各方面的广泛关注，认真总结实践经验，通过立法将成熟的具有普遍意义的做法转化成制度安排，对影响长远的问题作适度前瞻性规定，有利于引领推动本市老龄事业持续健康发展。经过常委会一年多的修改完善，常委会决定将条例草案提请代表大会审议表决。②这是人代会充分行使职权的又一次成功实践。

　　2017 年 1 月 20 日，上海市第十四届人大第五次会议审议通过了"史上最严"的《上海市食品安全条例》。该条例根据国家《食品安全法》的规定，在原《上海市实施〈中华人民共和国食品安全法〉办法》的基础上，将原实施办法的六章扩展为八章，保留"总则"、"食品生产加工小作坊和食品摊贩"、"监督管理"、"法律责任"、"附则"五章；调整一章，将"一般规定"更名为"食品生产经营"；增加"食品安全风险监测、评估和食品安全标准"、"食品安全事故预防与处置"两章。条文数量从 62 条增加到 115 条，其中，全新条文 53 条，修改条文 55 条，修订幅度达93.8％。内容上，补充细化了市场准入的一般规定、生产经营者的主体责任、食用农产品监管、网络食品经营要求等内容。条例全面体现了"四个最严"（最严谨的标准、最严格的监管、最严厉的处罚、最严肃的问责）的要求，完善了食品安全监管体制和相关的政府职责，着力消除食品安全监管缝隙；设置了严格的市场准入门槛，强化源头治理，通过严格的市场准入，防止不合格的食品流入市场；落实生产经营各环节企业主体责任，针对本市食品安全重点领域、重点环节，进一步完善相关

　　① 参见钟燕群：关于《上海市实施〈中华人民共和国全国人民代表大会和地方各级人民代表大会代表法〉办法（草案）》、《上海市人民代表大会关于代表议案的规定（修订草案）》、《上海市人民代表大会关于代表建议、批评和意见的规定（修订草案）》的说明，《上海市人民代表大会常务委员会公报》2015 年第二号。
　　② 参见吴汉民：《关于〈上海市老年人权益保障条例（草案）〉的说明》，《上海市人民代表大会常务委员会公报》2016 年第一号。

监管措施；增设食用农产品一节，加强食用农产品监管；根据国家相关规定，总结本市有关网络餐饮服务管理的实践经验，探索对网络食品经营的监管；从保障食品安全和满足市民日常饮食需求出发，着力加强对无证食品生产经营活动的综合治理；根据食品安全的实际，扩大了监管的覆盖面，强化了重点食品和相关业态的监管；延续和固化本市食品安全风险监测和风险评估体系建设，加强食品安全风险监测、事故处置和社会监督；着力解决食品安全违法成本低、执法成本高的问题，警示食品生产经营者严守食品安全法律底线，严厉打击食品安全违法行为。

在代表大会审议期间，共有 257 位代表对条例草案的 48 个条款的有关内容和文字表述提出了进一步完善的意见，就条例的实施、法规宣传与贯彻、执法队伍建设、改进政府主管部门的具体工作等方面提出了 348 条具体意见和建议。[①] 将社会广为关注、代表人人有意见可发表的食品安全立法列为代表大会审议的立法项目，表明了上海市人大常委会高度重视发挥代表的主体作用，在短短一天半的时间里，法制工作部门的工作人员夜以继日，认真听取、梳理、归纳、整合 860 多名代表的意见，尽最大可能在修改条例草案时吸收代表的意见、建议，并对意见未被采纳的代表及时进行反馈、说明，显示了法制工作部门对代表的尊重及驾驭代表大会审议重要地方性法规的工作技能。条例表决时以 96.7％的赞同票获得通过，显示了良好的政治效果、社会效果和法律效果。经过连续三年的实践、探索，代表大会审议、表决重要地方性法规已经成为变革创新期上海地方立法的新常态。

（五）立法中的博弈越来越激烈

进入变革创新时期，上海地方立法在平衡、调整社会利益关系方面发挥的积极作用日益增强，已成为调节关系、规范行为、消除矛盾、弥合分歧、维护秩序、实现和谐的"最大公约数"，立法过程中各种不同观点、不同利益诉求的博弈越来越激烈。在《上海市轨道交通管理条例》的审议过程中，有关条例草案中轨道交通禁食条款的必要性、可行性引起了热议。条例草案将"车厢内饮食"与吸烟、随地吐痰、便溺等行为一同被列入禁止行为，违者将被处以最高 500 元的罚款。在上海市人大常委会召开的立法听证会上，15 位听证陈述人见仁见智、各抒己见。常委会法工委公开征求意见和问卷调查的数据表明，80％以上的受访者同意在一定范围内禁食，20％不予认同。在常委会一审、二审阶段，一些委员坚持要求删除禁食条款，法工委为此书面征求各位常委会组成人员的意见，结果赞成和反对的意见两极分化，形成了"50％对 50％"的僵持局面。

---

① 参见林化宾：《关于〈上海市食品安全条例（草案）〉审议结果的报告》，《上海市人民代表大会常务委员会公报》2017 年第一号。

在《上海市急救医疗服务条例》草案的审议过程中，有关条例草案中"对急危重患者，院内急救人员和院前急救人员一般应当在 10 分钟内完成交接"的条款以及条例中是否应列入"急救反应时间在 12 分钟以内"的条款等问题引起了热议，有关这些条款的科学性、合理性、必要性、可行性等问题形成了截然不同的意见。在《上海市公共场所控制吸烟条例》草案的审议过程中，就有关"屋顶下全禁"条款的必要性、可行性、可操作性、可执行性等问题在常委会组成人员中也形成了截然不同的意见。常委会法工委通过"上海发布"微信号和"上海人大"微信号开展了面向社会公众的微信问卷调查，一周时间内共有 25834 人参与投票。其中，赞成室内全禁的 12783 人，占 49.5%，反对室内全禁的 13063 人，占 50.5%。

立法过程中出现不同意见的博弈、碰撞是现代法治社会民主立法的正常现象，立法本身就是一个平衡、协调矛盾的过程，立法者所确认的法律规范是一个历经多方博弈所形成的博弈均衡。立法又是"公共产品"，其制定过程理应公开、透明，让各方意见能充分表达，从而尽可能平衡不同利益诉求、凝聚社会共识。上海市人大常委会在变革创新期，积极创新民主立法的方式，不断拓宽社会各方有序参与立法的途径，在立法过程中深入了解民情、充分尊重民意，广泛集中民智，以主流民意作为立法决策的依据，并高度重视专家学者的意见、建议，以科学立法、民主立法的有效手段寻求各种利益诉求的"最大公约数"。

（六）立法数量呈"井喷式"发展态势

从应然角度看，经过三十多年的发展，上海大规模的立法工作已经基本结束，因此规范发展期、转型发展期上海地方立法的发展呈现出立法数量明显下降的趋势。然而，从实然角度看，进入变革创新期后，上海地方立法的数量明显反弹，出现了"井喷式"的发展态势，在常委会年度立法项目的数量上屡屡刷新历史记录，2014 年度常委会审议表决了 19 件立法项目，2015 年度常委会审议表决了 16 件立法项目，2016 年度常委会审议表决项目历史性地跃至 20 项。对于出现的这一现象，总体上讲，符合立法的科学规律：

其一，全面深化改革新时期，为贯彻重大改革于法有据的要求，需要加大立法力度，满足特殊时期对立法的特殊需求。全国人大常委会为此调整了立法规划，新增了一大批立法项目。从具体的立法项目来看，自 2013 年 2 月至 2017 年 4 月，制定地方性法规 25 件，修改地方性法规 57 件，修改的数量大大超过了制定。这意味着该时期立法数量增加的主要原因是及时修改与全面深化改革不相适应的地方性法规，确保各项改革于法有据。

其二，一些社会亟需的立法项目因立法条件尚不成熟，在前些年没能列入正式项目，经过本届常委会几年的调研，一批原先储备的立法预备项目、调研项目已经瓜熟蒂落，亟待提请常委会审议。如《上海市地下空间规划建设管理条例》、《上海市文物保护条例》、《上海市教育督导条例》、《上海市台胞投资权益保护规定》、《上海市非物质文化遗产保护条例》、《上海市急救医疗服务条例》、《上海市华侨权益保护条例》等立法项目。

其三，近年来上海市人大常委会注重发挥人大立法主导权，采取滚动推进机制等改革创新举措，不少预备项目、调研项目的立法条件趋于成熟被转为正式项目。如《上海市预防职务犯罪工作若干规定》、《上海市禁毒条例》、《上海市供用电条例》、《上海市推进国际航运中心建设条例》、《上海市道路交通管理条例》、《上海市社会信用条例》等立法项目。

因此，上海近年来立法需求的增长符合立法科学规律。由于立法数量过多，有时一次常委会三、四个项目同时提交初审，而常委会会期基本不变，分组审议不断调换频道，如何确保相关地方性法规草案议深议透，需要在会期安排、议程安排上作出相应的调整。与此同时，根据民主立法的要求，不少地方性草案都要听取三级人大代表意见，人代会期间还要审议法规，常委会法工委工作人员的工作量成倍增加，需要加强队伍建设、注重能力培养，调整工作节奏，确保工作班子在应对纷繁复杂的立法难题的同时，能够静下心来冷静思考、研究问题，这对于确保地方立法持续健康发展至关重要。

（七）"打包清理"成为地方立法新常态

在全面深化改革、全面推进依法治国的新时期，国家层面法律、行政法规"立、改、废、释"的节奏不断加快，为了与上位法保持一致，上海地方立法需要及时进行修改。鉴于经过规范发展期、转型发展期几次大规模的法规清理，上海地方立法总体上不存在与国家法律不一致、不适应、不协调的问题，且无论是上位法的修改，还是行政审批制度的改革，仅涉及行政许可等特定事项的调整，无需采用修订或修正的方式启动地方性法规的修法程序。为此，变革创新期上海地方立法频繁采用"打包清理"的简易方式，以对相关地方性法规及时作出修改或废止。

为适应深化行政审批制度改革、加快政府职能转变的需要，国家层面取消、调整了大量行政审批事项。上海市根据国家统一部署，先后组织8批行政审批清理，累计取消、调整了审批2994项，需要对《上海市建设工程材料管理条例》等20件地方性法规进行一揽子打包清理，①市人民政府为此于2015年6月16日提出了修正20件地方性法规的修正案草案。上海市人大常委会经过审议，将该

① 参见丁伟：《上海市人民代表大会常务委员会法制工作委员会关于〈上海市建设工程材料管理条例〉等20件地方性法规修正案（草案）研究意见的报告》，《上海市人民代表大会常务委员会公报》2015年第六号。

20 件地方性法规分为两类，其中，《上海市环境保护条例》等 8 件地方性法规的修改依据是《国务院关于取消和下放一批行政审批项目的决定》，《上海市建设工程材料管理条例》等 12 件地方性法规的修改依据是《上海市人民政府关于公布本市第七批取消和调整行政审批事项目录的通知》等上海市规范性文件。

鉴于该两类法规的修改依据不同，需要区别不同情况，分类进行处理，分别表决通过。①2015 年 6 月 18 日、7 月 23 日，上海市第十四届人大常委会第二十一次会议、第二十二次会议分别表决通过了修改前述 8 件地方性法规和 12 件地方性法规的决定。随着深化行政体制改革、转变政府职能工作的推进，全国人大常委会修改了《中华人民共和国气象法》、《中华人民共和国防洪法》、《中华人民共和国动物防疫法》等法律，国务院出台了一批取消和调整行政审批事项的文件，上海市行政审批改革实践也在不断发展，上海市人大常委会发挥人大主导作用，由常委会主任会议提出了一揽子修改《上海市河道管理条例》等 7 件地方性法规的议案。②2016 年 2 月 23 日，上海市第十四届人大常委会第二十七次会议通过了修改该 7 件地方性法规的决定。2015 年 8 月 29 日，全国人大常委会审议并通过了关于修改地方组织法、选举法、代表法的决定，重点对加强县乡人大组织制度建设、代表选举工作和代表工作等方面的相关规定作出修改完善。为与新修改的上位法保持一致，贯彻落实中央和市委有关加强基层人大工作和建设的要求，上海市人大常委会主任会议在 2016 年 4 月 19 日常委会第二十八次会议上，提出了一揽子修改《上海市区县和乡镇人民代表大会代表直接选举实施细则》等 5 件地方性法规的决定草案。③当次常委会会议经过审议后，于 4 月 21 日表决通过了修改该 5 件地方性法规的决定。

在不到一年的时间内，上海市人大常委会四次作出打包清理的决定，修改 32 件地方性法规，清理工作的频次之高前所未有，表明定期打包清理地方性法规已成为全面深化改革、全面推进依法治国新时期上海地方立法的新常态。自 2015 年起，为应对地方性法规打包清理的不时之需，上海市人大常委会法工委在编制年度立法计划时，已将打包清理地方性法规的立法项目列为每年度的正式立法项目。2017 年 11 月 23 日，上海市第十四届人大常委会第四十一次会议通过了关于修改《上海市绿化条例》等 12 件地方性法规的决定。2017 年 12 月

---

① 参见林化宾：《上海市人民代表大会法制委员会关于〈上海市建设工程材料管理条例〉等 20 件地方性法规修正案（草案）审议结果的报告》，《上海市人民代表大会常务委员会公报》2015 年第六号。

② 参见丁伟：《关于修改〈上海市河道管理条例〉等 7 件地方性法规的决定（草案）的说明》，《上海市人民代表大会常务委员会公报》2016 年第二号。

③ 参见郑海生：《关于修改〈上海市区县和乡镇人民代表大会代表直接选举实施细则〉等 5 件地方性法规的决定（草案）的说明》，《上海市人民代表大会常务委员会公报》2016 年第三号。

28 日,上海市第十四届人大常委会第四十二次会议通过了关于修改《上海市大气污染防治条例》第 4 件地方性法规,经过变革创新期先后六次集中打包修改,一揽子修改了 48 件地方性法规。

三、 变革创新期地方立法的制度创新

全面深化改革新时期要求立法及时回应改革需求,确保重大改革于法有据,全面推进依法治国要求立法先行,发挥对改革发展的引领、推动作用,两者叠加,对地方立法的变革创新提出了一系列要求。变革创新期的上海地方立法肩负着法治创新的艰巨使命。按照党的十八届四中全会通过的《中共中央关于全面推进依法治国若干重大问题的决定》确定的法治中国建设的目标,中共上海市委印发的《贯彻落实党的十八届四中全会〈决定〉建设法治上海重要举措实施方案》明确上海市人大常委会法工委作为牵头单位的任务共 23 项。其中,常委会法工委单独承担的有 5 项,作为第一牵头单位的有 11 项,作为第二牵头单位的有 6 项,作为第 3 牵头单位的有 1 项。《2015 年市委重点调研课题、重点推进和督查工作实施方案》明确由上海市人大常委会法工委作为负责部门的任务共 12 项。《上海市人大常委会 2015 年度工作要点》明确由上海市人大常委会法工委作为责任部门的任务共 22 项。

总体上看,三方面的工作任务目标方向一致,核心内容吻合,均聚焦立法领域的改革创新,且时间节点同步。变革创新期上海地方立法改革创新的工作头绪多,层次多,牵涉面广,上海市人大常委会以立法制度的变革创新为突破口,统一部署、精心谋划、突出重点、有序推进。"不谋全局者,不足谋一域"。常委会法工委作为常委会立法工作的常设工作机构,在高质量完成各个立法项目的同时,想大事、谋大局,站在建设中国特色社会主义法治体系,建设社会主义法治国家的战略高度谋划地方立法工作,科学研判新形势下立法发展的新趋势,将立法创新工作的要求逐一分解、细化,确定近期、中期、远期工作目标,制定相应的时间表、线路图,确保各项要求落实到位。经过一年多的努力,各项立法改革创新任务如期完成。

（一）注重立法引领改革发展的实践创新

发挥立法对于改革发展的引领和推动作用,是全面深化改革、全面推进依法治国新时期地方立法面临的新课题。上海肩负着改革开放排头兵,创新发展先行者的特殊使命,承担了多项国家先行先试战略任务,上海地方立法敢于担当,善于创新,积极探索出一条具有上海特色的改革决策与立法决策协调同步的法治之路。

其一，高瞻远瞩，及时作出《关于促进改革创新的决定》，为正确处理好改革创新与依法行政之间的关系而进行顶层设计，力求将改革创新的内在要求与法治原则有机结合，为充分运用国家法律资源、政策资源，充分发挥上海市地方立法对改革创新的引领与推动作用，充分激发各级政府在法定的职责范围内推动改革创新的积极性、主动性、创造性，正确处理好敢闯敢试与依法办事之间的关系并提供法治路径。

其二，率先垂范，积极实践重大改革于法有据，在上海自贸试验区挂牌之前，上海市人大常委会发挥立法主导作用，及时出台《关于在中国（上海）自由贸易试验区暂时调整实施本市地方性法规有关规定的决定》，并充分运用立法智慧，创新立法方式，设计出一劳永逸地处理好国家法律、行政法规与上海地方性法规之间的关系、上海市地方性法规与政府规章之间关系的"非典型条款"。

其三，审时度势，转变毕其功于一役的传统立法观念，及时回应改革发展特殊时期对立法的特殊需求，及时出台《中国（上海）自由贸易试验区条例》。与此同时，在立法方式上变革传统的"正面清单"方式，探索"负面清单"的立法方式，给市场主体更多的参与市场竞争的时机。在立法思路上，不落窠臼，不因循法规条文"能具体就尽量具体，能明确就尽量明确"的常态化要求，①采用条文少一些，立意高一点的立法思路，为自贸试验区的先行先试预留更多探索空间。

其四，常备不懈，跟踪上海实施国家战略的法治需求、国家层面法律、行政法规调整实施的最新状况，及时作出《关于开展"证照分离"改革试点在浦东新区暂时调整实施本市有关地方性法规规定的决定》、《关于修改〈关于在中国（上海）自由贸易试验区暂时调整实施本市有关地方性法规规定的决定〉的决定》，确保上海实施自贸试验区的先行先试及浦东新区开展"证照分离"改革试点等国家战略始终在法治的轨道上顺利运行。

其五，未雨绸缪，积极开展"全国人大常委会关于中国（上海）自由贸易试验区暂时调整实施法律决定到期后如何应对"的重点调研，在广泛听取各方面意见、充分了解上海自贸试验区近、中期法治保障需求的基础上，对上海自贸试验区近、中期法治保障需求的必要性、可行性、可操作性、尤其是实现路径进行细化研究，一一提出具体方案。②

---

① 在我国民主法制建设初创期，因立法经验有限，彭真主张"立法宜粗不宜细"，给实践留有空间。2014 年 3 月 9 日，张德江在第十二届全国人民代表大会第二次会议上作全国人民代表大会常务委员会工作报告时强调，要科学严密设计法律规范，能具体就尽量具体，能明确就尽量明确，努力使制定和修改的法律立得住、行得通、切实管用。

② 参见丁伟：《上海自贸试验区法治创新的轨迹——理论思辨与实践探索》，上海人民出版社 2016年版，第 127—133 页。

其六,攻坚克难,依法推进道路交通治理能力现代化,适时出台了《上海市道路交通管理条例》。该条例立足于上海超大型城市交通管理的严峻形势与特殊需求,严格遵循依法立法、维护社会主义法制统一的原则,坚持法治思维、法治方式,按照"不抵触、有特色、可操作"的要求,充分运用现有国家层面的法律资源,努力将上海市交通管理理念、公交优先发展举措、道路通行和停车管理、综合治理等领域的管理举措转化为法规条文,为交通执法部门严格管理提供了有力的法律支撑。

(二)推动人大主导立法工作的实践创新

发挥人大在立法工作中的主导作用是党的十八届四中全会《决定》提出的明确要求。在变革创新期,上海地方立法工作的变革创新举措集中聚焦在有关人大发挥立法主导作用的制度创新方面,在这方面推出了一系列变革创新举措:

一是注重从源头上发挥人大主导作用。发挥人大主导作用最为有效的手段是加强对立法规划、年度立法计划编制工作这一立法工作源头的主导。在变革创新期,上海市人大常委会以问题为导向,在已有工作制度的基础上,进一步改进、创新工作制度:

其一,加强顶层设计,根据党的十八届四中全会《决定》确定的重点领域,在对本市现行有效地方性法规梳理分析的基础上,根据审慎研究确定立项标准和遴选原则。

其二,严格把好立项关,进一步完善立项论证的论证内容,将联合论证制度适用于提出正式项目立项申请的所有项目,广泛听取人大、政府各相关部门及人大代表、专家学者的意见,剔除了一批立法必要性、可行性存在明显缺陷的申报立法项目。

其三,加强党组对立法规划、规划编制工作的领导,在编制工作方案形成阶段,立法规划、计划编制工作中期阶段,立法规划、计划草案形成阶段,上海市人大常委会党组多次听取编制工作的情况报告,提出指导意见。

其四,加强人大对重点领域立法需求的前瞻研究。在全面推进依法治国的开局之年 2016 年,上海市人大常委会审时度势,启动了上海市"十三五"及更长时期重点领域立法需求的调研。按照调研方案,最终形成一个主报告:上海"十三五"及更长时期重点领域立法需求总报告;两个附件:本市地方性法规梳理情况总报告;本市地方立法框架研究报告。市人大各委员会开展分课题调研,形成各相关领域"十三五"及更长时期重点领域立法需求报告、各相关领域法规梳理情况报告。与此同时,委托四家科研院所分别从社会发展重点领域需求、现行法规适用性和有效性、政府工作视角、公众市民意愿等角度开展课题研究,并委托 10 多所高校及有关专家开展 15 项专题研究。该项调研是上海市人大常委会一项基础性、全局性、前瞻性，乃至战略性的重要工作，对于发挥法律对经济社会发展的引领作用、人大对立法的主导作用，具有长远的影响。

二是注重法规起草阶段人大的主导作用。变革创新期，上海市人大常委会在适度增加人大相关委员会、工作委员会自行起草或组织起草地方性法规草案的同时，针对法规起草阶段人大发挥主导作用的短板，推出了一系列制度创新举措：

其一，创立"立项通知书"机制。上海市人大常委会法工委工作前移，在每年度立法计划编制工作完成后，即向正式立法项目的起草部门发放"立项通知书"，明确法规起草的重点和要求，规范起草的标准，告知起草中要注意的问题，尤其是联合论证中提出的该立法项目需要解决的难点问题。

其二，完善"提前介入"机制。市人大相关专门委员会和常委会法工委提前介入法规起草，及时了解和掌握法规起草过程中的制度设计或重大法律问题，提出相关处理意见；对于重要的法规项目或是重大的制度设计，建议并要求起草单位召开由起草单位、市政府法制工作机构、市人大有关专门委员会和常委会法制工作机构参加的"四方会议"，进行专题研究和论证，督促和推动起草单位做到任务、进度、组织、协调"四落实"，保证法规案按时提交常委会审议。

其三，创立"中期评估"制度。在以往立法实践中，法规起草部门起草的一些法规案在立法体例、重大制度、核心条款的设计上存在重大缺陷，鉴于提请人大常委会审议时"木已成舟"，导致人大常委会审议、修改阶段不得不面对许多本应在法规起草阶段需要协调、解决的难题，严重影响了审议质量和效率。为补好这一短板，探索对提请审议前的法规草案开展"中期评估"，市人大常委会积极探索立法前评估，在起草部门完成法规起草工作，法规草案提交市政府法制办之前，市人大法制委、常委会法工委会同相关专门委员会、市政府法制办联合开展"中期评估"，对照"立项通知书"上列明的需要在起草阶段解决的问题，对法规草案进行审查。通过评估，及早发现法规草案中的重大疏漏，指导起草部门改进工作、提高法规草案质量。

其四，建立重要法规调研、起草的"双组长机制"。为催生改革发展亟需但立法条件尚不成熟的立法项目，加强法规起草过程中重大问题的协调，更好地统一各方认识，市人大常委会建立了重要法规的调研、起草由市人大常委会分管副主任和市政府分管副市长共同担任起草组组长的"双组长机制"，取得了良好的效果。

其五，完善立法项目的"滚动推进机制"。按照上海市人大常委会年度立法计划的编制要求，立法计划根据本市中心工作和经济发展大局，根据工作方案规定的遴选重点，按照急需先立、成熟优先、立改废并举的原则予以确定。除了上年度已进入立法程序，尚未表决的结转立法项目外，每年度新增的立法计划项目分为三类：第一类是正式项目，即立法条件相对比较成熟，拟在本届任期内适时提请常委会审议的项目；第二类是预备项目，即基本符合正式项目的条件，但还有一些问题需要进一步调研论证，一旦立法条件成熟，可以及时提请常委会审议的项目；第三类是立法条件尚不具备、需要有关方面继续研究论证的立法调研项目，这些立法项目可以作为今后立法项目的资源储备。按照以往的惯例，每年度的立法工作重点在于确保正式项目如期安排审议，预备项目顺其自然，能否提请审议取决于立法条件是否具备，而调研项目不具有实际意义，只是对相关部门的一种"安慰"，通常都是"无疾而终"。

进入变革创新期，上海市人大常委会发挥对立法工作的主导作用，主动对立法预备项目、调研项目中社会急需但难度较大的项目开展重点调研，积极推进重大问题的协调。一俟条件成熟，经专门委员会建议、常委会法工委组织"调研或预备转正式"的论证机制论证、常委会主任会议研究通过，即将预备项目、调研项目转为正式项目。近年来，《上海市实施〈中华人民共和国村民委员会组织法〉办法》、《上海市居民委员会工作条例》、《上海市道路交通管理条例》、《上海市社会信用条例》等重要地方性法规均通过这种方式，从预备项目、调研项目转为正式项目，提请常委会审议。

三是注重常委会审议阶段的主导作用。法规草案审议环节是发挥人大常委会主导作用的关键环节，变革创新期上海市人大常委会积极探索立法工作的"微创新"：

其一，改进法规草案解读制度。按照原有工作制度，法规案提请常委会审议前，常委会安排法规草案的解读会，因该项工作不属于法定立法程序，参加解读会的常委会组成人员无法得到保证，为保证有更多的常委会组成人员参加，常委会对该项制度作出改进，改"会前解读"为"常委会会议期间解读"，即将法规解读和常委会审议相结合。将法规草案解读纳入常委会审议程序启动之时，先由草案起草部门进行草案内容解读并回答常委会组成人员提问，使常委会组成人员能更好地了解立法的必要性、可行性，更好地把握法规的主要内容，有效保障了常委会组成人员的知情权，对提高法规草案审议质量起到了积极作用。

其二，完善法规案审次安排。改变了原来法规案一审、二审和表决时间安排基本固定、相关立法工作进度疲于"赶场子"的状况。法规案是否提请常委会一审，根据法规草案起草及有关问题协调的成熟情况，由专门委员会向主任会议提出。法规草案是否进入二审，由法制委、常委会法工委会商有关专门委员会后向主任会议提出。保证了法规草案审次安排及审议进度服从立法质量的要求。与此同时，坚持时间服从质量的原则，对《上海市公共场所控制吸烟条例》、《上海市道路交通管理条例》等争议较大的法规案，适当增加常委会审次，推迟表决时间，以时间换取空间，尽最大努力凝聚共识。

其三，改进常委会审议方式。按照常委会审议法规案的方式，常委会会议第一次审议采取分组会议的审议方式，第二次审议通常采取全体会议审议的方式。为确保重要地方性法规案议深议透，常委会注意根据法规案的复杂程度，适度调整审议方式，一些难度较大、争议较大的法规案，在二审阶段采取分组审议的方式，以便常委会组成人员充分发表审议意见。

其四，坚守依法立法的底线，贯彻科学立法、民主立法的要求。在一些合法性存在风险的立法项目中，人大常委会坚持地方立法与上位法不抵触的原则，动之以情、晓之以理、示之以法，切实维护国家法制统一原则，并且注重平衡管理者与被管理者的权利义务，加重管理部门的责任，并在事关合法性的问题上严格把关，防止将执法风险、司法风险转化为立法风险，修改或删除了政府相关部门起草的法规草案中涉嫌冲撞上位法的条款。对于一些合理性、适当性、可行性、可操作性、可执行性存在争议的立法项目，常委会在广泛听取各方面意见、充分调研论证的基础上，果断作出修改、完善。在《中国（上海）自由贸易试验区条例》的立法审议过程中，常委会充分发挥主导作用，仅条例初审阶段，对草案60条中的57条作了修改，修改率达95％。在《上海市大气污染防治条例》的审议过程中，着力将上海打造成为违法成本最高、法律责任最严的城市，将原来法规的52条增加为108条，增幅达103％，其中法律责任部分新增35条，占新增条文数的62.5％。

四是注重法规实施的主导作用。变革创新期上海市人大常委会加强立法工作的末端监管，推出了一系列创新举措：

其一，实现立法新闻发布常态化。地方性法规通过后，市人大常委会召开新闻发布会，向本市主要媒体通报和介绍法规的制定、修改背景和主要内容，回应各方关切，对法规制度作出权威性的解释。

其二，积极、主动回应社会对立法的关切。市人大常委会重视对舆论的引导和回应，及时发布立法工作相关信息，加强法治宣传，常委会法工委对公民、法人及非法人组织涉法的来信、来访及时接待、回复。

其三，建立常委会法工委与相关执法部门的工作沟通机制。对于执法过程中出现的问题，由法工委会同市人大相关专门委员会、市政府法制办、相关执法机构协商、沟通，及时消除认识分歧，纠正执法偏差。

其四，强化法规配套规范性文件制定的督促检查制度。常委会法工委进一步加强该项工作的制度化，规范化，每年度就该项工作执行情况向常委会报告。

其五，启动研究备案审查信息系统建设。为配合全国人大法规备案审查信息平台建设,探索在机关内网设专栏推送动态跟踪信息,运用长期跟踪上位法积累的分析数据材料,就专家对上海市地方性法规的后评估报告提出进一步分析意见,为科学论证分析"十三五"时期的立法需求打下了坚实的基础。

其六,建立法律、行政法规动态跟踪与立法规划、计划编制工作衔接机制。常委会法工委在持续推进法律、行政法规动态跟踪制度的同时,将该项工作与立法规划、计划编制工作有效衔接,及时跟进法律、行政法规的立改废情况,对本市现行地方性法规作分析研究,并主动提出议案,定期清理涉及行政审批改革事项的地方性法规。

其七,完善备案审查沟通协商机制。变革创新期,市人大常委会的备案审查工作得到了有力推进。经与市政府协调沟通,自2016年起,市人大常委会将备案审查范围由市政府规章拓展到所有"沪府发"规范性文件,并形成了人大与政府的及时沟通协商工作机制,备案审查进入了良性循环。

其八,加大立法后评估的深度、广度。近年来,法制委、常委会法工委组织力量对上海自贸试验区的法治保障需求、《关于本市促进和保障世博会筹备和举办工作的决定》的执行情况进行深度评估。与此同时,结合上海市"十三五"及更长时期重点领域立法需求的调研,由各专门委员会、工作委员会各司其职,对上海市现行有效的所有地方性法规进行梳理、评估,并形成上海市地方性法规梳理、评估的总报告。

(三)民主立法的创新举措精彩纷呈

为贯彻落实党的十八届三中全会《决定》关于民主立法的要求,上海市人大常委会在变革创新期恪守以民为本、立法为民理念,力求将公正、公平、公开原则贯穿立法全过程。常委会主任会议于2014年5月通过了《关于进一步加强民主立法工作的规定》,并在地方立法实践中,推出了一系列民主立法的创新举措。

一是在编制立法规划、立法计划环节,不断创新工作方法,进一步扩宽民主立法的途径。

其一,进一步拓宽听取社会公众意见的渠道。2013年4月18日,上海市人大常委会召开五年立法规划编制工作动员会议。动员会后,常委会法工委随即召开新闻发布会,向全市媒体通报了向社会公开征集五年立法规划建议项目的相关情况,并通过本市媒体向社会公布了市民提出立法规划建议项目的方式和途径。常委会办公厅通过"上海人大公众网"向全社会发布五年立法规划公开征求民意的通知,市民在规定期限内可以登录专设网页提交意见,也可以拨打常委会法工委设立的专用电话或信函邮寄常委会法工委反馈建议。立法规划项目的初步意见形成后,常委会将再次通过"上海人大公众网"向全社会征求意见。两次向社会公开征求意见过程中,在326人次社会公众提出的385件立法建议中

（合并内容相同的立法建议计88件），有近25％的立法建议计21件被列入到五年立法规划正式项目和预备项目中。两次面向社会公开征集意见，夯实了立法规划的民意基础。

其二，进一步增强听取人大代表意见的实效。为进一步发挥人大代表在地方立法工作中的主体作用，常委会法工委积极探索工作机制创新，在地方立法源头上听取人大代表的意见，进一步增强听取人大代表意见的实效。2012年年底、2013年年初，上海市人大常委会启动未来五年立法规划编制工作。在立法规划编制过程中，常委会法工委先后三次征求全体市人大代表意见，两次向社会公开征求意见。第一次听取人大代表意见采用不预设立场的"海选"方法，常委会法工委向每位市人大代表发放调查问卷，请每位人大代表提出其认为应当列入立法规划的建议项目。常委会法工委汇总各位人大代表的意见，经过分析、梳理，提出人大代表意见相对集中的50个候选立法项目，第二次征求全体市人大代表的意见，请人大代表在候选项目上打钩。常委会法工委再次汇总人大代表的意见，经过梳理、分析，形成了立法条件相对成熟的30件立法建议项目。常委会法工委根据人大代表的打钩情况，结合其他各方面的意见，根据立项原则和立法项目的遴选标准，形成五年立法规划征求意见稿，第三次征求全体市人大代表的意见。在广泛听取人大代表及社会各方面意见的基础上形成五年规划草案，提请常委会党组研究。应该说，这项工作对于人大代表从源头上实质性参与地方立法具有显著的成效。据统计，第二次征集全体市人大代表意见后汇总的人大代表提出的30件立法建议项目中，有60％的立法建议计18件被列入立法规划正式项目和预备项目。通过三次征询代表意见，充分反映了代表最关注、最迫切的立法呼声，进一步发挥了代表的主体作用。

其三，委托"第三方"力量参与项目筛选。为提高立项论证和项目筛选民主性、公开性、科学性，市人大常委会法工委在汇总各方面提出的立法项目建议后，将把相关资料原汁原味地提供给上海社会科学院、上海市法治研究会两家第三方机构，委托第三方根据立项范围和遴选重点进行初步筛选，并分别提出书面报告。经过初步筛选，上海社会科学院侧重听取各方学者意见，经过充分论证建议制定或修改的项目有86件，占40.6％；建议暂缓制定或修改的有40件，占18.9％；不建议制定或修改的有86件，占40.6％；上海市法治研究会收到立法建议项目246条，在筛选各环节中注重吸收社区居民、乡镇郊区村民、外来务工人员、两新组织白领、中小企业业主及小区团队领袖等方面的代表意见，还听取了市律师协会、市社区发展研究会、市社会学学会、市工商行政管理学会等社会组织的意见建议。为了扩大群众参与面，市法治研究会还通过微博开展网络意见征询，直面社会群众和草根网民。经过"合并同类项"后，形成了最后的60条立法建议项目。在民意调研中,实施食品安全法办法(修订)、老年人权益保障法实施办法(修订)、实施农产品质量安全法办法、预防未成年人犯罪条例、信用体系建设条例等立法项目得到社会的高度关注。

二是在法规起草环节,完善、创新工作方法,进一步增强法规起草工作的民主性、公开性。

其一,委托第三方起草法规案专家建议稿。市政府组织起草的《中国(上海)自由贸易试验区条例》草案甫一出台,便引起学界众议纷纷。市人大常委会因势利导,在常委会一审前委托华东政法大学组织上海市各院校的专家学者起草了专家建议稿。上海市交通委、市人大城建环保委、常委会法工委在组织起草《上海市推进国际航运中心建设条例》草案时,分别委托了华东政法大学、上海海事大学同步起草条例专家建议稿。两份专家建议稿对于完善条例草案发挥了积极作用。在《上海市社会信用条例》草案起草过程中,市人大常委会成立了立法专家咨询组,组织有关政府部门和专家平行起草了政府版和专家版两个立法大纲、两个立法建议稿,并将两个建议稿的精华部分合二为一,形成了最终的条例草案。

其二,以代表意见作为法规案起草的重要依据。变革创新期,上海市人大常委会相关部门在起草地方性法规草案的过程中,高度重视听取人大代表的意见。在与人大代表履职有关的"一办法两规定"的起草过程中,市人大常委会先后于2013年、2014年就代表工作和乡、镇人大建设开展专项调研,广泛听取了代表们对加强代表工作制度建设和履职服务保障等方面的意见和建议,常委会人事代表工作委员会梳理总结代表进社区、代表报告履职情况、代表闭会期间活动等实践做法,将其提炼后上升为法规内容。市人大常委会专题召开区、县人大常委会主任例会进行部署,将征集修改意见作为市和区、县代表工作联动的重要内容。市和区、县人大常委会共计组织召开代表座谈会、专题讨论会和法规修改研讨会55次。作为2014年代表小组活动的规定性安排,市人大代表在年中、年末的两次代表小组活动中对征求意见稿进行了认真讨论。

其三,不断夯实法规草案的民意基础。在《上海市实施〈中华人民共和国村民委员会组织法〉办法》修订草案起草过程中,上海市人大内务司法委员会赴全市各郊区深入调研,先后召开了30多次座谈会,10多次专家论证会,面向200多个村民委员会开展问卷调查。在《上海市社会信用条例》草案的起草过程中,市人大财经委员会不但通过代表履职平台征求全体市人大代表的意见,还通过市政协经济委员会征求了部分市政协委员的意见,发函征询社会信用体系建设联席会议66家成员单位的意见,并召开各种座谈会广泛听取相关政府部门、市场主体的意见。

三是法规案审议环节,不断创新民主立法的方式,拓宽民主立法的渠道。

其一，改进法规草案公开征求意见的工作制度。为帮助公众更好地了解法规内容，更有针对性地提出意见，常委会法工委探索将法规相关背景材料与法规草案一并在媒体上公布，提升了草案征询意见的效果。

其二，扩大征求代表意见的范围。进入变革创新期后，每个地方性法规案都要听取市人大代表意见，一些重要的法规案要征求三级人大代表的意见。在"一办法两规定"审议过程中，常委会法工委先后两次"全覆盖、无遗漏"地听取代表意见，在代表大会审议期间，"全覆盖、无遗漏"地向代表反馈意见。

其三，采取线上调查的方式，通过微信平台就社会关注的地方性法规中的重要制度、核心条款征求社会公众的意见。

其四，根据法规案的不同内容，有的放矢地采用"接地气"的现场听取意见的方式。如在《中国（上海）自由贸易试验区条例》的审议过程中，常委会法工委在自贸试验区办事大厅设立摊位，现场听取各方面的意见。在《上海市精神卫生条例》审议过程中，常委会法工委赴医院现场听取医务人员、患者及其家属的意见。在《上海市轨道交通管理条例》审议过程中，常委会领导率法制委、常委会法工委组成人员在高峰时段乘坐地铁，进行实地考察。2014年在《上海市老年人权益保障条例》审议过程中，市人大常委会组织代表进社区听取对条例草案的意见。代表们拜访了370位80岁以上的老年人，与3800多位60岁以上老年人座谈交流，回收调查问卷5700多份，广泛收集了老年人以及家属、护理人员和养老院工作人员的意见，对法规的修改起到了重要的作用。2015年，常委会再次组织代表进社区听取对《上海市急救医疗服务条例》草案的意见。此外，为增强听取民意的有效性，特别注重为特殊群体提供贴心服务，在《上海市残疾人权益保障条例》审议过程中，将草案的征求意见材料在面向残疾人群体的"上海残疾人网"上发布，并通过该网站的"读屏软件"为盲人群体提供无障碍阅读服务。

其五，增强立法听证会的社会效应。在先后开展十余次立法听证活动的基础上，上海市人大常委会进一步扩大立法听证会的吸引力、影响力、辐射力。2013年8月15日，上海市人大常委会就《上海市轨道交通管理条例》草案中的若干事项召开立法听证会，在前几次听证会已经采用的"图文直播"的基础上，由东广新闻台、网络、微博现场全程直播，每一句陈述人发表的意见都实时传送给广大听众，并就听众反馈的观点、问题和嘉宾进行讨论，进一步扩大了市民有序参与立法的渠道。对此，中央主要媒体纷纷给予报道。2014年9月2日，上海市人大常委会举行《上海市消费者权益保护条例修正案（草案）》立法听证会，上海广播电视台法治天地频道进行了长达3小时的全程直播。这是上海市举办立法听证会以来的首次电视直播,在全国尚属首例。①上海立法听证活动持续创新,不断获得社会好评,成为最有效的法治宣传、人大制度宣传的载体。

其六,不断创新人大代表参与常委会审议地方性法规案的工作机制。变革创新期,上海市人大在继续邀请人大代表、市民代表列席常委会审议法规案的同时,市人大法制委积极探索邀请人大代表列席法制委会议审议法规案,并形成了相应的工作制度。在"一办法两规定"审议过程中,常委会法工委邀请多名市人大代表全程参与法规案各审议次的修改工作。

四是法规案通过后的末端环节,创新人大代表、专家学者参与备案审查的工作机制。

其一,为扩大备案审查的民主参与,更全面、深入地监督规范性文件的制定情况,市人大常委会法工委探索建立了代表、专家参与备案审查的工作机制。2016年共组织了12位市人大代表、8位专家,对《上海市共有产权保障住房管理办法》、《上海市危险化学品安全管理办法》等法规进行研究,并草拟了代表专家参与审查的相关工作制度。这项创新得到了多方好评,全国人大常委会法工委为此编写了专题简报,《检察日报》及山东、江西等省市人大给予了积极报道。

其二,探索根据代表建议启动审查工作机制。在办理代表建议的工作中,常委会法工委根据代表对市政府相关规范性文件的审查建议,就土地补偿费支付等规定作了合法性审查,并建议市政府及时清理与上位法不相符合的文件,要求政府有关部门尽快启动相关立法调研。

其三,邀请代表参与立法后评估、执法监督检查等一系列末端监督检查工作。

五是在立法工作的各个环节,除广泛听取人大代表、社会公众意见外,上海市人大常委会根据党的十八届四中全会《决定》的要求,进一步完善立法专家制度,常委会法工委负责修订《上海市人大专门委员会、常委会工作委员会立法专家顾问暂行办法》并经常委会主任会议通过。

六是积极开展基层立法联系点的工作创新。为贯彻落实党的十八届四中全会《决定》的要求,上海市人大常委会于2016年7月在全市成立了10家基层立法联系点,常委会法工委负责起草了《市人大常委会基层立法联系点暂行规则》,经主任会议通过。为了使上海市人大各专门委员会有序使用立法联系点,更好地发挥基层立法联系点对上海科学立法、民主立法的积极作用,常委会法工委积极开展工作创新,采取"三表一件"的方式,探索形成了计划为先、平衡用点、双向互动、注重反馈的工作机制。其中第一张表为"基层立法联系点使用计划表",年

---

① 参见《上海首次电视直播立法听证会》,《法制日报》2014年9月4日。

度立法计划确定后,常委会法工委同步征询基层立法联系点参与相关立法项目的意向和市人大各委员会使用基层立法联系点的意向,在尊重双向意向的基础上对联系点的使用进行统筹协调;第二张表是"立法意见征集工作双月统计表",及时统计联系点征集的立法意见和建议;第三张表是"修法意见和建议采纳情况统计表",定期向基层立法联系点作出反馈。"一件"是将基层立法联系点征集的意见和建议进行汇总,作为相关法规案的参阅资料,供常委会组成人员审议法规时参考。鉴于立法工作专业性强,为了更好地为各基层立法联系点提供服务、保障,上海市人大常委会法工委与华东师范大学法学院合作建立了全国首支"基层立法联系点志愿者服务队",该支队伍由志愿报名并经选拔产生的法律专业的研究生、本科生组成,协助基层立法联系点开展立法民意的汇总、归纳、分析、提炼。

（四）推进立法制度集成、优化、创新

变革创新期的上海市人大常委会在科学立法、民主立法等领域积极创新,推出了 20 多项变革创新举措,需要在实践探索的基础上将相关变革创新上升到立法制度层面,形成长效制度。为此,常委会高度重视立法制度的集成、优化、创新,经过几年的努力,形成了具有上海地方特色的"1＋2＋X"的立法制度群。

一是修改、完善《上海市制定地方性法规条例》（以下简称《条例》）。该《条例》制定于 2001 年,先后于 2004 年、2005 年作了两次修正。为适应立法工作新形势新任务的需要,贯彻落实党中央和 2015 年修改的《立法法》对地方立法工作的新要求,总结近年来上海市在科学立法、民主立法方面的实践经验,需要对该条例进行修改。2015 年 11 月 19 日,上海市第十四届人大常委会第二十四次会议通过了《关于修改〈上海市制定地方性法规条例〉的决定》,完成了对《条例》的第三次修正。

此次修改以提高立法质量为重点,着力发挥立法的引领和推动作用,着力发挥人大及其常委会在立法工作中的主导作用。修改工作重点把握了五个工作原则:第一,对照梳理新修改的《立法法》的规定,结合上海市地方立法的探索和实践,细化、落实上位法的相关规定。第二,贯彻落实新时期对立法工作提出的新要求,应当作为《条例》规范内容的,积极通过修改《条例》予以落实。第三,总结、提炼、固化近年来上海市人大及其常委会在推进科学立法、民主立法方面的实践经验。第四,突出重点,积极稳妥,分步推进。重点围绕提高立法质量、完善相关制度。对认识比较一致、条件成熟的,予以补充完善;对属于工作机制和法规实施层面的问题,通过加强和改进相关工作加以解决。第五,在修改《条例》的同时,同步启动修改完善市人大常委会主任会议 2014 年通过的《关于进一步加强民主立法工作的规定》、《关于加强立法工作组织协调的规定》（以下简称"两规定"）的研究工作。

《条例》作为上海市制定地方性法规的基本法规,着重对接《立法法》的内容,结合近年来上海市地方立法出现的新情况,对制定地方性法规的原则、程序、总体要求等作总纲性规定;"两规定"重在对制定地方性法规具体工作层面的规则以及各有关主体之间的工作衔接作出配套性、细化性规定;对一些立法工作中的探索性规定,也主要在"两规定"中予以体现。考虑本次《条例》修改将保持既有的基本制度和框架结构,修改内容主要是对接新修改的《立法法》,结合本市立法工作实践,对《条例》的部分条文作出完善。为此,参照全国人大修改《立法法》的做法,对《条例》的修改采用修正案的方式。①

修改后的《条例》共 6 章 69 条,此次修改的重点聚焦在六个方面:

其一,关于立法和改革决策相衔接。《条例》在立法宗旨中增加"发挥立法的引领和推动作用",并总结近年来上海市的立法实践,增加规定市人大及其常委会可以根据改革发展的需要,决定就行政管理等领域的特定事项授权在部分区域暂时调整或者暂时停止适用地方性法规的部分规定。

其二,关于发挥人大在立法工作中的主导作用。《条例》总结了近年来上海市的立法实践,对相关内容作了补充和完善,要求市人民代表大会及其常务委员会加强对立法工作的组织协调,发挥在立法工作中的主导作用;规定市人大常委会通过立法规划、年度立法计划等形式,加强对立法工作的统筹安排;规定地方性法规案由有关方面起草的,应当邀请市人民代表大会有关的专门委员会、常务委员会工作机构提前参与法规草案起草工作;涉及综合性、全局性、基础性的以及其他重要地方性法规草案,可以由有关的专门委员会或者常务委员会工作机构组织起草。

其三,关于发挥人大代表在立法中的作用。《决定》对完善代表参与立法提出总体要求,规定要健全代表全程参与的立法机制,市人大常委会会议审议有关地方性法规案,应当通过多种形式征求市人大代表的意见,并将有关情况予以反馈,应当邀请有关的市人大代表列席。

其四,关于推进民主立法。《决定》对公民参与立法提出总体要求,规定制定地方性法规应当体现人民的意志,发扬社会主义民主,坚持立法公开,保障人民通过多种途径参与立法活动;完善了立法论证会、听证会以及第三方评估制度,对召开论证会、听证会以及引入第三方评估的情形等作了细化;健全了向下级人大征询意见机制,规定常务委员会法制工作机构应当将地方性法规草案印发区县人民代表大会常务委员会征求意见;完善地方性法规草案公开征求意见制度,

① 参见丁伟:《关于〈上海市制定地方性法规条例修正案(草案)〉的说明》,《上海市人民代表大会常务委员会公报》2015 年第八号。

将近年来施行的地方性法规草案及其立法背景、核心制度等事项的说明一并向社会公布的有益探索，上升为立法规定，并增加规定公开征求意见的情况应当向社会通报；完善了专家参与法规起草制度，规定专业性较强的地方性法规草案，可以吸收相关领域的专家参与起草工作，或者委托有关专家、教学科研单位、社会组织起草。

其五，关于健全审议和表决机制。《条例》总结了近年来上海市的立法实践，完善了地方性法规案列入会议议程的程序。对一些综合性的地方性法规案，难以交由某一专门委员会审议提出意见的，规定也可以由主任会议委托常委会法制工作机构研究、提出意见；针对本市地方性法规案审议的实际情况，完善了地方性法规案审次制度，对各方面意见比较一致以及调整事项较为单一或者部分修改的地方性法规案审议表决作了特别规定；规定对于社会广泛关注的地方性法规案，可以增加常务委员会会议的审议次数；增加了重要条款单独表决制度，即地方性法规草案表决稿交付常务委员会会议表决前，主任会议根据常务委员会会议审议的情况，可以决定将个别意见分歧较大的重要条款提请常务委员会会议单独表决；增加了"打包"修改规定，即对多部地方性法规中涉及同类事项的个别条款进行修改，一并提出地方性法规案的，经主任会议决定，可以合并表决，也可以分别表决。

其六，关于推进科学立法。《条例》从总体上对推进科学立法提出要求，规定制定地方性法规应当从实际出发，适应经济社会发展和全面深化改革的要求，科学合理地规定公民、法人和其他组织的权利与义务、国家机关的权力与责任；地方性法规规定的内容，应当明确、具体，具有针对性和可执行性，对上位法已经明确规定的内容一般不作重复性规定；增加了法规通过前评估制度。对拟提请审议通过的地方性法规案，在法制委员会提出审议结果报告前，常务委员会工作机构可以对地方性法规草案中主要制度规范的可行性、地方性法规出台时机、地方性法规实施的社会效果和可能出现的问题等进行评估；增加了制定配套规范性文件的规定，对相关地方性法规明确要求有关国家机关对专门事项作出配套的具体规定的，规定有关国家机关应当自法规施行之日起一年内作出规定，法规对配套的具体规定制定期限另有规定的，从其规定。未能在期限内作出配套的具体规定的，有关机关应当说明情况；增加了立法后评估制度，明确市人大有关专门委员会、常务委员会工作机构可以组织对有关地方性法规或者法规中有关规定进行立法后评估；完善了地方性法规动态清理机制，规定市人民代表大会各专门委员会和常务委员会各工作机构，应当根据各自的职责范围，采取即时清理与全面清理、专项清理相结合的方法，适时对有关地方性法规进行清理，提出意见，由常务委员会法制工作机构进行汇总，向主任会议提出清理情况的报告；修改完善地方性法规案应提交的相关文件资料、地方性法规公布与标题的题注、地方性法规草案与其他地方性法规相关规定不一致时的处理等要求。

二是修改、完善《关于进一步加强民主立法工作的规定》。为进一步拓展公民有序参与立法途径,加强民主立法,提高立法质量,上海市第十四届人大常委会第二十八次主任会议于2014年5月14日通过了《关于进一步加强民主立法工作的规定》。该规定共6章38条,根据《上海市制定地方性法规条例》等规定,结合上海立法实际而制定,对进一步加强民主立法工作作出了原则性规定,并对公开征集意见、立法座谈会、立法论证会及立法听证会、民主立法的其他方式、意见的采纳与反馈等事项作了专章规定。该规定在起草过程中,注重立法制度的集成、优化、创新,对上海市人大常委会已有的有关民主立法的相关规定作了全面梳理,对现有制度进行集成、合并。

规定施行的同时,废止原有的《关于地方性法规草案公开征求市民意见的暂行办法》《上海市地方立法听证规则》《上海市人大常委会向社会公布法规草案工作程序》。《上海市制定地方性法规条例》第三次修正后,常委会法工委对该规定进行了修改,重点修改了人大代表全程参与立法机制、健全向下级人大征询立法意见机制、完善听取政协委员意见机制、建立健全立法专家顾问制度和建立基层立法联系点制度等主要内容。2016年1月18日,上海市第十四届人大常委会第六十二次主任会议讨论、通过了修改后的《关于进一步加强民主立法工作的规定》。

三是修改、完善《关于加强立法工作组织协调的规定》。为了加强立法工作的组织协调,进一步发挥市人大常委会在立法中的主导作用,上海市第十四届人大常委会第二十八次主任会议于2014年5月14日通过了《关于加强立法工作组织协调的规定》。该规定共6章41条,根据《上海市制定地方性法规条例》等规定,结合上海立法实际而制定,对进一步加强立法工作组织协调作出了原则性规定,并对法规立项阶段、法规起草阶段、提出阶段、法规审议阶段、法规实施阶段的组织协调等事项作了专章规定。该规定在起草过程中,亦注重立法制度的集成、优化、创新,对上海市人大常委会已有的有关民主立法的相关规定作了全面梳理,对现有制度进行集成、合并。规定施行的同时,废止原有的《关于法规草案解读的若干规定》《上海市人大常委会立法项目立项论证工作实行办法》。《上海市制定地方性法规条例》第三次修正后,常委会法工委对该规定进行了修改,对法规立项、起草、提出、审议、实施等阶段的组织协调工作作了更为具体的补充、修改和完善。2016年1月18日,上海市第十四届人大常委会第六十二次主任会议讨论、通过了修改后的《关于加强立法工作组织协调的规定》。

至此,上海市人大及其常委会形成了"1+2+X"的立法制度群。所谓1指

"一条例"，即《上海市制定地方性法规条例》，这是制定上海市地方性法规的"基本法"。所谓 2 指"两规定"，即常委会主任会议通过的《关于进一步加强民主立法工作的规定》《关于加强立法工作组织协调的规定》。"两规定"是推进科学立法、民主立法的工作程序，具有相对稳定性，是"一条例"的细化规定。所谓 X 是指上海市人大常委会现行有效的及根据需要未来将出台的有关立法、立法相关工作、法制综合工作等方面的单行规定，具有开放性的特点。"1＋2＋X"的立法制度群的形成，标志着上海地方立法的制度建设进入了一个崭新的阶段。

（五）区域立法协作从理论构想变为立法现实

区域立法协作长期以来是地方立法理论研究的课题，由于辽宁、黑龙江、吉林省有着特殊的地缘区位和相同的经济社会发展现状以及面临振兴东北老工业基地等任务，2006 年 7 月，三省签署了《东北三省政府立法协作框架协议》，探索在东北三省的范围内，实现政府法制资源共享。由于政府部门的行政决策具有快速、灵活、高效的特点，不受各地区法规立项、必要性、可行性论证及立法计划、提请审议时间、审次安排等立法程序的掣肘，行政部门之间的区域协作可行性较大。但是，各地地方性法规层面的区域协作一直难以推动。长期以来，苏、浙、沪人大常委会法工委对区域立法协作都比较重视，并有一些工作层面的研究。几年前笔者曾率上海市人大常委会法工委工作班子专程赴苏、浙两地与当地人大常委会法工委多次协商，力图在具体的立法项目上进行探索，但难度很大，一是需要具备区域立法协作的必要性、区域协作的可规范性等先决条件，二是相关项目需要列入各地的立法计划。由于缺乏合适的立法项目，一直没能取得进展。但是，这些研究和探索为大气污染防治的区域立法协作工作奠定了很好的基础。

2014 年 2 月 12 日，国务院总理李克强主持召开国务院常务会议，研究部署进一步加强雾霾等大气污染治理，会议提出在大气污染防治上要下大力、出真招、见实效，努力实现重点区域空气质量逐步好转，消除人民群众"心肺之患"。在这之前，国务院于 2013 年 9 月印发的《大气污染防治行动计划》（简称"国十条"）对区域协作提出了明确要求。"国十条"第八条的条标为"建立区域协作机制，统筹区域环境治理"，明确提出要建立京津冀、长三角区域大气污染防治协作机制，由区域内省级人民政府和国务院有关部门参加，协调解决区域突出环境问题，组织实施环评会商、联合执法、信息共享、预警应急等大气污染防治措施，通报区域大气污染防治工作进展，研究确定阶段性工作要求、工作重点和主要任务。根据国务院"国十条"的精神，韩正同志领衔，由长三角三省一市和国家八部委组成的长三角区域大气污染防治协作机制于 2014 年 1 月 7 日正式启动，并在上海召开第一次工作会议，会议明确了"协商统筹、责任共担、信息共享、联防联控"的协作原则及五项具体职能。笔者敏锐地觉察到，实现长三角区域立法协作的时机已经成熟。此时恰逢江苏省人大常委会主要领导率团来上海调研交流，在两地人大常委会领导与各相关部门领导座谈交流时，笔者就推进长三角大气污染防治区域立法协作的紧迫性、可行性及区域立法协作的主要内容和协作模式谈了自己的设想：

一是关于推动长三角大气污染防治区域立法协作的紧迫性。大气污染的防治是一项长期的、跨区域的系统工程，以 PM2.5 治理为重点的大气污染防治的规律表明，雾霾天气的防治不能单靠一两个城市的努力来完成，单从本地污染源上控制是不够的，必须实施区域大气环境保护合作机制，共同加强大气污染的控制。为此，"国十条"明确提出要建立京津冀、长三角区域大气污染防治协作机制，由区域内省级人民政府和国务院有关部门参加，协调解决区域突出环境问题，组织实施环评会商、联合执法、信息共享、预警应急等大气污染防治措施，通报区域大气污染防治工作进展，研究确定阶段性工作要求、工作重点和主要任务。在这一背景下，有必要认真研究和积极推进长三角大气污染防治区域立法协作。党的十八大提出，要"更加注重发挥法治在国家治理和社会管理中的重要作用"，党的十八届三中全会通过的《决定》强调推进国家治理体系和治理能力现代化是全面深化改革的总目标。而法治不仅是国家治理体系现代化的核心，也是实现国家治理体系、治理能力现代化的必然路径。以大气污染防治为例，"国十条"并非行政法规，根据"国十条"制定的区域性的落实大气污染防治行动计划实施细则也非政府规章，只是政策指引，缺乏必要的法律强制性。因此，完善立法是重要的、必要的治理手段。"国十条"的第七条专门就"健全法律法规体系，严格依法监督管理"提出了一系列具体要求。作为地方国家权力机关的人大及其常委会，有必要将长三角区域大气污染防治协作机制纳入法治的轨道，实现这一协作机制与长三角区域立法协作机制的对接，推动形成长三角"同呼吸、共奋斗"、齐心协力防治大气污染的治理格局。从人大工作来说，这是围绕中心、服务大局、回应民意，发挥人大对立法的主导作用、发挥立法对经济与社会发展的引领和推动作用的重要举措。如果长三角在这方面有所突破，使区域立法协作从理论层面的研究变为立法现实，将对我国地方立法的实践产生示范作用，这无疑是推进人大工作实践创新的重要抓手。①

二是关于区域立法协作的可行性。推动长三角大气污染防治区域立法协作不但必要，而且可行。其一，长三角地区唇齿相依、山水相连、经济发展水平相当，在全面深化改革、推进全面小康社会和现代化建设进程中面临共同的课题与挑战，切实解决好环境问题，共同促进环境改善，实现经济转型升级符合各自的

---

① 参见丁伟：《长三角治霾须共铸法律之剑》，载《文汇报》2014 年 2 月 26 日。

经济与社会发展的目标。与此同时,有关区域立法协作问题,理论界一直予以关注,相关的法理研究持续多年,苏、浙、沪三地常委会法工委多年的协商、探索为此次大气污染防治的区域立法协作工作奠定了很好的工作基础。

其二,长三角大气污染区域立法协作的立法条件基本具备。江苏、安徽、上海都将大气污染防治条例列入 2014 年立法计划,其中,上海当时刚完成实施《大气污染防治法》办法修订草案的初审,即将进入二审,江苏省人大力度很大,除大气污染防治条例外,还计划制定一些相关的法规、规章,如《机动车排气污染防治条例》、《大气颗粒物污染防治管理办法》、《挥发性有机物污染防治管理办法》、《排放大气污染物许可证管理办法》、《关于船舶和非道路移动机械排气污染防治的决定》。安徽省人大正在酝酿法规起草。这为实质性启动区域立法协作提供了难得的机遇。

其三,已经正式启动的长三角区域大气污染防治协作机制为该领域相关的区域立法协作提供了很好的工作基础。2014 年 1 月举行的长三角区域大气污染防治协作小组第一次工作会议审议通过了《长三角区域大气污染防治协作小组工作章程》、研究讨论了《长三角区域落实大气污染防治行动计划实施细则》等规范性文件,这些规范性文件中的有些内容经过提炼可以上升为立法的内容。鉴于协作小组层次很高,实施细则中的一系列关键制度已协调完成,因此,立法难度相对较小。一言以蔽之,推动长三角大气污染防治区域立法协作具备天时地利人和的有利条件。

三是关于区域立法协作的主要内容。长三角区域大气污染防治协作小组第一次工作会议确定的"协商统筹、责任共担、信息共享、联防联控"的协作原则可以作为区域立法协作的总基调。初步考虑,可以将以下一些内容列入区域立法协作的范围:其一,采取有效措施推进秸秆禁烧。其二,强化大气环境信息共享及污染预警应急联动。其三,加快推进在节能减排、污染排放、产业准入和淘汰等方面环境标准的逐步对接。其四,推动建立和完善以流动源为重点的区域协同监管和以跨界大气污染为重点的联合执法机制。其五,推进大气污染防治的科研合作。上述内容均为长三角区域大气污染防治协作小组第一次工作会议确定的近期需要重点推进的协作内容,相关事项的原则性规定在《长三角区域落实大气污染防治行动计划实施细则》中均有体现,在立法中予以细化是基本可行的。

四是关于区域立法协作的协作模式。区域立法协作属于跨区域的横向立法协调,并不仅仅表现为一种共同的立法行为,更多的是地方立法上的沟通与合作。具体可以有两种模式:其一是互补型立法,即共同协商,立法内容既有统一条款,又可有所差异。具体做法是由各地共同协商后,拟订立法文本的统一条款,再由各地分别制定适用于本行政区域内的个性化条款,最终形成若干个不同版本的立法文件,由各地人大分别审议通过,在本行政区域内施行。其二是松散型立法,即立法精神一致,分别立法。由三省一市共同议定立法主题,各地具体的立法事项、立法规范对象、立法调整手段可以不尽一致,但立法目的和基本精神保持一致。根据大气污染防治的立法特点及目前区域立法协作的工作基础,笔者建议可以采用第一种协作模式,也可以兼采第二种协作模式。

笔者提出,如果区域立法协作的设想能够得到常委会领导支持,常委会法工委将尽快制定相关工作方案,并抓紧与苏、浙、皖三省人大法工委进行协商,计划于2014年5月在上海举行由三省一市人大立法部门、专家学者参加的论证会。建议建立区域立法协作的工作平台,设立由三省一市人大相关委员会、常委会法工委组成的立法联席会议,对法规起草、审议过程中出现的问题定期进行协商。除立法内容外,对各地相关立法的审议节奏也应加强协调,尽可能做到相关立法同步出台,同步实施,以更好地凸显区域立法协作的社会效果和法律效果。

这一设想得到了江苏、上海人大常委会领导及相关工作部门的高度认同。之后,上海市人大常委会法工委分别与浙江、安徽两省人大常委会进行沟通,就该项协作达成共识。在苏、浙、皖、沪人大常委会领导的大力支持下,由上海牵头,苏浙皖齐心协力,经过多次协调、沟通、论证,商定采取互补型立法,并确定了各地立法中拟规定的标准条款,由各地分别制定适用于本行政区域内的个性化条款。经过各地的共同努力,长三角区域立法协作机制获得重大成果。区域立法协作的成果在上海首先亮相,2014年7月25日,上海市第十四届人大常委会第十四次会议修订通过了《上海市大气污染防治条例》,该条例第六章为"长三角区域大气污染防治协作",共9个条文,以专章的方式率先规定了长三角区域大气污染防治的主要内容。2015年2月1日,江苏省第十二届人大第三次会议通过了《江苏省大气污染防治条例》,该条例第五章为"区域大气污染联合防治"。其中,第六十八条规定:"省人民政府应当根据国家有关规定,与长三角区域省、市以及其他相邻省建立大气污染防治协调机制,定期协商解决大气污染防治重大事项,采取统一的防治措施,推进大气污染防治区域协作。"第六十九条规定:"省有关部门应当与长三角区域省、市以及其他相邻省相关部门建立沟通协调机制,共享大气环境质量信息,优化产业结构和布局,通报可能造成跨界大气影响的重大污染事故,建立大气污染预警联动应急响应机制,协调跨界大气污染纠纷,促进省际之间的大气污染防治联防联控。"

2015年1月31日,安徽省第十二届人大第四次会议通过了《安徽省大气污染防治条例》。该条例第三章为"区域和城市大气污染防治",其中第三十一条第二款规定:"省人民政府根据实际需要,与长三角区域以及其他相邻省建立下列大气污染联合防治协调机制,开展区域合作:(一)建立区域重污染天气应急联动机制,及时通报预警和应急响应的有关信息,商请相关省、市采取相应的应对措施;(二)建立沟通协调机制,对在省、市边界建设可能对相邻省、市大气环境质量产生重大影响的项目,及时通报有关信息,实施环评会商;(三)探索建立防治机动车排气污染、禁止秸秆露天焚烧等区域联动执法机制;(四)建立大气环境质量信息共享机制,实现大气污染源、大气环境质量监测、气象、机动车排气污染检测、企业环境征信等信息的区域共享;(五)开展大气污染防治科学技术交流与合作。"长三角大气污染防治区域立法协作的成功,是我国地方立法实践的创新之举,使得区域立法协作从理论构想变为立法现实,对于长三角地区形成大气污染防治的协同效应具有积极的作用。

(六)上海荣膺全国地方立法指数测评之冠

2016年3月18日,中国社会科学院法学研究所发布了《中国地方人大立法指数报告(2015)》,对2015年全国31个省、自治区和直辖市人大常委会的立法工作进行了指数评估。评估结果显示,上海以76.43的总分名列第一,广东以73.56的总分名列第二、安徽以73.44的总分紧随其后。其中,上海立法工作信息公开81.75分、立法活动76.50分、立法公开和参与84分、立法优化54分。这次评测的对象主要是对2014年9—11月全国范围内31个省、自治区和直辖市的立法机关进行了全方位的测评,测评的方法是通过31个省、自治区和直辖市人大常委会门户网站,对地方人大立法工作信息公开、立法活动、立法公开和参与、立法优化情况进行测评,并对两年地方立法的测评情况进行比较分析,分析地方人大立法取得的成绩与存在的问题,并就地方人大立法的发展提出对策建议。

《中国地方人大立法指数报告》由中国社会科学院法学研究所国家法治指数研究中心、法治指数创新工程项目组研发推出,于2014年首次发布,用来评估31家省级人大的立法工作。2016年《地方法治蓝皮书》再度发布《中国地方人大立法指数报告(2015)》,量化评估全国省级人大立法工作,并发布31个省级地方人大立法排名。2015年度地方立法指数指标体系一级指标及权重有四项:第一项为"立法工作信息公开"(权重20%),其中,二级指标及权重为:常委会领导信息(15%),常委会机构信息(20%),立法工作总结(30%),本级人大代表信息(15%),法规数据库(10%),网站的检索功能(10%);第二项为"立法活动"(权重35%),其中,二级指标及权重为:制定地方立法程序(15%),立法规划(15%),立法计划(15%),上一年度立法计划完成情况(5%),公众普遍关心问题的立法(15%),创制性立法(15%),立法前评估(5%),确定设区的市开始制定地方性法规的条件步骤情况(15%);第三项为"立法公开和参与"(权重30%),其中,二级指标及权重为:立法草案公开(60%),公众参与立法平台(20%),立法听证会

（20％）；第四项为"立法优化"（权重 15％），其中，二级指标及权重为：规范性文件审查程序立法（20％），立法后评估（20％），立法清理（20％），执法检查（20％），备案审查（20％）。根据四个板块一级指标及权重的测评结果和权重分配，经过核算并形成了 31 家省级人大常委会的总体测评结果。①评估报告表明，上海在立法信息公开和立法参与方面得分最高，在民主立法方面走在全国前列，但是，"立法优化"这一指标不高，在 31 个省、自治区和直辖市中排名第九，说明地方性法规颁布后，规范性文件审查程序立法、立法后评估、立法清理、执法检查、备案审查这类法制综合工作还有较大的提升空间。

2017 年 12 月 7 日，中国社会科学院国家法治指数研究中心首次发布了《中国立法透明度指数报告（2017 年）》，该报告对全国人大常委会以及 31 个省级人大常委会的立法透明度进行评估，测评维度涵盖立法工作信息公开、立法活动信息公开、立法过程信息公开和立法优化信息公开四个板块 15 个指标，结果显示，全国人大常委会、上海市人大常委会、重庆市人大常委会的总分名列前三。其中，最具有指标性意义的第一板块立法工作信息公开的测评，全国人大常委会、上海市人大常委会的得分同为 81.5 分，并列第一。

四、 变革创新期地方性法规亮点解析

在全面深化改革、全面推进依法治国的大背景下，上海地方立法所肩负的引领经济社会发展的任务越来越重，对科学立法、民主立法的要求越来越高，人大代表、社会公众的法治意识越来越强，参与地方立法的范围越来越广，程度越来越深，立法中的博弈越来越激烈，这些状况决定了地方立法的难度越来越大，往往修改一个条款之难甚至超过制定一部新法规。地方立法无疑已进入变革创新、破解难题的攻坚时期。在市委的正确领导下，常委会充分发挥主导作用，知难而进、迎难而上、集思广益、善谋巧断，积极凝聚共识，努力破解立法难点，一些关键条款的处理可圈可点。

（一）以法治思维、创新思维促进改革发展

变革创新期的上海地方立法需要为上海当好改革开放排头兵，创新发展先行者、实施自贸试验区先行先试这一国家重大战略任务等艰巨使命提供强有力的法律支撑，这一特殊要求决定了以法治思维、创新思维促进改革发展将成为该时期上海地方立法的主旋律。

---

① 参见李林、田禾主编：《中国地方法治发展报告》(2016)，社会科学文献出版社 2016 年版，第 34—55 页。

1. 明示改革创新的法治路径

2013 年 2 月 16 日,上海市人大常委会党组和上海市人民政府党组召开工作会议,会议决定由市人大常委会在近期就促进上海改革创新进行地方立法。在全面深化改革新时期开展该项立法意义重大,影响深远。

其一,推动该项立法是上海经济与社会发展的内在需要。改革开放四十年来,上海实现了前所未有的历史性跨越,靠的就是改革开放、先行先试。然而,作为改革开放前沿阵地,在经历了多年的快速发展后,上海的改革已经进入深水区,国际国内环境发生深刻变化,自身发展面临着资源环境约束趋紧、体制机制障碍更加凸显、社会矛盾协调难度增大等严峻挑战,先发优势减弱。对此,市委领导多次强调,上海已经到了没有改革创新就不能前进的阶段,改革创新是上海谋求新发展、实现新突破的根本所在。

其二,推动该项立法是完成中央赋予上海历史使命的需要。中央对上海提出了继续当好全国改革开放排头兵和科学发展先行者的要求,为完成中央赋予的历史使命,上海更需要弘扬以改革创新为核心的时代精神,更需要消除上海干部群众中存在的"不想改、不敢改、不愿改"的思想顾虑,更需要营造支持改革、鼓励创新、宽容失败的浓厚氛围。

其三,推动该项立法是贯彻"创新驱动、转型发展"总方针的需要。上海市第十次党代会把"创新驱动、转型发展"作为未来五年上海发展的总方针。面向未来,上海必须以更大的政治勇气和智慧,不失时机地深化重要领域改革创新,坚决破除一切妨碍科学发展的思想观念和体制机制弊端,不断拓展率先发展的优势空间。鉴于该项立法的重要性,市人大常委会法工委与市政府法制办召开联席会议,着手研究立法的思路、立法拟规范的主要内容及立法体例等问题。笔者提出了该项立法并非解决如何改革创新以及在哪些领域改革创新的问题,而是解决如何促进改革创新,为改革创新明示法治路径、消除影响改革创新障碍,发挥促进上海改革创新"护身符"作用的立法思路,得到了与会者的认同。会议决定采用法律性问题决定这一短、平、快的立法体例,并由市政府法制办起草决定草案。为此,常委会法工委将该立法项目列入了市人大常委会 2013 年立法计划正式项目。

上海市委、市人大常委会、市政府高度重视该立法项目,市人大常委会领导高度关注起草工作进展情况,提出指导意见。市政府三次召开专题会议进行研究,市委书记办公会也听取了立法草案的起草汇报。可以说,对一项具体的地方立法如此重视,在地方立法实践中是极少的。2013 年 4 月 17 日,上海市第十四届人大常委会第三次会议对市政府提请人大常委会审议《促进改革创新的决定(草案)》(以下简称《决定》草案)进行了初审,其中有关改革创新和依法行政的关系、宽容失败和免责等若干关键条款的合法性成为国内专家学者关注的焦点。上海市人大常委会打破了过去通过类似法律性问题的决定常用的"一审一表决"方式，而采取"二审二表决"。常委会法工委通过召开座谈会等多种形式，广泛听取市委市政府有关部门、市高级人民法院、市人民检察院、区县人大常委会和部分市人大代表、基层组织、专家学者的意见和建议，对《决定》草案进行了反复研究修改，并将《决定》草案修改情况三次书面征求常委会全体组成人员的意见（有的委员提出，实际上在两次会议期间书面审理了三次），修改过程稿达十六稿之多。2013年6月19日，上海市第十四届人大常委会第四次会议再次审议后，以高票表决通过了《促进改革创新的决定》（以下简称《决定》）。《决定》条文短短14条，但涉及的问题影响重大而长远。《决定》将"以法治思维和法治方式积极推进改革创新"作为立法价值取向，有针对性地回答了要不要改革创新的问题，改革创新遇到制度障碍和改革创新不成功怎么办等改革发展中的若干关键问题。①在《决定》草案审议过程中，市人大常委会发挥主导作用，坚持科学立法、民主立法，集聚各方智慧，修改、完善了常委会组成人员、社会各界及专家学者关注的《决定》草案中的下列关键条款：

一是关于改革创新法治路径。市政府提出的《决定》草案规定：法律、法规、规章及国家政策未明确禁止或者限制内容的，鼓励社会各方面大胆开展改革创新。这一规定被部分媒体解读为政府"法无禁止即自由"的规定，引起了全国新闻媒体的广泛报道和关注。《人民日报》《新华每日电讯》作了中性报道，《法制日报》专版以专家评论形式提出了质疑。媒体的广泛关注，说明立法触及了矛盾的焦点。

应该说，《决定》草案这一规定的初衷是以问题为导向，以需求为导向，重在切合上海经济社会发展的实际：

其一，将上海改革创新的好经验、好做法制度化、法规化。改革创新不可避免会遇到如何解决国家法律法规限制的问题，而直接破法改革创新是违背法治精神的。近年来上海在国际金融中心建设、国际航运中心建设、营改增等方面开展改革创新取得重大突破，在实践中探索出了一条行之有效的先行先试的路径。这一路径既顺应了上海经济社会发展求新求变的需求，又符合我国现行的行政管理体制。如果通过地方性法规明确这一路径，将更有力地推动上海今后的改革创新工作。

其二，针对改革创新工作中存在的突出问题，通过地方立法明示相关法治路径、激励保障措施等制度，激发全社会改革创新的积极性和创造力。近年来，上海市改革创新实践中存在四个突出问题：第一，政府部门、事业单位改革创新动

① 参见丁伟：《以法治思维法治方式推进改革创新》，《文汇报》2013年6月17日。

力不足，满足现状，害怕风险。需要以法推动转变观念、振奋精神。第二，遇到制度瓶颈缺乏路径指引，不知道如何突破，开展改革创新。第三，改革创新政策存在"碎片化"现象。由于职责交叉、决策事权不明、缺乏有效的统筹协调机制，改革创新工作存在区县之间不平衡、政策之间不衔接等问题。第四，企业、社会组织改革创新遇到阻力。一方面是一些政府部门过多干预，另一方面是一些企业、社会组织改革创新遇到制度障碍求解无门。①

　　常委会法工委研究后认为，从法学原则以及我国现有法律规定分析，"法无禁止"情况下对私权利和公权力行使的要求有所不同，私权利一般遵循"法无禁止即自由"；公权力一般遵循"依法行政"。《决定》草案对公权力和私权利未作区分，将主体笼统表述为"社会各方面"，无法体现法无禁止情况下对公权力和私权利截然不同的要求。改革创新需要法治保障，也需要在法治的框架下开展，《决定》应当进一步处理好改革创新与现有法律、法规、规章、国家政策之间的关系。②在常委会审议中，不少委员提出，"依法治国"1999年已经写入宪法，党的十八大报告再次提出"法治是治国理政的基本方略"，政府改革创新必须在法治的轨道上。有的委员提出，从当前实际情况看，行政机关对现有法律制度和政策资源运用不够、履职不够积极、依法不作为现象较为突出。

　　为此，《决定》第三条着力从三方面作出规定：第一是要求全社会都应当充分运用现行法律制度资源及国家政策资源，推进改革创新。这是对全社会提出的总体要求。第二是要求本市各级人民政府及其部门要主动作为，积极、全面履行职责，对于改革创新中法律、法规和国家政策未规定的事项，可以在职权范围内作出规定，推进改革创新。这是对政府部门的要求。《地方组织法》关于地方各级人民政府权限的规定中，赋予了县级以上的地方各级政府和乡镇政府广泛的经济社会管理权，并可以发布决定和命令。因此，开展改革创新，充分运用法律资源，不仅要从行政管理具体领域找法律资源，也要从组织法中寻找法律依据。第三是对法律、法规、规章及国家政策未规定的事项，鼓励公民、法人和其他组织积极开展改革创新。与此同时，改革创新不可避免会遇到如何解决现行法律法规限制的问题，直接破法改革创新是违背法治精神的。

　　《决定》总结了上海近年来改革创新的经验，对存在法律制度障碍的改革创新，明确了三条法治路径：第一，涉及国家事权的改革创新，积极申请国家授权试

---

　　① 参见蒋卓庆：《关于起草〈关于促进改革创新的决定（草案）〉的说明》，《上海市人民代表大会常务委员会公报》2013年第六号。

　　② 参见丁伟：《上海市人民代表大会常务委员会法制工作委员会关于上海市人民政府关于提请审议〈关于促进改革创新的决定（草案）〉的议案》研究意见的报告，《上海市人民代表大会常务委员会公报》2013年第六号。

点。决定第四条对此作了指引性规定,具体包括争取国家改革创新试点和申请国家授权先行先试。第二,积极发挥先行先试平台作用。决定第五条要求本市各级政府及其部门应当积极贯彻落实国家授权的各项改革创新举措,提出要充分发挥浦东新区综合配套改革试点平台的作用,也鼓励其他区县开展各类专项改革创新试点。第三,积极发挥本市制度保障作用。《决定》第六条要求市人大、市政府应当根据改革创新需要及时制定、修改、废止、解释地方性法规或者政府规章;改革创新工作确需在相关地方性法规、规章修改、废止之前先行先试的,有关部门可以提请市人大、市政府批准后实施。

二是关于政府职能转变问题。《决定》草案未对政府职能转变提出要求。在常委会审议过程中,不少委员提出,政府现在管了太多"不该管、管不了"的事情,束缚了市场机制的发挥,不利于促进全社会改革创新。现在各界都很关心"中国经济升级版",但一国一地区从既有发展模式到新的发展路径,涉及很多现有体制机制因素的制约,突出表现在政府职能转变滞后,资源配置权过多过大,越位错位缺位现象仍未得到很好解决,迫切需要政府自身进行更深层的自我革命,切实转变政府职能。

有的委员提出,根据党的十八大和国务院有关推进政府职能转变的要求,政府改革创新要把转变政府职能放在核心,重在向市场、社会放权,减少对微观事务的干预,改善和加强宏观管理,严格事后监管,用政府权力的"减法"换取市场、社会活力的"加法"。有的委员认为,推进政府职能转变,是激发市场和社会活力,增强经济社会发展内生动力的客观要求。经研究,法制委员会认为,根据党的十八大和国务院有关推进政府职能转变的要求,政府改革创新要把转变政府职能放在核心位置,处理好政府与市场、政府与社会的关系,切实做到简政放权,这是激发市场和社会活力,增强经济社会发展内生动力的客观要求。为此,建议增加推进政府职能转变的内容。①《决定》增加了第二条的规定,该条第一款明确政府职能转变的基本要求和目标,规定本市应当按照政府职能向创造良好发展环境、提供优质公共服务、维护社会公平正义转变的要求,深化行政体制改革,创新政府管理和服务方式,提高政府公信力和执行力。该条第二款着重对处理好政府与市场、政府与社会的关系作出规定,本市应当充分发挥市场在资源配置中的基础性作用,减少政府对微观经济活动的干预,深化行政审批制度改革,加强对市场主体、市场活动监督管理;充分发挥社会力量在管理社会事务中的作用,加快形成政社分开、权责明确、依法自治的现代社会组织体制,促进社会组织健

---

① 参见丁伟:《上海市人民代表大会法制委员会关于〈关于促进改革创新的决定(草案)〉审议结果的报告》,《上海市人民代表大会常务委员会公报》2013年第六号。

康有序发展。根据政府职能转变的要求,《决定》第九条还以支持企事业、社会组织改革创新为视角,要求本市各级人民政府及其部门应当为企事业单位、社会组织提供优质公共服务,尊重其自主权,不得干预其实施改革创新工作;对企事业单位、社会组织开展改革创新遇到的问题,应当及时研究论证其诉求的正当性和合理性,对其正当合理的要求,主动予以解决;超出本部门职权范围的,应当及时提请上级部门协调解决。

三是关于改革创新保障机制。市政府提请审议的原草案规定:"对依照本决定规定程序决策、实施改革创新,而未能实现预期目标,且未牟取私利的,在政府绩效考核中对有关部门和个人不作负面评价,不予追究行政责任及其他法律责任。"与如何处理好改革创新与依法行政关系问题相同,该条款也是全国新闻媒体热议的焦点。应该说,改革创新是一项突破性的实践活动,其本身意味着革故鼎新,破除陈规戒律,这注定了改革创新之路布满荆棘、充满挑战,改革者需要有"苟利国家生死以,岂因祸福避趋之"的胸怀和担当。由于缺乏必要的试错机制,很多政府部门和领导干部对改革创新都心存畏难情绪,因害怕承担改革失败的风险而秉持中庸之道,"不求有功,但求无过",导致改革创新动力普遍不足。根据中央的要求,上海要当好全国改革开放的排头兵和科学发展的先行者,需要以更大的勇气和智慧,不失时机地深化重要领域改革创新。为完成中央赋予的历史使命,上海当前更需要弘扬以改革创新为核心的时代精神,更需要消除干部群众中存在的"不想改、不敢改、不愿改"的思想顾虑,更需要营造支持改革、鼓励创新、宽容失败的浓厚氛围。从这个意义上说,草案的初衷无可非议。2007年全国人大常委会修订后的《科技进步法》明确规定对于探索性强、风险高的科学技术研究开发项目,原始记录能够证明科学技术人员已经履行了勤勉尽责义务而仍不能完成该项目的,给予宽容。深圳、重庆、西安等在地方立法中也有对改革创新者宽容免责的规定。

常委会审议中,不少委员提出,改革创新免责规定应符合建设法治政府的要求,草案规定的"不追究有关部门和人员行政责任及其他法律责任"是否合适,地方立法应慎重考虑。常委会法工委认为,改革和创新是社会进步的引擎,也是社会转型期攻坚克难的驱动力。改革创新本身蕴含一定的风险和不确定性,尊重改革创新规律,不应苛求百分之百的成功。上海制定促进改革创新的决定,已不再是要不要宽容失败,而应是如何完善制度设计,更有力地促进改革创新,激发全社会改革创新的活力和勇气。经充分沟通、论证,《决定》第十一条从三个方面对该事项作出规定:一是规定市政府设立改革创新奖,对在本市改革创新中作出突出贡献的单位和个人,给予表彰奖励。二是在激励机制上,除要求政府建立相应的考核制度外,也鼓励有关事业单位、人民团体和国有企业等方面实施相应的考核制度支持改革创新。三是在制度上宽容失败,规定:"本市保障改革创新,宽容失败。改革创新未能实现预期目标,但有关单位和个人依照国家和本市有关规定决策、实施,且勤勉尽责、未牟取私利的,不作负面评价,依法免除相关责任。"

该规定在地方立法权限内作了积极探索,在法制框架下为"试错"护航。作出这样的规定基于多方面的考虑。其一,从地方立法权限来看,立法权有限,在立法上有底线。渎职罪等刑事责任、侵权行为等民事责任都是国家立法专属权限,地方立法无权免除国家法律规定的法律责任。为此,只能规定"依法免除相关责任",此处依法的"法"指国家法律,符合国家法律准予免责的规定才能免责。其二,从操作层面看,如何判断、界定"未能实现预期目标,且未牟取私利",预期目标本身是否科学、合理,决策是否正确,需要有一整套的法律规定,这些问题地方立法难以作出规定,更不适合由《决定》这一法律性问题的决定作出规定。其三,从实践来看,上海改革发展四十年来,未曾发生过一例因改革创新失败而受到处罚的例子,《决定》的规定倡导性意义大于实际意义,主要还是起鼓劲、激励的作用。

《决定》的生命在于真正得到贯彻执行。《决定》自 2013 年 6 月 20 日开始实施,2013 年 7 月 7 日,市政府召开会议贯彻落实市人大决定工作会议。会议认为,贯彻落实《决定》,政府要带头。政府要加快自身改革步伐,以行政审批制度改革为突破口,继续在转变职能上下功夫、动真格,积极主动推进各领域重点改革任务;改革创新要善用法治思维、法治方式,确保在法治轨道上进行。既要合理利用法律法规允许的空间,大胆推进改革创新,又绝不能乱作为、乱改革,要把准方向,脚踏实地,宁可慢一点,想得更周全一点,也绝不能"翻烧饼";要严格遵守改革程序,不能打着改革的旗号飞过海、走过场。同时,对转型发展中形成的成熟改革经验,要按程序上升为法规规章,用法制巩固改革成果;《决定》要落地生根、开花结果,各区县、各部门、各单位都必须思想到位、责任到位,抓紧制定配套规范,分工协作、合力推进。要加强监督检查,及时反馈、帮助化解工作中的难点瓶颈问题;要加大宣传力度,最大程度凝聚改革共识,最大限度激发改革热情,营造促进改革创新的舆论氛围。

《决定》实施后,起到了良好的社会效果和法律效果。韩正同志 2013 年 7 月 28 日在市委常委会听取人大常委会党组上半年工作情况汇报时两次提到,人大常委会审议通过的促进改革创新决定在全国影响很大,是建设法治城市的新探索,对促进上海全市改革发展工作意义重大。

2. 以法治引航自贸试验区先行先试

2013 年 3 月,中央原则同意在上海设立自由贸易试验区,上海市即成立了自贸试验区推进工作领导小组，上海市人大常委会法工委为该领导小组的成员单位，从那时起，上海市人大常委会将自贸试验区的法治保障工作列为立法工作的头等大事。2013 年 8 月 30 日，全国人大常委会通过了《全国人大常委会关于授权国务院在中国（上海）自由贸易试验区暂时调整有关法律规定的行政审批的决定》，授权国务院在上海自贸试验区暂时调整实施三资企业法有关行政审批的相关规定，从立法实践角度诠释了新时期立法引领改革开放的新命题。2013 年，国务院批准了《中国（上海）自由贸易试验区总体方案》。

在地方立法层面，如何发挥立法的引领作用，选择怎样的法治路径，无先例可循，对地方立法工作来说，是前所未有的新课题。中央赋予上海自贸试验区开展制度创新的压力测试，形成可复制、可推广的经验，其前提是上海自贸试验区各项先行先试举措必须在法治的轨道上推进。为此，上海自贸试验区筹备阶段的工作千头万绪，但必须始终坚持法治引领、法治先行的理念，尤其需要加强法治层面的顶层设计，将抽象的法治理念转化为具体的法治路径。根据相关安排，2013 年 9 月 29 日，上海自贸试验区将正式挂牌，上海市人民政府同日将出台《中国（上海）自由贸易试验区管理办法》及一批管理性的规范性文件。

在上海自贸试验区挂牌在即，各项准备工作紧锣密鼓进行的时刻，笔者觉察到，上海市地方法治保障存在亟需弥补的法律漏洞：在全国人大常委会《授权决定》授权国务院在上海自贸试验区暂时调整实施三资企业法有关行政审批的相关规定的情况下，上海市有关外商投资企业审批管理的地方性法规并未采取相应的跟进措施，仍然适用于上海自贸试验区，这显然与上位法的要求不符。与此同时，上海市人民政府将出台的《中国（上海）自由贸易试验区管理办法》及一批管理性的规范性文件有关自贸试验区管委会管理体制、执法体制、相关审查制度改备案的规定与作为上位法的上海市众多地方性法规的相关规定不一致，倘若人大没有一个说法，市政府暂行办法一出台，意味着政府规章及规范性文件冲到地方性法规前面，在合法性问题上将存在问题。上海先行先试的任何举措国内外都十分关注，任何一点疏忽都可能被放大，在法制保障方面同样要以如履薄冰，如临深渊的态度去做好各项工作，尽可能避免差错。

为此，笔者提出急需作相应的立法技术处理，建议上海市人大常委会在全国人大常委会《授权决定》生效之前及上海自贸试验区挂牌之前，迅速启动地方立法程序，及时通过《上海授权决定》，弥补法律上的漏洞。然而，自贸试验区地方立法工作的最大特点在于各项先行先试事项正在动态推进过程中，国家层面需要在自贸试验区暂时调整实施的法律、行政法规的种类、范围具有一定的可变性、不可预见性，不排除在自贸试验区各项先行先试事项推进过程中相关法律、行政法规将作出进一步调整的可能性。这一立法调整内容的特殊性增添了地方立法的难度，需要立法者独辟蹊径，运用立法智慧化解立法难题。

2013年9月26日，上海市第十四届人大常委会第八次会议审议通过了《上海市人民代表大会常务委员会关于在中国（上海）自由贸易试验区暂时调整实施本市有关地方性法规规定的决定》（以下简称《决定》）。《决定》共3条，言简意赅，重在管用。其主要内容体现在通过怎样的路径、以怎样的方式理顺上海市地方性法规与法律、行政法规、《总体方案》、上海市政府规章等规范性文件的关系。

一是如何应对"前有堵截"，理顺上海市地方性法规与已经调整实施的国家法律之间的关系以及将要调整实施的国家层面法律、行政法规之间的关系。鉴于建设上海自贸试验区是国家战略，试验区建设以制度创新为核心，建设过程中国家有关法律、行政法规可能根据试验区的实践需要作相应调整。《国务院关于印发中国（上海）自由贸易试验区总体方案的通知》提出："根据《全国人民代表大会常务委员会关于授权国务院在中国（上海）自由贸易试验区暂时调整有关法律规定的行政审批的决定》，相应暂时调整有关行政法规和国务院文件的部分规定。具体由国务院另行印发。"面临即将调整适用的法律、行政法规，作为下位法的地方立法需要未雨绸缪，提前应对，作出前瞻性的安排。在可能暂时调整适用的上位法不确定、调整时间不确定、调整内容不确定的情况下，显然无法按照传统的立法思路、采用常规的立法表述方式解决自贸试验区先行先试法治保障中出现的这一新情况、立法新需求。上海地方立法工作者独辟蹊径，在《决定》第一条第二款中规定："凡有关法律、行政法规在中国（上海）自由贸易试验区调整实施有关内容的，本市有关地方性法规作相应调整实施。"这是一条兜底性条款，确保国家法律、行政法规的效力一俟调整，上海市相关地方立法的效力随之同步调整。①这一款规定"四两拨千斤"，犹如在上海市地方性法规规定与将要调整实施的法律、行政法规之间设定了一层无形的"防火墙"，避免了上海市地方性法规与调整实施后的法律、行政法规之间潜在的法律冲突。

二是如何摆脱"后有追兵"，理顺上海市地方性法规与政府规章、规范性文件之间的关系。鉴于上海市人民政府及相关部门涉自贸试验区的规章及其他规范性文件的立法需求均源自实施《总体方案》的需要，《决定》未直接对上海市地方性法规与市政府规章等规范性文件的关系作出规定，而是追根溯源，直接就处理上海市地方性法规与《总体方案》的关系问题作出规定。在《决定》草案起草和审议过程中，对于通过哪个突破口，采取怎样的表述方法理顺两者的关系，有一个

---

① 参见丁伟：《上海市人大法制委员会关于〈关于在中国（上海）自由贸易试验区暂时调整实施本市有关地方性法规规定的决定（草案）〉审议结果的报告》，《上海市人民代表大会常务委员会公报》2013年第九、十号。

认识不断深化的过程，相关的工作方案一波三折。常委会法工委在起草《决定》时曾考虑采用的表述是："本市其他有关地方性法规中的规定，与根据国务院批准的《中国（上海）自由贸易试验区总体方案》而实施的管理体制、执法体制、监管体制等不一致的，调整实施。"这一表述的立法思路是上海市人大常委会为支持上海自贸试验区先行先试，必要时主动调整实施其制定的法规。该方案存在的明显缺陷之一是，上海市地方性法规与《总体方案》不一致的事项是否仅限于"管理体制、执法体制、监管体制等"？自贸试验区先行先试的复杂性、多变性及严肃性决定了对这一问题无法简单地予以肯定。该方案的另一明显缺陷是，"管理体制、执法体制、监管体制等"这一表述中的"等"字到底是等内还是等外，不够清晰，不符合立法授权的内容必须明确、具体的法定要求。

在《决定》草案会前征求常委会组成人员意见的过程中，有的委员建议采取更加简单明了的表述方式，将该款表述为："本市其他有关地方性法规中的规定，凡与《中国（上海）自由贸易试验区总体方案》（以下简称总体方案）不一致的，按照总体方案调整实施。"虽然该方案言简意赅，而且避免了前一方案存在的缺陷，具有明显的优点，但其立法思路是：在上海地方性法规与《总体方案》不一致时，适用《总体方案》。换言之，该方案认为《总体方案》的法律位阶高于上海地方性法规。为此，常委会法工委与国务院相关部门进一步沟通，了解《总体方案》的法律位阶，得到的回复是：《总体方案》即将由国务院下发，以国务院的文件为载体。在这样的背景下，常委会法工委对委员的建议从善如流，在提请常委会审议的决定草案中采纳了"按照总体方案调整实施"的方案。

然而，在2013年9月26日《决定》草案提请上海市人大常委会会议审议的当天上午，上海市收到了《国务院关于印发中国（上海）自由贸易试验区总体方案的通知》，即国发〔2013〕38号文件。经研究，国发〔2013〕38号文件并非《总体方案》本身，而是国务院印发《总体方案》的"通知"。为依法妥善处理好上海市地方性法规与《总体方案》之间的关系，有必要认真研究、准确把握《总体方案》的功能与法律定位。据了解，《总体方案》系商务部会同上海市人民政府制定，经国务院"批准"。就《总体方案》的法律位阶、法律效力而言，我国《立法法》未对国务院"批准"发布的规范性文件作出规定，国务院批准《总体方案》并不等同国务院制定《总体方案》，亦不改变《总体方案》系商务部、地方政府联合拟订的事实。因此，单纯从规范性文件的制发主体来考量，《总体方案》的位阶属部门规章或地方政府规章。然而，从规范性文件的法律效力来考量，《总体方案》是经国务院批准才生效的，其法律效力似高于通常意义上的部门规章或地方政府规章。至于其法律效力是否高于省、自治区、直辖市人大常委会制定的地方性法规，在理论上是存疑的。

　　基于对《总体方案》法律位阶的上述认识，《决定》第二条最终的表述是："本市其他有关地方性法规中的规定，凡与《中国（上海）自由贸易试验区总体方案》不一致的，调整实施。"该条款的立法思路是，鉴于《总体方案》本身并非国务院文件，其法律位阶尚不清晰，当《总体方案》与上海市地方性法规不一致时，不宜采用"依照"《总体方案》的表述，而规定上海市的地方性法规"调整实施"，这意味着作出调整是上海地方立法机关根据需要依职权主动为之。

　　《决定》避免了上海市地方性法规与调整实施后的法律、行政法规之间潜在的法律冲突。《决定》实施后，全国人大常委会于 2014 年 12 月 28 日第十二届全国人大常委会第十二次会议通过了《全国人民代表大会常务委员会关于授权国务院在中国（广东）自由贸易试验区、中国（天津）自由贸易试验区、中国（福建）自由贸易试验区以及中国（上海）自由贸易试验区扩展区域暂时调整有关法律规定的行政审批的决定》，国务院于 2013 年 12 月 21 日发布《国务院关于在中国（上海）自由贸易试验区内暂时调整有关行政法规和国务院文件规定的行政审批或者准入特别管理措施的决定》（国发〔2013〕51 号），于 2014 年 9 月 4 日发布了《国务院关于在中国（上海）自由贸易试验区内暂时调整实施有关行政法规和经国务院批准的部门规章规定的准入特别管理措施的决定》（国发〔2014〕38 号）。凭借《决定》的"防火墙"，上海市相关地方性法规已经自动作了相应的调整。可以说，上海市人大常委会作出的《决定》迈出了上海自贸区地方法治保障方面关键的第一步，实现了地方立法引领改革开放从立法理论向立法实践的飞跃。《决定》也已经成为上海自贸试验区可复制、可推广经验的重要组成部分，《决定》核心内容、立法技巧已成功地为后续批准的自贸试验区所移植。①

　　3. 集成、固化自贸试验区成功经验

　　在党中央、国务院的亲切关怀和直接领导下，在中央各有关职能部门的大力支持下，上海不辱使命，奋楫争先，积极、有序地推进各项先行先试举措。按照中央的要求，上海需要尽快推出第一批可复制、可推广的经验。上海自贸试验区先行先试哪些事项，通过什么方式先行先试，都需要上升到制度层面，固化为相关的法律制度。从这个意义上说，所谓"可复制、可推广"的经验实际上是上海自贸试验区先行先试相关的法律模式、法律制度，这就要求上海尽快集成、固化上海自贸试验区先行先试的成功经验，使之成为可复制、可推广经验的重要载体。尽快推出《上海自贸试验区条例》无疑是落实中央要求的重要举措。

　　2014 年 7 月 25 日，上海市第十四届人大常委会第十四次会议通过了《中国

---

　　① 参见丁伟：《上海自贸试验区法治创新的轨迹——理论思辨与实践探索》，上海人民出版社 2016 年版，第 40—42 页。

（上海）自由贸易试验区条例》（以下简称《条例》）。作为上海自贸区的"基本法"，《条例》共9章57条，从投资开放、贸易便利、金融创新、税收服务到综合监管、法治环境营造等各个方面，对推进上海自贸试验区建设作出了全面的规范，基本涵括了先行先试以来有关部门归纳的所有可复制、可推广的制度和管理模式，堪称上海地方立法史上最具社会影响的"第一法"，并且已经成为上海自贸试验区可复制、可推广经验的重要载体。在上海自贸试验区运行不到一年的时间内，在中央未对上海自贸试验区明确作出立法授权的情况下，推出一部结构完整，内容全面、系统的"国字头"的地方性法规，其立法难度不言而喻。从总体上讲，《条例》的立法过程凸显了全面深化改革新时期立法领域的先行先试，演绎了改革决策与立法决策协调同步的艰难曲折过程，折射出以立法引领和推动改革发展亟需澄清的立法学理论层面的问题与立法实践层面亟需破解的难题。在《条例》审议过程中，上海市人大常委会充分发挥主导作用，广泛凝聚社会共识，有效破解了一系列立法难点：

一是准确把握立法时机。立法工作酝酿之时，上海自贸试验区的先行先试起步不足半年，相关制度创新是否成功尚待实践检验，且国家有关部门对于上海自贸试验区的一系列支持性政策正在持续推出，在这样的情形下启动立法程序，将正在动态推进的上海自贸试验区先行先试的事项用立法的方式固化下来是否合适，是否符合立法的科学规律？换言之，《条例》的立法条件是否具备？立法时机是否成熟？这些问题引起学术界的关注，同样也考验着立法部门的立法智慧，需要立法决策者冷静思考、积极应对。《条例》的立法工作折射了全面深化改革的新时期立法工作面临的新情况、新问题，既要遵循立法的科学规律，又要以与时俱进的科学态度积极回应特殊时期对立法的特殊需求。

应该说，上海自贸试验区先行先试的特殊使命要求立法决策者审时度势，适时启动立法程序：其一，践行法治先行原则要求尽快启动立法程序。《条例》出台前，规范上海自贸试验区先行先试的直接依据主要是国务院批准的《总体方案》及中央相关部门出台的一系列政策性规定，与重大改革于法有据的要求不符。其二，以建立自贸试验区为标志的新一波的改革浪潮在全国蓄势待发，呼唤《条例》尽快出台，以为各地提供可复制、可推广经验。其三，自贸试验区的先行先试实践也期待地方立法的引领、推动。值得一提的是，全国人大常委会《授权决定》暂时调整实施的时限为三年，倘若按部就班、四平八稳地推进立法程序，不等《条例》审议通过，三年时限行将届满。因此，与其安之若素，坐而论道，坐等各项立法条件完全具备再行启动立法程序，不如就先行先试亟需规范、立法条件相对成熟的事项先行立法，确保现阶段上海自贸试验区的先行先试得以在法治的轨道上推进，待时机成熟时再修改、完善现行条例。这种非毕其功于一役的立法方式更加符合全面深化改革新时期引领类立法的规律。

二是科学厘定立法权限。有关《条例》的立法依据，一直是学术界十分关注的法律问题，也是立法过程中必须审慎把握的关键问题之一。从应然角度讲，上海自贸试验区的先行先试是实施国家战略，涉及国家事权和中央专属立法权限，理应由国家层面立法。但是，从实然角度看，无论是全国人民代表大会及其常委会，还是国务院，均未明确授权上海市行使超越《立法法》规定的地方立法权，制定《条例》面临在法权上如何避免僭越中央专属立法权的问题。

有鉴于此，一段时间内学者对上海地方立法的依据一面倒地持否定意见。笔者在上海自贸试验区筹备初期，率先就上海地方立法规范自贸试验区先行先试事项的法律依据提出了肯定性的意见。①笔者认为，讨论《条例》的立法依据问题首先应该搞清该条例的规范内容，笼统、抽象地讨论立法依据问题不具有理论研究和立法实践价值。根据《立法法》的规定，地方既可以为执行国家法律制定实施性立法、为规范地方性事务制定自主性立法，也可以在国家法律出台前在非中央专属立法权限范围内先行先试，制定创制性立法。即使是在中央专属立法的权限范围内，地方也可以根据需要，就国家立法制定实施性规定、细化性规定、阐述性规定及提示性规定。

上海自贸试验区的先行先试是一项全新的探索，无先例可循，需要准确解读国务院批准设立上海自贸试验区、授权上海先行先试的法律涵义。笔者认为，就国务院批准《总体方案》这一抽象行政行为而言，我国《宪法》、《立法法》、《国务院组织法》并没有规定国务院各部、各委员会或地方政府制定的规范性文件需要经过国务院批准才生效。然而，《宪法》第八十九条规定国务院的职权之一是对地方国家行政机关的职权进行具体划分。因此，从宪法角度来解读，国务院批准设立上海自贸试验区具有宪法依据，这一批准行为产生的法律效果是将属于中央政府的部分事权有条件地划归上海市人民政府。从立法法角度分析，这一规定不啻是一种"义务性规定"，隐含了"授权性"的涵义。有鉴于此，尽管国家层面没有明确作出相关的"立法授权"，但自贸试验区开展相关的立法活动具有相应的法律依据。②值得关注的是，《条例》出台后，学术界有关《条例》立法依据、地方立法权限等方面的议论偃旗息鼓，不复存在。

三是有效化解立法难题。《条例》作为一部独特的地方性法规，凸显了全面深化改革新时期地方立法面临的新挑战，既要解放思想、大胆探索，又要严格遵

---

① 参见丁伟：《〈中国（上海）自由贸易试验区条例〉立法透析》，《政法论坛：中国政法大学学报》2015年第1期。

② 参见丁伟：《中国（上海）自由贸易实验区法制保障的探索与实践》，《法学》2013年第10期。

循法制统一原则,不僭越立法权限;既是地方立法,又要引领国家层面以自贸试验区为标志的新一轮改革开放;既要应对特定时期、特定区域、特定事项的立法需求,又要对全面深化改革作出前瞻性的规定;既要以法律规范固化现行先行先试的举措,又要为未来的制度创新留下空间;既要遵循国内法律制度,又要对接国际通行规则。①

具体来说,《条例》的立法难点在于如何处理好五个关系:

其一,"大胆闯、大胆试、自主改"与"法治环境规范"、"于法有据"的关系。正确处理两者的关系,首先必须摒弃将两者截然对立的零和思维,善于运用法治思维、法治方式推进改革创新。"大胆闯、大胆试、自主改"应坚持在法治的轨道上推进,以"法制环境规范"为前提,任何于法无据的举措注定了无法成为可复制、可推广的经验。与此同时,也要防止被"重大改革于法有据"束缚了"大胆闯、大胆试、自主改"的积极性、主动性。应该说"大胆闯、大胆试、自主改"是中央对上海自贸试验区先行先试提出的总体要求,中央并没有要求上海自贸试验区将所有探索中的先行先试举措都入法。从实践看,并非所有先行先试事项现阶段都需要立即入法,任何压力测试都存在失败或不成功的可能,唯有经过测试取得成功的经验才具备入法的条件。

其二,地方立法的受制性与立法引领性、前瞻性的关系。作为《条例》核心内容的投资、贸易、金融、税收等先行先试事项均涉及国家事权,属于国家专属立法权事项,地方立法只能作实施性规定,创制性的空间非常有限。正确处理好两者的关系,应当进一步拓宽思路,挖掘立法依据,包括政策依据、实践依据。在《条例》草案初审阶段,笔者建议常委会法工委工作班子以党的十八届三中全会《决定》的相关要求为指导,结合《总体方案》、中央部委现行支持文件的内容,充实上海自贸试验区先行先试的若干方向性规定,体现了立法的引领性、前瞻性,一定程度上解决了条例内容滞后的问题。与此同时,在实践依据方面,将上海浦东新区综合配套改革试点在管理体制、监管体制的探索方面形成的成功经验移植到上海自贸试验区。

其三,《条例》与《总体方案》等政策性文件的关系。妥善处理两者之间的关系,应该避免照抄照搬政策性规定,将《总体方案》等相关政策性规定直接植入条例的做法,如果《条例》成为政策的"浓缩版",就失去了立法的意义。条例作为地方性法规应该具有相对稳定性,而政策性规定具有阶段性、多变性的特点,应当在准确解读政策的基础上,对《总体方案》及现有的政策性规定的核心内容进行概括、提炼,并将政策语言转化为"法言法语",使《条例》的立意高于政策,《条例》

---

① 参见丁伟:《自贸区"基本法"的难点与看点》,《上海证券报》2014 年 5 月 16 日。

的内容既源于《总体方案》，又高于《总体方案》。

其四，先行先试的探索性、开放性与立法稳定性、规范性的关系。正确处理好两者的关系，应当注重从法律层面进行制度设计，使立法方式、条文表述等方面具有更强的适应性，善于运用独辟蹊径的立法智慧，既要及时总结先行先试的成功经验，将其提升、固化为《条例》内容，又要在《条例》中设计与后续出台相衔接的指引性规定，更好地体现立法的引领性、前瞻性。

其五，立法内容多与寡、详与略的关系。《条例》作为特殊时期应对自贸试验区先行先试立法需求的非常态性立法，面临如何正确处理立法内容多与寡、详与略的关系这一非典型性的立法难题。在《条例》起草、审议过程中，政府相关部门强烈建议条例内容尽可能详尽，希望将《总体方案》及国家相关部门的各项配套性政策措施悉数并入条例，以便完整体现上海自贸试验区可复制、可推广的经验。为此，笔者提出了"负面清单"的立法思维，主张在上海自贸试验区的立法工作中应当更新观念，改变"正面清单"的思维定势。对公民法人而言，应当秉持"法无禁止皆可为"的法治精神，充分赋予市场主体参与自贸试验区建设的广阔空间。在自贸试验区先行先试的过程中，能做的，正在做的未必都能写或者都需要写，不写的未必影响做，甚至更利于做。就先行先试的相关制度而言，应当采用"负面清单"的立法思维，条例仅需作出方向性规定，凡条例没有限制性、禁止性规定的，都可以允许探索，这样有助于在地方立法的权限范围内充分释放创新的制度空间。

四是精准确立立法思路。基于《条例》的特殊性，上海市人大常委会在对相关立法难点深入研究的基础上，针对性地提出了"立意高一点、条文少一点"的立法思路及"负面清单"的立法思维，将立法重点聚焦在"可复制、可推广"和"预留制度创新空间"的环节，力图使条例更具指导性、引领性、前瞻性。具体来说，在设计相关制度时把握三个原则：①其一，预留制度创新空间，处理好改革的阶段性与法规相对稳定性之间的关系。对《总体方案》已经明确、具体举措相对成熟且可复制可推广的事项，在保留基本制度框架的基础上根据各方面意见条例草案予以完善；对一些改革创新还在持续深化的内容，采用"概括加列举"等表述方法，即用概括方式提炼、固化制度创新的现有成果，并用列举方式释明相关制度创新的具体推进路径、进一步探索的方向，以增强立法的前瞻性，为未来的制度创新预留空间。其二，科学厘定条款内容，准确把握好中央事权内容与地方事权内容修改的侧重点，妥善处理好地方性法规与国务院批准的《总体方案》等政策性规定的关系。对涉及投资、贸易、金融、税务、海关等国家事权的内容，从配合

① 参见丁伟：《上海市人民代表大会法制委员会关于〈中国（上海）自由贸易试验区条例（草案）〉审议结果的报告》，《上海市人民代表大会常务委员会公报》，2014年第五号。

国家管理部门推进相关改革创新的角度，对草案的相关内容进行完善；对涉及地方事权的管理体制、综合监管、法治环境建设等内容，从深化自主改革、加强事中事后监管的角度对条例草案予以完善，并增加体现改革方向的指引性规定，以发挥地方立法对改革发展的引领和推动作用。其三，与国家层面行政审批制度改革的要求相契合，抓住简政放权的关键，为在上海自贸试验区培育国际化、市场化、法治化的营商环境积极提供保障。

五是及时固化成功经验。《条例》在《总体方案》、相关部委政策性规定的基础上，及时固化了上海自贸试验区先行先试 10 个方面的成功经验：1.落实中央提出的"大胆闯、大胆试、自主改"的要求，明确规定自贸试验区建设要坚持"自主改革"的基本指导思想，努力聚焦制度创新的重点领域和关键环节，积极运用现行法律制度和政策资源，改革妨碍制度创新的体制、机制，不断激发制度创新的主动性、积极性。2.弘扬法无禁止皆可为的精神，充分激发市场主体的活力，破除利益固化的藩篱，明确规定：凡是法律、法规、规章未禁止的事项，公民、法人和其他组织皆可在自贸试验区开展试验创新。3.确立负面清单管理模式，明确规定：根据国家要求，开展外商投资国民待遇加负面清单管理模式的探索。4.固化海关和检验检疫监管制度的改革成果，明确规定在自贸试验区建立与国际贸易等业务发展需求相适应的监管模式，按照"一线放开、二线安全高效管住、区内流转自由"的原则，积极开展海关和检验检疫监管制度的改革。5.推进企业注册便利化，明确规定企业只需按照规定提供一个表格，通过一个窗口提交申请材料，实现企业注册一门式的办理，而且注册资本可以实行认缴登记。6.建立国际贸易单一窗口，规定贸易和运输企业通过一点接入一个信息平台、实现一次性递交满足监管部门要求的标准化单证和电子信息，监管部门处理状态（结果）通过单一平台反馈给申报人。7.确立五大金融创新制度，即创新有利于风险管理的账户体系、促进投融资汇兑便利、规定人民币跨境使用、推动利率市场化体系建设、建立与自贸试验区发展需求相适应的外汇管理体制，并落实金融风险防范责任。8.建立六大事中事后监管制度，即涉及外资的国家安全审查工作机制、反垄断工作机制、公共信用管理制度、企业年度报告公示和经营异常名录制度、监管信息共享制度、社会力量参与市场监督的机制。9.建立"一公平四保护"制度，即维护公平竞争，加强投资者权益保护、劳工权益保护、环境保护和知识产权保护。10.建立增强透明度的四项制度，即公布权力清单制度、规范性文件草案内容主动公开制度、行政异议制度、信息发布机制。

《条例》的出台标志着上海自贸试验区第一季的法制保障工作基本完成，自贸试验区首批可复制、可推广的经验初步形成。2017 年 3 月 24 日，中央全面深化改革领导小组第三十三次会议审议通过了《全面深化中国（上海）自由贸易试验区改革开放方案》,3月31日,国务院印发了该方案。方案明确上海自贸试验区要加强改革系统集成,建设开放和创新融为一体的综合改革试验区;要加强同国际通行规则相衔接,建立开放型经济体系的风险压力测试区;要进一步转变政府职能,打造提升政府治理能力的先行区;要创新合作发展模式,成为服务国家"一带一路"建设、推动市场主体走出去的桥头堡;要服务全国改革开放大局,形成更多可复制可推广的制度创新成果。这是继2013年9月挂牌、2015年4月扩区之后,上海自贸试验区迎来的又一重要战略节点。上海市人大常委会已将《条例》的修改列为2017年立法计划的预备项目,积极开展相关立法调研,适时启动上海自贸试验区第二季的法制保障工作。

4. 依法推进"证照分离"改革试点

2015年12月16日,国务院常务会议审议通过了《关于上海市开展证照分离改革试点总体方案》(以下简称《总体方案》),决定在上海浦东新区率先开展"证照分离"改革试点。所谓"证照分离"改革,主要是聚焦办证环节,通过采取改革审批方式和加强综合监管,进一步完善市场准入,使企业办证更加快速便捷高效。在改革审批方式上,按照易操作、可管理的要求,从与企业经营活动密切相关的许可事项中,选择审批频次比较高、市场关注度比较高的行政许可事项,先行开展改革试验。根据《国务院机构改革和职能转变方案》、《进一步深化中国(上海)自由贸易试验区改革开放方案》、《国务院关于"先照后证"改革后加强事中事后监管的意见》等文件的要求,上海市人民政府在浦东新区探索开展"证照分离"改革试点,围绕推进简政放权、放管结合、优化服务,进一步清理和取消一批行政许可事项,推动一批行政许可事项由审批改为备案,实施一批行政许可事项实行告知承诺制,提高企业办理行政许可事项的透明度和可预期性,释放企业创新创业活力,增强经济发展动力,营造法治化、国际化、便利化的营商环境,为全国行政管理体制改革积累可复制可推广的经验。为确保重大改革于法有据,上海市第十四届人大常委会第二十六次会议于2015年12月30日通过了《上海市人民代表大会常务委员会关于开展"证照分离"改革试点在浦东新区暂时调整实施本市有关地方性法规规定的决定》(以下简称《决定》)。尽管《决定》言简意赅,仅4条规定,但立法过程凸显了人大常委会的主导作用。

鉴于《总体方案》中共计取消两项行政审批,涉及需要暂时调整实施上海市两部地方性法规的有关规定,上海市人民政府起草的《决定》草案用列举式的方式列举了需要暂时调整实施的上海市两部地方性法规:其一是取消"核发公共汽车和电车客运车辆营运证",涉及需暂时调整实施《上海市公共汽车和电车客运管理条例》第十八条第一款、第四十八条第一款的规定。其二是取消"微生物菌剂应用的环境安全许可",涉及需暂时调整实施《上海市环境保护条例》第二十三条的规定。此外,为了保证上海市地方性法规与《总体方案》的一致性,草案参照上海市人大常委会2013年在上海自贸试验区暂时调整地方性法规的做法,规定"本市其他有关地方性法规规定,凡与国务院批准的《上海市开展'证照分离'改革试点总体方案》不一致的,均暂时调整实施。"常委会法工委对《决定》草案进行了研究,认为《决定》草案中存在一些需要进一步研究的问题:①

一是关于需要调整实施的上海市地方性法规的范围。按照《总体方案》的要求,与企业经营活动密切相关的许可事项,将根据事项的不同情况分别采取取消审批、取消审批改备案、简化审批实行告知承诺制,提高审批的透明度和可预测性,对涉及公共安全等特定活动加强市场准入管理等五类改革措施。这些改革措施涉及面广,有一个逐步推进的过程。随着改革的不断深化,对设立了许可、需要暂时调整实施的地方性法规,是否仅限于《上海市公共汽车和电车客运管理条例》和《上海市环境保护条例》,需要进一步研究。法制委统一审议时认为,按照《总体方案》要求推进的改革措施涉及面较广,并不一定限于决定草案列明的《上海市公共汽车和电车客运管理条例》和《上海市环境保护条例》。另外,随着"证照分离"改革试点的深入,国务院有可能根据试点情况对总体方案规定的试点事项进行调整,需要暂时调整实施的地方性法规的范围也有可能进一步扩大,本决定应当对此预作安排。为此,《决定》改变了草案采用的列举式的表述方式,用概括式的方式规定:"在浦东新区内,本市有关地方性法规规定,凡与国务院批准的《上海市开展'证照分离'改革试点总体方案》不一致的,暂时调整实施。""《上海市开展'证照分离'改革试点总体方案》实施过程中,国务院对改革试点事项进行调整,本市有关地方性法规规定与其不一致的,作相应调整。"

二是关于为浦东新区推进改革提供法律支持。此次改革试点的范围是浦东新区,各项改革措施的推进需要充分发挥浦东新区的作用。如何为浦东新区进一步推进相关改革措施提供法律支持,需要研究。鉴于《决定》对在浦东新区实施总体方案作了一揽子授权,且总体方案对简化审批实行告知承诺制以及提高审批的透明度和可预知性等改革措施作了较为详细的安排,基本可以满足浦东新区推进"证照分离"改革试点的需要,《决定》对此不再作另行规定。

三是关于调整实施的期限及施行日期。《决定》草案规定,有关地方性法规调整实施的日期与《总体方案》试点期限一致,但没有明确施行日期,怎样处理更加合适,也需要进一步研究。鉴于《决定》草案审议阶段,国务院尚未确定试点工作何时启动,《决定》草案未明确具体的实施日期情有可原。法制委认为,本决定

① 参见丁伟:《上海市人民代表大会常务委员会法制工作委员会关于〈关于开展"证照分离"改革试点在浦东新区暂时调整实施本市有关地方性法规规定的决定(草案)〉研究意见的报告》,载《上海市人民代表大会常务委员会公报》,2015年第九、十号,第69—70页。

是一个以总体方案为依据、暂时调整实施与总体方案要求不一致的地方性法规的授权决定，目的是为本市开展"证照分离"改革试点做好准备。决定的施行日期，是决定内容的生效日期，而非改革试点的实施日期。按照《国务院关于上海市开展"证照分离"改革试点总体方案的批复》（国函〔2015〕222 号）的规定，试点期为自批复之日起 3 年。为此，《决定》规定："上述有关地方性法规调整实施的期限，与《上海市开展'证照分离'改革试点总体方案》试点期限一致。"

值得一提的是，在《决定》草案审议中，有的委员建议在决定中增加市人民政府应将暂时调整实施地方性法规情况向市人大常委会备案的规定。经研究，法制委认为，市人大常委会作出立法授权决定是一项严肃的立法行为，加强对此项权利行使的监督确有必要。按照相关法律、法规的规定，备案审查所针对的是市人民政府制定的规范性文件，而非调整实施地方性法规的执法行为。与此同时，《总体方案》对上海市开展"证照分离"改革试点的具体事项有明确的清单，清单包括了事项名称、实施机关和改革方式，需要暂时调整实施本市地方性法规的范围和改革方式，必须以具体事项清单为依据。为加强人大对此项权利行使的监督，《决定》中增加一条规定："市人民政府应当适时向市人民代表大会常务委员会报告'证照分离'改革试点的推进情况。"①

5. 打造自贸试验区授权决定"升级版"

2013 年 9 月 26 日，上海市第十四届人大常委会第八次会议审议通过了《上海市人民代表大会常务委员会关于在中国（上海）自由贸易试验区暂时调整实施本市有关地方性法规规定的决定》（以下简称"2013 年决定"）。鉴于该决定的施行至 2016 年 9 月 30 日届满，且 2014 年 12 月 28 日，全国人大常委会通过了《全国人大常委会关于授权国务院在中国（广东）、中国（天津）、中国（福建）自由贸易试验区以及中国（上海）自由贸易试验区扩展区域暂时调整有关法律规定的行政审批的决定》，详细列明了"中国（上海）自由贸易试验区扩展区域四至范围"：陆家嘴金融片区共 34.26 平方公里、金桥开发片区共 20.48 平方公里、张江高科技片区共 37.2 平方公里。三个片区总共 91.94 平方公里。2015 年 4 月 8 日国务院发布了《进一步深化中国（上海）自由贸易试验区改革开放方案》，对扩区后的上海自贸试验区继续当好改革开放排头兵等作出了新部署。为继续贯彻重大改革于法有据的要求，持续为上海自贸试验区的先行先试提供法制保障，上海市人大常委会法工委在"2013 年决定"实施期限届满前，向常委会主任会议提交了

① 参见丁伟：《上海市人民代表大会法制委员会关于〈关于开展"证照分离"改革试点在浦东新区暂时调整实施本市有关地方性法规规定的决定（草案）〉审议结果的报告》，《上海市人民代表大会常务委员会公报》，2015 年第九、十号。

《上海市人民代表大会常务委员会关于在中国（上海）自由贸易试验区暂时调整实施本市有关地方性法规规定的决定修正案》（草案）。①主任会议对该项立法的必要性、可行性进行了充分的研究、论证，并广泛听取了各相关部门的意见，适时作了常委会审议的安排。2016年12月29日，上海市第十四届人大常委会第三十四次会议表决通过了该修正案。修改后的《决定》共5条，根据上海自贸试验区深化改革的需要，对"2013年决定"作了重大修改：

一是继续对接国家层面调整法律、行政法规的举措，就上海市相关地方性法规的适用问题作出安排，提出在中国（上海）自由贸易试验区内，凡法律、行政法规调整实施有关内容的，本市有关地方性法规作相应调整实施。

二是在"2013年决定"的基础上，补充明确了上海市地方性法规与《进一步深化中国（上海）自由贸易试验区改革开放方案》的关系，提出在中国（上海）自由贸易试验区内，本市地方性法规的规定，凡与《中国（上海）自由贸易试验区总体方案》《进一步深化中国（上海）自由贸易试验区改革开放方案》不一致的，调整实施。

三是对上海市地方性法规调整实施的期限作出适当安排。"2013年决定"规定的法规调整实施的期限为三年，鉴于上海自贸试验区建设是一项国家战略，法制层面的保障需求长期客观存在，有关法规调整实施的期限应当为今后较长一段时期上海自贸试验区的法制保障作出框架性安排。《决定》为此规定，有关地方性法规的调整实施在中国（上海）自由贸易试验区建设期间实行。这一规定意味着上海地方性法规调整实施不再以三年为限。

修正案决定自2017年1月1日起施行。《上海市人民代表大会常务委员会关于在中国（上海）自由贸易试验区暂时调整实施本市有关地方性法规规定的决定》根据修正案决定作相应修正，重新公布。由此，上海市独创的授权决定完成了"升级换代"，上海自贸试验区的法治保障进入了三年后的"新轨"。

6. 以法治引领崇明世界级生态岛建设

崇明是上海市重要的生态屏障，崇明生态岛的建设对长三角、长江流域乃至全国的生态环境和生态安全具有重要的意义。党的十八大将生态文明建设纳入"五位一体"总体布局，党的十八届五中全会又提出"创新、协调、绿色、开放、共享"的发展理念。建设崇明世界级生态岛是上海市委落实国家生态文明战略和长江大保护战略作出的重大决策部署。2016年年底，上海市出台了《崇明世界级生态岛发展"十三五"规划》（以下简称《崇明"十三五"规划》）。为了凝聚社会

---

① 参见丁伟：《关于〈上海市人民代表大会常务委员会关于在中国（上海）自由贸易试验区暂时调整实施本市有关地方性法规规定的决定修正案（草案）〉的说明》，《上海市人民代表大会常务委员会公报》2016年第九号。

各方共识，为世界级生态岛建设提供坚实的法治保障，上海市第十四届人大常委会第三十八次会议于 2017 年 6 月 23 日表决通过了《上海市人民代表大会常务委员会关于促进和保障崇明世界级生态岛建设的决定》（以下简称《决定》）。《决定》共 12 条，在立法指导思想上，注意把握四个"体现"。即体现党的十八大以来中央关于生态文明建设的新理念新思想新战略；体现世界级生态岛建设的核心要求和关键环节；体现举全市之力共同推进崇明世界级生态岛建设的精神；体现对崇明世界级生态岛建设的法制保障。根据这一思路，《决定》突出了"引领、规范、动员、保障"四方面内容。[①]

一是引领生态岛建设。《决定》第一条明确推进崇明生态岛建设应当树立尊重自然、顺应自然、保护自然的生态文明理念，推进绿色发展、弘扬生态文化、倡导绿色生活、实现永续发展等指导思想。第二条明确将生态立岛作为基本原则，将节约优先、保护优先作为基本方针，将绿色发展、循环发展、低碳发展作为基本途径，将深化改革和创新驱动发展作为基本动力。

二是规范生态岛建设。在聚焦《崇明"十三五"规划》有关内容的基础上，《决定》第四条至第七条重点突出崇明生态岛建设的重点领域和关键环节。其一，关于优化生态功能空间布局。重点体现底线思维和生态安全，明确规定严格控制常住人口总量、建设用地规模和建筑高度。为保障生态安全，提升生物多样性，《决定》要求加强滩涂、湿地保护，推进野生动物保护区建设，依法划定禁猎（渔）区，构建野生鸟类保护管理体系以及防止外来有害生物入侵的屏障体系。其二，关于提升生态环境品质，强化生态环境和生态资源的保护力度。《决定》按照减量化、再利用、资源化的要求，积极推进各类废弃物综合利用，对水、大气、土壤污染等环境要素的综合整治作出规定。其三，关于提升生态发展能级。《决定》聚焦绿色产业发展体系，结合长远发展要求，明确要求强化科技创新引领作用，对崇明生态岛建设过程中的产业结构调整、产业绿色升级、重点产业领域等作出规定。其四，关于提高生态人居环境水平。《决定》重点关注生态惠民的实现路径，明确规定构建绿色生产生活方式、绿色能源开发利用、绿色交通、绿色建筑、提高社会事业发展水平等方面内容。

三是关于动员全社会参与生态岛建设。推进崇明生态岛建设，需要广泛凝聚全社会共识，增强全社会的认同感和感受度，提升各方生态文明意识。为此，《决定》将有关内容单列一条，强调有关社会动员的内容，重在向全社会发出动

---

① 参见丁伟：上海市人民代表大会法制委员会关于《关于促进和保障崇明世界级生态岛建设的决定（草案）》审议结果的报告；丁伟：上海市人民代表大会法制委员会关于《上海市人民代表大会常务委员会关于促进和保障崇明世界级生态岛建设的决定（草案）》修改情况的报告，《上海市人民代表大会常务委员会公报》，2017 年第四号。

员,鼓励包括崇明居民在内的各方共同参与,形成公众参与监督、全社会共建共享的良好社会风尚。

四是保障生态岛建设。作为法律性问题的决定,《决定》第十一条明确规定:"市人大常委会可以根据崇明生态岛建设需要,制定、修改或者暂时调整、停止实施有关地方性法规;在遵循法制统一原则的前提下,市政府可以先行先试,就崇明生态岛建设制定政府规章或者规范性文件;崇明区人大及其常委会可以就促进和保障崇明生态岛建设工作作出相关决议、决定。"《决定》同时对崇明生态岛建设的机制保障、司法保障等事项作出了规定。

（二）以法治方式推进社会治理

城市作为区域社会经济发展的重要载体,是人群、资源和财富的积累之处,也是问题、矛盾和风险的积聚之处。上海作为我国城市化水平以及人口密度最高的城市,面临资源与环境的挑战越来越严峻,上海城市综合承载力对城市发展的约束越来越引起人们的关注。为此,在全面深化改革新时期,上海找准制约城市发展的主要矛盾,聚焦黑车蔓延、环境治理、基层治理、综合交通管理等社会治理方面的突出问题,补齐短板。鉴于该领域国家层面的立法相对滞后,补短板、破难题、治顽症,首先需要相关领域的法治破局,发挥法治的引领与推动作用。[①]变革创新期的上海地方立法积极有为,正确处理好地方立法的创制性与合法性的关系,充分发挥立法智慧,克服种种困难,为社会治理提供有力的法制保障。

1. 有效补齐查处黑车的法治短板

非法客运是城市管理中的顽疾,历届市人大常委会高度重视非法客运整治工作,并提供了有力的法制保障。1995 年 6 月上海市第十届人大常委会第十九次会议通过的《上海市出租汽车管理条例》、1996 年 1 月上海市第十届人大常委会第二十五次会议通过的《上海市道路运输管理条例》和 2000 年 9 月上海市第十一届人大常委会第二十二次会议通过的《上海市公共汽车和电车客运管理条例》均对非法从事出租汽车营运、长途客运、公交客运等行为设置了没收非法所得和罚款的行政处罚以及暂扣非法客运车辆的强制措施。2006 年 6 月,市政府发布了《上海市查处车辆非法客运规定》,对摩托车、三轮车等其他车辆从事非法客运活动的行为规定了相应的处罚措施。按照当时的客运地方性法规和政府规章,对非法客运行为的处罚手段限于最高额度五万元的行政罚款以及没收非法所得,且处罚手段较为单一,整治成效不明显,非法客运呈蔓延态势。

为此,有必要通过地方立法赋予执法机关必要的整治手段,从法制层面保障市政府有关职能部门提升整治非法客运的实效,补齐查处黑车的法治短板。在

---

① 参见丁伟:《补短板需要倚重法治支撑》,《文汇报》2016 年 1 月 26 日。

立法过程中，选择何种立法体例颇费周折。常委会法工委会同相关部门反复研究，认为从节约立法成本、有效利用现有立法资源的角度考虑，在立法形式上应尽可能采用对现有法规进行修正的方式。考虑到市政府整治车辆非法客运的范围包括未取得营业性客运证件的汽车、摩托车、三轮车、电力助动车以及假冒客运出租汽车等，涉及本市《出租汽车管理条例》、《公共汽车和电车客运管理条例》、《道路交通管理条例》、《道路运输管理条例》等四部地方性法规，如采用修正形式，仅对其中一部法规进行修正无法实现打击车辆非法客运的目标，而同时修正四部法规，涉及面广、程序又过于复杂，时间上来不及。为此，采用了若干规定的立法形式，在已有四部地方性法规相关规定的基础上对查处车辆非法客运作出特别规定。

2014年6月19日，上海市第十四届人大常委会第十三次会议通过了《上海市查处车辆非法客运若干规定》（以下简称《若干规定》）。该规定共7条，明确禁止利用未取得营业性客运证件的汽车、利用摩托车、三轮车、电力助动车等车辆从事经营性客运活动。其中，关于没收非法客运车辆的条款是审议的焦点问题，《若干规定》草案对两次以上被查获从事非法客运活动设定了没收车辆的处罚，其依据是2002年12月国务院发布的《无照经营查处取缔办法》的相关规定，即对于存在重大安全隐患、威胁公共安全的无照经营行为，相关经营活动的许可审批部门应当没收专门用于从事无照经营的工具、设备等财物；对无照经营行为的处罚，法律、法规另有规定的，从其规定。2005年10月国务院法制办公室在《关于无证经营出租汽车行为是否适用〈无照经营查处取缔办法〉（国务院令第370号）的请示》的复函中明确，相关法律、法规对无证经营出租汽车行为没有规定的，可以适用国务院发布的《无照经营查处取缔办法》的处罚规定。鉴于对从事非法客运活动的车辆实施没收，有利于从源头上杜绝此类车辆再次回流客运市场，北京、贵州、成都、昆明等省市已参照国务院《无照经营查处取缔办法》规定，相继立法规定了对非法客运车辆的没收处罚。因此，《若干规定》草案拟增设没收车辆的规定。

在常委会审议中，有的委员提出，《若干规定》草案对于从事非法客运活动被查获两次以上的车辆设定了没收处罚，有必要对这次加重处罚的理由和依据进一步阐明。有的委员提出，非法客运活动是行为违法，需要考虑过罚相当。也有的委员提出，整治非法客运车辆的关键是从严执法，建议一次违法就应当立即没收。

经研究，法制委员会认为，从实际情况看，从事非法客运的车辆有不同的种类和属性，委员们不同的审议意见一定程度上反映了对不同种类和属性的非法客运车辆进行区别处理的要求。在听取对草案意见的专题座谈会上，上海市高级人民法院、一中院和二中院的行政庭、部分律师和行政法专家，也提出应当区分车辆所有人与车辆非法营运人、遵循过罚相当原则等意见。考虑到非法客运是城市管理中的顽疾，并呈现出一定的社会危害性，需要赋予政府职能管理部门没收非法客运车辆这一更强的整治手段。同时鉴于没收是一种剥夺公民财产权利的较重处罚，需要强调有关行政机关应当依法办理。

为此，《若干规定》第四条第一款最终规定："对违反本规定第二条第一款规定的(指禁止利用未取得营业性客运证件的汽车从事经营性客运活动)，按照法律、行政法规和本市地方性法规的有关规定，由交通行政管理部门扣押从事非法客运活动的车辆并予以处罚；对从事非法客运活动再次被查获且存在安全隐患的，依法定程序没收用于从事非法客运活动的车辆。对从事非法客运活动的驾驶人，由公安交通行政管理部门暂扣其机动车驾驶证三个月至六个月；对有依法应当吊销机动车驾驶证的道路交通安全违法行为的，吊销其机动车驾驶证。"

该表述对原草案作了三处修改：一是将原来的"被查获两次以上"修改为"再次被查获"。对第一次从事非法客运活动的车辆的查处不作没收处罚，体现了《行政处罚法》规定的行政处罚应当坚持处罚与教育相结合的原则；而将"两次以上"改为"再次"避免了"两次以上"是否包括"两次"的歧义。二是增加"且存在安全隐患"的情节内容表述。这是因为，《行政处罚法》要求实施行政处罚必须与违法行为的事实、性质、情节以及社会危害程度相当，有关"且存在安全隐患"的表述参考了交通部《转发国务院法制办关于明确对未取得出租车客运经营许可擅自从事经营活动实施行政处罚法律依据的复函的通知》(交公路发〔2005〕468号)的相关内容。三是将原来的由交通行政管理部门"没收"修改为"依法定程序没收"。增加"依法定程序"这一用词的限制表述，表明了本市地方立法对于"没收"这一重要财产罚的审慎态度，要求执法机关严格按照《行政处罚法》、《行政复议法》、《行政诉讼法》等国家法律的规定，依法行使行政处罚权。①

2. 依法提高规章设定处罚的限额

根据《行政处罚法》第十三条的规定，在没有相应法律、法规的情况下，市人民政府制定规章对违反行政管理秩序的行为，可以设定一定数量的罚款，其限额由市人民代表大会常务委员会规定。1996年9月26日，上海市第十届人大常委会出台了《上海市人民代表大会常务委员会关于市人民政府制定规章设定行政处罚罚款限额的规定》，该规定明确政府规章对非经营活动设定罚款不得超过一千元；对经营活动设定罚款不得超过三万元。2006年市人大常委会修改该规

---

① 参见丁伟：《上海市人民代表大会法制委员会关于〈上海市查处车辆非法客运若干规定(草案)〉审议结果的报告》，《上海市人民代表大会常务委员会公报》，2014年第四号。

定时将市政府规章设定定额罚款的最高限额从三万元调整为十万元。近年来，社会经济不断发展，经济收入的水平不断提高。与此同时，有些违法行为的社会负面作用日益突出，社会危害性比较严重。原规定在执行过程中逐渐反映出与经济社会发展状况和行政管理实际的需要不相适应的现象，主要表现在规章设定罚款的限额偏低，在部分行政管理领域缺乏惩处力度，且对经营性和非经营性违法行为设定差别较大的不同罚款限额，给政府制定规章和执法实践带来操作难度。为此，上海市政府提出修改该规定的草案，提请市人大常委会审议。2014年4月23日，上海市第十四届人大常委会第十二次会议表决通过了《上海市人民代表大会常务委员会关于修改〈上海市人民代表大会常务委员会关于市人民政府制定规章设定行政处罚罚款限额的规定〉的决定》（第二次修正）。

市政府提出的规定草案取消了经营性和非经营性违法行为的划分标准，将原规定修改为："对违反行政管理秩序的行为，按照确定数额设定罚款的，设定的罚款不得超过十万元；按照违法所得的倍数设定罚款的，设定的罚款不得超过违法所得的三倍。"将定额罚款限额从十万元提高至二十万元。在常委会审议过程中，草案的修改内容引起了热议。

其一，关于设定定额罚款的限额问题。有些委员提出，应当进一步提高市政府规章设定定额罚款的限额，建议可提高至二十万元。经研究，法制委员会认为，在2006年修改该规定时将市政府规章设定定额罚款的最高限额调整为十万元的基础上，结合近年来国家法律、行政法规以及本市地方性法规设定罚款的情况以及本市经济社会发展状况，并考虑到本次规定修改在未来一段时期内的适用，有必要将市政府规章设定定额罚款的限额提高至三十万元。

其二，关于按倍数设定罚款的问题。一些委员认为，草案提出按照违法所得的倍数设定罚款且不受最高限额限制的规定是否妥当，建议研究。法制委员会经研究后认为，按照违法所得的倍数设定罚款，是实施罚款处罚的具体计算方法。但依照《行政处罚法》的规定，规章按倍数设定罚款也应当受到最高限额的限制。鉴于本次修改对市政府规章设定定额罚款的限额拟提高至三十万元，且规定第三条已明确"市人民政府制定规章时，可以在罚款限额的规定范围内，根据过罚相当的原则，对公民、法人或者其他组织设定不同的罚款幅度；根据经营活动中违反行政管理秩序行为的不同情况，规定适当的罚款计算方法"，没有必要对按照违法所得的倍数设定罚款这一具体的罚款计算方法再作表述。为此，经会同市政府法制办研究，建议删除草案中关于"市政府规章按照违法所得三倍以下设定的罚款，实施罚款时按照违法所得的倍率计收，不受二十万元的限制"的表述。在常委会审议过程中，不少委员对规章设定罚款的限额提高后，如何针对不同领域的违法行为科学合理地设定罚款，既防止随意性，又能切实起到对违法行为的威慑作用等提出了意见和建议。经研究，法制委员会在审议结果报告中要求，市人民政府在制定规章的过程中，应当加强调查研究，做好论证工作，在市人大常委会规定的罚款限额范围内，严格遵循过罚相当原则，设定具体的罚款幅度或者规定适当的罚款计算方法。同时，政府有关部门应当不断完善行政处罚裁量基准制度，规范执法程序，确保执法公平公正。市人大常委会有关部门也应当加强对政府规章相应的备案审查工作。①常委会通过的修正案决定的最终表述为："对违反行政管理秩序的行为设定罚款的限额为三十万元"。"个别规章对某些违反行政管理秩序的行为设定罚款，确需超过上述限额的，由市人民政府提请市人民代表大会常务委员会审议决定"。"市人民政府制定规章时，可以在罚款限额的规定范围内，根据过罚相当的原则，对公民、法人或者其他组织设定不同的罚款幅度；根据经营活动中违反行政管理秩序行为的不同情况，规定适当的罚款计算方法。"上述表述在于法有据的前提下，最大限度地提高了规章设定行政处罚罚款的限额，为加大处罚违反行政管理秩序行为的力度提供了法律支撑。

3. 倾力打造"史上最严"的大气污染防治制度

上海是我国重要的经济中心，又是全国大气污染防治的重点地区，以精细管理著称，在全面深化改革新时期，需要率先探索一条经济发展与环境承载能力相协调的道路。从 2000 年开始，上海市就开始滚动实施五轮环保三年行动计划，加快还清环境污染历史欠账，大力推进生态城市建设。全社会环保投入不断加大，相当于生产总值的比重始终保持在 3% 左右。根据 2013 年年底出台的《上海市清洁空气行动计划》，上海市在能源、产业、建设、交通、农业、社会等六大领域制定了 187 项具体措施。总体上比国家《大气污染防治行动计划》的范围更广、要求更严、标准更高、力度更大。

但是，大气污染严重超出环境承受力，上海大气污染的防治工作形势依然严峻。2012 年下半年上海市 PM2.5 平均浓度比国家空气质量二级标准高出 60%。2013 年上半年，上海空气质量不达标的天数中，PM2.5 为首要污染物的天数约占 94.5%。因此，上海空气质量达标的关键是做好 PM2.5 的防治工作。面对日益突出的大气污染问题，上海市将其作为环境污染防治攻坚战的主战场和突破口。2014 年，大气污染治理被列入市委八项重点督查和推进工作、市政

---

① 参见丁伟：《上海市人民代表大会常务委员会法制工作委员会关于〈上海市人民代表大会常务委员会关于市人民政府制定规章设定行政处罚罚款限额的规定〉修正案(草案)〉研究意见的报告》；丁伟：《上海市人民代表大会法制委员会关于〈上海市人民代表大会常务委员会关于市人民政府制定规章设定行政处罚罚款限额的规定〉修正案(草案)审议结果的报告》，《上海市人民代表大会常务委员会公报》2014 年第三号。

府年度重点工作。上海市人大常委会高度重视以立法引领这项工作，在大气污染防治方面下大力、出真招，将上海打造成法律责任最重、违法成本最高的城市。

在上海大气污染防治领域，上海市第十一届人大常委会第二十九次会议于2001年7月13日通过了《上海市实施〈中华人民共和国大气污染防治法〉办法》（以下简称《实施办法》）。2007年10月10日，上海市第十二届人大常委会第三十九次会议对《实施办法》进行了修改。该《实施办法》主要的制度基本对应于《中华人民共和国大气污染防治法》，即根据污染源分类分别建构相应的治理制度，但是对于PM2.5的防治缺乏针对性的规定，一些相关规定也已不适应上海大气污染防治的需要，修改《实施办法》已刻不容缓。2014年上海市第十四届人大常委会第九次会议、第十三次会议分别对市人民政府提请审议的《实施办法》（修订草案）进行了审议。

在常委会审议过程中，法制委、常委会法工委采取了多种形式开展立法调研，并对照党的十八届三中全会文件对生态文明建设提出的新要求，国务院大气污染防治行动计划的有关规定，以及2014年新修订通过的《中华人民共和国环境保护法》，对修订草案相关制度进行了梳理研究。结合上海实际，明确了两方面的工作重点：第一是积极探索和尝试在地方立法层面推动长三角三省一市协同呼应，为长三角区域大气污染防治协作工作提供法制保障。第二是认真研究严重污染大气环境违法行为的法律责任。常委会法工委会同市人大城建环保委员会、市环保局、市政府法制办等共同研究，提出了提高严重违法行为罚款上限、细化按日连续处罚制度、对违法单位及责任个人实施双罚制，以及实施必要的行政强制措施等多项制度，加大大气环保领域的违法成本。经请示，上述强化法律责任的制度得到了全国人大常委会法工委的认同。①2014年7月25日，上海市第十四届人大常委会第十四次会议修订通过了《上海市大气污染防治条例》（以下简称《条例》）。《条例》共8章108条，采用废旧立新的方式，从名称、结构、制度等各方面对《实施办法》作了全面更新，与《实施办法》7章53条相比，条文数翻了一倍，增幅达到103％，对大气污染防治的监督管理，防治能源消耗产生的污染，防治机动车、船排放污染，防治废气、尘和恶臭污染，长三角区域大气污染防治协作，法律责任等事项作了专章规定。从《实施办法》到《条例》，在该立法项目的审议过程中，人大常委会的主导作用、地方立法对经济社会发展的引领作用发挥得淋漓尽致，《条例》的制度创新精彩纷呈。

一是名称及体例形式的变化。市政府原本提请审议的议案是《上海市实施

---

① 参见林化宾：《上海市人民代表大会法制委员会关于〈上海市实施〈中华人民共和国大气污染防治法〉办法（修订草案）审议结果的报告》，《上海市人民代表大会常务委员会公报》2014年第五号。

〈中华人民共和国大气污染防治法〉办法（修订草案）》，常委会审议后认为，《实施办法》旨在贯彻《大气污染防治法》，该法实施十多年来，大气污染防治的情况发生了很大变化，相关法律、行政法规相继出台或修改，对大气污染防治工作提出了新的要求。尤其是全国人大常委会于近期修订通过了环保法，其中不少制度可以作为本次法规修订的重要依据。据此，法制委员会建议，在充实法规各项制度的基础上，将修订草案的名称由《上海市实施〈中华人民共和国大气污染防治法〉办法》，修改为《上海市大气污染防治条例》。名称调整后，条例的立法形式不再与特定的上位法的篇章结构一一对应，这有利于发挥地方立法的灵活优势，使法规更贴合本市实际需要。

二是综合治理机制的设计。《条例》改变了传统的强调行政管理和行政执法的大气污染治理方式，积极探索综合治理机制，注重运用经济调控、市场机制、声誉激励等行政管理、执法之外的治理措施。

其一，对违法排污行为且情节较为严重的企业征收差别电价。鉴于该制度属于地方立法的创新之举，常委会法工委专门召开了专家论证会，对该制度的合法性、适当性、操作性进行充分论证。《条例》第二十条规定："市发展改革、经济信息化、环保、财政等行政管理部门可以研究制定相关政策，对因无排放许可证排放主要大气污染物、超过标准排放主要大气污染物，以及排放主要大气污染物超过核定排放总量指标等严重违法行为受到处罚的单位，在其改正违法行为之前，向其征收阶段性差别电价。供电企业依照前款规定征收差别电价电费的，差别部分电费应当单独立账管理，上缴市级财政。"《条例》没有直接授权相关部门实施差别电价，而是要求围绕这一措施研究制定相关政策，这种表述兼顾了规则的明确性和对现有制度的尊重。

其二，建立第三方治理制度。党的十八届三中全会《决定》明确提出在环境治理领域要坚持"谁污染谁付费"，推行"第三方治理"的精神。《条例》据此规定了"第三方治理"制度。在确立第三方治理制度时，《条例》明确了"自愿与强制相结合"的原则，即当排污者自身具备治污能力，也有治污意愿的，从鼓励专业分工的角度，鼓励但不强制其委托第三方治理机构。对缺乏治理能力的，则要求其必须委托第三方治理机构。同时，考虑到第三方治理产业还处在初步发展阶段，有必要加强管理，《条例》专门对接受委托的第三方机构应当遵守相关法律、法规和技术规范，确保治理成效的义务作了规定，并增加第三方机构未按照要求实施污染治理，以及弄虚作假的法律责任的规定。

其三，对排污许可、排污交易作出原则性规定。该制度的设计是常委会审议的焦点之一。在一审期间，市人大城建环保委员会建议，对排污许可证制度相关条款作进一步修改完善。经研究，法制委员会认为，排污许可是实施大气污染综合治理的基础性制度,有必要予以明确。但当前这一制度还处在试行阶段,相关标准有待探索。为此,建议在修订草案中增加排污许可制度实施主要范围的规定。同时,授权市环保部门就申请许可证的具体条件另行作出规定。此外,为了发挥好市场机制的作用,促进排污单位主动治理,法制委员会建议在排污许可制度的基础上,增加一条关于排污权交易的规定。在草案提请常委会第二次审议期间,有的委员提出两方面的担心:第一是本市排污交易尚处在试点阶段,建议条例草案对此作原则性规定更为妥当;第二是排污权交易在国家法律层面缺少明确的依据,地方做些探索可以,但从立法层面给予明确规定的时机似乎还不成熟。经研究,法制委员会认为,条例草案在本市实践的基础上,对主要大气污染物排放总量指标交易制度作原则性规定是可行的,也为政府相关主管部门进一步开展探索留下空间。为此,法制委员会对条例草案作了修改,形成了《条例》的第十九条,该条的表述是:"本市鼓励开展主要大气污染物排放总量指标交易。市环保部门会同相关行政管理部门探索建立本市主要大气污染物排放总量指标交易制度,完善交易规则。"该条文采取了较为原则、笼统的提法,主要是考虑到国家法律层面对该制度还未作出明确规定,在肯定上海实施排污交易试点的成绩的前提下,鼓励环保部门牵头继续探索实施排污交易。

二是创立长三角大气污染防治区域联动制度。在上海的提议下,苏、浙、皖、沪四地人大常委会对这一地方立法的创新达成高度一致的认识。为了推动长三角三省一市大气污染防治协调机制的制度化,上海市人大常委会副主任吴汉民率上海市人大法制委、常委会法工委负责同志、上海市环保局、市政府法制办的领导赴苏、浙、皖沟通、协商,并在上海召开论证会对相关问题进行了协商。考虑到地方立法协作在全国尚属首次,各省市经济社会发展情况存在差异,四地均认为,不能急于一次解决全部问题,确立一个有限目标是比较可行的方案。四地应当把当前最重要,也最容易达成共识的问题梳理出来,有几条写几条,纳入各地法规予以确立。在区域立法协作的模式上,根据《立法法》确立的地方立法权限,地方性法规在本行政区域内有效,因此地方立法协作并不意味着四地搞联合立法、共同立法,而是由四地共同协商确定一个示范文本,再分别由四地人大常委会讨论通过,在本行政区域内施行,这是在当前立法体制下充分体现协作精神的可行模式。

在区域地方立法协作的内容上,上海提出了两方面的建议:第一是期望周边省市在确定产业发展规划时,能够与上海的相关规划相衔接,尽量避免那些被上海淘汰的生产工艺和技术,在长三角区域被二次引入。对于该建议,江苏、安徽两省原则赞成。但考虑到两省部分地区还面临经济发展压力,有引进项目需求,两省均认为,产业结构调整协调机制不宜规定过严,应给各地留有自主空间。因

此,立法协作建议稿中对此仅作了原则性表述,上海条例作了类似规定。第二是
期望与周边省市在禁止秸秆露天焚烧方面达成共识,避免由此给上海造成污染
输送。三省对此都表示认可。江苏省早在2009年就作出了相关禁止性规定,到
2012年年底,全省基本建立秸秆收集体系,基本形成布局合理、多元化利用的秸
秆综合利用产业化格局,全面禁止露天焚烧秸秆。四地还认为,治理秸秆露天焚
烧的关键在"疏"不在"堵",应加大秸秆综合利用的政策扶持力度。安徽农业分
布广泛,秸秆综合利用补贴方面存在压力;浙江丘陵山地较多,农田分散,秸秆运
输成本很高,加大了综合利用的成本。浙皖两省建议对秸秆禁烧问题要考虑上
述实际困难。因此,四地最后讨论形成的立法协作建议稿中,没有就秸秆禁烧问
题作整齐划一的规定。但是,四地同意将这个问题作为区域环保执法协作的内
容予以明确。经过四地人大常委会立法部门和有关专家学者的反复论证,四地
共同商定了示范文本,确定将七个方面的内容列入区域立法协作的范围。《条
例》在该示范文本的基础上,进一步结合上海市实际最终形成了第六章"长三角
区域大气污染防治协作"的九个条文,内容涉及区域合作机制、产业结构调整、机
动车污染防治、机动船污染防治、重污染天气应急联动机制、重大项目信息通报
机制、联动执法、信息共享机制、科研合作。

　　四是强化政府职能和责任。在立法过程中,有的委员和不少市民提出,地方
性法规要对政府职能、执法和监督体制作出更明确的规定,强化政府责任,从而
提升监管力度。也有的委员提出,草案中关于乡镇街道的定位过窄,不利于发挥
其在大气污染防治工作中的作用。经研究,法制委员会认为,大气污染防治是全
社会的共同责任,其中,政府在监督管理、政策引导和行政执法等方面,发挥着基
础性作用。因此,有必要进一步完善政府职责,明确责任考核制度。本次法规修
订新增不少执法和管理手段,较大程度地提高了罚款幅度,相关行政主管部门管
理和执法的责任也随之增加,为防范滥用职权和徇私枉法等现象,有必要凸显和
完善行政问责制度。为此,法制委员会建议对相关条款作出调整:其一,完善乡
镇街道职责的规定。将修订草案中关于乡镇街道职责的规定进一步细化,明确
其对管辖范围内相关单位的大气污染防治工作进行综合协调的职责以及调解大
气环境纠纷的职责。其二,建立统一举报制度。规定市环保部门公布统一的举
报电话,并按规定奖励举报人。其三,明确责任考核制度。规定考核结果作为政
府和各有关部门绩效考核的重要内容,并向社会公布。其四,完善行政问责机
制。将行政问责条款从法律责任一章的末尾提升至该章的开头,并增加违法执
行行政强制措施的法律责任。

　　五是确立严格的法律责任。《条例》审议过程中,反复酝酿加大处罚力度的
问题,力求将上海打造成法律责任最重、违法成本最高的城市。鉴于《大气污染

防治法》制定时间较早,当时设定的法律责任幅度与现在的经济社会发展现实相比显得较轻,受其限制,地方性法规难以突破。因此,《条例》的立法思路是充分运用上位法赋予地方立法的权限,并在上位法未作出具体规定的方面进行细化补充。

其一,负面清单式按日连续处罚制度。在《条例》审议过程中,第十二届全国人大常委会第八次会议于2014年4月24日修订通过了《中华人民共和国环境保护法》,该法第五十九条第一款和第三款分别规定:"企业事业单位和其他生产经营者违法排放污染物,受到罚款处罚,被责令改正,拒不改正的,依法作出处罚决定的行政机关可以自责令改正之日的次日起,按照原处罚数额按日连续处罚。""地方性法规可以根据环境保护的实际需要,增加第一款规定的按日连续处罚的违法行为的种类。"该规定设计的"按日连续处罚"制度开创了环保领域行政处罚"无上限"的先河,其处罚力度前所未有。与此同时,该规定授权地方性法规"根据环境保护的实际需要,增加按日连续处罚的违法行为的种类"。对地方立法授权的"含金量"之高前所未有。常委会充分运用国家立法授权,在草案中增加"按日连续处罚"的制度,并列明了适用按日连续处罚制度的违法行为的种类。《条例》采取了负面清单式(即排除式)的表述方式,一是排除了两类违法情节轻微行为的适用,即单位违反关于坏境信息公开义务的行为,以及餐饮企业违反关于安装油烟在线监测设备规定的行为,因其社会危害性较轻,根据过罚相当的原则,不宜适用按日连续处罚制度。二是排除了一项临时性措施的适用,即单位和个人拒不执行重污染天气应急措施的情形。因应急状态的时间不长,连续处罚对罚款幅度的影响有限。将上述行为排除后,其他违法行为都适用按日连续处罚制度。

其二,单位、个人双罚制。环境执法实践中,一些生产不规范的小企业资产少、租赁场地经营,被查处后为了逃避处罚迅速转移,对其开出的罚单大多无法执行,有必要对其负责人个人进行处罚。此外,有一些违法行为肇始于企业内具体岗位的工作人员不规范操作,如果仅处罚企业,起不到教育、惩罚直接责任人的目的,也必须对个人进行处罚。为此,《条例》规定,当特定几类违法行为发生时,除了依一般做法对单位给予处罚之外,还要对负责人或直接责任人进行处罚。《条例》对社会危害性较大的五类违法行为设定了个人责任:发生环境污染事故的;超标排污的;无证排污的;超总量排污的;拒不执行重污染天气下临时管控措施的。

其三,提高严重违法行为罚款上限。有的委员、部门和市民建议,要加大处罚力度,扭转当前环境违法成本低的问题。经研究,法制委员会认为,对于严重污染大气环境的违法行为,应当加大处罚力度。近年来,北京市等地通过大气污染防治法规,加大对严重违法行为的处罚力度,反映了环保领域地方立法的共同特点。为此,《条例》将无排放许可证排放主要大气污染物的罚款幅度,从一万元以上十万元以下,提高到五万元以上五十万元以下。

其四,扩大行为罚的适用范围。行政处罚理论和立法实践一般是根据违法行为造成的社会危害结果来设定处罚,但在环保执法中,一些违法行为的危害结果不是立即显现,或者难以立即确认,因此,原《实施办法》规定了违法行为发生即可进行处罚的"行为罚"。例如,机动车排放明显可见黑烟即可予以处罚的制度。实践证明,对冒黑烟这类行为,行为罚比结果罚更能够提高执法可操作性。因此,《条例》将行为罚的适用范围进一步扩大,规定在本市使用的机动船、锅炉、窑炉等非道路移动机械向大气排放污染物超过规定排放标准或者排放明显可见黑烟的,由环保部门责令改正,可以处五百元以上五千元以下罚款。

其五,梳理堵漏,填补法律责任空白。条例审议期间,工作班子对草案的条款进行了逐条研究,针对一些制度上考虑不够周全,存有法律责任空白的地方进行了完善。例如,针对企业使用不符合相关标准的高污染燃料的,大气污染物处理设施未保持正常使用或者擅自拆除、闲置该设施的,机动车尾气处理装置未保持正常使用的,使用无环保检验合格标志或者被标识为高污染的车辆从事道路运输经营的,以及经营场地出租者不配合环保执法调查的等行为,都增加了相应的法律责任规定。其六,强调行政责任与刑事责任相衔接。为了在大气环境行政违法责任追究与刑事责任追究之间形成全面对接的长效机制,《条例》规定环保部门与公安机关应当建立健全大气污染案件行政执法和刑事司法的衔接机制。

在《条例》的整个立法过程中,将上海打造成法律责任最重、违法成本最高的城市是立法工作的重中之重。《条例》在《实施办法》基础上,对法律责任一章作了重点更新,新增法律责任条文35条,占全部新增条文数的62.5%,大大提高了对违法者的威慑力。《条例》也为进一步发挥人大对立法的主导作用,进一步发挥立法对经济发展的引领作用,进一步增强地方立法的针对性、有效性,提供了一个不可多得的范本。

4. 依法保障道路交通有序、安全、通畅

交通是城市发展、保障、运行的永恒主题,也是城市重要的基础功能和形象标志之一。上海作为一个人口多、地域小的超大型城市,交通问题始终是城市发展中的主题和难题。上海的道路交通地方立法先于国家层面的立法,为了加强道路交通管理,保障道路交通有序、安全、畅通,1997年7月10日,上海市第十届人大常委会第三十七次会议通过了《上海市道路交通管理条例》(以下简称《条例》),之后,1999年7月12日上海市第十一届人大常委会第十一次会议、2000

年 4 月 10 日上海市第十一届人大常委会第十七次会议、2001 年 5 月 24 日上海市第十一届人大常委会第二十八次会议先后对该条例进行了三次修正。

2003 年 10 月 28 日，人大常委会第五次会议通过了《中华人民共和国道路交通安全法》（以下简称《道交法》），2004 年 4 月 28 日，国务院第四十九次常务会议通过了《中华人民共和国道路交通安全法实施条例》（以下简称《道交法实施条例》），上海的《条例》需要根据上位法的规定适时进行修改。由于近年来上海市道路交通管理的实际情况发生了很大变化，车辆保有量增长迅速，物流运输行业发展迅猛，城市人口剧增，城市道路拥堵情况越发严重，《条例》的内容已经无法适应现实管理的需要，亟需对《条例》作全面的修订。

2016 年，市委明确将加强综合交通管理作为"补好短板"的重点工作之一，要求各相关部门拿出强有力的举措，落实最严厉的整治行动，补好上海城市交通管理中的短板，以工作的实际成效取信于广大市民群众。同时要求"及时梳理分析一线执法实践中遇到的突出问题，加快修订相关地方法规，为一线执法队伍提供有力法律支撑、创造良好法制环境"。①在这一背景下，《条例》的修订步伐明显加快，相关的立法调研、论证、起草实行市人大常委会副主任和市政府副市长共同负责的"双组长制"，并由市人大内司委、市人大常委会法工委、市公安局、市交通委和市政府法制办组成联合起草小组。市人大常委会领导高度重视该立法项目的推进情况，要求立足超大型城市管理实际，重点解决道路交通管理中的法制不完备的问题、常态长效管理亟需解决的问题、人民群众反响强烈且实践亟需解决的问题，为本市交通进一步从严、科学、规范管理提供法制保障。常委会党组会议专门研究草案起草状况。2016 年 6 月，经常委会主任会议讨论及市人大内司委、市人大常委会法工委论证，该立法项目由 2016 年年度立法计划预备项目转为正式项目。同时，加快立法进度，《条例》草案的初审由原定的 2016 年 9 月提前至 7 月。

在《条例》草案审议过程中，上海市委主要领导多次听取起草、修改情况的汇报，提出指导意见。市人大常委会党组主要领导、常委会分管领导在立法的各个阶段多次听取工作汇报、主持相关座谈会、论证会，听取专家学者、司法机关行政审判实务部门的意见，并亲自主持对相关立法难点问题的协调。鉴于道路交通立法内容多、涉及部门多、立法难度大、社会敏感性强，市人大常委会分别于 2016 年 7 月、9 月、11 月对《条例》草案进行了三次审议。在常委会审议过程中，充分发挥代表作用，采用多种形式听取本市三级人大代表的意见，并开展人大代

---

① 参见陈靖：《〈上海市道路交通管理条例（修订草案）〉的说明》，《上海市人民代表大会常务委员会公报》2016 年第九号。

表问卷调查，请代表带着立法重点难点问题下社区，召开座谈会倾听群众意见，回收代表和市民问卷分别达 356 份和 8566 份。代表和市民充分肯定交通大整治成效，希望通过立法进一步落实从严管理，建立健全常态长效管理机制。《条例》修改稿在二审后公开征求意见，共收到市民来信、传真和电子邮件 241 件，对《条例》提出了 132 条修改意见。与此同时，积极发挥市人大常委会立法基层联系点的作用，分别听取机动车驾驶人、非机动车驾驶人、行人以及一线执法人员的意见；对电子警察执法、交通违法行为处理等进行实地调研。通过开门立法，不断完善制度设计的合法性、合理性、有效性和针对性，使立法过程成为社会参与、社会动员、宣传普法、凝聚共识的过程。

2016 年 12 月 29 日，上海市第十四届人大常委会第三十四次会议表决通过了修订后的《条例》。经过全面修订的《条例》共 9 章 82 条，对 1997 年原《条例》85% 以上的条款进行了修改。在《条例》草案审议过程中，市人大常委会坚持运用法治思维、法治方式，依法推进道路交通治理能力现代化，注重问题导向、需求导向，聚焦上海道路交通大发展、人车流大增长、安全隐患和风险日益增多的严峻形势，严格遵循依法立法、维护社会主义法制统一的原则，按照"不抵触、有特色、可操作"的要求，努力将上海市交通管理理念、公交优先发展举措、道路通行和停车管理、综合治理等领域的管理举措转化为法规条文，依法推进道路交通治理能力现代化，提高城市治理能力。与此同时，坚持"以人为本"理念，着力为公众提供便捷、高效的服务，聚焦群众关心的道路交通管理方面的短板问题，坚持把广大人民群众的利益作为立法的出发点和归宿。在具体的修改工作中，常委会法工委把握好三项工作原则：其一，在从严管理方面，积极挖掘法律资源，善于运用立法智慧，在法律框架内尽最大努力支持政府部门严格查处道路交通违法行为；其二，在科学管理方面，充实使规划更前瞻、资源配置更合理、交通设施更完善、管理更科学的具体规定；其三，在规范管理方面，完善严格、规范、文明、便民执法的相关内容。综观《条例》的立法过程和主要内容，体现了以下几个特点：

一是注重全面管理与重点管理相结合。《条例》不仅仅是对《道交法》及《道交法实施条例》进行细化和补充，而是一部体现上海特色的、综合性的道路交通管理法规。在内容安排上，《条例》不仅规范了车辆、行人、驾驶人等交通参与者的权利和义务，还在体例上作了扩充，增加了"交通规划与设施"、"停车管理"和"综合治理"三章，对上海市道路交通进行全过程、多维度管理。

二是注重从严管理与科学管理相结合。《条例》一方面根据上海超大型城市的特点，落实"从严管理、从严执法"的要求。常委会法工委对全国各省、直辖市、自治区以及经济特区和其他相关城市的道路交通相关立法及实施情况进行了全面的梳理、研究和分析，借鉴其他省市从严管理、科学管理的成功经验，并就公交专用道的划设和使用、设置禁止停车标志标线、道路停车泊位的调整等问题多次与市公安局、市交通委进行了专题研究,进一步细化和补充了严格执法方面的规范。另一方面,《条例》聚焦群众关心的问题,对如何使道路交通规划更前瞻、道路资源配置更合理、道路交通设施更完善、道路交通管理更科学提出了具体要求。在常委会审议过程中,不少委员对于《条例》修订草案中有关驾驶机动车在本市外环线以内一律禁鸣喇叭的规定提出异议。市人大内司委建议根据上位法的有关规定加以完善。①根据《道交法实施条例》第59条规定:"机动车驶近急弯、坡道顶端等影响安全视距的路段以及超车或者遇有紧急情况时,应当减速慢行,并鸣喇叭示意",即机动车遇有紧急情况等情形应当鸣喇叭。但是,各相关部门无法就该条款的修改取得一致意见。常委会法工委经研究后认为,依法对"乱鸣号"行为进行处理,是固化道路交通大整治经验的需要,也是提升上海城市文明程度的重要内容。从《道交法实施条例》的规定看,确实有应当鸣号的例外情形,但若在法规中直接作出补充规定,可能给执法实践带来不便。为积极支持查处"乱鸣号"行为,常委会法工委反复检索相关法律、法规,充分挖掘法律资源。经查,除《道交法》、《道交法实施条例》外,《中华人民共和国环境噪声污染防治法》第三十五条规定:"城市人民政府公安机关可以根据本地城市市区区域环境保护的需要,划定禁止机动车辆行驶和禁止其使用声响装置的路段和时间,并向社会公告",即本市有划定机动车禁鸣区域的法定权限。据此,建议根据该法第三十五条的规定,从禁鸣区域划定的角度在法规中对本市外环线以内禁鸣喇叭给予法律支撑,即:"本市外环线以内以及公安机关规定的其他区域为机动车禁鸣喇叭区域。"至于机动车驾驶人的行为是否违反鸣喇叭的规定,则由公安机关在现场执法中根据实际情况判断,在条例中可不作规定。

三是注重从严执法与依法执法、规范执法相结合。此次立法正值上海市开展声势浩大的交通违法行为大整治,公安机关迫切希望固化从严执法的相关内容。鉴于《道交法》第四章对"道路通行的一般规定"作了明确规定,其第四十一条规定:"有关道路通行的其他具体规定,由国务院规定。"为此,地方立法在道路通行方面的立法空间有限。笔者在多个重要场合强调,道交立法要在与上位法不冲撞的前提下支持执法机关从严管理,一要经受得住全国人大常委会日趋严格的备案审查;二要经受得住司法审判机关的检验;三要经受得住专家学者的合法性质疑;四要经受得住社会的拷问。在常委会审议过程中,常委会法工委会同各相关部门对修订草案中有关法律责任的一些制度反复研究、沟通,多次召开座

① 参见沈志先:《上海市人民代表大会内务司法委员会关于〈上海市道路交通管理条例(修订草案)〉的审议意见报告》,《上海市人民代表大会常务委员会公报》2016年第九号。

谈会、论证会,邀请政府有关部门、司法实务部门、律师协会、法学院校的专家学者对修订草案相关条款的合法性、合理性和可行性进行论证,对重点条款的法律效果和社会效果进行综合评估,并会同市人大内司委、市公安局、市交通委、市政府法制办专程赴全国人大常委会法工委请示、沟通,力求在与上位法不抵触的前提下,最大限度地满足执法需求。

如修订草案中对"多次违法逾期未接受处理"设定了暂扣机动车驾驶证、暂扣机动车行驶证的处罚。常委会审议期间,市人大内司委、常委会组成人员及有关方面提出,该规定于法无据,建议再作研究完善。常委会法工委研究了相关的法律规定,与"对多次违法逾期未接受处理设定暂扣机动车驾驶证和机动车行驶证的处罚"有关的法律规定有三项:一是《行政处罚法》的规定:"公民、法人或者其他组织违反行政管理秩序的行为,依法应当给予行政处罚的,行政机关必须查明事实;违法事实不清的,不得给予行政处罚"。从实际情况看,发生交通违法行为,逾期未去公安机关交通管理部门接受处理的,违法行为本身还未得到确认。对还未查明事实的情形设定处罚,不符合《行政处罚法》的规定。二是《道交法》明确限定了对道路交通安全违法行为的处罚种类为"警告、罚款、暂扣或者吊销机动车驾驶证、拘留",地方性法规创设暂扣机动车行驶证的处罚,与上位法不相符合。三是根据《道交法》,机动车行驶证是机动车可以上路行驶的证明,暂扣机动车行驶证意味着机动车所有人对机动车的使用权受到了限制,涉及对物权的限制,地方立法对此应当慎重。

全国人大常委会法工委认为,实践中多次违法逾期未处理的原因很多,尤其是非现场执法方式的普及,导致公安机关难以履行告知义务,对多次违法逾期未处理设定"暂扣一个月以上三个月以下机动车驾驶证或者机动车行驶证"的行政处罚,无法律依据。法制委、常委会法工委反复研究后认为,多次交通违法逾期未处理,妨碍了正常的执法秩序,有必要加强管理。为督促多次交通违法的当事人及时接受调查、处理,建议从两方面对这一情况作出规定:一是完善修订草案中有关通知送达和催告程序的内容,规定机动车驾驶人接到处理通知后逾期不接受处理的,公安机关可以直接进行处罚,以此解决机动车驾驶人逾期未接受处理的问题;二是针对机动车有多次违法记录逾期未接受处理的情形,运用由执行职务的公安民警"先予扣留"机动车行驶证这一手段,促使违法行为人及时接受处理,在违法行为人接受处理后,应当立即发还机动车行驶证。①全国人大常委会法工委编写的《道交法》释义对"先予扣留"作出了清

---

① 参见林化宾:《上海市人民代表大会法制委员会关于〈上海市道路交通管理条例(修订草案)〉审议结果的报告》,《上海市人民代表大会常务委员会公报》2016年第九号。

晰的释明:公安民警"先予扣留"属于暂时措施,是处罚行为的开始,还不是正式的处罚决定。①

为此,《条例》第二十六条规定:"现场发现的道路交通违法行为,公安机关未当场作出行政处罚决定的,应当出具《道路交通安全违法行为处理通知书》或者《公安交通管理行政强制措施凭证》。当事人应当在接到上述通知书、凭证之日起十五日内接受调查、处理。当事人逾期未接受调查、处理,违法事实清楚的,公安机关可以依法作出行政处罚决定。"第七十九条规定:"执行职务的公安民警发现机动车在本市有道路交通违法行为逾期未接受处理记录累积达到五起以上的,可以先予扣留机动车行驶证,并通知机动车所有人、管理人或者驾驶人及时接受处理,处理完毕后,发还机动车行驶证。"《条例》在注重依法执法、从严执法的同时,对公安机关、交通行政管理部门等提出从严执法和规范执法相结合的要求,保证有法必依、执法必严、违法必究,不断提升执法公信力。

四是注重便民服务与自觉守法相结合。在常委会审议中,市人大内司委建议将《道交法》确立的"依法管理、方便群众"的原则融入《条例》的基本原则之中。为此,《条例》规定,本市道路交通管理工作坚持适应超大型城市特点、坚持绿色交通理念、坚持动态交通和静态交通协调发展、坚持依法管理、坚持以人为本的基本原则。《条例》规定了严格、规范、文明、便民执法的相关内容,要求有关政府部门公开办事制度和办事程序,推行预约、"一站式"等便民措施。《条例》规定了道路交通参与者的行为守则,督促机动车、非机动车和行人遵守道路交通管理规定,以此推动全社会增强交通守法意识,规范道路交通行为,引导全民自觉形成遵法守法习惯,树立道路交通法律权威。

值得关注的是,在常委会审议和公开征求意见过程中,不少常委会组成人员和市民对执法机关加强科学管理、人性化执法提出了意见和建议,如进一步优化城市道路规划,完善公交专用道的划设和使用、减少"断头路"、科学设置禁止停车标志标线、提高交通违法信息送达的有效率、人性化调整道路停车泊位、扩大各项交通管理措施的社会知晓度等。对此,法制委员会在《条例》审议报告中积极予以反映,要求公安机关、交通行政管理部门贯彻"以人为本"的理念,根据不同情况细化执法标准和指引,完善执法监督机制,不断提升依法履职的能力,不断提高科学管理水平和执法水平。②

① 参见郎胜主编:《中华人民共和国道路交通安全法释义》(全国人民代表大会常务委员会法制工作委员会编),法律出版社2003年版,第241—243页。
② 参见林化宾:《上海市人民代表大会法制委员会关于〈上海市道路交通管理条例(修订草案)〉(修改二稿)修改情况的报告》,《上海市人民代表大会常务委员会公报》2016年第九号。

5. 及时固化基层社会治理成果

为了适应全面深化改革的新形势,落实中央社会治理的新要求,中共上海市委将"创新社会治理、加强基层建设"这一事关上海当前改革和未来发展的全局性大事作为2014年上海市委头号调研课题,经过系统深入的调查研究,形成了《中共上海市委上海市人民政府关于进一步创新社会治理加强基层建设的意见》以及《关于深化街道体制改革的实施意见》等6个配套文件(以下统称"1+6文件")。"1+6文件"立足上海作为特大型城市的特点,对新形势下深化本市街道体制改革、完善居民区治理体系、完善村级治理体系、组织引导社会力量参与社区治理、深化拓展网格化管理提升城市综合管理效能、社区工作者管理作出了全面部署。上海市人大常委会高度重视以法治思维、法治方式引领基层建设,积极部署、推进将市委重大调研的成果及时转化为地方性法规,经过调研、论证,将修订《上海市街道办事处条例》列为常委会2016年度立法计划的正式项目,将修订《上海市实施〈中华人民共和国村民委员会组织法〉办法》列为该年度立法计划的预备项目,将制定《上海市居民委员会工作条例》列为调研项目,并通过召开座谈会、论证会、专家研讨会等形式,把握调研重点、协商立法难点,推动立法调研不断深化。在有关各方共同努力下,《上海市街道办事处条例》修订草案如期提交常委会审议。《上海市实施〈中华人民共和国村民委员会组织法〉办法》修订草案与《上海市居民委员会工作条例》草案分别完成了"预备项目转为正式项目"、"调研项目转为正式项目"的程序,相继提请常委会审议,并先后经常委会表决通过。上述"街、村、居"三件地方性法规的及时出台,有效地将市委的重大决策转化为地方性法规,也反映了市人大常委会积极回应改革发展特殊时期对立法的特殊需求,充分发挥立法对改革发展的引领和推动作用。"街、村、居"三件地方性法规聚焦了上海市在创新社会治理、加强基层建设实践中存在的难点、焦点问题,相关问题成为审议过程中常委会组成人员、社会关注的热点问题。

一是关于《上海市街道办事处条例》的审议热点。2016年9月14日,上海市第十四届人大常委会第三十二次会议修订通过了《上海市街道办事处条例》(以下简称《条例》)。修改后的《条例》共26条,对1997年1月15日上海市第十届人大常委会第三十三次会议通过的原条例作了全面修改,明确了街道办事处组织属性、主要职能、条块关系、公共服务等内容。在《条例》修订草案审议过程中,常委会组成人员和社会关注的热点问题有两个:

其一,关于街道办事处职能。市人民政府提请审议的《条例》修订草案第五条第一款规定:"街道办事处以辖区内的公共服务、公共管理、公共安全为工作重点,履行下列主要职能:(一)统筹落实社区发展的重大决策和社区建设规划,参与辖区公共服务设施建设规划编制,推动辖区健康、有序、可持续发展;(二)组织实施与居民生活密切相关的卫生、文化体育、社区教育、为老服务等社区公共服务，落实人力资源和社会保障、民政、计划生育等领域的相关政策；(三)综合协调辖区内的城市管理、人口管理、社会管理、安全管理、住宅小区管理等地区性、综合性工作；(四)组织开展对辖区内各类专业执法工作的群众监督和社会监督；(五)动员各类社会力量参与社区治理，整合辖区内社会力量为社区发展服务，推动社区公益慈善事业发展；(六)指导居民委员会等基层群众性自治组织建设，健全自治平台，组织社区居民和单位参与社区建设和管理；(七)承担辖区社会治安综合治理有关工作，反映社情民意，化解矛盾纠纷，维护社区平安；(八)法律、法规、规章规定和区人民政府交办的其他事项。"该条第二款规定："区人民政府应当根据街道办事处的职能定位，明确街道办事处的职责任务，配备工作人员、经费和资源，制定街道办事处行政权力和行政责任清单。"

其二，关于街道办事处与职能部门的关系（即条块关系）。市人民政府提请审议的《条例》修订草案的说明称，进一步理顺街道办事处与职能部门的关系，实现重心下移、资源下沉、权力下放、权责统一，是"1＋6文件"的重要内容之一。根据有关文件精神，结合贯彻落实"1＋6文件"过程中关于进一步理顺条块关系、加强条块对接工作方案。《修订草案》第十一条规定，建立市、区人民政府职能部门将职责范围内的行政事务委托或者交由街道办事处承担的准入制度，并根据市、区两级的不同特点，细化了相应的审核程序和要求，明确相应的保障与纠正机制。第十二条明确了街道办事处与政府职能部门的协作与监督机制，包括职能部门依法履职与街道办事处依法配合监督的机制、职能部门主动服务基层的工作机制、完善职能部门考核机制等。①

市人大内司委的审议意见认为，《条例》修订草案第五条参照"1＋6"系列文件，规定街道办事处履行七个方面的主要职能，同时规定街道办事处的职责任务由区人民政府予以明确。在调研过程中，有些代表、专家和基层同志指出，目前街道实际上还承担着拥军优属、社区法治建设等重要职能，而草案第五条第一款第八项仅表述为"法律、法规、规章规定和区人民政府交办的其他事项"，与职能相比，"事项"的范围较为狭窄，难以涵盖街道实际承担的其他职能。为此，建议调整相关文字表述，将第五条第八项修改为"法律、法规、规章规定的其他职能及完成区人民政府交办的事项"。内司委的审议意见同时认为，条块关系是影响街道办事处履职成效的关键性问题。在调研过程中，各方均建议调整和充实《条例》修订草案的相关内容，以确保"条"与"块"发挥各自优势和作用，共同促进社

---

① 参见林化宾：《上海市人民代表大会法制委员会关于〈上海市道路交通管理条例(修订草案)〉(修改二稿)修改情况的报告》，《上海市人民代表大会常务委员会公报》2016年第九号。

会治理。建议增加有关规范条块关系总体性规定的内容，即从街道办事处承担"实施综合管理"和"监督专业管理"两方面职能出发，明确街道办事处辖区内需要多部门协同解决的问题，由街道办事处负责实施综合管理，相关职能部门应当按照街道办事处的统筹协调，依法履行各自职责；街道办事处辖区内各类专业执法工作，则由相关职能部门依法开展，街道办事处应当予以配合、支持，并对执法情况组织开展监督。与此同时，明确法律责任归属，即政府职能部门将职责范围内的行政事务委托或者交由街道办事处承担的，职能部门应负责专业指导，并由职能部门承担相应的法律责任。①

在常委会审议过程中，有的部门提出，国防教育和兵役工作作为街道办事处的职责，条例应予体现。有的委员提出，修订草案第五条第一款第八项中"交办"一词非规范化表述，建议予以研究。有的委员和基层工作同志提出，在完善街道办事处职能的同时，对政府职能部门严格依法履职也应提出明确要求。经与市政府法制办、市编办、市民政局共同研究，法制委员会认为，街道办事处职能表述应当根据市委创新社会治理加强基层建设的要求，从深化街道体制改革、理顺条块关系、完善街道职能定位出发作出规定。街道办事处具体职责应当由区人民政府根据法律、法规、规章的规定和街道办事处的职能定位予以明确。此外，"交办"一词作为法律用语，在地方组织法对人民政府职权的规定中也使用了"上级人民政府交办的其他事项"的表述。②经过修改和完善，《条例》第八条规定："街道办事处的职责：（一）指导、帮助居民委员会开展组织建设、制度建设和其他工作；（二）开展便民利民的社区服务；（三）兴办社会福利事业，做好社会救助和其他社会保障工作；（四）负责街道监察队的建设和管理；（五）开展计划生育、环境保护、教育、文化、卫生、科普、体育等工作；（六）维护老年人、未成年人、妇女、残疾人和归侨、侨眷、少数民族的合法权益；（七）组织实施社会治安综合治理规划，开展治安保卫、人民调解工作；（八）开展拥军优属，做好国防动员和兵役工作；（九）参与检查、督促新建改建住宅的公共建筑、市政设施配套项目的落实、验收工作，协助有关部门对公共建筑、市政配套设施的使用进行管理监督；（十）配合做好防灾救灾工作；（十一）管理外来流动人员；（十二）领导街道经济工作；（十三）向区人民政府反映居民的意见和要求，处理群众来信来访事项；（十四）办理区人民政府交办的事项。

关于条块关系问题，有的委员提出，条块关系是影响街道办事处履职成效的

①　参见沈志先：《上海市人民代表大会内务司法委员会关于〈上海市街道办事处条例（修订草案）〉的审议意见报告》，《上海市人民代表大会常务委员会公报》2016年第七号。
②　参见叶青：《上海市人民代表大会法制委员会关于〈上海市街道办事处条例（修订草案）〉审议结果的报告》，《上海市人民代表大会常务委员会公报》2016年第七号。

关键问题,建议进一步梳理、完善街道办事处与政府职能部门之间的关系。有的基层工作同志提出,街道城市网格化综合管理中心对辖区内城市管理、市场监管、街面治安等领域问题的巡查发现职责,不能取代政府职能部门日常管理检查中发现问题的责任。经研究,法制委员会认为,修订草案第十条、第十一条、第十二条、第十六条均是涉及条块关系的内容,在逻辑关系、责任分配等方面都有予以完善的空间。为此,建议予以修改:其一,调整相关条款的顺序。将条块关系分四个层次表述:第一是建立街道办事处行政事务准入制度,规定政府职能部门未经审核批准不得将职责范围内的行政事务委托或者交由街道办事处承担;第二是规定对责任部门明确的执法和管理事项,政府职能部门要依法履职,街道办事处予以配合支持,并组织开展监督;第三是规定对需要多部门协同解决的综合性事项,赋予街道办事处综合管理协调职责;四是规定涉及辖区内群众利益的重大决策和重大事项,应当听取街道办事处的意见。其二,关于街道办事处行政事务准入。建议在正面表述本市建立街道办事处行政事务准入制度基础上,增加"未经审核批准,不得将职责范围内的行政事务委托或者交由街道办事处承担"的禁止性规定。同时考虑地方性法规、政府规章、规范性文件和其他文件在制定主体和制定程序上均有不同,建议在相关表述上予以区分。其三,关于街道综合管理运行机制。街道网格化综合管理机构是巡查发现问题的主体之一,与政府职能部门的日常管理检查中发现问题互为补充。为此,建议将修订草案第十条第三款修改为:"街道办事处所属的城市网格化综合管理机构对巡查发现的辖区内城市管理、市场监管、街面治安等问题,应当及时派单调度、督办核查,指挥协调相关职能部门派出机构及时予以处置。"根据法制委员会统一审议的意见,常委会法工委对《条例》修订草案作了相应的修改。

二是关于《上海市实施〈中华人民共和国村民委员会组织法〉办法》的审议热点。2017年2月22日,上海市第十四届人大常委会第三十五次会议修订通过了《上海市实施〈中华人民共和国村民委员会组织法〉办法》(以下简称《办法》)。修订后的《办法》共7章46条,在村民委员会及相关组织、民主管理和民主监督、农村社区建设、村民自治保障等方面对2000年9月22日上海市第十一届人大常委会第二十二次会议通过的原《办法》作了重大修改。该立法项目原为年度立法计划中的预备项目,由市人大内司委组织起草。经过认真调研后立法条件成熟,及时转化为正式项目予以审议通过。在《办法》修订草案审议过程中,常委会组成人员和社会关注的热点问题集中在村民委员会、村民小组撤销或者范围调整时集体资产的处置问题。内务司法委员会关于《办法》修订草案的说明称,随着农村城市化进程的加快,"城中村"、"空壳村"不断出现,村民委员会、村民小组撤并工作经常进行,需要针对事关村民切身利益和农村稳定的集体资产处置等问题,作出更加严格的规定。为此,《办法》修订草案第六条第一款规定:村民委员会的设立、撤销、范围调整、更名,由乡、镇人民政府提出,经村民会议讨论同意,报区人民政府批准后实施。第二款规定:村民委员会可以根据村民居住状况、集体土地所有权关系等分设若干村民小组。村民小组的撤销、范围调整、更名,由村民委员会提出,经村民小组会议讨论同意,报乡、镇人民政府审核通过后实施。第三款规定:村民委员会、村民小组的撤销或者范围调整,应当按照相关程序先行处置村集体资产。村、村民小组集体资产处置方案由村民委员会、村民小组依据市、区人民政府的有关规定拟定,报乡、镇人民政府审核通过后实施。①

在常委会一审过程中,有的委员提出,撤村时处置的集体资产既包括村级层面,也包括村民小组层面,建议完善相关表述。有的基层部门提出,在撤村时对集体资产予以先行处置如何操作,建议予以研究。经与市人大内司委、市民政局、市农委等部门研究,法制委认为,目前上海市农村集体资产的产权主体除村级外,也包括村民小组,建议在《办法》相关条款中增加"村民小组"的表述;在村和村民小组撤制时,按照本市相关规定和实践做法,必须先行处置集体资产,即做好明晰产权、清产核资、制定方案等工作。目前市人大有关委员会及市政府正在积极开展集体资产监管方面的地方性法规立法调研,应给进一步立法留有空间。②在常委会二审时,市人大工作研究会和基层部门提出,撤村时对集体资产予以先行处置应当更加细化、明确,增加可操作性,资产处置方案应当分别由村民会议、村民小组会议讨论决定。法制委对该等意见予以采纳。③常委会经审议后,将《办法》第六条第三款改为:"村民委员会、村民小组撤销或者范围调整的,应当按照规定的程序先行对村、村民小组集体资产清产核资、明晰产权,并制定集体资产处置方案。集体资产处置方案应当符合市、区有关规定,并经村民会议、村民小组会议分别讨论通过,报乡、镇人民政府审核同意后实施。"

三是关于《上海市居民委员会工作条例》的审议热点。2017 年 4 月 20 日,上海市第十四届人大常委会第三十六次会议通过了《上海市居民委员会工作条例》(以下简称《工作条例》)。《工作条例》共 39 条,对居民委员会工作的基本原则、居民委员会的组织运行机制、主要任务、工作保障机制等事项作出了明确规定。在《工作条例》起草和常委会审议过程中,各方面关注的热点聚焦在居民委

---

① 参见沈志先:关于《上海市实施〈中华人民共和国村民委员会组织法〉办法(修订草案)的说明》,《上海市人民代表大会常务委员会公报》2017 年第二号。

② 参见叶青:上海市人民代表大会法制委员会关于《上海市实施〈中华人民共和国村民委员会组织法〉办法(修订草案)》审议结果的报告,《上海市人民代表大会常务委员会公报》2017 年第二号。

③ 参见叶青:上海市人民代表大会法制委员会关于《上海市实施〈中华人民共和国村民委员会组织法〉办法(修订草案)》(修改稿)修改情况的报告,《上海市人民代表大会常务委员会公报》2017 年第二号。

员会与业主委员会的关系这一问题上，该问题也是当前居民区治理中突出的难点问题。《工作条例》草案第十九条用五款对居民委员会与业主委员会的关系作出规范，该条第一款规定：居民委员会应当协助街道办事处或者乡镇人民政府、房屋管理部门做好业主委员会组建和换届选举的组织工作，指导业主委员会建立健全日常运作的工作制度。第二款规定：因客观原因未能选举产生业主委员会的，居民委员会应当在街道办事处或者乡镇人民政府的指导和监督下，组织业主讨论决策住宅小区公共管理事务，或者经业主大会授权，由居民委员会代行业主委员会的相关职责。房屋管理部门应当加强对居民委员会代行业主委员会相关职责的业务指导和服务工作。第三款规定：居民委员会应当加强对业主委员会的日常指导，引导其以自治方式规范运作。对涉及大多数居民利益的物业管理事项，居民委员会有权督促业主委员会依法召开业主大会，广泛征求业主意见并形成决议。第四款规定：业主委员会应当配合居民委员会依法履行自治管理职能，支持居民委员会开展工作，接受其指导和监督；业主委员会作出的决定，应当告知相关的居民委员会。第五款规定：鼓励和推进符合条件的居民委员会成员经合法程序担任业主委员会成员。

市人大内务司法委员会对草案第十九条的上述规定提出了意见，认为对草案第二款的内容应当慎重，建议对"居民委员会代行业主委员会的相关职责"的表述是否符合物权法等法律规定进行研究。在常委会一审时，不少委员认为草案第十九条关于居民委员会与业主委员会关系的表述不够清晰，建议予以修改。有的基层部门提出，要求居民委员会代行业主委员会的相关职责，在实践中缺乏可操作性。法制委、常委会法工委为此召开了一系列座谈会，分别听取了政府相关部门、街道办事处、居民委员会以及物业服务企业等社会各方面的意见，并会同与市人大内司委、市政府法制办、市住建委和市民政局对该问题进行了共同研究。在法制委统一审议时，该问题也成为讨论的焦点。法制委认为，根据《中华人民共和国物权法》《中华人民共和国城市居民委员会组织法》和《物业管理条例》等法律、行政法规的规定，居民委员会与业主委员会在法律属性、权力来源以及工作职责等方面均不同，两者适用不同的法律关系。鉴于《工作条例》草案第十九条的规定各方面还存在认识上的分歧，建议对该条第二款的内容暂不作修改，结合常委会二审意见，深入研究后再作修改完善。①

在常委会二审时，有的委员提出，居民委员会代行业主委员会的相关职责应当是特殊情况下的一种临时举措。有的基层单位提出，要审慎规定居民委员会

---

① 参见丁伟：《上海市人民代表大会法制委员会关于〈上海市居民委员会工作条例（草案）〉审议结果的报告》。

代行业主委员会职责，以防出现居民小区不愿意成立业主委员会而选择由居民委员会长期代行业主委员会相关职责的现象。也有的基层部门提出，一旦业主大会授权，居民委员会就必须代行业主委员会的相关职责，实践中会大大增加居民委员会的工作量，影响居民委员会正常开展其他基层自治工作。法制委、常委会法工委就该问题进行了专题调研，进一步听取各方面的意见，并与市政府各相关部门进行进一步研究。法制委认为，业主大会选举产生业主委员会，由业主委员会依法履职，监督物业服务企业，应当是小区管理的常态。对确实存在客观原因未成立业主委员会的，赋予居民委员会"查漏补缺"的职责，由其组织业主讨论决策小区公共管理事务有其必要性。经业主大会委托，居民委员会也可以暂时代行业主委员会的相关职责。但是，代行应是一种临时行为，不应成为常态，要尽快回归由业主委员会履行职责的正常状态。①就该事项，《工作条例》第二十条第二款最终规定："因客观原因未能选举产生业主委员会的，居民委员会应当在街道办事处或者乡镇人民政府的指导和监督下，组织业主讨论决策住宅小区公共管理事务，或者经业主大会委托也可以暂时代行业主委员会的相关职责。"

6. 将"诚信上海"建设纳入法治的轨道

"国以诚立心，人以诚立身。"诚信是中华民族流传千年的美德，是社会主义核心价值观的内在要求，加快建设社会信用体系，是完善社会主义市场经济体制的基础性工程。在全面建成小康社会的决胜阶段，中央高度重视社会信用体系建设。党的十八大提出"加强政务诚信、商务诚信、社会诚信和司法公信建设"，党的十八届三中全会提出"建立健全社会征信体系，褒扬诚信，惩戒失信"。党的十八届四中全会提出"加强社会诚信建设，健全公民和组织守法信用记录，完善守法诚信褒奖机制和违法失信行为惩戒机制"。上海是我国市场经济发育最成熟的地区之一，也是我国最早探索社会信用体系建设的地区，十多年前就在全国率先出台了个人和企业征信方面的政府规章。近年来更是把握自贸试验区改革先发优势，加快推进制度创新和探索实践，形成了基于"三清单"（公共信用信息数据清单、行为清单、应用清单）、覆盖"三阶段"（事前告知承诺、事中评估分类、事后联动奖惩）的全过程信用管理模式。在地方立法层面，信用制度已纳入《中国（上海）自由贸易试验区条例》，相关失信惩戒措施也先后纳入《上海市轨道交通管理条例》《上海市消费者权益保护条例》《上海市道路交通管理条例》等地方性法规之中。近年来上海市立法研究所等部门围绕信用体系的地方立法，开展了一系列课题研究。为催生一部体现时代特征、中国特色、上海特点的社会信

---

① 参见丁伟：《上海市人民代表大会法制委员会关于〈上海市居民委员会工作条例（草案）〉（修改稿）修改情况的报告》，《上海市人民代表大会常务委员会公报》2017年第三号。

用条例,上海市人大常委会充分发挥主导作用,深入开展前期立法调研,精心组织草案起草,广泛凝聚社会共识,积极破解立法难点,充分发挥立法的引领与推动作用,积极探索以法治引领"诚信上海"建设。2017 年 6 月 23 日上海市第十四届人大常委会第三十八次会议通过了《上海市社会信用条例》(以下简称《条例》)。该《条例》共 8 章 56 条,是我国首部关于社会信用体系建设的综合性地方法规。

在《条例》草案审议过程中,中央全面深化改革领导小组第二十九次会议于2016 年 11 月审议通过了《关于加强政务诚信建设的指导意见》《关于加强个人诚信体系建设的指导意见》《关于全面加强电子商务领域诚信建设的指导意见》等指导性文件。2017 年 3 月,第十二届全国人大第五次会议表决通过了《中华人民共和国民法总则》(以下简称《民法总则》),该法第一百一十一条规定:"自然人的个人信息受法律保护。任何组织和个人需要获取他人个人信息的,应当依法取得并确保信息安全,不得非法收集、使用、加工、传输他人个人信息,不得非法买卖、提供或者公开他人个人信息。"上海市人大法制委、常委会法工委会同财经委等部门,根据上述指导性文件和《民法总则》的相关规定对《条例》草案作了较大幅度的修改,并根据依法立法的要求,就相关立法难点问题向全国人大常委会法工委请示。《条例》以问题为导向,积极破解以下几方面的立法难题:①

一是如何实现道德规范与法律规范同频共振。社会信用体系是一项复杂的系统工程,以法律、法规、标准和契约为依据,以守信激励和失信约束为奖惩机制,法治无疑是该体系建设的重要组成部分。然而,诚信作为传统美德,首先是一种道德准则和行为规范。在传统道德观念中,诚实守信被视作"立身之本""举政之本""进德修业之本"。在当今社会,商业欺诈、制假售假、偷逃骗税、虚报冒领、学术不端等失信行为更多地被视为道德失范、诚信缺失,法律干预较为有限。有鉴于此,无论是国家层面,还是地方立法层面,有关社会信用体系建设综合性的法律、法规长期阙如。因此,以法治引领信用体系建设,首先需要打破道德规范与法律规范的人为屏障,实现道德规范与法律规范同频共振。习近平总书记在主持中央政治局第三十七次集体学习时强调,法律是成文的道德,道德是内心的法律,两者都具有规范社会行为、调节社会关系、维护社会秩序的作用。法安天下,德润人心。法律有效实施有赖于道德支持,道德践行也离不开法律约束,国家治理需要法律和道德协同发力。要运用法治手段解决道德领域突出问题。法律是底线的道德,也是道德的保障。要加强相关立法工作,明确对失德行为的惩戒措施。《条例》以法治引领"诚信上海"建设,将实践中广泛认同、较为成熟、操作性强的道德要求及时上升为法律规范,引导全社会崇德向善,促进道德规范

---

① 参见丁伟:《以法治引领"诚信上海"建设》,《文汇报》2017 年 1 月 18 日。

与法律规范相衔接、相协调。在立法思路上以规范公共信用信息的归集和使用，提升社会诚信水平，营造社会诚信环境作为立法目的，将重点聚焦在社会和经济活动中自然人、法人等信息主体履行法定义务和遵守约定义务的活动上。《条例》相关制度设计的亮点之一体现在规范性、管理性与引领性、倡导性相结合，在对信息的采集、归集、共享和使用作出规范的同时，对营造社会共治格局、优化信用环境建设作出了一系列指引性规定。这一立法思路有助于实现社会信用体系建设标本兼治的社会效果。

二是如何妥善平衡权力与权利、权利与义务的关系。社会信用立法属于社会领域的立法，涉及公权力与私权利边界的合理划分。公权力是私权利实现的保障，私权利则是公权力行使的本源，两者相依共生，法治社会应该是两者处于平衡状态的和谐社会。《条例》制度设计的另一个亮点是妥善平衡权力与权利、权利与义务的关系，规定采集市场信用信息必须遵循合法、客观、必要的原则，确保信用信息的安全。《条例》第六条第一款规定："社会信用信息的归集、采集、共享和使用等活动，应当遵循合法、客观、必要的原则，确保信息安全，不得侵犯国家秘密、商业秘密、个人隐私和其他个人信息。"第二款规定："任何组织和个人不得非法收集、使用、加工、传输自然人的社会信用信息，不得非法买卖、提供或者公开自然人的社会信用信息。"《条例》第十四条第一款规定："采集市场信用信息，涉及个人信息的，应当经信息主体本人同意，但是依照法律、行政法规规定公开的信息除外。"第二款规定："不得采集自然人的收入、存款、有价证券、商业保险、不动产的信息和纳税数额信息，但是明确告知信息主体提供该信息可能产生的不利后果并取得其书面同意的除外。"第三款规定："禁止采集自然人的宗教信仰、基因、指纹、血型、疾病和病史信息以及法律、行政法规规定禁止采集的其他个人信息。"《条例》第三十四条第一款规定："信息主体有权知晓与其本人社会信用信息相关的采集、使用等情况，以及本人信用报告载明的信息来源和变动理由。"第二款规定："自然人有权每年从归集、采集其社会信用信息的机构各免费获取两次本人的信用报告。提供个人信用报告应当注明信用信息的使用、查询情况，法律、法规另有规定的除外。"

三是如何准确把握信用惩戒的尺度，做到宽严相济。近年来"失信惩戒""信用约束""黑名单"已成为高频率使用的"热词"，在一些地方和领域失信惩戒呈现出泛化、滥用的势头。法律是治国之重器，"失信惩戒"是一把双刃剑，通过联合惩戒体系给失信者戴上"紧箍咒"，让"无知者"自知、"无畏者"生畏、"侥幸者"觉醒，有利于社会主义核心价值观的确立和全社会诚信正能量的凝聚。然而"一处失信，处处受制"，信用污点可能在客观上使失信者丧失从事经营活动的资格。因此，立法应当准确把握联合惩戒的尺度，做到宽严相济，避免矫枉过正，相关的制度设计既能彰显法律的严肃性与权威性，又能体现合理性、适当性。本着这一立法思路，《条例》注重信用奖励与失信惩戒相结合，在规定市场奖惩、行业奖惩、守信行政激励等制度的同时，对失信行政惩戒、特别惩戒范围、特别惩戒措施、失信信息联动作了明确规定，并且同时规定了信息主体的知情权、记录消除权、异议权及相关的救济途径。

（三）以科学态度面对立法博弈

随着民主立法的进程不断加快，公民有序参与立法的途径不断拓宽，地方立法中的激烈博弈将成为地方立法的新常态。面对各种不同的利益诉求，上海市人大常委会保持冷静的头脑，秉持客观、理性、中立的立场，尊重经济规律、自然规律、社会发展规律以及立法活动规律，在一些社会关注的立法项目的推进过程中，正确处理好地方立法的引领性与科学性的关系、权威性与可执行性的关系，在多方激烈博弈中寻求"最大公约数"。

1. "地铁禁食"各抒己见

轨道交通是上海超大型城市公共交通的主干线，客流运送的大动脉。伴随着上海经济社会的发展，尤其是世博会的筹办，上海轨道交通快速发展，由以大规模建设为主向以运营管理为主转型。截至2012年年底，上海市轨道交通运营线路已从2002年的3条发展到了12条，总里程从65公里发展到了468公里（含磁浮示范线），全网日均客运量从97.9万人次上升为622万人次，全年客运总量从3.57亿人次攀升到了22.75亿人次，其所占全市公共交通客运量的比例也从8.5％上升到了37.5％。预计到"十二五"期末，轨道交通全网日均客运量将达到800万人次左右，公共交通客运分担率可达50％左右。[①]针对上海轨道交通服务和管理等方面出现一些新情况、新问题，需要对2002年5月上海市第十一届人大常委会审议通过的《上海市轨道交通管理条例》（以下简称《条例》）进行修改。2013年11月21日，上海市第十四届人大常委会第九次会议通过了修订后的《条例》。修订后的《条例》共6章56条，对轨道交通的规划和建设、运营服务、安全管理及法律责任等事项作了全面修改。在市政府提交的《条例》草案中，将规范乘客行为、维持轨道交通乘车环境和秩序作为修改的重要内容之一，增设了部分禁止行为。如考虑到上海市轨道交通客流较为拥挤，携带自行车、活禽、宠物进站乘车以及在车站内使用滑板、溜冰鞋等行为易对其他乘客造成影响，也带来一定的安全隐患，《条例》草案禁止乘客从事这些行为。

在常委会一审过程中，部分委员、人大代表和市民提出，为加强轨道交通秩

---

① 参见孙建平：《关于〈上海市轨道交通管理条例（修订草案）〉的说明》，《上海市人民代表大会常务委员会公报》2013年第十一号。

序管理，营造良好的乘车环境，建议在轨道交通设施范围内禁止饮食行为，或者禁止在车厢内饮食。也有些委员和市民认为，可否在车站或车厢内饮食不宜由法规规定。鉴于该项规定旨在规范乘客行为，该制度设计是否必要、合理、可行，应充分听取社会意见。为此，常委会召开了立法听证会，将关于是否禁止饮食的问题列为听证会事项之一，充分听取听证陈述人的意见。听证会上，不同的意见激烈交锋。有的听证陈述人赞同在车厢内禁止饮食的规定，而在车厢以外的站台和其他场所，可以不禁止饮食。也有的听证陈述人认为，轨道交通车厢是一个人员密集的地方，在车厢里饮食首先对环境卫生是不利的，另外也会引来老鼠、蟑螂，对地铁线路运营安全产生影响。有的听证陈述人建议，可以禁止在车厢里进食，但不必禁止在车厢里饮水。有的听证陈述人反对在车厢内禁止饮食的规定，认为文明习惯的养成需要有一个过程，禁止饮食在实践中能否完全实施需要循序渐进地推进。在现阶段，完全禁止饮食不现实。建议加大宣传力度，倡导乘客不在车厢内饮食。在《条例》草案公开征求社会意见和问卷调查中，80％以上的意见同意在一定范围内采取禁食措施。法制委在综合了各种不同意见后，建议在《条例》草案中增加禁止在车厢内饮食的规定。①

　　然而，相关各方的立法博弈并未停止。在常委会二审过程中，一些委员对禁止饮食入法提出不同意见，坚持要求删除禁食条款。为更加充分地听取意见，常委会法工委针对禁止饮食是否应当入法的问题书面征求各位常委会组成人员的意见，结果赞成和反对的意见各占一半，形成了"50％对50％"的僵持局面。法制委、常委会法工委在充分听取各种不同意见的基础上，积极寻找两种意见的共同点。两种意见的分歧在于禁止饮食是否有必要由《条例》这一地方性法规予以规范，至于是否应当禁食，并不存在分歧，这就是两种意见的"最大公约数"。最终，法制委建议删除原增加的禁止饮食的规定，同时建议上海市交通行政管理部门应当在轨道交通乘客守则中对该问题予以规定，并向社会公布。市交通行政管理部门和轨道交通企业应当加强宣传教育，积极引导乘客遵守相关行为规范。②

　　2. "七日无理由退货"众说纷纭

　　在市场经济条件下，消费是一切经济活动的起点和归宿，消费者权益保护的法律是消费者的权利宣言，基于消费者的弱者地位给予其特别的保护。2002年11月28日，上海市第十一届人大常委会第四十四次会议通过了《上海消费者权益保护条例》，该条例实施十多年来，上海市社会经济快速发展，商品类别和服务

①　参见丁伟：《上海市人民代表大会法制委员会关于〈上海市轨道交通管理条例（修订草案）〉审议结果的报告》，《上海市人民代表大会常务委员会公报》2013年第十一号。

②　参见丁伟：《上海市人民代表大会法制委员会关于〈上海市轨道交通管理条例（修订草案）〉（修改稿）修改情况的报告》，《上海市人民代表大会常务委员会公报》2013年第十一号。

形式日益复杂,消费的方式、理念、结构等都发生了较大变化,消费维权工作面临许多新挑战,需要对条例作出修改。与此同时,全国人大常委会于 2013 年 10 月 25 日通过了《中华人民共和国消费者权益保护法》第二次修正案(以下简称"新消法")的决定,该决定自 2014 年 3 月 15 日起施行。修正后的新消法对网络购物、消费者个人信息保护、经营者的"三包"义务等作了重点规范,新增了网络购物七日无理由退货、耐用商品或者服务的瑕疵举证责任承担等新制度。上海消保条例中关于经营者的"三包"义务等内容与上位法存在不一致,按照法制统一的原则,需要进行修改。与此同时,对于新消法的规定,也需要从操作层面作进一步细化。为此,2014 年 7 月,上海市人民政府提请市人大常委会作出对《上海消费者权益保护条例》的修正决定。这次修改的重点之一,是突出经营者的义务,落实消费者的各项权利,创新消费维权新理念,构建消费维权新机制,提供解决消费纠纷新对策。2014 年 11 月 20 日上海市第十四届人大常委会第十六次会议通过了《上海市人民代表大会常务委员会关于修改〈上海消费者权益保护条例〉决定》(以下简称《决定》),共 34 条,修正后的《上海消费者权益保护条例》共 8 章 73 条。

《决定》修正案草案结合新消法的规定,对经营者的义务条款作了修改完善,细化七日无理由退货制度。国家层面设立七日无理由退货制度,主要是为了解决消费者在特定交易领域因信息不对称而导致的意思表示真实受影响的问题。但是,新消法实施后,有些网站出现了退货量激增的情况,各方对"根据商品性质不宜退货"的商品范围、"退货的商品应当完好"也产生了不同理解。对此,《决定》修正案草案第七条在新消法的制度框架内作了两方面细化:一是考虑到有些商品与消费者的健康、卫生直接相关,一旦拆封即不适宜退回,规定了"食品、保健品、化妆品、内衣等根据商品性质并经消费者在购买时确认不宜退货的商品,不适用无理由退货",同时要求经营者"设置提示程序,并采取措施和技术手段,供消费者进行确认",即"一人一物一确认"。二是考虑到退货后的商品绝大部分将重新回到市场,为了保障此后的消费者权益,将"商品完好"明确为"不污不损且不影响再次销售"。在常委会一审期间,不少委员对适用无理由退货的商品范围、具体的操作流程、判断"不污不损且不影响再次销售"的标准等问题众说纷纭、莫衷一是。

为此,上海市人大常委会于 2014 年 9 月 2 日召开消费者权益保护条例修正案草案立法听证会听取社会意见。参与听证会的 18 名听证陈述人,都是按照听证规则,通过公开报名,经遴选产生。他们中有各个年龄层次、各种职业背景的消费者,有来自不同行业的经营者代表,以及有关专家、律师、新闻记者和消费维权工作者等,年龄最大的 65 岁,最小的 23 岁,有一定的代表性。另外,还根据报名情况邀请了 15 名市民旁听听证会。听证会的第一项议题是，修正案草案细化了根据商品性质并经消费者确认不适用七日无理由退货制度的商品范围、确认程序，细化了退货商品的完好性要求，听证其合理性和可操作性如何。围绕这一立法中的焦点问题，18 名听证陈述人中的消费者代表与经营者代表观点各异，形成意见交锋。有的听证会陈述人指出，对于退货商品的完好性，现行规定"不污不损、不影响再次销售"判断标准不一，容易引发争议。不污不损是指商品本身，还是指包装、配件？经营者代表认为，商品种类成千上万，产品性质千差万别，退换货的标准设定不宜一刀切，比如电子商品，手机、电视在试用后就会在商品中留下使用记录，难以擦除使用痕迹，如果可以无理由退货，其实是对下一个消费者的不公平。而包装精美的商品在拆除包装后可以退货也值得商榷。有的陈述人则提出，不拆开、不使用怎么知道商品的好坏？如果拆开包装就算影响二次销售，不良商家会趁机将有质量问题的商品进行销售，应该给这些退货的商品标上"不得再次销售"，使不良商品不能继续销售。消费者代表也持相同观点，认为由于条例修订案草案对"不影响再次销售"的概念界定不明晰，容易给经营者留下口实，在实际退货中，经营者可以借此为由搪塞消费者。

　　经过对各种意见的分析、梳理，法制委认为，新消法第二十五条规定了无理由退货制度，并明确了法定和约定不适用无理由退货的情形，地方立法在细化相关规定时，既要维护消费者合法权益，也要注意平衡经营者的正当利益。从实地调研和听证会意见来看，各方对约定不适用无理由退货商品范围的列举争议较大，对"经消费者确认"才可以不适用无理由退货有较大共识。考虑到商品的种类繁多，不适用无理由退货的商品种类难以在法规中穷尽，为了保障消费者的知情权和选择权，防止经营者在提请消费者确认的过程中利用格式条款侵害消费者的利益，在消法已对"鲜活易腐"等四类商品规定排除适用的情形下，地方性法规可以将规范的重点放在对确认程序的细化上。为此，建议删除修正案草案第七条第二款约定不适用无理由退货商品种类的列举，将第七条第二款修改为："除前款所列以外其他根据商品性质不宜退货的商品，经营者应当通过显著方式告知消费者，并设置提示程序，采取措施或者技术手段，供消费者进行确认。经消费者在购买结算前确认的，不适用无理由退货。"法制委同时认为，保证商品完好是消费者选择退货时需要承担的法定义务，根据消法的立法精神，确认无理由退货制度的初衷，是让通过网络等方式购物的消费者享有与实体商场购物同等的检查、试用商品的机会，从而自主决定是否进行交易。考虑到检查、试用商品大多需要拆封商品包装，可能造成商品价值贬损，因此有必要对拆封商品包装是否可以退货的边界予以明确；"不影响再次销售"在实践中难以有统一的标准，且再次销售涉及经营者与下一位消费者的关系，不宜将其作为商品退货的法定要求；对于退货后再次投入销售的商品，经营者仍应当按照《中华人民共和国合同法》等有关法律、法规的规定，提供符合销售标准的商品。为此，建议将修正案草案第七条第三款中"消费者退货的商品应当不污不损且不影响再次销售"修改为"消费者退货的商品应当完好"，并增加"消费者为检查、试用商品而拆封且商品本身不污不损的，属于前款规定的商品完好"的规定。①

在常委会二审时，仍有委员提出不同意见，认为决定草案第七条对适用七日无理由退货商品的完好性作了细化，明确"消费者为检查、试用商品而拆封且商品本身不污不损的，属于商品完好"，但实践中对于拆封后的商品是否仍属完好，消费者和经营者可能有不同看法，建议对此问题进行研究。经研究，法制委认为，确立消费者无理由退货制度的初衷，是使网购消费者享有与实体商场购物同等的检查、试用商品的机会从而自主决定是否进行交易，如果要求消费者退回的商品必须未拆封，那么规定无理由退货权就没有了意义。在维护消费者合法权益的同时，也要平衡经营者的正当利益，消费者在选择退货时必须承担保证商品本身完好的义务。实践中有些商品的包装、封套是为了流通环节运输、仓储的需要，也有些商品的包装、封套与商品本身高度关联，消费者应当根据不同商品的特性进行检查、试用，保证退回的商品本身不污不损。如根据商品性质认为确实不宜退货的，除法律规定的情形外，经营者与消费者也可以选择按照本条第二款协商确认是否适用七日无理由退货。为此，建议对相关条款不作修改。②

修改后的《条例》第三十条完整地对"七日无理由退货"制度作出了规定。该条第一款规定："经营者采用网络、电视、电话、邮购、上门推销等方式销售商品，消费者有权自收到商品之日起七日内退货，且无需说明理由，但下列商品除外：（一）消费者定作的；（二）鲜活易腐的；（三）在线下载或者消费者拆封的音像制品、计算机软件等数字化商品；（四）交付的报纸、期刊。"第二款规定："除前款所列以外其他根据商品性质不宜退货的商品，经营者应当通过显著方式告知消费者，并设置提示程序，采取措施或者技术手段，供消费者进行确认。经消费者在购买结算前确认的，不适用无理由退货。"第三款规定："消费者退货的商品应当完好，经营者应当自收到退回商品之日起七日内返还消费者支付的商品价款，消费者应当同时返还该次消费获得的奖品、赠品或等值价款。退回商品的运费由消费者承担；经营者和消费者另有约定的，按照约定。"第四款规定："消费者为检

---

① 参见许解良：《上海市人民代表大会法制委员会关于〈上海市消费者权益保护条例修正案（草案）审议结果的报告》，《上海市人民代表大会常务委员会公报》2014年第七号。

② 参见许解良：上海市人民代表大会法制委员会关于《上海市人民代表大会常务委员会关于修改〈上海市消费者权益保护条例〉的决定（草案）修改情况的报告》，《上海市人民代表大会常务委员会公报》2014年第七号。

查、试用商品而拆封且商品本身不污不损的，属于前款规定的商品完好。"

3."十分钟"完成交接和"十二分钟"急救反应时限见仁见智

急救医疗服务是卫生事业的重要组成部分，与市民群众的生命健康和城市的公共安全密切相关。随着上海经济社会的快速发展，人口规模不断扩大，老龄化程度不断提高，急救医疗服务需求明显增长，上海的医疗机构总体处于较高负荷的工作状态，无序就医现象较为严重。尤其是在急救医疗服务方面，存在院前急救叫不应、院内急救送不进、救护车无法及时通行、院内急救机构出现压床现象以及"黑救护车"干扰院前急救秩序等严峻挑战。为此，2013—2014 年期间，上海市人大教科文卫委、市人大常委会法工委、市政府法制办、市卫生计生委、市立法研究所等单位专门就急救医疗服务立法开展课题研究，先后形成了立法研究报告和《上海市急救医疗服务条例（草案建议稿）》。市人大教科文卫委员会积极主张并坚持院前急救、院内急救、社会急救"三位一体"的急救医疗服务立法理念，推动有关方面达成共识，促使该立法项目成为 2016 年上海市人大常委会年度立法计划的正式项目，并如期提请审议。2016 年 7 月 29 日，上海市第十四届人大常委会第三十一次会议通过了《上海市急救医疗服务条例》（以下简称《条例》）。《条例》共 7 章 66 条，对院前急救医疗服务、院内急救医疗服务、社会急救、保障措施、法律责任等事项作出专章规定。在常委会审议过程中，有关对急危重患者，一般应当在"十分钟内"完成交接，急救车急救平均反应时间在"十二分钟"以内的规定是否入法成为各方争论的焦点问题。

市政府提请人大常委审议的《条例》草案第三十三条规定，院内急救机构与院前急救机构之间应当建立工作衔接机制，实现信息互通和业务协同；院内急救机构应当保持急救绿色通道畅通，接到收治急危重患者的通知后，及时做好接诊准备；对急危重患者，一般应当在送达院内急救机构后的 10 分钟内完成交接。有关救护车配置与使用方面，《条例》草案第十四条规定，本市根据区域服务人口、服务半径、地理环境、交通状况以及业务需求增长情况等因素，确定合理的院前急救机构救护车配备数量；具体配备数量由市卫生计生部门编制，报市人民政府批准。第十八条规定，本市设置的院前急救呼叫受理和指挥调度中心，实行24 小时急救呼叫受理服务，统一受理全市急救呼叫，合理调配急救资源。第十九条规定，院前急救应当遵循就近、就急以及满足专业治疗需要的送院原则；患者或者其家属要求送往其他医疗机构的，院前急救人员应当告知其可能存在的风险，并要求其签字确认；在患者病情危急、有生命危险以及疑似突发传染病、严重精神障碍等特殊情形下，一律由院前急救人员决定送往相应的院内急救机构。

在常委会一审时，有些委员、部分医护人员和有的单位提出，《条例》草案第三十三条第三款规定，对急危重患者，院内急救机构相关人员和院前急救人员一般应当在十分钟内完成交接，该规定在实践中难以做到，建议删去。法制委、常委会法工委组成人员赴上海申康医院发展中心进行了专题调研，重点听取了对院内急救医疗服务的意见和建议，就院内急救医疗服务条款的修改、完善与市人大教科文卫委员会进行了沟通，并与市卫生和计划生育委员会进行了专题研究。法制委员会认为，随着本市人口规模不断扩大，老龄化程度不断提高，医疗机构有限的急诊资源与患者日益增长的急诊需求之间矛盾突出，医患关系没有明显改善，上述规定在实践操作中还缺乏相应的实施基础和条件。建议市卫生和计划生育委员会根据实际情况，逐步制定和完善院前急救和院内急救衔接的制度性规范，分阶段、分步骤地推进该项工作。为此，建议删去《条例》草案第三十三条第三款中"对急危重患者，一般应当在十分钟内完成交接"的规定。关于救护车配置的问题，有些委员提出，《条例》草案第十四条第一款对救护车的配备作了原则性规定，建议明确救护车的具体配备数量和急救反应时间。经研究，法制委员会认为，上海市人民政府于2015年发布了《关于深化本市院前急救体系改革与发展的指导意见》（以下简称《指导意见》），明确提出要提升院前急救车辆装备配置水平，到2020年要实现救护车配备数量达到每三万人一辆，急救平均反应时间在十二分钟以内。为此，建议本条例不再对救护车具体数量和反应时间作出规定。同时，建议市卫生和计划生育委员会根据《指导意见》确定的目标和要求，分阶段有序推进车辆装备、信息化等硬件建设，完善急救资源配置，切实保障群众生命健康和城市运行安全。①

在常委会二审过程中，争议愈演愈烈。有些委员建议恢复条例草案中关于"对急危重患者，院内急救人员和院前急救人员一般应当在十分钟内完成交接"的规定。有些委员和市人大代表建议在条例中增加救护车急救反应时间的规定。常委会法工委认为，"十分钟""十二分钟"不仅仅是简单的时间概念，实质上也是确定法律责任的界限，为此于2016年5月19日召开立法论证会，听取立法学、民法学、行政法学领域专家和法院系统法官以及急诊ICU质控中心、新华医院等方面医学专家的论证意见。专家们认为，将该等规定写入地方性法规应当慎重，"十分钟内完成交接"的规定由相关行业协会来制定标准和规范更为合适；地方性法规将"十分钟内完成交接"作为法定义务后，可能会引发医疗纠纷和诉讼。

经会同市人大教科文卫委员会、市卫生和计划生育委员会、市人民政府法制办研究，法制委认为：其一，目前本市明确规定"在十分钟内完成交接"的有两个文件，一是2009年上海市卫生局的内部行文《进一步做好院前急救患者转运和

---

① 参见丁伟：《上海市人民代表大会法制委员会关于〈上海市急救医疗服务条例（草案）〉审议结果的报告》，《上海市人民代表大会常务委员会公报》2016年第六号。

接诊工作的通知》，二是 2012 年上海市质量技术监督局发布的推荐性地方标准
《医疗机构转运接诊救护车病人服务规范》，两者均不具有强制性，不宜将有关内
容法定化。其二，经查阅国内外相关立法资料，目前尚未有国家或者地区对院前
急救和院内急救交接的具体时限作出规定。从国家和其他省市立法情况来看，
国家卫生和计划生育委员会制定的《院前医疗急救管理办法》和其他省市现行地
方性法规中也未对该问题作出明确规定。其三，由于院前急救实行"就近、就急、
满足专业需要、兼顾患者意愿"的原则，患者本人或者其家属指定送往某医疗机
构的情况客观存在且并不少见，这就容易造成在某个时间段内由院前急救人员
送往某医疗机构的患者过于集中，如果强制规定在十分钟内完成交接，会给医护
人员的后续救治造成较大压力。其四，从性质上来看，"十分钟内完成交接"的规
定是规范院前急救机构和院内急救机构交接工作和程序的技术性标准，涉及急
危重患者的认定标准、认定主体、交接工作的内容和标准等，专业性较强，根据医
疗卫生行业的特点，由医疗机构或者相关行业协会制定技术标准和规范较为合
适。其五，从法律后果来看，一旦"十分钟内完成交接"的规定成为地方性法规中
的义务性规定，在本市医疗急救资源尚未能与患者日益增长的急诊需求相匹配、
医患关系没有明显改善的情况下，可能会在一定程度上提高医疗纠纷的发生率，
不利于医疗活动的正常开展。

为此，法制委建议，条例不再对交接时间作出规定。同时，为了确保急危重
患者得到及时救治，提高救护车周转效率，法制委建议增加相关规定，市和区、县
卫生计生行政部门、院内急救机构上级主管部门应当加强对院前、院内交接工作
的监督和管理。关于救护车急救反应时间的问题，在法律性质上与"十分钟内完
成交接"相同。法制委认为，市人民政府于 2015 年发布的《指导意见》明确提出
"到 2020 年，力争在本市建成平面急救站点布局完善、立体急救门类齐全的院前
急救网络；实现本市院前急救的硬件配置（车辆、装备、信息化等）达到国内领先
水平"，其核心指标是急救站点平均服务半径在 3.5 公里以内、救护车数量达到
每 3 万人一辆、急救平均反应时间在 12 分钟以内。根据《指导意见》，"急救平均
反应时间达到 12 分钟以内"是到 2020 年实现的规划目标，目前受制于急救站点
数量、救护车数量以及路况等因素尚未达到。为此，本条例不宜对急救反应时间
作出硬性规定。建议市卫生和计划生育委员会根据《指导意见》确定的目标和要
求，分阶段、分步骤有序推进急救站点、车辆装备、信息化等硬件建设，完善急救
资源配置，切实保障群众生命健康和城市运行安全。[①]

---

① 参见丁伟：《上海市人民代表大会法制委员会关于〈上海市急救医疗服务条例（草案）〉（修改稿）
修改情况的报告》，《上海市人民代表大会常务委员会公报》2016 年第六号。

　　为充分吸收两种不同意见的合理成分，寻找最大公约数，增强制度设计的科学性、合理性、可行性，常委会法工委会同市人大教科文卫委员会、市卫生和计划生育委员会、市人民政府法制办进行研究，召开研讨会听取了上海申康医院发展中心、新华医院、中山医院、市急诊 ICU 质控中心的意见。常委会领导还率部分常委会组成人员赴瑞金医院、中山医院实地考察、调研急救医疗状况，听取一线医务人员的意见。经充分协调、沟通，常委会组成人员的意见趋于一致。在常委会三审过程中，有的委员建议研究《草案》修改稿中"急救绿色通道"与"院前院内急救衔接"两个条款之间的联系；有的委员提出，关于对院内急救机构交接情况的监督和考核主体需要进一步明确。法制委认为，按照目前的急诊分级救治标准，通过"急救绿色通道"收治的患者也是急诊患者中的一部分，即其中的"急危重患者"。为此，建议将"急救绿色通道"与"院前院内急救衔接"并入一条，并建议进一步明确"市和区卫生计生行政部门、院内急救机构上级主管单位"加强对院内急救机构交接情况的监督和考核。①

　　《条例》第三十五条用三款对院内急救机构与院前急救机构的衔接作出规定，该条第一款规定："院内急救机构与院前急救机构之间应当建立工作衔接机制，规范交接工作流程，按照急诊分级救治标准的要求，实现信息互通和业务协同。"第二款规定："院内急救机构应当保持急救绿色通道畅通，接到院前急救人员要求做好急危重患者收治抢救准备工作的通知后，应当及时做好接诊准备。"第三款规定："院前急救人员将患者送达院内急救机构后，院内急救机构相关人员应当及时与院前急救人员办理患者交接的书面手续，不得以任何理由拒绝或者推诿，不得无故占用救护车的设施、设备。市和区卫生计生行政部门、院内急救机构上级主管单位应当加强对院内急救机构交接情况的监督和考核。"

　　4."屋顶下全禁"各执一词

　　公共场所控制吸烟是各地社会管理、行政执法领域普遍存在的难点，公共场所控制吸烟地方性法规的有效性、可执行性也是社会普遍关注的突出问题。上海市人大常委会力排众议，率先开展地方立法。2009 年 12 月 10 日，上海市第十三届人大常委会第十五次会议审议通过了《上海市公共场所控制吸烟条例》（以下简称《条例》）这一国内首部直辖市人大常委会制定的地方性控烟法规。该条例为规范上海市公共场所吸烟行为、维护公众健康、提升国际大都市文明程度发挥了积极作用，尤其为 2010 年成功实现首届"无烟世博"提供了坚实的法制保障。条例实施以来，市民对公共场所控制吸烟的支持度和认同度明显上升，形成

---

　　① 参见丁伟：《上海市人民代表大会法制委员会关于〈上海市急救医疗服务条例（草案）〉（修改二稿）修改情况的报告》，《上海市人民代表大会常务委员会公报》2016 年第六号。

了较为广泛的社会共识。为进一步推进上海市的控烟工作，并为 2016 年 11 月在上海召开的全球健康促进大会营造良好的氛围，上海市人大常委会将修改《条例》作为 2016 年正式项目列入立法计划，并成立了由市人大常委会副主任、市人民政府副市长任双组长的立法调研组，积极开展联合立法调研和论证，确保该立法项目如期提交常委会审议。

2016 年 11 月 11 日，上海市第十四届人大常委会第三十三次会议通过了《关于修改〈上海市公共场所控制吸烟条例〉的决定》（以下简称《决定》）。《决定》共 14 条，修正后的《条例》共 23 条。此次修正的重要内容是扩大室内控烟范围，市政府提请常委会审议的修正案草案在原条例规定部分室内公共场所禁烟的基础上，明确室内公共场所（含室内工作场所）和公共交通工具内禁止吸烟。与原条例相比，修正案草案将室内禁烟区域从特定的室内公共场所扩大到所有的室内公共场所（含室内工作场所）。其中，特别是在旅馆、餐饮场所、娱乐场所、机场等交通枢纽这几类场所作了扩大解释。该项制度设计被媒体称为"屋顶下全禁"。修正案草案的这一规定引起了各方面的高度关注，成为常委会审议中激烈争论的焦点问题。应该说，在 2009 年《条例》制定时，也曾引发同样的争议，一批医学教授联名写信，要求实现"室内全禁"，当时，市人大法制委员会为此举行了立法听证会，听取各方面的意见。①《条例》以多数民意为基础，并充分考虑执法的可行性，采取了渐进式的控制吸烟的方式，未采纳"室内全禁"的建议。

在修正案草案解读过程中，部分常委会组成人员对实施"屋顶下全禁"后如何确保执法到位提出疑问。市人大教育科学文化卫生委员会的审议意见报告在赞同室内全禁的同时，也提出，随着近年来本市行政执法体制改革的深入，原有控烟执法体制能否适应新形势下综合执法的需求，建议予以研究和关注。在常委会一审过程中，不少组成人员认为，控烟修法应当根据本市实际情况疏控结合，在室内公共场所、工作场所控烟趋严趋紧的同时，可以允许特定区域和特殊行业依照规定要求设置室内吸烟室。按照科学立法、民主立法的要求，一审后修正案草案向社会公开征求意见，书面印发各区人大常委会、有关社会团体征求意见。

同时，围绕常委会组成人员关注的公共场所室内全面禁烟可行性、室外控烟范围设置、控烟法律责任设定等问题，法制委、常委会法工委开展了一系列立法调研工作。一是征求市、区和乡、镇三级人大代表对修正案草案的意见和建议；二是召开立法调研座谈会，分别听取有关政府部门和执法机构、人民团体、行业协会、禁烟场所所在单位等方面的意见和建议；三是赴基层立法联系点之一的上

---

① 参见丁伟：《上海市人民代表大会法制委员会关于〈上海市公共场所控制吸烟条例（草案）〉审议结果的报告》，《上海市人民代表大会常务委员会公报》2009 年第七号。

海市律师协会调研,听取上海市律师协会行政法业务研究委员会部分成员的意见和建议;四是赴虹桥综合交通枢纽实地了解机场和火车站室内控烟情况,并就修正案草案听取意见;五是通过微信平台就室内全面禁烟相关问题征求社会公众的意见。一周时间内共有25834人参与投票,其中,赞成室内全禁的12783人,占49.5%,反对室内全禁的13063人,占50.5%。法制委员会审议认为,鉴于烟草烟雾对公众健康的危害,本次修法的指导思想是加强公共场所控烟,进一步扩大室内外公共场所的控烟范围,确保社会公众不受"二手烟"的危害,这一从严从紧的立法导向顺应了社会文明的发展趋势。

同时,考虑到控烟立法涉及群体面广、关注度高,需要综合社会各方面的利益诉求,立法对控烟范围的扩大应当与社会文明的发展阶段、社会公众的接受程度、执法力量的配备强度等相适应,既要发挥立法的引领性,又要兼顾有关管控措施的可操作性,从而确保法规的有效实施。

为此,需要根据常委会组成人员的审议意见和社会各方面提出的意见对修正案草案作进一步的修改和完善。在立法调研过程中,法制委、常委会法工委了解到,市民在总体上赞同本市进一步推进控烟工作的同时,也建议综合考虑吸烟者的合理需求。在立法调研过程中,法制委员会还了解到,实践中确实存在需要设置室内或者封闭式吸烟室的特殊情形。一是有的企业,因室外厂区严禁烟火或者操作室、控制室等岗位的特殊性,需要设置特定的室内或者封闭式的吸烟室;二是有的监管场所,出于勤务和安全管理的特殊要求等,有根据实际情况保留一定室内吸烟室的需要;三是有的特殊场合,比如表演艺术为了保证艺术质量需要有特定的吸烟行为。法制委认为,党的十八届四中全会提出,法律的生命力在于实施,法律的权威也在于实施,从加强法规实施的有效性出发,本市控烟修法在普遍要求全面室内控烟的同时,对于上述需要设置室内吸烟室和特定场合发生吸烟行为的客观实际,建议按照特殊性要求予以规范,并采取事前备案的方式由相关行政主管部门进行管理;相关行业主管部门应督促有关主体按要求设置室内吸烟室,演出举办单位还应当通过演出宣传和出售的票证等告知观众可能发生的吸烟行为。为此,建议将修正案草案修改为:"室内公共场所、室内工作场所、公共交通工具内禁止吸烟。因生产经营和管理的特殊需要按照要求设置的室内吸烟室或者在特定场合需要发生的吸烟行为除外。""设置室内吸烟室或者特定场合需要发生吸烟行为的,应当事前报相关行政主管部门备案"。"室内吸烟室应当具备单独通风排风设施、与非吸烟区有效隔绝,具体要求由市卫生计生部门制定。"①

---

① 参见林化宾:《上海市人民代表大会法制委员会关于〈上海市公共场所控制吸烟条例修正案(草案)〉审议结果的报告》,《上海市人民代表大会常务委员会公报》2016年第八号。

在常委会二审过程中,相关的立法博弈还在延续。有的委员对特定场合需要发生吸烟行为除外规定持有异议。有的委员提出了选择性的立法观念,认为控烟立法应当注重导向性,不必考虑执行情况。有的委员提出,修改决定中如何表述因特殊情况设置的室内吸烟室的具体要求,需要进一步研究。经研究,法制委认为,参阅国内外有关控烟立法,从行政管理的实际出发,因特殊情况设置的室内吸烟室的具体要求,可以由政府及其行政主管部门作出规定。为了更好地体现从严从紧控制吸烟的导向,可以将决定草案第五条关于室内禁止吸烟的一般规定与因特殊情况设置的室内吸烟室的例外规定分别表述。为此,建议将决定草案第五条修改为:"室内公共场所、室内工作场所、公共交通工具内禁止吸烟。"与此同时,单列一条作为特别规定:"因特殊情况设置的室内吸烟室的具体要求,由市人民政府作出规定。"①

值得关注的是,《条例》通过后,个别机构和媒体对室内禁烟条款的解读存在误解。一是认为《条例》实现了"屋顶下全禁"。事实上,按照《条例》的制度设计,室内禁止吸烟的规定系"一般规定",因特殊情况设置室内吸烟室系"例外规定"、"特别规定"。按照《立法法》的规定,特别规定的效力高于一般规定。二是将"因特殊情况设置的室内吸烟室的具体要求,由市人民政府作出规定"解读为设置室内吸烟室须经政府部门批准。事实上,该条规定并非为室内吸烟室的设置设定行政许可,只是对政府相关部门提出要求,即要求其对设置室内吸烟室的技术要求作出规定。

5. "70%奖励比例"好事多磨

科技成果转化是科技创新的重要内容,是科技与经济紧密结合的关键环节。加强科技成果转化工作,促进科学技术转化为现实生产力,对上海落实创新驱动发展战略,建设具有全球影响力的科技创新中心具有重要意义。2015年上海市委将"大力实施创新驱动发展战略,加快建设具有全球影响力的科技创新中心"的调研作为一号课题,聚焦上海市科技创新的发展目标、体制机制改革等重大事项进行专题研究。2015年5月25日,上海市委市政府出台了《关于加快建设具有全球影响力的科技创新中心的意见》。2016年4月12日,国务院批准并印发了《上海系统推进全面创新改革试验加快建设具有全球影响力的科技创新中心方案》。该方案要求完善促进创新发展的地方性法规,建立科技成果转化、技术产权交易、知识产权运用和保护协同的制度,确立企业、高校、科研机构在技术市

---

① 参见丁伟:上海市人民代表大会法制委员会关于《上海市人民代表大会常务委员会关于修改〈上海市公共场所控制吸烟条例〉的决定(草案)修改情况的报告》,《上海市人民代表大会常务委员会公报》2016年第八号。

场中的主体地位,强化市场在创新要素配置中的决定性作用。在国家立法层面,第十二届全国人大常委会第十六次会议于 2015 年 8 月 29 日表决通过了《关于修改〈中华人民共和国科技成果转化法〉的决定》。为了促进和规范科技成果转化,加快建设具有全球影响力的科技创新中心,推动经济发展和社会进步,2017 年 4 月 20 日上海市第十四届人大常委会第三十七次会议表决通过了《上海市促进科技成果转化条例》(以下简称《条例》)。《条例》共 7 章 43 条,总则部分对科技成果转化活动应当遵循的基本原则、转化自主权、完成人的权利和义务、政府职责、部门职责等事项作出了规定,并对科技成果转化的组织实施、服务机构、保障措施、技术权益、法律责任等事项作了专章规定。在常委会审议过程中,有关 70% 的科技成果转化收益比例是否合理、适当成为常委会组成人员、相关政府管理部门关注的焦点问题。

市政府提请人大常委会审议的《条例》草案说明称,充分发挥利益导向作用,让从事成果转化的主体获得合理回报,是推动科技成果转化的重要举措之一。在进行收益分配时,既要对成果完成人和为成果转化作出重要贡献的人员给以奖励,也要兼顾完成单位和投资人等各方利益,实现多方共赢。《条例》草案第二十九条第一款规定:"职务科技成果转化后,科技成果完成单位应当按照规定或者与科技人员的约定,对完成、转化科技成果做出重要贡献的人员给予奖励和报酬。"第二款规定:"科技成果完成单位未规定、也未与科技人员约定奖励和报酬方式和数额的,按照《中华人民共和国促进科技成果转化法》第四十五条的规定执行。"

《条例》草案第三十条第一款规定:"研发机构、高等院校转化科技成果所获得的收入全部归属本单位。允许研发机构、高等院校按照以下标准,规定或者与科技人员约定奖励和报酬的方式和数额:(一)将职务科技成果转让、许可给他人实施的,可以从该项科技成果转让净收入或者许可净收入中提取不低于百分之七十的比例;(二)按照本条例第十条第(一)项、第(二)项的规定,利用职务科技成果作价投资的,可以从该项科技成果形成的股份或者出资比例中提取不低于百分之七十的比例;(三)将职务科技成果自行实施或者与他人合作实施的,在实施转化成功投产后,可以从开始盈利的年度起连续五年,每年从实施该项科技成果产生的净收益中提取不低于百分之七十的比例。奖励期满后依据其他法律法规应当继续给予奖励或者报酬的,从其规定。"该条第二款规定:"前款第一项所称的职务科技成果转让、许可净收入,是指转让、许可收入扣除相关税费、单位维护该科技成果的费用,以及交易过程中的评估、鉴定等直接费用后的余额。"

《中华人民共和国促进科技成果转化法》(以下简称《促进科技成果转化法》)第四十五条第一款规定:"科技成果完成单位未规定、也未与科技人员约定奖励和报酬的方式和数额的,按照下列标准对完成、转化职务科技成果做出重要贡献的人员给予奖励和报酬：(一)将该项职务科技成果转让、许可给他人实施的,从该项科技成果转让净收入或者许可净收入中提取不低于百分之五十的比例；(二)利用该项职务科技成果作价投资的,从该项科技成果形成的股份或者出资比例中提取不低于百分之五十的比例；(三)将该项职务科技成果自行实施或者与他人合作实施的,应当在实施转化成功投产后连续三至五年,每年从实施该项科技成果的营业利润中提取不低于百分之五的比例。"第二款规定："国家设立的研究开发机构、高等院校规定或者与科技人员约定奖励和报酬的方式和数额应当符合前款第一项至第三项规定的标准。"第三款规定："国有企业、事业单位依照本法规定对完成、转化职务科技成果做出重要贡献的人员给予奖励和报酬的支出计入当年本单位工资总额,但不受当年本单位工资总额限制、不纳入本单位工资总额基数。"

在常委会一审过程中,市人大教育科学文化卫生委员会的审议意见认为,《条例》草案第三十条第一款对高校院所的成果转化收益奖励标准作出了指引,这一规定是否合适,建议作进一步研究。部分常委会组成人员提出,这一奖励标准过高。一些委员提出,高校院所的科技成果属于国有资产性质,但部分高校院所在面对科技成果定价、收益分配等问题时,出于对可能产生的国资流失风险和决策责任的担忧,相关负责人缺乏开展转化的积极性。法制委、常委会法工委对此作了深入的调研,并会同各相关部门对该问题作了研究。法制委认为,为加大创新人才激励力度,上海市委市政府 2015 年出台了《关于加快建设具有全球影响力的科技创新中心的意见》,该意见第十二条明确规定："允许高校和科研院所科技成果转化收益归属研发团队所得比例不低于 70%。"两年来,经过广泛宣传,这一规定已经深入人心,成为上海市促进科技成果转化的标志性政策。实践中,已有部分科技成果转化项目已经据此实施了奖励。为保持相关政策的稳定性,实现市委决策与地方性法规的有效衔接,在《条例》中作出相应规定是必要的。《条例》草案第三十条第一款的规定既保障了研发机构、高等院校规定或者与科技人员约定科技成果转化奖励标准的自主权,又体现了上海建设科技创新中心、促进科技成果转化的政策导向。总体上符合市委相关文件精神,与上位法不抵触。为此,建议保留该款项的规定。

关于《条例》草案第三十条第三款有关研发机构、高等院校自行实施或者与他人合作实施职务科技成果的奖励指导标准,即每年从实施该项科技成果产生的净收益中提取不低于百分之七十的比例,在常委会一审时,部分常委会组成人员提出,净收益中提取百分之七十的比例过高,每年从实施该项科技成果产生的净收益中提取不低于百分之五十的比例比较合适。也有些组成人员认为,百分之七十的比例于法有据,且符合市委有关文件的规定,无需作出调整,建议尽量予以保留。法制委研究后认为，每年从实施该项科技成果产生的净收益中提取不低于百分之七十的比例作为奖励的做法，在体现科技成果转化真实价值方面具有一定的优势，但对于应当如何界定"实施该项科技成果产生的净收益"，70%的比例是否合理可行等关键问题，还需要作更细致的调查研究。为此，建议对此暂不作修改，留待二审时再作研究。[①]

在常委会二审中，有关70%的科技成果转化收益比例是否合理、适当的分歧继续升温。有的常委会组成人员提出，科技成果转化收益奖励指导标准应当注意平衡各方利益，"70%"的比例规定是否需要入法，建议作进一步研究。有的常委会组成人员提出，《条例》草案第三十条第一款第（三）项有关每年从实施该项科技成果产生的净收益中提取不低于70%比例的奖励标准，与《促进科技成果转化法》的规定不一致，建议修改。有的常委会组成人员认为，通过营业利润或者净收益提成或者其他方法都可以有效奖励研发人员，建议规定事先约定明确的分配方式，营业利润是比较合情合理的分配方式。有的常委会组成人员认为，现实中很多科技成果不能有效转化，原因在于实验室研究人员、教师的科技成果是碎片化的，只是一个系统中部分或者单向的技术，所以建议条例草案中更多篇幅放在如何以市场为引导，把分散于研究所和高校的各个碎片成果集成再加工，变成系统解决方案。

法制委认为，保障科技人员的利益，提高其积极性，对于促进科技成果转化至关重要。但科技成果转化涉及研发机构、高等院校和科技人员等多方主体，在收益分配过程中需要兼顾各方利益，激发多方主体的积极性，并在实践中进一步探索，总结经验，以保证该项工作可持续发展。鉴于《条例》草案第三十条对科技成果转化收益的奖励标准的规定体现了市委文件的精神和要求，与市委文件的规定保持一致，且该标准只是为研发机构、高等院校规定或与科技人员约定成果转化奖励标准时提供参考和指引，是指导标准，不是法定最低标准，不具有强制力。是否按照70%的比例由研发机构、高等院校自主决定。在条例中明确这一指导标准有利于充分发挥研发机构、高等院校的科技成果转化收益分配的自主权，在促进科技成果转化的前提下，实现不同主体的利益。为此，建议予以保留。法制委同时认为，由于指导标准属于倡导性质，因此，无论是采用《促进科技成果转化法》第四十五条规定的"每年从实施该项科技成果的营业利润中提取不低于百分之五的比例"的标准，还是保留《条例》草案规定的"净收益中提取不低于百分之七十比例"的奖励标准，均不存在与上位法抵触的问题。由于当前绝大多数

① 参见张建晨：《上海市人民代表大会法制委员会关于〈上海市促进科技成果转化条例（草案）〉审议意见的报告》，《上海市人民代表大会常务委员会公报》2017年第三号。

产品都是多项技术复合的结果,要拆分和界定各项技术带来的营业利润或者净收益难度很大,上海市尚未发现按照这两个标准实施奖励的案例。在两者皆可、具体实施都还处于探索阶段的情况下,法制委建议按照《促进科技成果转化法》第四十五条规定进行修改,与上位法保持一致。①修改后的《条例》第三十四条第一款第(三)项规定:"将职务科技成果自行实施或者与他人合作实施的,在实施转化成功投产后,可以从开始盈利的年度起连续五年,每年从实施该项科技成果产生的营业利润中提取不低于百分之五十的比例。奖励期满后依据其他法律法规应当继续给予奖励或者报酬的,从其规定。"即将草案中的"净收益"改为"营业利润",将"百分之七十"改为"百分之五十"。

五、 理论归纳与实践总结

善谋者行远,实干者乃成。在变革创新的新时期,面对治国理政方式的新变化,立法功能的新阐述、立法实践的新发展,地方立法不但需要集思广益、善谋巧断,积极破解立法中存在的难点,更需要登高望远、见微知著,对全面深化改革、全面推进依法治国新时期立法工作出现的新情况、新变化及时作出理论归纳、实践总结,以新的发展理念引领新的实践,推动新的发展。

1. 以法治作为治国理政的基本方式

党的十八届三中全会通过的《决定》将完善和发展中国特色社会主义制度,推进国家治理体系和治理能力现代化作为全面深化改革的总目标,这是党基于对改革开放以来治国理政规律性的认识所作出的战略决策,表明了党站在时代的高度,对国家治理体系与治理能力进行顶层设计和战略谋划,以更大的政治智慧和勇气促进国家治理模式的现代转型。国家的治理体系是一个完整的制度系统,涵盖"五位一体"的总体布局,是国家治理能力孕育的基础。实现这一总目标首先需要明确国家治理体系、治理能力现代化的实现路径。党的十八大报告明确提出,"全面推进依法治国,法治是治国理政的基本方式"。有鉴于此,作为治国理政基本方式的法治不仅是国家治理体系现代化的核心,也是实现国家治理体系、治理能力现代化的必然路径。法治作为一种治国方略,是人类社会文明发展的成果,是人类社会经过千百年的社会实践摸索出来的发展规律。党对于执政规律的认识经历一个逐步深化的历史过程,从传统的非法治形态的统治形式最终走向"法治"的现代治理模式,表明了党对社会政治发展的规律有了新的认识,同时

---

① 参见张建晨:《上海市人民代表大会法制委员会关于〈上海市促进科技成果转化条例(草案)〉(修改稿)修改情况的报告》,《上海市人民代表大会常务委员会公报》2017年第三号。

也彰显了我国政治文明水准的跃升。将法治作为实现国家治理体系现代化的途径,在于法治导向型的治理体系具有其他治理方式无法比拟的一系列优势。①

一是法治导向型的治理体系崇尚法律至上的理念。与其他社会规范相比,法律具有权威性、普适性、稳定性等固有特征,体现了国家意志,由国家权力机关制定或认可,以权利、义务、权力、职责为主要内容,由国家强制力保证实施,具有普遍的约束力,并以普遍、统一的适用而彰显平等和权威,且非经法定程序不能改变其效力。因此,法律是确保社会有序化发展和社会稳定的决定性力量,建立在法治基础上的治理体系是实现政治清明、社会公平、民心稳定、长治久安的根本保障。

二是法治导向型的治理体系强调治理体系的全局性、整体性、系统性。这一治理体系贯穿立法、执法、司法、守法整个过程,涵盖经济、政治、文化、社会建设、国防军队和党的建设等各个领域,具有系统性、整体性、协同性的功能。与此同时,随着中国特色社会主义法律体系的形成,国家治理体系各个领域都实现了有法可依,法律已经广泛、全面地介入社会生活的方方面面。鉴于国家治理体系是一个完整的制度系统,需要加强法律制度层面的顶层设计,从战略上谋划国家治理体系的现代化,促进"五位一体"的全面格局和自成体系的各个治理领域的有机统一,确保各项国家制度紧密相连、相互衔接,形成一个具有系统性和协同性的整体。为此,党的十八届三中全会强调必须坚持依法治国、依法执政、依法行政共同推进,坚持法治国家、法治政府、法治社会一体建设。

三是法治导向型的治理体系凸显治理过程的民主性、公开性、回应性。以作为法治核心内容的立法为例,在社会转型、矛盾凸显的新时期,积极、稳妥地化解各种社会矛盾已成为构建社会主义和谐社会的首要目标,立法在平衡、调整社会利益关系方面发挥的积极作用日益增强。法律是人民意志的记录,在立法过程中深入了解民情、充分尊重民意,广泛集中民智,以主流民意作立法的依据,使得立法更加贴近百姓的生活,解决普通民众最关心的社会问题。立法过程的民主性、公开性、回应性进一步激发了"民意立法"的热情和参与立法的主动性,消除了公众对法律的陌生感,增强了对法律的认同感,法律已成为调节关系、规范行为、消除矛盾、弥合分歧、维护秩序、实现和谐的"最大公约数"。公众在了解和通晓法律的同时,必将牢固树立法律信仰,自觉将法律要求内化为自己的行动准则,国家的向心力和凝聚性将越来越强,国家治理体系的社会基础将越来越坚实。

四是法治导向型的治理体系具有可预期性、可问责性、可救济性的明显优势。法治与人治相对而言,其最基本特征是法律至上、权利平等、权力制约,强调对公共

① 参见丁伟:《法治是实现国家治理体系现代化的必然路径》,《上海人大月刊》2014 年第 3 期。

权力的合理配置和依法制约，把权利关进制度的笼子，把治理纳入法治轨道，践行有权必有责、用权受约束、行政受监督、违法受追究、侵权须赔偿，充分发挥法治定纷止争的功用，将法治思维与法治方式作为常态化思想认识与行动实践。随着依法治国方略不断推进，法治理念不断深入人心，中国社会将进一步形成办事依法、遇事找法、解决问题用法的良好氛围，中国政治民主将进一步走向成熟。

　　2. 以法治方式引领自贸区发展的理论探索

　　在全面深化改革的新时期，党中央、国务院高瞻远瞩、审时度势，决定将中国（上海）自由贸易试验区的先行先试作为全面深化改革的重要突破口。鉴于准入前国民待遇加负面清单的投资领域的制度创新与现行三资企业法的相关规定不符，为确保重大改革于法有据，需要由全国人大常委会作出授权国务院在上海自贸试验区暂时调整实施有关法律规定的行政审批的决定。该授权决定既是给上海自贸试验区先行先试发放"准生证"，为先行先试奠定法律基础，又是上海自贸试验区筹备阶段首项立法举措，标志着上海自贸试验区的法制保障工作开启破冰之旅。

　　2013 年 8 月 30 日，第十二届全国人大常委会第四次会议通过了《关于授权国务院在中国（上海）自由贸易试验区内暂时调整实施有关法律规定的行政审批的决定》。2013 年 9 月 26 日，上海市人大常委会通过了《关于在中国（上海）自由贸易试验区暂时调整实施本市有关地方性法规规定的决定》。立法的成功实践已为先立后破，改革决策与立法决策同频共振交上了满意的答卷。"授权决定"的立法模式、立法依据也为新修改的《立法法》所固化。①对于自贸试验区授权决定这一改革发展实践中出现的新情况、新问题，应当正本清源，及时作出理论阐述和实践归纳，真正做到相关立法举措在法理上讲得清、说得明。"风起于青萍之末，浪成于微澜之间。"笔者对授权决定这一新型的立法模式的合法性、合理性、适当性进行理论阐述。②从根本上讲，应对改革发展特殊时期对立法的特殊需求，需要法律人摆脱传统的思维定势，以与时俱进的科学态度，以法治思维、创新思维，正确理解和处理好以下几个关系：

　　一是法律的规范性与改革开放的变革性之间的关系。法律规范旨在维护已有的社会制度的权威性，社会秩序的规范性，非经法定程序不能改变其效力。而改革意味着"革故鼎新"，对已有的不合时宜的社会制度、社会秩序进行"颠覆性"的变革创新。长期以来，有一种根深蒂固的观念，即改革必然要"破法"，需要对

---

　　①　2015 年 3 月 15 日修改后的《立法法》第十三条规定："全国人民代表大会及其常务委员会可以根据改革发展的需要，决定就行政管理等领域的特定事项在部分地方暂停适用法律的部分规定。"

　　②　参见丁伟：《以法治方式推动先行先试》，《解放日报》2013 年 9 月 2 日。

现有法律不断进行突破。变革创新期上海第一个立法项目《促进改革创新的决定》起草、审议过程中就遇到了这一问题，政府起草部门的人员认为过分强调依法行政会阻碍改革创新，甚至片面认为改革创新就是对法律的不断突破。笔者认为，正确处理改革创新与依法行政的关系，必须摒弃将两者截然对立的零和思维。用辩证思维来思考，改革创新与依法行政并非总是此长彼消的，两者是一种对立统一的辩证关系，在一定条件下可以形成相辅相成、相得益彰的"正和博弈"状态。法律作为上层建筑根植并受制于特定历史时期的经济基础，具有滞后性，但是，当上层建筑适合于经济基础的要求时，可起到巩固经济基础和促进生产力发展的作用。三十多年来中国的法制建设与改革开放波澜壮阔的伟大实践相伴而生，相互促进，改革开放为法制建设提供了丰富的实践基础、内在需求和动力，法制建设的不断完善也对深化改革、扩大开放起到了促进、规范、指引和保障作用。全国人大常委会对于沿海经济特区先行先试的立法授权助推了 20 世纪 90 年代初新一轮改革开放的大潮，此次作出的授权决定为自贸试验区先行先试，进而为中国近三十年全面深化改革和扩大开放探索新途径、形成可复制、可推广的经验开启了绿灯。

二是法律的阶段性与改革开放前瞻性的关系。任何一部法律都是特定历史时期的产物，其引领性、适应性、前瞻性是相对的，从其产生开始就与其制定时特定的时代背景、经济基础渐行渐远。因此，法律的滞后性是绝对的。改革开放是一项前无古人的崭新事业，实践发展永无止境，改革开放也永无止境，只有进行时没有完成时。改革发展无限的前瞻性要求改革者大胆试验、大胆突破，在不断实践探索中推进，也要求作为上层建筑的法律不断适应改革发展的新形势，解决新问题，引领新发展。

三是法律的稳定性与改革开放可变性的关系。全国人大常委会作出决定授权国务院在自贸试验区暂时停止实施个别法律的部分规定，这与授权地方在国家法律没有明文规定的情况下享有先行先试的立法权显然不同，有的同志担心允许现行有效的法律在个别地区暂停实施会影响法律的稳定性、统一性，这是认识上的误区。法律固然具有稳定性，但这种稳定性是建立在一定时期法律和经济基础基本相适应的基础上。面对改革开放这场广泛而深刻的社会变革，法律制度需要与时俱进，在"立、改、废"不断循环往复、螺旋式上升的动态过程中保持稳定性与变动性相统一的状态。当然，法律的稳定性、权威性要求任何改变法律效力的立法行为必须符合法定程序，经过科学的论证。鉴于自贸试验区的改革开放举措具有先行先试的探索性质，授权决定秉持了审慎、科学的态度，规定三部法律有关行政审批的暂时调整在三年内试行，对实践证明可行的，应当修改完善有关法律；对实践证明不宜调整的，恢复施行有关法律规定。

四是法律的普适性与改革开放需求特殊性的关系。任何法律都是特定时期的产物，相对滞后是法律的固有特征，但是，法律的运用是充满活力的创造性活动，法律人不应是墨守成规、机械地理解、适用、解释法律的"法匠"。在全面深化改革的新时期，法律人应该以与时俱进的科学态度努力适应立法实践发展、变化的新常态，及时更新立法理念，积极发挥立法智慧，正确诠释自贸试验区法制保障方面先行先试的重大举措。从立法角度看，调整三资企业的法律由一般规定与特殊规定构成，就整体而言，三资企业法是我国规范外商投资企业的一般规定，具有普适性的效力，在没有例外规定的情况下应该一体适用。而授权决定则是立法机关对外商投资企业的特别规定、例外规定、补充规定，即对三资企业法的适用范围、适用对象、适用期限上的例外规定。按照《立法法》第九十二条规定，同一机关制定的法律，特别规定与一般规定不一致的，适用特别规定，新的规定与旧的规定不一致的，适用新的规定。鉴于授权决定也是我国有关外商投资法律的组成部分，适用授权决定的规定同样是适用外商投资法的规定，只是按照《立法法》的规定优先适用特别规定、新的规定。可见，我国作为单一制的国家，法律应当普遍适用，统一实施，这是基本原则，但是，针对特定地区改革创新先行先试需求，法律因时调整、因地调整可以成为一个必要的例外。

有鉴于此，在上海自贸试验区先行先试的过程中，即由国家立法机关启动法律程序，依法调整现行法律的效力。由此可见，适用《授权决定》与有法必依的法治要求并行不悖、完全符合法律逻辑，在法理上也经得起推敲。

3. 正确理解立法对经济社会发展的引领作用

发挥立法对经济社会发展的引领和推动作用，这是全面深化改革新时期对立法功能、作用的新诠释。党的十八届三中全会的《决定》明确提出，实现经济发展、政治清明、文化昌盛、社会公正、生态良好，实现我国和平发展的战略目标，必须更好发挥法治的引领和规范作用。立法要主动适应改革和经济社会发展需要。这些新观点、新提法反映了党治国理政认识论上的升华，方法论上的创新。[①]变革创新期开展地方立法工作，必须完整、准确、全面理解全面深化改革、全面推进依法治国新时期，立法的功能、作用，充分认识、积极发挥立法对经济与社会发展的引领、推动作用。

一是充分认识作为上层建筑的法律对经济基础的反作用。法律作为治国重器，对于其功能与作用的认识有一个逐步深化的过程。与政策及其他社会规范相比，稳定性、规范性、滞后性是法律规范的固有特征，法律总是对已有改革经验的总结、固化、事后追认，长期以来，强调法律对经济和社会法治的规范和保障作

---

① 参见丁伟：《良法是善治之前提》，《文汇报》2014 年 10 月 31 日。

用已成为一种惯性思维。然而，任何真理都是相对的，诚如列宁所言："真理与谬误只有一步之遥。"夸大真理的绝对性，将一定历史条件下有限的认识凝固化，就会陷入教条主义的泥淖。法律作为上层建筑随着经济基础的变化而变化，但是，当上层建筑适合经济基础的要求时，可以对巩固经济基础、促进生产力发展产生积极的反作用。从法律发展的自身规律来看，法律是实践经验的总结，实践没有止境，法律制度需要与时俱进，在"立、改、废"的动态过程中保持稳定性与变动性、阶段性与前瞻性相统一的状态，对经济与社会发展起到引领和推动作用。强调法律的引领性功能，并不否定法律所具有的规范性、保障性功能。但是，在全面深化改革、全面推进依法治国的特殊时期，现行法律与经济社会发展不相适应的矛盾突出，改革发展明显受到法制滞后的掣肘。

为此，新时期立法不能再仅仅是对现有社会关系的确认，充分发挥法治对改革发展的引领作用，对改革发展作出顶层设计已成为新时期立法的主要功能。从实践层面来看，党的十八届三中全会的《决定》和党的十八届四中全会的《决定》的关系就是立法引领改革发展的生动演绎。党的十八届三中全会的《决定》提出了全面深化改革的总目标和一系列改革举措，党的十八届四中全会的《决定》则对国家治理体系与治理能力进行了顶层设计和战略谋划，两个《决定》形成了姊妹篇。全面推进依法治国是一个系统工程，需要总体部署、分步推进。党的十八届四中全会的《决定》高屋建瓴，首先提出了建设中国特色社会主义法治体系、建设社会主义法治国家的总目标。《决定》说明指出："提出这个总目标，既明确了全面推进依法治国的性质和方向，又突出了全面推进依法治国的工作重点和总抓手"。"全面推进依法治国涉及很多方面，在实际工作中必须有一个总揽全局、牵引各方的总抓手，这个总抓手就是建设中国特色社会主义法治体系。依法治国各项工作都要围绕这个总抓手来谋划、来推进。"这一说明清晰地阐明了改革发展与法治建设的关系。

二是立法先行已成为治国理政的新常态。党的十八届四中全会的《决定》勾画了建设中国特色社会主义法治体系必须坚持立法先行，发挥立法的引领和推动作用的法治路径，揭示了法治体系内部科学严密的逻辑关系，凸显了新时期治国理政的新常态。按照《决定》确定的总目标，中国特色社会主义法治体系是一个完整、严密的制度系统，涵盖五个分支体系，其中，"形成完备的法律规范体系"居于首位，既是国家治理体系的核心内容，又是治理能力孕育的基础。《决定》明确提出："法律是治国之重器，良法是善治之前提。建设中国特色社会主义法治体系，必须坚持立法先行，发挥立法的引领和推动作用。"从哲学角度看，立法是"源"，执法、司法、守法是"流"，"源"正才能"流"清，离开了立法，执法、司法、守法就成了无源之水、无本之木。鉴于立法在法治体系中基础性的地位和作用，《决定》按照立法、执法、司法、守法的逻辑顺序对全面推进依法治国进行顶层设计、总体布局，确保180多项重大举措有条不紊，有序推进。

立法先行凸显了新时期治国理政的新常态，弘扬了依宪治国、依法治国的时代精神。全面推进依法治国涉及立法、行政、司法等领域体制改革的一系列重大举措，在社会主义法律体系已经建立的中国，任何实质性的改革都将面临法律障碍，时代的发展要求我们摒弃法律尚不完备的改革开放初期靠政策突破体制窠臼的"政策驱动型"改革路径，转变将改革发展与依法依规截然对立的零和思维方式。进入深水区的改革所面临的艰巨性、复杂性和风险性决定了"摸着石头"已无法过河，喧嚣一时的所谓"良性违宪"、"良性违法"的争论显然有悖法治精神。为正本清源，《决定》大力弘扬依宪治国、依法治国的时代精神，提出要完善以宪法为核心的中国特色社会主义法律体系，加强宪法实施，实现立法和改革决策相衔接，做到重大改革于法有据。需要先行先试的，要按照法定程序作出授权。对不适应改革要求的法律法规，要及时修改和废止，这是全面深化改革的必然要求，有利于在法治轨道上推进国家治理体系和治理能力现代化，有利于在全面深化改革总体框架内全面推进依法治国各项工作，有利于在法治轨道上不断深化改革。

三是充分认识法律的多种功能。在地方立法的实践中，对立法的引领性功能认识不足，对制定倡导性立法的必要性有争议，主要理由是这类立法规范性、强制性、实效性不明确，实施效果缺乏量化的评判标准。[①]在上海人大的立法工作中，一段时期曾出现了一种片面、激进的观点，有同志就认为地方立法要管用，凡事没有法律责任，没有行政处罚的法规一律不要搞。前些年，全国人大也曾有领导同志提出倡导性的法今后一般不搞。与此同时，"处罚万能"的倾向值得关注，上海政府部门不少立法项目的论证报告关于立法必要性的论证都将提高处罚力度作为立项的理由。目前中国预算内外的收费罚款收入共计2.2万亿元，超过税收的三分之一，要防止依法治国异化为"以罚治国"。一味地增加处罚力度不但容易滋生执法部门"以罚代管"的倾向，有损政府公信力，而且其合法性也面临挑战。这些立法功能片面化的观念需要反思，法律具有规范、引导、教育和保障等多项功能，设定法律责任、加重违法处罚的力度只是法律的功能之一，在经济社会发展的不同阶段，需要立法发挥作用的着力点有所不同。立法工作应当通过调整社会关系、规范人们行为、设定价值目标去引领实践、推动改革、促进发展。

[①] 参见丁伟：《发挥立法引领作用　提高立法质量进一步提高地方立法质量》，《解放日报》2011年12月28日。

　　四是加强对立法的预测研究和顶层设计。发挥立法的引领作用,需要正确把握立法工作的客观规律,科学设定发展目标,充分发挥立法的能动性、前瞻性、引领性,更加注重顶层设计,用制度创新来增强立法对改革发展的引领和推动作用。上海市人大常委会在编制(2013—2017 年)五年立法规划工作时,作了一些探索。在编制工作开展之前,花了几个月的时间做了几件基础性的工作。第一是对现行有效的 161 件地方性法规进行全面、系统的梳理、分析,摸清家底,这些地方性法规中,实施性立法、自主性立法、创制性立法各占多少比例,按照地方性法规的调整领域,将这些法规分为七个领域,分析各领域立法所占的比例,每一领域的法规中管理类、引领类、保障类的法规所占的比例,上位法的制定情况。第二是对全国人大及其常委会、国务院行政法规的立、改、废情况及未来发展趋势进行研究,写出分析报告。第三是对上一届人大五年立法规划的完成情况进行评估,对列入规划但尚未完成的立法项目逐项进行研究、分析,总结未完成的原因。第四是对上一届人大代表五年来提出的立法议案逐项进行研究、分析,总结未列入立法计划的原因。在深入调研、有的放矢的基础上进行顶层设计,制定立法项目的立项原则、遴选标准。为加强顶层设计,防止地方立法碎片化的现象,上海市人大党组与市政府党组积极沟通并形成共识,确定从 2013 年起,政府各部门提出的立法建议项目由市政府法制办筛选后提交市政府常务会议审议讨论,经市政府高层综合平衡后再提交人大,作为建议项目供常委会法工委参考。

　　值得关注的是,2016 年,在全面推进依法治国的开局之年,上海市人大常委会审时度势,启动上海"十三五"及更长时期重点领域立法需求的调研,这是一项基础性、全局性、前瞻性,乃至战略性的重要工作。发挥立法的引领和推动作用,需要增强地方立法的引领功能,优化地方立法结构,加强地方立法的预测研究。要发挥好立法的引领和推动作用,需要站高一步,超前一步,看远一步,有时也需要后退一步。变革创新时期,地方立法需要创新驱动、转型发展,转变发展模式,调整框架结构,进一步增强主动性、前瞻性、开创性。转方式、调结构的目标非常明确,就是适当控制规范管理类的地方性法规、实施性的地方性法规,增加引领推动类的地方性法规。其一,国家法律体系形成后,管理规范性的法律已配套齐全,无法可依、无章可循的状况已经根本改变,且国家法律的规定越来越细化,地方实施性法规的立法空间不断收窄,一些地方实施性法规照搬国家法律、行政法规的现象必须解决,需要调整存量,控制增量。其二,国家法律体系形成后,地方立法自主性和先行先试的立法空间并没变小,在某些方面如转变经济发展方式上还增加了。由于自主性、先行性立法的针对性更强,更能切合实际、解决本地区的实际问题,地方特色更强。因此在立法需求的把握上应突出地方特色,优先考虑自主性、先行性立法。其三,在全面深化改革的新时期,强调立法要发挥引领和推进作用，地方立法需要更加充分、更加及时地反映经济社会发展的客观要求，助推经济社会全面进步。这就需要准确把握上海"十三五"及更长时期重点领域立法需求，在充分调研梳理现有地方立法资源的基础上，增强地方立法的引领功能，优化地方立法框架结构，加强地方立法的预测研究。

　　上海市人大常委会此次开展"十三五"及更长时期重点领域立法需求的调研，是一个跨年度的系统工程，其最终的成果是三个相互关联的研究报告，即各领域法规梳理情况报告、法规框架报告、重点领域立法需求报告。三个报告三位一体，是同一项调研工作三个不同的环节，三个不同的工作阶段，其逻辑顺序是：首先是梳理本领域法规梳理情况报告，梳理工作如同医疗体检，按照体检项目进行检查；然后是编制法规框架报告，这是一份医疗体检的报告，列明正常的指标是什么，检验显示哪些指标高了，应当调低，哪些指标低了，应当调高；最后是编制本领域重点领域立法需求报告，如同是对症下药，根据体检结果开具处方，缺什么补什么。简而言之，法规梳理报告反映的是地方性法规的现实状况；法规框架报告反映的是地方性法规应该达到的理想状况，以及现实状况与理想状况之间的差距；立法需求报告反映的是缩短这一差距应当采取的立改废释的举措。编制法规梳理情况报告，需要围绕立法需求的特定目标，突出重点，其梳理标准是前瞻性、适应性、协调性，而合法性、合理性、可操作性等法规评估的常用指标不在本次梳理内容之列。因此，这一梳理实际上是一次专项评估。

　　由于地方性法规不是孤立存在的，调整某一领域社会关系的法律资源不仅限于地方性法规，在梳理本领域上海地方性法规的同时，需要对本领域国家法律、国务院行政法规、本市政府规章等相关法律资源的总体情况一并进行梳理。值得一提的是，编制法规框架报告在地方立法实践中尚属首次，对于何为"法规框架报告"，好多人大工作者不甚理解。笔者在此项工作启动会上作了说明，法规框架不是法律体系，有关法律体系是国家层面的法律范畴，指的是由一个国家全部现行法律规范组合而成的有机联系的统一体，它反映了一国立法结构的现状。作为单一制的国家，我国只有一个法律体系。这个法律体系是一个树状结构，是一棵枝繁叶茂的参天大树，树干是作为根本法的宪法，树干上长着七条主枝，代表着七个法律部门，七条主枝上分布了一些旁枝，分别代表着行政法规、地方性法规、民族自治条例，而形状各异、容易枯萎，生命力周期较短的树叶则代表着不同层次的部门规章、地方政府规章及其他规范性文件。因此在国家法律体系之下，地方立法起着拾遗补阙作用。

　　法规框架是个新的提法，按照笔者个人理解，主要是指地方性法规的结构分布，具体来说可以有六个要素，一是法规的数量，即法规的绝对数；二是法规的调整领域，如教科文卫领域，教育、科技、文化、卫生，这几个领域地方性法规的发展并不均衡;三是同一领域相关法律资源的状况,包括国家层面的法律、行政法规,本市该领域内容交叉的同位法规、政府规章、其他规范性文件;四是法规功能,有多少是规范管理类的地方性法规,多少是引领推动类的地方性法规,多少是两者兼而有之的;五是法规的种类,有多少是实施性地方性法规,多少是自主性、先行性地方性法规;六是立法体例,多少采用综合性的、"大而全"的体例,多少采用"少而精"的"一事一例"的体例。编制法规框架报告是上海地方立法的创新之举,对于推动本市科学立法,更加充分发挥地方立法引领作用具有积极的意义。其一,有助于促进法律体系中各个层次、位阶的法律、法规、规章、规范性文件的和谐一致,促进本市地方性法规结构的优化,保持立法结构的均衡发展。其二,有助于增强本市地方立法的针对性、有效性、有序性、前瞻性,增强立法决策的科学性,将有限的立法资源优先用于本市经济与社会发展急需的立法项目。其三,有助于节约立法成本,充分运用现有立法资源,防止地方立法僭越国家立法权限,避免交叉立法、重复立法。

编制法规框架报告旨在分析、说明现行法规存在的缺陷和不足,并且针对现有法律资源的缺陷和不足,从应然角度分析、说明本领域法规亟需解决的突出问题、未来的发展方向。

编制上海市"十三五"及更长时期重点领域立法需求总报告是此项课题调研的最终成果,这一报告在各领域法规梳理情况报告、法规框架报告的基础上有的放矢地编制,总报告在各分报告基础上归纳、提炼而成。编制该报告需要把握好几个关键环节:其一,聚焦重点领域的立法需求,按照法规框架研究报告,从应然角度提出建议。其二,对于重点领域的立法需求,根据立法项目的成熟度、立法时机,区分轻重缓急,分别列出近期、中期、远期的立法需求。其三,区分立法需求的立法权限、立法位阶,分别列明哪些适合于地方立法,哪些适合于制定政府规章,哪些适合于国家层面的立法。其四,注重立改废释并重,分别列明适合采用的制定、修改、废止、解释等不同的立法方式。其五,结合本市十三五规划的编制工作,注重发挥地方立法对本领域"十三五"及更长时期重点领域经济与社会发展的引领、推动和规范、保障作用。其六,密切跟踪国家层面法律、行政法规的最新立法动向,及时掌握国家层面立法规划的编制状况、立法规划的调整状况,摸清国家层面重点领域的立法举措。其七,梳理、分析本届人大历年立法计划编制工作中相关部门申报的立法正式项目、预备项目、调研项目,了解相关部门的立法需求。梳理、分析本届人大历年来人大代表的立法议案、政协委员的立法提案。梳理、分析本届人大历次执法检查、专项监督中常委会组成人员、人大代表有关立法需求的审议意见。其八,坚持民主立法,广泛听取人大代表、区县人大常委会、各相关管理部门、各基层立法联系点、五大领域专家及法律专家、社会各界的意见，必要时引入独立第三方对相关问题进行论证、咨询。

截至本书完稿之际，该项调研还在进行中，市人大各专门委员会、常委会各工作委员会已于 2016 年 10 月提交了上海市"十三五"及更长时期各领域立法需求课题研究分报告，市人大常委会研究室、法工委将在各份分报告的基础上形成上海市"十三五"及更长时期重点领域立法需求总报告。

4. 准确把握人大对立法工作的主导作用

人大发挥对立法工作的主导作用是社会主义法律体系形成后中央对立法工作提出的要求，2011 年 4 月，中共中央转发了《中共全国人大常委会党组关于形成中国特色社会主义法律体系有关情况的报告》的通知（中发〔2011〕7 号文件），该报告明确提出了人大及其常委会要充分发挥国家权力机关的作用，依法行使立法权，发挥在立法工作中的主导作用。在奉行"法治至上"的当下社会，"良法是善治前提"的理念已深入人心，而良法的炼成有赖于完善的立法体制。宪法、地方组织法及立法法确立了我国中央和地方统一而分层次的立法体制。在立法学理论中，立法权限、立法权的运行、立法主体三者的体系与制度构成了立法体制的三要素。从应然角度看，享有立法权的人大及其常委会在立法中发挥主导作用是人大作为立法主体依法履职的题中之义。然而，从实然角度看，现有立法体制下近八成的法律、法规是由作为执法机关的行政机关起草的。为此，党的十八届四中全会的《决定》在针砭一些法律法规未能全面反映客观规律和人民意愿、针对性与可操作性不强、立法工作中部门化倾向及争权诿责现象较为突出等现象的同时，针对性地提出"健全有立法权的人大主导立法工作的体制机制，发挥人大及其常委会在立法工作中的主导作用。"2015 年 3 月 15 日修改后的《立法法》也新增了人大及其常委会"加强对立法工作的组织协调，充分发挥在立法工作中主导作用"的重要内容。在变革创新的新时期，发挥人大对立法工作的主导作用是地方立法工作面临的重大课题，①需要进一步提高认识、转变观念、创新立法体制、完善立法工作制度。

一是发挥人大主导作用需要正确把握人大在立法工作中的角色定位。发挥人大对立法的主导作用，首先必须深刻领会党的十八届四中全会《决定》规定的丰富内涵，准确把握《立法法》规定的立法本意与精髓。简而言之，人大主导立法工作并不意味着人大包办立法工作。地方立法是个复杂的系统工程，人大及其常委会在立法工作中发挥主导作用主要表现在立法工作中的组织与协调作用，而不是在立法各个环节上大包大揽，需要在党委的领导下积极发挥统筹协调作用，充分调动各方面的积极性，正确处理好立法工作各个层面相辅相成、相得益

---

① 参见丁伟：《充分发挥人大对立法的主导作用》，《文汇报》2015 年 1 月 28 日。

彰的关系,形成"党委领导、人大主导、政府依托、各方参与"的科学立法工作格局。

其一,正确处理好党的领导与人大主导关系。党的领导是人民当家作主和依法治国的根本保证,坚持党的领导是人大发挥立法中的主导作用的重要前提和保障。人大及其常委会在立法工作中发挥主导作用,必须牢固树立党的观念、政治观念、大局观念,自觉接受市委对立法工作的领导,坚持立法规划、立法计划及立法中的其他重大事项向市委请示报告的制度,确保地方立法围绕中心、服务大局,及时将市委的决策通过法定程序转化为国家意志。

其二,正确处理好人大主导与发挥人大代表和常委会组成人员主体作用的关系。在两者的关系中,人大代表和常委会组成人员发挥着主体作用,人大及其常委会则扮演着"组织者"的角色,应当在编制立法规划与计划、组织立法项目的立项论证和法规草案的起草、审议法规案等立法工作的各个环节为人大代表和常委会组成人员依法履职、发挥主体作用提供有力的保障。

其三,正确处理好人大主导与相关政府部门的关系。在两者的关系中,人大常委会既是立法规划、立法计划的编制主体,又是立法计划的组织实施者,更是法规草案的审议主体,在政府部门有权提出法规案及承担了大多数法规案起草工作的情况下,人大的主导作用主要表现为在法规案立项、起草、审议等立法工作的关键环节上严格把关,确保地方立法不抵触、有特色、可操作。

其四,正确处理好人大主导与人民群众有序参与的关系。在代议民主制度下,人大作为民意机关代表全体人民行使民主立法的权力,在立法工作中应体恤民意、尊重民意、顺应民意,充分保障人民群众参与立法的权利,以主流民意作立法的依据,使立法更加贴近百姓的生活,解决人民群众最关心的社会问题。

二是发挥人大主导作用并不意味着人大独揽立法起草工作。党的十八届四中全会《决定》提出要"健全有立法权的人大主导立法工作的体制机制"。不少人认为,发挥人大主导作用,消除"国家立法部门化,部门立法利益化,部门利益合法化"的倾向,应当由人大负责法律、法规案的起草。笔者认为,发挥人大对立法的主导作用,需要廓清观念上的误区,起草法律、法规案并非人大发挥主导作用的唯一载体。基于人大担负立法的重要职能,人们习惯将人大称为立法机关。并且将立法与法规案的起草直接画等号。其实,法规案起草仅仅是立法程序的一部分,立法的关键环节是法规案的审议,人大在广泛征询各方意见,包括独立第三方意见的基础上就法规草案的合法性、合理性、适当性进行审议、修改。有鉴于此,人大被定位于法律、法规的审议机关。然而,人大组织法规案起草并不意味着政府部门无权起草法律、法规草案。按照法律、法规的相关规定,政府是有权提出法律、法规案的法定主体,自然有权起草法律、法规草案。党的十八届四中全会的《决定》要求的是"综合性、全局性、基础性等重要法律草案"由人大组织起草。从立法实践看，相当多的法律、法规涉及政府相关部门的管理体制、执法体制以及人员、编制的确定及资金划拨等政府的法定职能与权限范围，人大及其常委会不便越俎代庖。

与此同时，不少法律、法规涉及专门领域，专业性、技术性很强，政府相关部门对该领域的状况更为熟悉，这也是不少法律、法规案由政府部门起草的缘由。诚然，存在并不一定是合理的，政府相关部门起草法律、法规草案并不妨碍人大及其常委会在审议过程中发挥主导作用，对合法性、正当性、合理性存在问题的条款进行矫正。在上海地方立法实践中，人大常委会不但起草了不少重要的地方性法规草案，更注重在审议阶段充分发挥人大的主导作用。如社会广为关注的《中国（上海）自由贸易试验区条例》由市政府相关部门提供草案，起草过程中市政府主要领导亲自协调的密度、深度、广度在本市地方立法实践中前所未有，立法草案的成熟度不言而喻。然而，即便如此，人大在审议过程中，广泛听取各方面的意见，充分发挥主导作用，仅条例初审阶段，对草案 60 条中的 57 条作了修改，修改率达到 95%。实践已经证明，人大坚持的"负面清单"的立法思维，"法无禁止皆可为"的立法导向，"立意高一点、条文少一点"的立法思路，有利于增强立法的适应性、稳定性、前瞻性，充分释放创新的制度空间。

三是发挥人大主导作用需要完善"人大主导型"的立法体制机制。①党的十八届四中全会《决定》提出要"健全有立法权的人大主导立法工作的体制机制。"健全"人大主导型"的立法体制机制，需要强化人大在立法工作中的"主导"意识。地方立法权是《宪法》、《立法法》、《地方组织法》赋予地方国家权力机关的重要职权，地方人大及其常委会是地方立法法定的主体机关，其在立法工作中能否真正发挥主导作用，关键在于其能否牢固树立地方立法的主体意识、责任意识、创新意识，将人大对立法的主导作用贯穿立法工作全程。其一，加强前段把关，从源头上发挥人大主导作用。这一作用主要体现在编制立法规划、年度立法计划时，通过确定立项标准和遴选原则，加强顶层设计。实践证明，源头把关事半功倍，最为有效。从源头上把关，需要加强统筹协调、科学谋划。古语说"不谋全局者，不足以谋一隅"、"不谋大势者，不足以谋一时"。所谓"谋全局"，就是站在服务国家和上海经济与社会发展全局的高度，打破部门利益的藩篱，推动重点领域、关键环节的立法；所谓"谋大势"就是在充分调查研究的基础上科学研判国家立法、地方立法的发展趋势，准确把握地方立法需求。其二，加强人大对立法工作的组织协调，由人大组织有关部门参与起草综合性、全局性、基础性的法规草案，确定

① 参见丁伟：《建立"人大主导型"立法体制的几点思考》，《上海人大》2013 年第 6 期。

若干事关上海当前和长远发展的重点调研项目，由人大会同政府相关部门积极推进，坚持数年，催生一批高质量的立法项目。其三，加强事中监管，进一步探索法规案起草过程中的中期评估制度、及时消除法规草案中存在的问题，积极探索法规草案提请人大审议前的立法前评估制度，从源头上提高法规案的质量。其四，加强事后监管，加强对与法规配套的规范性文件制定工作的督促检查，加强立法后评估、加强执法检查，及时发现和解决立法层面、执法层面存在的问题，实现立法与执法的良性互动。其五，为顺应科学立法、民主立法的新要求，更有效地发挥人大在立法工作中的主导作用，需要在不断完善地方立法各项工作制度的同时，切实保障人大依法履职、确保地方立法理性、公正品质的高度，充分认识加强立法经费保障制度和立法工作队伍建设对于确保人大在立法工作中发挥主导权、主动权的重要意义。

5. 地方立法实践中亟需补齐的短板

三十八年过去，弹指一挥间。上海地方立法周而复始，经历了从第七届上海市人大常委会到第十四届人大常委会，从初创期到变革创新期整整三十八年的发展过程。尽管地方立法有其自身的发展规律，每一时期、每一阶段立法工作的要求、任务、目标以及需要解决的问题不尽相同，但是提高地方立法质量是立法工作永恒的主题。党的十八届四中全会的《决定》提出："建设中国特色社会主义法治体系，必须坚持立法先行，发挥立法的引领和推动作用，抓住提高立法质量这个关键。"在上海地方立法变革创新的关键时期，应当抓住提高立法质量这个关键，以问题为导向，以制度建设为抓手，切实补齐短板。应该说，经过三十八年的实践、探索，一批具有上海特色的立法制度的创新之举相继出台，对推进科学立法、民主立法，持续提高上海地方立法的质量起到了积极的作用。上海地方立法在新的起点再出发，有必要以问题为导向，全面系统地盘点、分析不同历史时期上海地方工作中存在的问题，其中，哪些问题通过建立、完善相关制度已经解决，哪些问题正在解决的过程中，哪些问题目前仍然未能解决，这样可以抓住主要矛盾，明确工作着力点。

韩正同志指出，短板就是主要矛盾，就是矛盾的主要方面。补短板首先需要找准制约发展的主要矛盾。在地方立法领域，提高立法质量首先应当找准制约上海地方立法高质量发展的短板。为此，对存在的问题应当细化分析，分门别类，以便对症下药加以解决。笔者认为，上海地方立法中存在的问题可以从以下角度加以区分：其一，哪些是涉及立法体制的问题，哪些是工作机制、工作制度、工作方法上存在的问题。前者如90％的法规案由政府部门起草，人大常委会审议则是后道工序，在发挥作用方面存在制度性障碍，在现行立法体制没有改变的情况下，解决这些问题的难度较大。后者如科学立法、民主立法的方式方法，通过建立、完善相关工作制度现在就可以改进。其二，哪些是各地立法工作中普遍存在的问题，哪些是上海地方立法中特有的问题。前者如照抄照搬上位法的问题、立法体例大而全的问题，后者如管理体制、执法体制中存在的矛盾，地方性法规过多授权事业单位行使行政执法权的问题。其三，哪些是长期存在的问题，哪些是本届人大或近年来出现的问题。前者如人大提前介入立法，法制委与相关委员会在统一审议阶段的关系处理问题。后者如法规草案向社会征求意见效果不彰、人大发挥立法主导作用存在"玻璃门"等问题。其四，哪些是现有工作制度中已有规定，属于制度没有执行好的问题，哪些是还没有相应工作制度，需要建章立制加以解决的问题。前者如与法规配套规范性文件制定不及时，备案审查工作有待进一步加强的问题。后者如政府部门采用选择性的立法方式，人大发挥立法主导作用存在"玻璃门"现象，这些近年来出现的问题需要通过建章立制加以解决。其五，哪些是必须制定新的工作制度加以解决的问题，哪些是通过修改、完善已有的工作制度就能解决的问题。

从总体上说，经过多年的制度建设，上海现有的"1＋2＋X"立法制度群已经基本涵盖立法工作的方方面面，目前存在的问题基本上都可以通过修改、完善已有的工作制度加以解决。

在变革创新的新时期，提高立法质量的重心在于如何发挥好"两个作用"，即立法对经济社会发展的引领作用、人大对立法的主导作用。相对而言，立法的引领作用较为抽象，通常是对立法效益的一种主观感知，直观性不强。而人大对立法的主导作用可以通过具体的立法制度创新、实践创新的举措来感受，直观性比较强。"两个作用"之间存在有机的联系，发挥人大的主导作用是立法引领作用得以实现的重要保证。从近年来上海地方立法工作的实践来看，面临一些新情况、新问题、新挑战，这些问题集中反映在人大如何发挥对立法的主导作用方面。这些问题如不能及时研究、有效破解，将成为短板问题：

一是在立法规划、立法计划的编制方面，各相关部门对于以科学的发展观统领立法工作，防止重立法数量、轻立法质量，重立法形式体例、轻立法实质内容、重立法轻执法都有共识，近年来市人大常委会还建立了专项论证、联合论证等制度。但是，知易行难，如何在立法规划、立法计划的编制工作中切实贯彻"少而精"的要求，使正确的理念真正走向立法实践，还存在一些不容忽视的问题：其一，有的部门未将主要精力放在调研论证上，而是热衷于多方游说，把工作重心放在领导批条子、打招呼，一些立法项目一定程度上受到行政干预的影响，个别项目甚至先立项、后论证。这种状况如果不能得到有效的遏制，立法论证制度将流于形式。其二，在现有法律、制度的框架下，人大发挥主导作用存在瓶颈，尤其是常委会法工委的组织协调作用受到制度性制约。目前常委会法工委的工作主要是组织、协调、沟通，在市政府法制办、市人大各委员会、相关政府部门之间进行协调，平衡各个领域立法项目的数字。为了确保立法规划、立法计划在主任会议上顺利通过，编制工作往往以排除异议为考量，有时无法抵御来自各方面的压力，对一些立法必要性、可行性明显有问题的项目有时不得不持妥协折中的态度。有的同志建议常委会法工委不必过于迁就政府部门的意见，该立什么法，常委会法工委应该有主导权，没必要过多地协调。这种说法是不妥的，按照《地方组织法》《立法法》《上海市制定地方性法规条例》的相关规定，人大各专门委员会、"一府两院"享有法定的立法建议权，严格来说，这一权力的行使是不以是否通过立项论证、联合论证，是否列入立法规划、立法计划为前提的。因此，协调、引导、沟通是常委会法工委乃至市人大常委会主任会议编制立法规划、立法计划工作的必由之路。其三，为保证立法规划，尤其是立法计划编制工作的科学性、民主性、公正性，排除来自任何方面的干预，有的领导、人大工作者及专家学者建议，可以组织一个专门的类似专家委员会的小组，以投票的方式对相关部门申报的立法项目进行表决。笔者认为，这一建议过于理想化。其实，上海市人大近年来推行的联合论证制度就带有由联合论证组对申报项目进行"优胜劣汰"的意图，只是未采取表决的方法。但是，这种方法不具有强制性的效力，不能抵消各专门委员会、"一府两院"享有的法定的立法建议权。

二是在立法预备项目、调研项目转为立法正式项目的工作层面，相关制度需要进一步完善。近年来，市人大常委会花较大力气研究"预转正"的工作制度、工作流程。一些重要的立法项目实施得比较成功，但是，有的立法项目在"预转正"的过程中也暴露出一些问题。市人大相关专门委员会、常委会法工委基于政府相关部门提交论证的立法方案进行论证，得出立法方案中核心制度、关键条款切实可行的结论。但是，立法预备项目、调研项目转为立法正式项目后，相关部门提请常委会审议的法规草案对原立法方案中的核心制度、关键条款作了颠覆性的改变。在这种情况下，按照情势变迁原则，原先的论证基础应该已不存在了。这是"预转正"存在的制度可能空转的漏洞，需要研究将来遇到类似问题如何处置，出现类似情况是否需要重新论证。如果不再论证，原来的"预转正"就形同虚设了。

三是在立法项目调研、论证的"双组长"制度实施方面，相关的工作制度有待进一步完善。近年来，为发挥人大主导作用，加快一些重要立法项目的立法进程，市人大常委会积极探索立法项目调研、论证的"双组长"制度，由市人大常委会副主任、市人民政府副市长担任组长，组成由市人大相关专门委员会、市人大法制委员会、常委会法工委、市政府相关部门、市政府法制办等部门共同参加的立法项目调研、论证、起草工作组。该制度在立法实践中取得了积极的成效。及时催生了一些重要的地方性法规。然而,该制度的实施也提出了一些需要深化研究的新问题:立法是一种"要式行为",须遵循法定的立法程序。按照《立法法》《上海市制定地方性法规条例》的相关规定,法规案的起草部门,负责法规案初审的市人大专门委员会、负责法规案统一审议的市人大法制委员会以及常委会法工委,在立法工作的不同阶段分别承担不同的法定职责。这一制度设计是为了确保各相关部门各司其职,各审次层层把关。打个不十分确切的比喻,政府相关部门起草法规草案、常委会审议阶段由人大专门委员会提出初审意见、由法制委员会提出统一审议意见,如同公安机关负责侦查、检察机关出庭公诉、审批机关作出判决一样,公检法三个部门相互制衡,各个不同环节的工作任务、工作目标各不相同。实行"双组长"制度,意味着市人大专门委员会、市人大法制委员会、常委会法工委提前介入、深度介入,把握不好将出现各部门角色定位相互交叉、模糊不清的状况,对其后续发表审议意见、履行法定职责可能带来影响。因此,应当在继续积极探索"双组长"制度的同时,注意研究、把握实施该制度的运行如何与依法立法的要求并行不悖。

四是在政府相关部门选择立法体例、提出立法议案方面,存在如何防止"选择性立法"的问题。近年来,上海市人大常委会每年编制年度立法计划均出现相关政府部门欲采用修正的方式,选择性地对政府管理部门、执法部门感兴趣的个别条款进行修改,而人大代表、人民群众反映强烈的问题几乎一个不碰。鉴于采用修正的立法方式,人大常委会审议时仅围绕修正案草案的内容提出审议意见,常委会一审后向社会公开征求意见的文本是修正案草案,而非需要修正的整部地方性法规。如果要求修改修正案草案之外的法规条款,只能依照立法程序提出新的修正案。针对这种情况,常委会法工委每次都是晓之于理,通过协调说服政府相关部门改变立法方式,或撤回申报的立法项目。然而,"选择性立法"的方式并不违反法律规定,且市政府依法享有提出法规案的权力,防止"选择性立法"目前尚缺乏制度保障。倘若"选择性立法"方式无法得到有效遏制,人大对立法的主导权将受到很大限制,这是人大发挥主导作用可能遭遇的"玻璃门"。

五是在人大相关专门委员会自行起草相关地方性法规草案方面,存在实践层面需要破解的问题。人大组织起草法规案是发挥人大主导作用的重要途径之一。近年来,一些立法资源稀缺,社会热切期盼的立法建议,人大代表连年呼吁,但立法难度大,政府部门积极性不高,始终无法列入立法规划、立法计划的项目,人大积极发挥主导作用,主动跨前一步,由人大有关专门委员会组织起草一些重要的地方性法规草案。但是,起草过程中会遇到政府相关部门职责分工如何协调的问题。在上海地方立法实践中,这一问题是法规案审议环节争议最大,协调难度最大的立法难点。该问题涉及管理体制改革的方向、政府"三定"方案的要求以及与上位法轨道的衔接和协调。在政府部门起草法规案的情况下，这些问题可以由政府部门按照行政程序协调解决。而人大相关专门委员会无法进行有效的协调。值得关注的是，2007 年 2 月 14 日国务院制定了《地方各级人民政府机构设置和编制管理条例》，其中第九条规定："地方各级人民政府行政机构的设立、撤销、合并或者变更规格、名称，由本级人民政府提出方案，经上一级人民政府机构编制管理机关审核后，报上一级人民政府批准；其中，县级以上地方各级人民政府行政机构的设立、撤销或者合并，还应当依法报本级人民代表大会常务委员会备案。"第十条第二款规定："行政机构之间对职责划分有异议的，应当主动协商解决。协商一致的，报本级人民政府机构编制管理机关备案；协商不一致的，应当提请本级人民政府机构编制管理机关提出协调意见，由机构编制管理机关报本级人民政府决定。"简而言之，按照行政法规的规定，政府机关的职责分工由政府自行决定，人大介入太深有所不便，且于法无据。鉴于人大专门委员会起草的法规案未能有效解决这一问题，这些问题只能留待一审后法制委、常委会法工委来协调解决，实践中出现了个别立法项目没有一个相关政府部门同意作为管理部门、执法部门的状况，致使相关法规案差一点夭折，被搁置审议。这是人大发挥主导作用可能遭遇的又一"玻璃门"。为此，应当尽快研究、拟定相关工作机制，明确人大组织起草地方性法规时，在什么时段、通过什么方式、途径，请市政府对相关部门的职责分工进行协调。

补齐立法工作中存在的短板，应该区别轻重缓急，抓住主要矛盾、优先解决突出问题。既要从大处着眼，继续积极探索、完善人大主导立法工作的制度创新，又要从小处着手，审慎观察、发现与研究存在的问题。应当以发现问题为出发点，以解决问题为落脚点，以建立、完善长效化的制度为目标。笔者坚信，经过一代又一代立法人矢志不渝的努力，上海地方立法一定能够承上启下、继往开来，不断开创立法工作的新局面，不断引领、推动和保障上海改革开放、经济与社会持续健康的发展。

后 记

　　2017年年初，上海人民出版社向我约稿，经过两周的苦思冥想，完成了本书提纲的构思，如同盖房子完成了设计图，从春节长假开始正式施工砌砖头。两个半月来，几乎利用工作之余的所有时间，逼迫自己从纷繁芜杂的工作中解脱出来，凝神聚气、心无旁骛地投入紧张的写作。书稿完成之际，有一种如释重负的感觉。本书于2017年4月完成初稿，在付梓前作了两次修改，并一直追踪上海地方立法的最新进展，增添了部分内容。

　　本书写作过程中，如同时光倒流，笔者的思维在三十八年的时光隧道里穿行。心细的读者可以感觉到，本书五部分的写作风格不尽相同，相对来说，前两部分所反映的是20世纪20年间上海地方立法初创期及数量高速增长的发展期立法的状况，至今年代久远，因立法背景发生变化，致使一些法规的规范内容已昨是今非而被修改甚至整部法规被废止，该时期的立法制度也处于初步探索阶段，故对该部分内容的描绘比较简略，写法上平铺直叙，旨在客观、真实地反映当时上海地方立法的原貌。后三部分所反映的是21世纪18年来上海地方立法的现实状况，具有一定的深度与厚度。笔者身临其境，以写实的笔触真实记录了自己作为一名法学理论工作者的所思所想，作为一名立法人的所作所为，写作过程不啻是对这些年来自己立法生涯的回顾与反思。

　　时光如梭，岁月如歌。笔者在上海市人大常委会从事立法工作一晃已进入第十五个年头，这是笔者一生中面临严峻挑战的漫长时期，这段时期也是人生一笔弥足珍贵的财富。诚如新中国立法工作的重要奠基人彭真所言，"立法就是要在矛盾上切一刀"；常委会法工委这个工作班子是"苦力班子"，需要在参谋、助手的岗位上默默奉献，兢兢业业，甘当苦力。立法涉及的是权力与权利的配置，是一个不同利益群体多方博弈的过程。按照现有的立法体制、机制，常委会一审后，立法中各种矛盾和焦点都集中在人大法制委、常委会法工委，能不能及时地发现法规案中可能存在的与国家大法冲撞的情况，能不能及时地觉察权利与义务失衡、部门利益膨胀的倾向，能不能及时提出有效解决矛盾的各种方案，取决于立法人是否具备过硬的业务素质。而是否有勇气讲真话、讲实话，在地方立法的合宪性、合法性等原则问题上不回避矛盾，不明哲保身，不刻意揣摩领导的意图，取决于立法人是否具有良好品行、职业操守。笔者感到，立法是一项严肃的工作，来不得半点虚假，如果在涉及合法性的重大原则问题上装聋作哑，从小处讲是投机取巧的市侩作风，从大处讲是对立法事业不负责任。笔者始终认为，"立法为公"、"立法为民"不是一句空洞的口号，而是实实在在的，需要立法工作者在每一部法规、每一个法规条款上严格把关、严守底线。作为一名立法人，敬畏法律、追求真理、忠诚立法事业是最起码的职业操守。为此，在常委会法工委内部，笔者带头弘扬正气，倡导一种知无不言、言无不尽，求真务实的工作氛围，鼓励年轻同志要耐得住寂寞、顶得住压力、扛得住打击、受得住委屈、经得住考验。在立法工作中既要坚持原则，敢于说真话、说实话，在大是大非面前敢于亮剑，又要脚踏实地，践行"钉钉子"、"啃骨头"的"苦力精神"、"工匠精神"，既要敢于提出问题，又要善于提出问题，既要能够提出问题，又要能够提出解决问题的方案，为领导决策当好参谋助手，确保地方立法能够经受住历史的考验。

值得庆幸的是，自1979年开始学习法律以来，尽管自己的身份角色、工作岗位几经改变，但无论是法学教学，理论研究，法律翻译、仲裁实践，还是立法实务操作，均未脱离法律这一"老本行"。尽管十五年来历经了立法工作的艰辛，尝遍了酸甜苦辣，但一路走来，无怨无悔。人大法制委、常委会法工委的工作平台也给了我个不断学习、不断充实自己的机会，并使自己能将所学致以所用，这是所有立法人最引以自豪的。借此机会，向上海市第十二届、十三届、十四届人大常委会各位主要领导、分管领导致以崇高的敬意，向人大法制委、常委会法工委、市人大各专门委员会、工作委员会，常委会办公厅、研究室的各位领导、同事及所有关心、支持过我的朋友表示衷心的感谢。

丁 伟

2017年12月

图书在版编目(CIP)数据

与改革发展同频共振:上海地方立法走过三十八年/
丁伟著.—上海:上海人民出版社,2018
ISBN 978 - 7 - 208 - 14889 - 5

Ⅰ.①与… Ⅱ.①丁… Ⅲ.①地方法规-立法-研究
-上海 Ⅳ.①D927.210.0

中国版本图书馆 CIP 数据核字(2017)第 281004 号

责任编辑 秦　堃　夏红梅
封面设计 范昊如　李疑飘

与改革发展同频共振:上海地方立法走过三十八年

丁　伟 著

世纪出版集团

上海人民出版社 出版

(200001 上海福建中路 193 号 www.ewen.co)

世纪出版集团发行中心发行　　上海商务联西印刷有限公司印刷
开本 720×1000 1/16 印张 24.25 插页 2 字数 439,000
2018 年 1 月第 1 版　2018 年 1 月第 1 次印刷
ISBN 978 - 7 - 208 - 14889 - 5/D · 3134

定价 88.00 元